정부평가의 이해와 실제

정부평가의 이해와 실제

공병천 · 김병록 · 김병문 · 김인철 · 배경화 ·
이교헌 · 이길우 · 이상수 · 임광현 · 오강탁 ·
전광섭 · 전형원 · 차용진

도서출판 대영문화사

머 리 말

주요 선진국들은 1980년대 신공공관리(New Public Management)에 입각한 행정개혁을 추진한 이래 국가경쟁력 제고를 위한 지속적인 개혁을 이루고 있다. 특히 정부 부문에서 일고 있는 정부의 기업화, 고객지향적 정부, 성과중심주의적 정부 등과 같은 성과 및 결과 지향적 개혁 노력은 그간의 정부개혁 방향이 어디에 있었으며 향후 어느 방향으로 개혁이 이루어져야 하는지를 알게 해 주고 있다.

10여년 전인 1998년, 외환위기의 와중에서 새로이 출범한 김대중정부는 '제2의 건국'이라는 슬로건을 내세워 총체적 개혁을 해야 하는 상황에 직면한 바 있다. 건국 이래 최대의 국가위기 상황이라 인식하였던 정부는 정부경쟁력 제고를 통한 국가경쟁력 확보에 모든 관심을 기울여야만 하였다. 정부는 또다시 국가위기라는 문제에 직면하지 않기 위해서 막대한 예산이 투입되고 있는 대형 국책사업은 물론이고 정부정책에 대해서 사전 예방 및 사후관리의 필요성을 절감하는 계기가 되었다. 이에 정부는 1998년 「정부업무의 심사평가 및 조정에 관한 규정」에 근거를 두고 '기관평가' 제도를 도입하였고, 이후 2001년에는 「정부업무 등의 평가에 관한 기본법」이 제정・시행되기에 이르렀다. 그뿐만 아니라 감사원의 개별 사업에 대한 성과감사 중시, 기획예산처의 성과주의예산제도 시범 실시, 중앙인사위원회의 직무성과제 일부 실시, 행정자치부의 목표관리제도 도입 등을 포함하여 다양한 평가제도가 도입・운영되기에 이르렀다. 2003년에 출범한 현 노무현정부도 '정부혁신'을 선택이 아닌 시대적 소명임을 분명히 하고, 정부 부문을 포함한 공공 부문에서 지속적인 개혁을 추진하고 있다. 특히 '한국형 성과관리 모델' 구축을 위한 '통합국정평가제도'의 도입은 대표적인 개혁 노력의 하나라 할 수 있다.

이와 같은 정부 업무의 효율성 향상 및 대국민 책무성 제고를 위한 노력들은 세간에 '평가 전성시대', '평가 만능시대'라는 용어로 회자되기도 하였다. 이는 평가의 확대・강화에 따른 긍정적 측면보다는 부정적 측면에 대한 우려를 담고 있는 것이라 하겠다. 어찌되었든 정부를 포함한 공공 부문에서 현재 이루어지고 있거나 앞으로 하려 하는 일들이 국민의 세금을 재원으로 하고 있기에 평가 및 성과관리는 아무리 강조해도 지나침이 없을 것이다. 그러나 현실에서 이루어지고 있는 '평가를 통한 성과관리의 강화' 및 '성과관리 기반에서의 평가 내실화' 노력이 그 취지를 살리지 못하고 본질이 왜곡되어 이루어진다면 이는 오히려 더 큰 낭비 요인이 될 것이다.

현 시점에서 저자 일동은 평가 현실을 제대로 이해하고 그 실제를 다룰 수 있는 중요한 글들을 모아 독자들과 담론의 장을 마련할 필요성을 느끼게 되었다. 정부 내에서 이루어지고 있는 다양한 평가제도들에 대한 단순한 비판을 넘어서, 만일 제도의 목적과 취지에 맞지 않는 것이 있다면 이를 개선하기 위한 대안은 무엇인지를 고민하고 제시하는 것이 행정학자가 간직하여야 할 최소한의 양심의 표현이라 여겼기 때문이다.

이 책에서는 대통령에 대한 평가를 시작으로 중앙행정기관과 지방자치단체에 대한 평가, 과학기술 및 국가연구 시설 및 개발 사업 평가, 정보화와 전자정부 사업 평가, 혁신과 반부패 정책 평가, 지역사회의 복지사업계획 평가, 공공기금과 주택정책 등에 대한 평가에 이르기까지 정부 내에서 이루어지는 다양한 평가제도에 대한 이해와 그 실제를 다루었다. 정책평가에 관하여 많은 지식을 갖지 않고 있더라도 평가에 관심이 있는 공무원은 물론 대학에서 행정학과 정책학을 접해 본 학생 누구라도 정부평가에 대한 이해를 쉽게 해 줌은 물론 평가의 실제에 대한 비판적 시각을 갖는 데 도움을 주게 될 것이다. 그럼으로써 정부의 재원 마련 주체로서, 그리고 정부가 하고 있는 정책 또는 사업의 수혜자로서 3만 달러 국가에서의 민주시민이 되는 데 이 책이 조그만 보탬이 되었으면 하는 것이 저자들의 바람이다.

책이 출간되기에 이르기까지 학문적인 부족함에 끊임없는 가르침을 주셨던 김명수 교수님, 집필에 참여해 주신 집필자 여러분, 이 책의 출간을 위하여 아낌없는 후원해 주신 대영문화사의 임춘환 사장님과 임직원 여러분께 진심으로 감사를 표한다.

2007년 4월

저 자 씀

차 례

제01장 대통령에 대한 평가

I. 서 론

평가의 개념 및 유형은 많은 학자들에 의하여 다양하게 정의되고 분류되고 있기 때문에 평가의 개념에 대하여 모두가 동의하는 정의를 내리기는 어렵다. 스크라이븐(Scriven, 1991)은 평가란 "어떤 것의 장점, 유용성, 가치 등을 결정하는 과정"이라 정의하였다. 즉 평가란 쓸모있는 것과 쓸모없는 것, 가치 있는 것과 가치 없는 것을 구분하는 가치 판단 작업 및 과정이라고 주장한다. 다양한 평가의 정의에서 일반적으로 공통되는 의미는 "특정 주체가 특정 대상의 상태 또는 가치에 대하여 일정한 기준에 따라 행하는 분석(analysis), 판단(judgment) 및 사정(assessment) 작업"이라 할 수 있다(이윤식 외, 2006: 32-33).

이러한 의미에서 대통령에 대한 평가는 대통령의 상태 또는 가치에 대하여 객관적 기준에 따라 분석하고 판단하는 일련의 작업이라고 정의할 수 있으며, 특정 대통령이 자신의 임기 중 대통령직을 얼마나 성공적으로 수행하였느냐를 객관적이고 공정한 평가 기준에 따라 판단함을 의미한다. 따라서 일반적으로 가장 중요한 평가 대상은 대통령의 국정 운영 결과, 즉 대통령이 임기 중에 남긴 업적이라고 할 수 있다. 이러한 업적을 중심으로 한 대통령 평가는 대통령 개인의 리더십뿐 아니라 당시의 정부에 대한 평가라는 의미를 동시에 함유한다. 이는 대통령은 국가의 원수이며 행정부 수반으로서의 지위를 지니고 있기 때문에 국가 최고 지도자로서 개인적 리더십뿐만 아니라 정부의 모든 공과가 대통령의 책임에 해당되기 때문이다.

대통령 평가에서 가장 중요한 요소는 평가 방법의 객관성과 신뢰성의 확보이다. 평가 방법의 객관성과 신뢰성을 높이기 위해서는 무엇보다도 평가의 주체와 더불어 평가의 객관적 기준을 마련하는 것이 필수적이다. 따라서 평가 주체의 다양한 견해를 수용하고 공정한 입장에서 평가를 수행하기 위하여 다수 전문가 또는 일반인의 견해를 취합하는 연구와 조사 활동이 이루어져야 하며, 객관적 평가의 기준을 확보하기 위하여 다양한 기준들을 마련하고 이에 대하여 적절성을 검토할 수 있는 절차가 필요하다(함성득 · 임동욱 · 곽승준, 2003: 264).

이러한 의미에서 "대통령을 평가한다"라는 중요한 행위는 다양한 평가 관점의 조정과 더불어 다양한 기준에 의한 항목 간 중요도 차이를 반영할 수 있어야 한다. 즉 대통령에 대한 평가 작업은 단일의 가치 또는 기준 하에서 이루어지지 않고 있으며 여러 다양한 기준이 동시에 고려되는 과정인 것이다. 따라서 대통령 평가 연구는 이러한 다양한 평가 관점을 수용하면서 개별 평가 항목의 상대적 중요도를 반영할 수 있는 분석방법론 하에서 이루어져야 한다.

특정 대통령을 평가한다 함은 주로 특정 대통령이 남긴 업적에 의하여 결정된다. 그러나 실제적으로 대통령을 역사적으로 평가하는 작업이 오로지 대통령이 남긴 업적에 의해서만 이루어진다고는 볼 수는 없다. 대통령의 성격, 집무스타일, 도덕성, 리더십 등의 개인적 차원에 대한 분석을 포함하여, 조직적 차원에서 대통령 비서실 운영이나 내각 운영, 그리고 더 나아가 의회와의 관계, 언론과의 관계, 대국민 관계는 물론, 안보, 외교 문제와 관련된 위기관리 등 다양한 요인들에 대하여 평가가 이루어짐으로써 정권과 정부에 대한 종합적 평가와 연결되어 있다고 보는 것이 더 타당하다 할 것이다.

Ⅱ. 대통령 평가의 유형 및 방법

1. 평가의 유형

한국과 미국에서 지금까지 이루어진 대통령 평가에 대한 연구는 크게 평가의 유형과 평가 기준을 위한 객관성 등의 면에서 살펴볼 수가 있다. 대통령에 대한 평가의 유형은 크게 '기술적 평가(descriptive evaluation)'와 '서열평가(rating evaluation)'로 나누어 행해지고 있다(함성득 · 임동욱 · 곽승준, 2003: 265). 기술적 평가는 대통령의 리더십과 업적 등 전반적인 특성을 중심으로 기술하는 것으로서 성공한 대통령 내지 실패한 대통령과 같은 특정 범주에 포함시킬 수는 있으나 역대 대통령들 간의 상대적 우월성을 평가하여 이를 서열화하지는 않는다. 이러한 기술적 평가는 특정 대통령의 업적을 전반적인 시각에서 평가할 수 있다는 이점이 있다. 한편 서열평가는 일정한 평가 기준에 따라서 그 평가 결과를 점수화하여 각 대통령의 우열을 결정하는 것으로서(Schlesinger, 1948; 1962) 기술적 평가에 비해 좀더 높은 객관성과 많은 평가자가 요구된다고 할 수 있다. 이러한 서열평가는 좀더 발전되면 계량적인 분석이 가능하고 성공한 대통령이 되기 위한 주요 독립적인 영향 요인들을 분석하여 도출할 수도 있다.

2. 객관성의 확보

대통령 평가에서 객관성의 확보는 평가 결과의 신뢰성과 정확성을 위한 기본 전제라고 할 수 있다. 우선 대통령 평가의 객관성은 크게 세 가지 측면에서 고려될 수 있다. 첫째, '누가 평가하는가' 즉 평가 주체의 문제와 둘째, '언제 평가하는가'의 평가 시기의 문제, 마지막으로 '무엇으로 평가하는가'의 평가 기준의 문제가 객관성 확보의 주요 관건이 될 수 있다(함성득 · 임동욱 · 곽승준, 2003: 265-267).

1) 대통령 평가의 주체

대통령을 평가하기에 앞서 논의하여야 할 문제 중의 하나가 '누가 평가하는가', 즉 평가 주체의 문제이다. 이는 평가의 주체가 누구냐에 따라서 그 평가의 결과가 달라질 수 있으며, 궁극적으로는 평가 결과의 객관성과 신뢰성이 결정되기 때문이다.[1)]

대통령에 대한 평가는 대통령 임기 동안의 업무 수행 능력에 대한 국민들의 평가와 대통령 임기 후에 그들의 지도력, 행정 업무 및 외교 능력 등을 바탕으로 전문가를 중심으로 한 역사적 평가로 나눌 수 있다. 두 가지 평가 주체에 의한 평가는 대통령을 대상으로 하고 있으며, 대통령의 업적 및 업무에 대한 평가라는 점에서 공통점이 있으나 평가 시기 및 평가자에 따라 많은 상이점을 내포하고 있다.

전문가를 중심으로 한 역사적 평가는 전문가 개개인의 관점에 의한 주관적 방법으로 연구되었고, 이들 연구 결과들은 상호간에 커다란 상이점을 나타내고 있다. 반면 일반 국민에 의한 대통령 업무 능력 평가는 전문가들의 역사적 평가에 비해서 많은 사람이 참여함으로써 좀더 객관성을 높일 수 있다는 특징을 지니고 있다. 그러나 일반 국민의 정보와 평가 능력의 부족으로 그 평가의 객관성이 근본적으로 한계를 드러냄으로써 다수의 전문가들에 의한 체계적 평가의 설득력이 점차 증가되고 있다. 이러한 두 가지 평가 주체에 의한 평가는 상호 다양한 공통점과 상이점을 지니고 있으나 실제로 이 두 주체의 다른 평가간에 어떠한 관련성이 내재하고 있는지는 제대로 분석되지 못하였다.

그러나 이러한 두 가지의 다른 평가의 역학은 대통령의 국정 운영의 방향성 설정에 심대한 영향을 미칠 수 있다. 전문가들에 의한 역사적 평가는 대통령의 임기 간 업적을 총체적으로 평가하는 것이 일반적이므로 정책지향성을 많이 나타내고 실제로 국민들의 선호를 떠나 장기적이고 거시적인 차원에서 접근할

---

1) 실례로 동아일보(1998년 8월 14일)에서 실시한 대통령의 평가에 대한 여론조사의 결과를 보면 평가 주체에 따른 평가 결과의 차이를 발견할 수 있다. 특히 조사 결과 중 정치분야에서는 '일반인'들과 '여론 선도층'의 인식상의 차이가 분명하게 나타나고 있다. 구체적으로 역대 정부의 업적 평가를 보면 일반인들은 박정희-김영삼-전두환-노태우-이승만-장면 정부의 순으로 평가한 반면, 여론 선도층은 박정희-김영삼-장면-노태우-전두환 정부의 순으로 평가하고 있어 평가 주체에 따른 차이가 매우 크다는 점을 시사한다.

때 높은 평가를 받을 개연성이 높다. 한편 국민들에 의한 평가는 동시대에 이루어지고 현재 이루어지는 정책에 대한 직접적인 표현일 수 있으며, 심지어 상징적 조작에 의하여 상당한 영향을 받을 수도 있기 때문에 자연스럽게 두 평가는 상호 배치되는 성격을 지닐 수 있다.

그러나 이러한 두 가지 관점에서의 평가는 '설득력의 증대'(Neustadt, 1990)라는 차원에서 상호 연결되어 대통령의 인기를 바탕으로 한 설득력의 증대가 정책 산출 능력을 증대하여 실제로 높은 정책 산출을 이루고 성공적 업적을 남긴 대통령으로 평가받게 만드는 동인이 될 수도 있다. 또한 "국민은 합리적이다"라는 기존의 연구 결과와도 맥을 같이하며 국민에 의한 평가도 거시적 측면의 대통령 평가 차원과 동일한 역학을 가질 수 있음도 예측해 볼 수 있다(가상준·김혁, 2004: 25).

평가 주체의 문제는 대통령 평가의 객관성을 확보하는 데 중요한 관건이라고 할 수 있는데 대통령 평가에 있어 가장 오랜 전통을 갖고 있는 미국의 경우 대통령의 역사적 위대성에 대한 객관적 평가자로서 역사학자와 기타 사회과학 분야의 전문가들을 지목하고 있다. 이러한 평가자의 선정에서 일반 국민은 점차 배제되고 있는데, 그 이유는 일반인의 경우 대통령 평가에 필요한 역사적·시대적 상황과 관련된 전문지식이 부족하고 개인적 감정에 따른 평가가 이루어질 가능성이 크기 때문으로 보인다.

이러한 일반 국민의 대통령 평가에 객관성이 결여되어 있다는 것은 '대통령에 대한 일반 국민의 지지율 여론조사'에서도 나타난다. 대통령에 대한 일반 대중의 지지율은 미국 대통령 연구자들의 연구 결과 '쇠퇴곡선(decay curve)'이라는 일반적인 성향을 띠고 있었다. 즉 대통령이 취임한 뒤 6개월에서 1년 정도까지의 초반기 즉 '밀월 기간(honeymoon period)'에는 높은 지지율을 보여주지만, 취임 후 1년부터 3년까지는 '환멸 기간(disillusion period)'을 맞이하게 된다. 이 시기에는 대통령의 지지율이 현저하게 낮아지는데 이러한 환멸 기간은 대통령에 대한 대중적 기대와 대통령의 업적 사이의 격차 때문에 나타난다(Sigelman & Knight, 1983). 마지막으로 대통령 임기가 끝나고 선거를 앞둔 4년째는 '관용 기간(forgiveness period)'에 해당한다. 이 시기는 대통령의 인기도가 서서히 회복되는 추세를 보인다.

이렇듯 대통령의 대중적 인기도는 단기간에 지나치게 많은 변화를 보이며,

그 변화가 비록 일정한 경향을 보인다 할지라도 응답자의 소속 정당, 출신 지역, 소득 수입 등에 따라 그 지지율이 달라진다는 점에서 객관성에 심각한 문제가 제기된다. 결국 여론조사는 대통령이 수행하는 직무에 대한 정확한 평가로 보기가 어렵다. 물론 전문가를 중심으로 한 평가에서도 개인적 성향과 배경 등이 평가 결과에 영향을 미칠 수 있을 것이나 이러한 개인적 선호의 영향력이 일반 대중의 지지율 측정에서처럼 상대적으로 크지는 않다고 볼 수 있다. 따라서 전문가들이 판단하는 대통령의 역사적 위대성과 일반 대중에 의하여 결정되는 대통령의 대중적 지지도는 일치되지 않게 된다.

2) 대통령 평가의 시기

여론조사의 부정확성은 지나치게 감정적 측면에 좌우되는 경향이 강하다. 그렇다면 전문가에 의한 대통령의 위대성 평가는 이러한 감정적 측면의 영향력에서 벗어나 있는 것일까? 정확히 말하자면 전문가에 의한 대통령 평가 역시 평가자의 감정의 영향력에서 완전히 벗어날 수는 없다. 따라서 좀더 정확한 대통령 평가를 위해서는 평가자의 감정적 영향력을 배제시켜야만 한다. 바로 이러한 감정적 측면을 배제시키기 위한 노력의 하나가 바로 '추적 연구(tracking study)'이다.

대표적인 예로 미국 시에나(Siena) 연구소의 대통령 평가를 들 수 있다. 이 연구소는 역사적으로 중요한 특정 사건들 중 최근에 발생한 사건일수록 대통령 업적 평가에서 평가자에게 더 큰 영향을 미칠 수 있기 때문에 전문가들에 의한 대통령 평가를 크게 세 번에 걸쳐 실시하고 있다. 즉 특정 대통령의 취임 후 1년 뒤, 퇴임 후 1년 뒤, 그리고 퇴임 후 5년 뒤에 전문가의 평가를 실시하는 것이다. 따라서 그 평가 대상은 주로 최근 대통령이 되고 있다. 이러한 연구는 객관성을 높이고 감정적 측면의 영향력을 완화시키며 각 대통령의 평가 순위 변화에 대한 합리적 설명을 가능하게 한다는 장점을 갖는다(Lonnstrom & Kelly, 1997). 결국 시간의 흐름이 편견에 치우친 평가 결과를 수정하는 기능을 수행한다는 것이다. 이와같이 최근 대통령에 대한 평가에서는 일정한 시간적 간격을 두는 것이 객관적 평가에 유리하며, 반복적으로 평가하는 것 또한 대통령 평가의 신뢰성과 정확성을 높이는 데 도움이 된다는 것이다.

대통령의 평가를 '언제 평가하는가'의 문제는 역사적으로 중요한 특정 사건들 중 최근에 발생한 사건일수록 대통령 업적 평가에서 평가자에게 더 큰 영향을 미칠 수 있다는 점에 기인한다. 실제로 미국 대통령 평가의 연구에서도 극히 성공적인 대통령, 즉 위대한 대통령(예를 들어 워싱턴(G. Washington), 제퍼슨(T. Jefferson), 링컨(A. Lincoln), 루스벨트(F. D. Roosevelt) 대통령)과 극히 실패한 대통령(예를 들어 하딩(W. G. Harding) 대통령을 비롯해 뷰캐넌(J. Buchanan), 그랜트(U. S. Grant), 피어스(F. Pierce) 대통령)을 제외하고는 대통령에 대한 객관적인 평가를 위해서 대통령의 임기가 끝난 다음 적어도 한 세대, 즉 35년은 흘러야 한다고 한다. 이 정도 시간이 지나야 대통령의 업적과 유산을 전반적인 시각을 갖고 평가할 수 있다는 시각 때문이다(Lonnstrom & Kelly, 1997). 또한 임기 후 전직 대통령으로서 정치사회적 활동에 의하여 평가가 달라질 수 있는데, 대표적인 예로서 닉슨(R. Nixon)과 카터(J. Carter) 대통령의 예가 이를 증명하고 있다.

3) 대통령 평가의 기준

대통령 평가의 기준 문제는 '무엇으로 평가하는가'의 문제이다. 이는 평가 기준의 문제가 객관성 확보의 중요 관건이 되기 때문이다. 대통령 평가의 기준은 다양하다. 기술적 평가의 기준으로 뉴스타트(Neustadt, 1990)는 케네디(J. F. Kennedy) 대통령을 평가하면서 대통령 평가의 기준으로 개인적 직무 수행에 대한 네 가지 평가 기준을 제시하고 있다. 첫째, 대통령이 갖고 있는 목적은 무엇이며, 그 목적들의 당시 시대 상황에 대한 적합성, 둘째, 재임 당시 권력의 본질과 현실에 대한 대통령의 이해 정도, 셋째, 직책상의 압력과 좌절에 대한 대응 태도, 넷째, 대통령이 남긴 역사적 업적 또는 유산이다. 뉴스타트(R. E. Neustadt)는 이러한 평가 기준을 통하여 케네디 대통령을 포함하여 다른 특정 대통령에 대한 기술적 평가를 시도하였다.

대표적인 서열평가로 마라넬(Maranell, 1970)의 기준은 오늘날에도 미국 대통령 평가에서 그 우수성을 인정받고 있는데 그는 대통령 평가를 위하여 크게 일곱 가지 측면에서 접근하고 있다. 첫째, 대통령에게 주어지는 '일반적인 특권(general prestige)', 둘째, '정부를 운영하면서 대통령이 보여 준 지도력의 강도(strength of action)', 셋째, '대통령의 행정 활동(presidential activeness with respect to his administration)', 넷째, '대통령의 공식적 활동에서 보이는 모범성(idealism of his official actions)', 다섯째, '대통령의 정책 프로그램 달성에 대한 접근 방법의 유연성(flexibility of his approach to accomplishing his program)', 여섯째, '대통령의 행정 업적(administration accomplishments of the president)', 일곱째, 각 응답자가 대통령에 관하여 소유하고 있는 정보의 양이다.

이상의 일곱 가지 기준은 기술적 평가였던 뉴스타트(Neustadt, 1990)의 기준과 비교할 때 그 내용의 본질적 성격에는 큰 차이가 없으나, 좀더 구체적이며 포괄적인 기준들을 갖고 있다. 마라넬(G. M. Maranell)의 평가 기준은 객관적으로 드러나는 대통령의 업적과 더불어 대통령의 상황적응력 및 직무 수행, 그리고 대통령의 철학과 같은 대통령의 리더십을 평가할 수 있는 장점이 있다. 특히 대통령이 가지고 있던 재량권을 고려하여 각 대통령 간의 차별적 조건을 평가에 반영하고 있으며, 또한 소유하고 있는 정보량에 따른 평가자 사이의 차별성을 평가 결과에 반영함으로써 그 객관성을 높이고 있다.

시몬톤(Simonton, 1987)은 이러한 일곱 가지 평가 기준들의 상관 관계를 통

〈표 1-1〉 시에나 연구소의 대통령 서열평가의 기준

1. 가족, 교육, 경험 등의 배경(family, education, experience background)
2. 정당 리더십(party leadership)
3. 연설 및 작문 등의 의사소통 능력(communication ability)
4. 의회와의 관계(relationship with Congress)
5. 대법원 판사의 임명(court appointments)
6. 경제 관리(handling of U.S. economy)
7. 운(luck)
8. 타협 능력(ability to compromise)
9. 위험을 감수하려는 의지(willing to take risks)
10. 행정적 임명(executive appointments)
11. 전반적 능력(overall ability)
12. 상상력(imagination)
13. 국내정책의 성과(domestic accomplishments)
14. 성실성(integrity)
15. 행정적 능력(executive ability)
16. 대외정책의 성과(foreign policy accomplishments)
17. 리더십 능력(leadership ability)
18. 지적 능력(intelligence)
19. 중대한 실수의 회피(avoid crucial mistakes)
20. 평가자의 전반적인 견해(overall view)

출처; Lonnstrom & Kelly, 2003.

계적으로 검증하여 대통령의 특권과 지도력의 강도, 행정 활동, 행정적 업적, 응답자의 소유 정보량이 많으면 많을수록 위대한 대통령으로 평가를 받았다고 주장한다. 그 밖에도 <표 1-1>과 같이 시에나 연구소의 평가 기준은 20개 항목으로 구성되어 있어 마라넬의 기준보다 더욱 상세하게 구성되어 있다. 비록 대통령 평가 기준에 대한 접근 방식에서는 커다란 차이를 보이지는 않지만, 환경적 변수에 대한 고려와 리더십에 대한 측정에서 좀더 세부적인 평가 기준을 설정하고 있어 서열평가의 객관성 확보에 주력하였다(Lonnstrom & Kelly, 1997).

Ⅲ. 미국의 대통령 평가 경향

미국에서의 대통령 평가는 1948년 슐레진저(Arthur M. Schlesinger, Sr.)에 의하여 미국 역대 대통령들에 대한 평가가 나온 이래 지금까지 다양한 평가가 나오고 있다. 어떤 경우는 여론조사를 통하여, 어떤 경우는 저자의 개인적 판단에 의하여 평가가 행해져 왔으며 그동안의 거의 모든 평가에서 링컨, 프랭클린 루스벨트, 워싱턴은 가장 성공한 대통령으로 평가받고 있는 반면, 하딩, 그랜트, 닉슨 등은 가장 실패한 대통령으로 평가받고 있다.

여론조사와 개인적 판단에 의한 평가는 특정 대통령이 되기 전이나, 대통령을 마치고 난 후까지의 범위를 포함하고 있다. 따라서 그동안의 평가에서는 대통령이 되기 전이나 되고 난 후의 일들이 첨부되어 평가된 관계로 대통령으로서의 업무 수행에 따른 성공과 실패 여부가 정확하고 객관적인 평가를 하지 못한 경우가 없지 않았다. 또한 그동안의 평가는 평가에 대한 정확하고 객관적인 판단 기준이 없었던 것이 대부분이다.

미국의 경우 50년 동안 대통령을 평가하는 방법 중 가장 널리 알려지고 널리 이용된 것은 전문적인 학자들과 일반 대중들을 대상으로 하는 여론조사였다. 또한 개인 전문가의 견해를 전적으로 반영한 평가이거나 주관적인 판단에서부터 좀더 과학적인 노력까지 상당한 공을 들인 유형별 분류를 통한 연구가 주를 이루어 왔다.

1. 여론조사를 통한 평가[2)]

대통령을 역사적으로 평가함에 있어 '누가 평가하는가'에 관한 평가 주체는 매우 중요하다. 평가의 주체가 누가 되는가에 따라 평가 결과가 심각한 영향을 받게 되며, 비일관성이 표출된다면 역사적 평가의 의의와 가치는 매우 축소될 수밖에 없기 때문이다. 지금까지 이루어진 대통령에 대한 역사적 평가를 보면 크게 일반 국민과 전문가의 두 주체로 구성되어 있다. 대통령에 대한 지지율과는 다른 차원에서 과거의 대통령들에 대한 여론조사를 일반 국민에게 실시하는 경우가 간혹 있었다. 그러나 일반 국민의 경우 역사적·시대적 상황과 관련된 전문지식이 부족하여 신뢰할 만한 답변을 확보하는 데 어려움이 존재함으로써 역사적 평가에서 배제되어 왔다. 또한 개별 전문가들이 자신이 세운 기준에 의하여 개별적으로 대통령에 대한 역사적 평가를 시도한 경우도 있었으나, 이러한 경우에도 개인적 편향성이 개입될 가능성 때문에 크게 주목받기는 어려웠다. 이와는 다르게 다수의 전문가들에게 체계적인 설문을 통하여 역사적 평가를 시도한 연구들이 1948년 이래 꾸준히 시도되고 있다. 미국의 경우 다수의 역사학자들과 기타 사회과학 분야의 전문가들을 통한 역사적 평가가 대통령의 위대성과 성공에 대한 가장 객관적인 평가로서 보편적으로 받아들여지고 있다. 현재 이러한 시도들이 계속 거듭됨에 따라, 역사적 평가의 결과들도 어느 정도 학술적·실용적 가치를 확보하게 되었다고 여겨진다.

미국에서의 최초의 역사적 평가로서의 여론조사는 1948년 미국에서 가장 뛰어난 역사가 중의 한 사람인 슐레진저(Arthur M. Schlesinger, Sr.)에 의하여 수행되었다. 그에 의하여 55명의 역사학자들을 대상으로 여론조사가 수행되었는데 '위대한(Great)', '위대함에 가까운(Near Great)', '평균(Average)', '평균 이하(Below Average)', '실패(Failure)'의 다섯 범주에 대통령을 평가하였다. 1962년에도 슐레진저는 75명의 전문가를 대상으로 동일한 조사를 하였고, 이 조사에서도 처음 때와 마찬가지로 유사한 방법을 이용하여 응답자들에게 각각

---

2) 여론조사를 통한 평가와 개인의 의한 평가의 주된 내용은 찰스 F. 파버와 리처드 B. 파버의 『대통령의 성적표』(2003: 14-25)를 요약 정리하였다.

의 대통령을 다섯 범주 중의 하나에 넣도록 요구했다. 그러나 두 가지 방법 모두 평가를 위한 어떤 특정한 판단 기준은 제시하지 않았다. 이와 같은 연구는 슐레진저의 아들인 슐레진저 2세(Arthur M. Schlesinger, Jr.)에 의하여 1996년에도 반복적으로 이루어졌다(찰스 F. 파버, 2003: 14-15).

좀더 체계적인 조사는 마라넬(Gary M. Maranell)의 1968년 연구부터 시도되기 시작하였다. 마라넬은 슐레진저의 여론조사를 확대시키고 최신 데이터를 새로 정리하는 조사를 시행하였다. 미국역사가협회(Organization of American Historians)의 회원들 중 무작위로 1,095명을 선발하여 조사 의뢰하였고, 571명으로부터 유용한 답변을 받았는데, 종합적 명성, 업적, 실행력, 의욕적 활동, 응답자들의 정보의 총량, 이상주의, 융통성의 7개 범주를 이용하였다. 이후 연구에서는 지도력, 업적, 정치력, 인사, 성격의 5개 범주에서부터 개인적 배경(가족, 교육, 경력), 정당관리, 의사소통 능력, 대(對)의회 관계, 법관 인사, 경제, 행운, 타협 능력, 위험 감수 의지, 행정부 인사, 종합적 능력, 창의력, 국내 업적, 청렴성, 집행 능력, 외교 업적, 리더십, 지능, 중대 실수 회피, 현재 평가의 20개 범주까지 다양한 판단 기준을 토대로 대통령들을 더욱 체계적으로 평가하게 되었다.

역사가인 포터(David L. Porter)는 41명의 뛰어난 학자들에게 대통령을 평가하도록 요청하면서 슐레진저가 했던 같은 방법을 이용하여 최근의 대통령을 포함한 여론조사를 실시하였다. 슐레진저가 평가한 평균 이하의 점수를 받은 5명의 대통령은 포터의 조사에서도 마찬가지 평가를 받았으나 슐레진저의 경우 때는 평가되지 않았던 존슨(L. B. Johnson)이 클리블랜드(G. Cleveland)를 대신하여 위대함에 가까운 점수를 받았으며 뷰캐넌은 실패 점수로 강등되었다.

1982년 『시카고 트리뷴 매거진』의 닐(Steve Neal)은 대통령에 대한 전기(傳記)나 연구서를 낸 경험이 있는 역사가와 정치학자들 49명을 대상으로 여론조사를 실시하여 응답자에게 다섯 범주를 제시하고 각각 0점에서 5점까지의 점수를 주어 대통령을 평가하였다. 다섯 범주인 지도력, 업적, 정치력, 인사, 성격을 바탕으로 역대 대통령 중 10명의 최고 대통령과 10명의 최악의 대통령을 선정하였다.

이후 훨씬 광범위한 연구가 1982년 머레이(R. K. Murray)와 블레싱(T. H. Blessing)에 의하여 이루어졌다. 그들은 세부 항목별로 구성된 설문지 2,000장

이상을 박사학위를 가진 조교수 이상으로 지난 2년 동안 미국역사협회에 소속되어 있는 모든 미국 역사가들에게 보내 이 중 864명으로부터 유용한 답변을 얻었다. 머레이와 블레싱은 그들의 응답자가 이용할 판단 기준을 제시하지 않았으나 그들은 속속들이 철저하게 규명해 내는 설문지를 통하여 응답자들에게 사실상 평가를 위한 판단 기준을 제시하였다. 머레이와 블레싱의 여론조사는 위대한 대통령으로 네 명을 선정하였다. 링컨, 프랭클린 루스벨트, 워싱턴, 제퍼슨이다. 시어도어 루스벨트, 윌슨, 잭슨, 트루먼(H. S. Truman)은 위대함에 근접한 대통령으로 선정되었다. 머레이와 블레싱은 잭슨(Andrew Jackson), 뷰캐넌, 닉슨, 그랜트, 하딩을 실패한 대통령으로 선정하였다.

1989년에 라이딩스 2세(William J. Ridings, Jr)와 매키버(Stuart McIver)는 719명의 전문가들을 대상으로 여론 조사를 실시하였는데, 이들 전문가들은 대부분이 역사가들이며 정치가, 저널리스트, 그리고 각계의 명사들이 포함되어 있었다. 여론조사에서 전문가들은 지도력, 업적 및 위기관리 능력, 성격과 도덕성, 정치력, 인사 영역으로 구분된 다섯 가지 범주 속에서 대통령을 평가하도록 요구되었다. 전문가들은 10명의 최고의 대통령과 10명의 최악의 대통령을 선정하고 그 각각의 대통령들에게 A에서 F까지 점수를 매기도록 요구받았다. 이 조사에서는 초기에 포함되지 않았던 부시와 클린턴도 포함되어 있었다. 두 번에 걸친 여론조사는 적절하게 결합되어 1977년 『대통령 평가』라는 제목으로 출판되었다.

학자들에 의한 여론조사와 더불어 국가적 차원의 여론조사도 있었다. 국가적 차원의 여론조사는 모든 대통령을 포함하였지만 그 결과를 공표한 적은 없었다. 미국 전역의 일반 국민을 대상으로 미국에서 가장 위대한 인물을 선정해 줄 것을 요청하였다. 이 조사는 대통령뿐만 아니라 모든 사회의 인물들에 대한 평가를 실시하였는데 응답의 내용 중 상당수는 대통령이 선정되었다.

여론조사를 통한 대통령의 평가는 매우 흥미롭고 유용한 것이기는 하지만 그 어떤 것도 평가를 하는 데 이용할 의미 있고 상세한 판단 기준을 제시하지 않았다는 점에서 거의 모두 공통된 결점을 가지고 있었다. 평가를 하는 데 판단 기준을 규정하지 않았다고 다른 여론조사를 비판한 머레이와 블레싱의 연구도 사실상 비슷한 결점을 지니고 있었다. 응답자들의 답변과 변할 수 있는 어떤 가변성 사이에서 판단 기준을 제시하고자 하려는 시도는 올바른 평가를 위한 적절한 방법은 아닌 것으로 보인다.

대통령 업적에 대한 서열평가는 점차 계량적으로 발전되어 왔다. 구체적인 예로 시몬톤(Simonton, 1987: 201-205)은 서열평가를 계량적으로 분석하여 머레이와 블레싱(Murray & Blessing, 1983)을 기초로 '대통령의 위대성 모델'을 도출하였다. 시몬톤(Simonton, 1987)은 이 대통령의 위대성 모델의 통계학적 타당성과 정확성을 증명하였다. 구체적으로 독립변수의 관찰된 값을 회귀방정식에 투입하여 '예측값(predicted value)'을 산출하였다. 이 예측값과 머레이와 블레싱(Murray & Blessing, 1983)의 대통령 위대성 값(observed value)의 차이(residual)를 분석한 결과 그 차이가 통계학적으로 무의미한 것을 보여 줌으로써 모델의 타당성과 정확성을 검증하였다.

나아가 시몬톤(Simonton, 1987)은 위의 모델을 이용하여 바버(Barber, 1992)와 번스(Burns, 1978)의 이론을 경험적으로 검증하였다. 먼저 바버의 경우, 위의 대통령의 위대성 모델에 '적극적-소극적(active-passive)' 변수, '긍정적-부정적(positive-negative)' 변수, 그리고 두 변수의 상호작용 변수(interaction term)를 첨가하여 회귀방정식을 산출한 결과 첨가한 세 독립변수 중 어느 것도 통계학적으로 유의미한 결과를 갖지 못했다. 이는 바버(Barber, 1992)의 특정 대통령의 개성이 대통령의 국정 운영 결과에 영향을 미친다는 주장이 경험적으로 부정되었음을 의미한다.

미국의 대통령 업적에 대한 서열평가가 계량적으로 발전함에 따라 점차적으로 이러한 계량적 연구 결과, 즉 대통령의 성공과 실패는 '시대(the era)'와 '지도자(the man)'의 만남이라는 맥락에서 이해되어야 한다는 주장이 강해졌다(Lonnstrom & Kelly, 1997; Simonton, 1987). 이러한 관점에서, 시대가 다르면 지도자도 달라야 한다는 말은 매우 설득력을 갖게 되었다.

2. 전문가 개인에 의한 평가

개인에 의한 대통령 평가는 대부분 슐레진저의 1차 조사로부터 영감을 받았다. 이런 평가 중 로시터(C. Rosssiter)는 그의 1960년 연구에서 대통령이 위기의 시기에 대통령직을 잘 수행하였을 경우 위대한 대통령으로 평가받을 수 있다고 보았다. 그리고 “이러한 성향은 평온한 시기에 대통령직을 수행하는 사람들에게는 공정하지 않게 작용한다. 그러나 역사가 기록되는 순리가 그러하다”라고까지 지적함으로써 역사적 상황성을 매우 강조하였다. 결국 국가적 위기 상황에서 적극적으로 대처하여 위기를 성공적으로 극복하였을 때 위대한 대통령으로 평가받는 경향이 있다는 것이다. 가장 성공적으로 평가받는 대통령들은 조지 워싱턴, 에이브러험 링컨, 프랭클린 루스벨트 등인데, 이들 모두는 공통적으로 미국의 운명을 결정짓는 중요한 사건들과 직접적인 연관성을 가지고 있다. 워싱턴은 독립전쟁의 영웅이고, 링컨은 남북전쟁과 노예 해방을 성공적으로 이끌어 미국의 분열을 막았으며, 프랭클린 루스벨트는 대공황과 제2차 세계대전을 무난하게 넘겨 미국을 세계적 리더십을 가진 초강대국으로 발전시켰다. 위대한 대통령들은 그들이 재임하는 동안 역사적 사건이 발생하였으며 그러한 위기들을 훌륭하게 극복하였다. 결국 대통령의 위대성은 시대적 상황성에 상당한 의존을 하게 되는 것이다. 실제적으로도 위기관리 능력, 위기 리더십 등의 평가지표가 종종 역사적 평가에서 도입되고 있고, 대부분의 평가에서 전문가집단은 주로 역사가들로 구성되었다는 점에서 이러한 주장은 더욱 설득력을 가진다.

볼든(Morton Bolden)은 1961년에 『가장 위대한 미국 대통령 10명』이라는 제목으로 여러 평론을 묶은 평론집을 출판하였다. 그는 슐레진저의 1차 여론조사에 근거하여 순위에 다른 10명의 대통령을 선정하였다. 1964년 저널리스트인 소콜스키(Eric Sokolsky)는 『우리의 가장 위대한 대통령 7명』을 출판하였다. 초대 대통령을 위대한 7명에 포함시키지 않았는데, 그 이유는 그의 시각으로 볼 때 워싱턴은 만족할 만한 적극적 행동을 하지 않았기 때문이다.

베일리(Thomas Bailey)는 『위대한 대통령』에서 ‘측정할 수 없는 것에 대한 측정’, ‘편견의 장벽’ 등의 제목으로 여러 장을 할애하면서 평가 체계가 태생적으로 안고 있는 단점에 대하여 논의한 후 워싱턴에서 린든 존슨에 이르기까지 모든 대통령을 그 자신의 시각으로 평가하였다. 베일리는 대통령을 평가하면서 다른 학자들보다 그럴 듯한 대강의 척도를 가지고 평가하려 할 경우, 우선 좀 더 정확한 측정의 잣대를 만들어 놓아야 한다는 점을 분명히 하였다. 그는 이상적인 대통령이 반드시 통과하여야 할 약 100개의 시험장치 중에서 43개 항목을 선정하고 그 중에서 35개 항목을 모든 대통령에게 적용하였고, 8개 항목은 20세기의 대통령들에게 적용하였다. 이러한 판단 기준을 사용하였음에도 불구하고 베일리는 대통령의 순위 매기기를 하지 않은 대신 43개 항목을 이용해서 슐레진저의 여론조사에서 전문가들에 의하여 이루어진 판단에 동의를 하는가의 여부를 판단하였다.

린드그렌(J. D. Lindgren)은 2000년 조사에서 역사가, 법학자, 정치학자들을 대상으로 최초로 집단 간 차이를 파악하려 하였다. 이 연구에 의하면, 역사학자들은 클린턴을 법학자, 정치학자들보다 각각 8단계, 7단계 높게 평가하였고, 레이건의 경우에는 각각 8단계, 5단계 낮게 평가한 것으로 조사되었다. 이 연구의 결과를 보면 역사학자들은 민주당 출신 대통령들을 호의적으로 평가하는 반면, 법학자들은 공화당 출신을 호의적으로 평가하는 것으로 나타났다(Lindgren, 2000). 개별 평가들에서도 민주당과 공화당 출신 대통령의 평균 수위를 비교하면 상당히 차이가 있는 것으로 나타난다. 단지 2인이 연구한 파버와 파버(Faber & Faber, 2000)의 평가에서는 민주당과 공화당 대통령 간의 평균이 통계적으로 매우 높은 수준에서 유의미한 격차가 존재하는 것으로 나타났다. 그리고 의도적으로 설문 대상자의 이념적 분포를 고려한 린드그렌의 2000년 연구에서는 민주당이 18.23, 그리고 공화당이 22.00으로 나타나 가장 편차가 작게 나타남으로써 설문 답변자의 이념적 스펙트럼에 의하여 평가 결과가 달라질 수 있음이 드러났다.

이러한 결과를 통하여 지금까지의 대통령 평가들은 특정 성격의 대통령들에 우호적인 방향으로 이루어질 수 있고 결국 평가자의 성향에 따라 평가의 결과가 달라질 수 있음을 보여 주고 있다. 또한, 대통령에 대한 역사적 평가는 일관성과 지속성을 유지하는 것이 아니라 시대적 상황에 따라 변화할 수 있고, 어느 시기에 이루어졌는가에 의하여 크게 영향받을 수 있다는 점을 보여 준다. 예를 들면, 아이젠하워(D. Eisenhower) 대통령에 대한 평가는 후대 대통령들의 리더십에서 많은 문제점이 나타남으로써 계속 좋아지는 추세에 있으며, 케네디(J. F. Kennedy) 대통령에 대한 평가는 시간이 경과함에 따라 계속 나빠지고 있다. 절대적 평가 기준이 없는 상황에서 특정 대통령의 전임자들이 어떠하였고 후임자들은 어떠하였는가에 따라 상대적인 비교에 의하여 평가는 변화할 수 있다. 또한 평가 시기가 언제이고 그 시기에 어떠한 가치가 더 중요하게 여겨지는가에 따라서도 대통령은 다르게 평가될 수 있는 가능성이 있다.

Ⅳ. 한국의 대통령 평가 경향

한국의 경우 대통령을 평가하는 작업은 특정 대통령이 자신의 임기 중 대통령직을 얼마나 성공적으로 수행하였느냐를 객관적이고 공정한 기준에 근거하여 평가하는 것이다. 객관적인 평가 기준으로는 대통령의 국정 운영 결과, 즉 대통령이 임기 중에 남긴 업적이 적절하다. 그러나 한국의 역대 대통령에 관한 기존의 평가는 인물이나 자질을 중심으로 한 리더십 위주의 평가가 대부분이고 업적 중심의 평가가 있다 하더라도 객관적인 평가가 아닌 주관적인 평가에 그쳐 평가의 객관성이 떨어지고 있다. 특히 전문가나 일반인 대상의 여론조사를 통한 업적 평가는 평가자의 주관적인 편의성에 영향을 받을 가능성이 높았다(함성득, 1999: 94). 한국에서의 대통령 평가의 기준을 살펴보면, 먼저 1997년 국내 정치학자 204명을 대상으로 하여 이루어진 대통령 평가연구의 경우, (1) 위기관리 능력, (2) 민주적 리더십, (3) 도덕성, (4) 용인술(用人術), (5) 위기관리 능력, (6) 지적 수준의 여섯 가지 평가 기준을 사용하였다.

1997년에 실시한 경향신문의 대통령 평가는 자질 중심의 대통령 서열평가이다. 이 평가는 비전, 민주적 리더십, 도덕성, 용인술, 위기관리 능력, 지적 수준 등의 자질 위주의 기준을 바탕으로 전문가에 의한 평가를 시도하였다. 그러나 이러한 평가 기준에는 대통령의 업적에 대한 별도의 기준이 없었으며 대통령의 '자질 평가'에 초점을 맞추었다. 또한 지적 수준과 대통령의 성공과는 밀접한 상관 관계가 없다는 미국의 연구 결과를 고려해 볼 때 평가 항목은 평가 기준으로서 다소 부적절한 것으로 생각된다. 훌륭한 자질을 갖춘 대통령이 꼭 훌륭한 업적을 남긴다는 보장이 없었으며, 미국의 경우 대통령에 선출된 인물은 대체로 보통 이상의 지적 능력과 자질을 갖춘 사람이라서 자질면에서는 큰 차이가 없다는 것이다. 따라서 경향신문의 자질 중심 평가는 추상성이 높아서 비록 전문가의 평가라 할지라도 그 객관성과 타당성이 문제시된다고 할 수 있다. 이러한 점에서 정책의 결과 또는 업적 중심의 평가가 바람직하다고 하겠다.

곽창규(1997)는 정치, 사회, 또는 문화 분야보다 비교적 계량화가 쉽고 업적 지표가 분명한 경제 분야 업적에 초점을 두어 대통령을 평가하였다. 그의 분석에 따르면, 경제성장률은 박정희 대통령 때 가장 높았고, 소비자물가는 전두환 대통령 때 가장 안정적이었다. 또 경상수지는 노태우 대통령 때 가장 좋았다고 평가하였으며, 김영삼 대통령 때는 물가는 어느 정도 안정성을 유지하였지만 경제 성장과 경상수지는 역대 정부 중 가장 실적이 나쁜 것으로 분석하였다.

안병만(1998)은 204명의 정치행정학자가 참여한 설문조사를 통하여 대통령의 자질, 통치 태도, 정책 역량, 인사정책, 분야별 정책 수행 만족도를 평가하였다. 특히 이 설문조사는 이미 1992년에 한 번 실시하였고, 다시 1998년에 실시하여 우리 대통령 평가 연구에서 '추적 연구'의 효시가 되었다. 그는 이러한 추적 연구를 통하여 미국의 경우처럼 대통령의 평가에서 나타나는 변화를 분석하였다. 구체적으로 박정희 대통령과 전두환 대통령은 좀더 긍정적인 평가를 받았고 노태우 대통령은 부정적인 평가를 받았다. 반면 이승만 대통령과 장면 총리의 평가는 변화가 없었다.

여러 가지 평가 방법상의 어려움에도 불구하고 정치·외교·행정·경제·법학·사회·철학·과학기술 분야 등의 학자들로 구성된 (사)한국대통령평가위원회는 2002년 약 10개월에 걸쳐 체계적이고 과학적인 분석 틀 아래서 한국의 역대 대통령들의 국정 운영 공과를 업적을 중심으로 가능한 한 객관적으로 그리고 계량적으로 평가하고자 하였다. 이러한 계량적 평가는 이승만 대통령부터 김대중 대통령까지의 성공과 실패에 대한 객관적 분석을 가능하게 함으로써, 성공한 업적에 대해서는 그 성공의 열쇠를 찾아내어 계승 발전시킬 수 있게 하고 또한 정책실패에 대해서는 철저한 원인 규명을 통하여 앞으로 있을지도 모르는 실패를 미연에 방지하고자 하였다.

한국대통령평가위원회는 먼저 서열평가와 기술적 평가를 동시에 사용하고 '자질'과 '업적'을 동시에 평가하는 종합평가를 시도하였다. 또한 한국대통령평가위원회에서는 객관적 평가를 위한 새로운 방법론을 모색하였다. 구체적으로 첫째, 국내 현실에 맞는 객관적인 평가 기준을 마련하고 이를 모형화하는 문제이다. 둘째, 선택된 평가 기준에 대하여 상대적인 가중치를 어떻게 부여하는가의 문제이다. 셋째, 개별 평가자의 평가 결과를 어떻게 합리적으로 집계하는가라는 다양한 평가자의 견해 취합 문제이다.

학자들 및 전문가들에 의해서 이루어지는 대통령의 업적에 대한 평가와 임기 중에 국민들이 평가하는 대통령 업무 능력이 어떠한 관련이 있는지를 밝혀

내는 것은 중요하다고 생각된다. 대통령의 성공적 국정 운영을 달성하기 위해서 대통령이 어떠한 목표를 가지고 어떠한 정책을 추진하는가는 대통령이 평가받기를 원하는 평가 기준의 선택에 따라 결정되기 때문에 양 평가의 양태, 상관성, 역학구조를 살펴보는 것은 매우 의미 있는 분석이 될 것이다. 이러한 분석을 통하여 성공적인 정권이 되기 위하여 취해야 할 구체적인 국정 운영의 조감도가 그려질 것이기 때문이다. 이러한 실제적 요구에도 불구하고 지금까지는 누적된 자료의 부족과 경험적 접근 방법상의 제약으로 인하여 연구에 커다란 진전이 이루어지지 못하였다. 하지만 다양한 평가 방법을 통한 전문가 조사 결과가 누적되고 서베이 조사기관을 통한 국민 여론에 대한 자료 수집도 상당한 진전을 이룬 현 시점에서 양 평가에 대한 경험적 분석은 절실하다고 여겨진다.

대통령제를 실시하고 있는 미국에서 대통령이 차지하는 정치적 의미는 매우 크다. 특히 국민들의 생활의 질을 향상시키기 위한 경제정책 및 복지정책 실시를 위하여 적극적인 연방정부의 역할이 요구되면서 그리고 미국이 당면하고 있는 대외 문제에 신속하게 대응하기 위하여 대통령의 역할은 점점 확대되어 가고 있는 실정이다. 이에 행정부 수반으로서 대통령의 역할 및 결정, 그리고 행태는 사회과학자 및 국민들의 많은 관심을 불러일으키고 있으며, 이들은 대통령의 리더십, 성격 그리고 업적 및 정책 등을 중심으로 대통령에 대한 평가를 내리고 있다.

한국에서의 대통령 평가의 기준은 대통령의 개인적 리더십, 대통령의 업적, 대통령 재임 당시의 국내외 정세 및 역사적 사건의 발생, 평가자에 대한 고려와 같은 네 가지로 구성되어야만 객관성을 확보할 수 있을 것이다. 왜냐하면 위대한 대통령은 일반적으로 국가 운명이 걸린 아주 심각한 위기 또는 도전에 직면해 있었는데, 이 경우 대체적으로 그들이 스스로 국정 목표를 설정하기보다는 시대적 상황에 의하여 국민 모두가 동의하는 국정 목표가 설정되었고, 그들은 이 국정 과제를 성공적으로 달성함으로써 위대한 대통령으로 평가받을 수 있었기 때문이다. 또한 특정 대통령이 위대한 대통령으로 남기 위해서는 자신의 자질과 그에 따른 업적도 중요하지만 또한 그가 처한 상황이 허락하는 경우라야 한다. 즉, 아무리 뛰어난 자질을 갖춘 대통령도 시대와 부합되지 않으면 위대한 대통령이 되기 어렵다는 것이다(Lonnstrom & Kelly, 1997).

V. 결 론

미국 대통령 서열평가의 연구에서 일반적인 결론은 첫째, 극히 성공적인 대통령, 즉 위대한 대통령(예를 들어 워싱턴, 제퍼슨, 링컨, 프랭클린 루스벨트)과 극히 실패한 대통령(예를 들어 하딩 대통령을 비롯해 뷰캐넌, 그랜트, 피어스)을 제외하고는 대체적으로 대통령이 임기를 마친 후 한 세대, 즉 약 35년 정도의 기간 이내에 이루어지는 평가는 평가 시점에 따라 조금의 변화가 있을 수 있다는 것이다. 따라서 대통령에 대한 객관적인 평가를 위해서는 대통령의 임기가 끝난 다음 적어도 한 세대, 즉 35년은 흘러야 한다는 것이다. 이 정도 시간이 지나야 대통령의 업적과 유산을 전반적인 시각을 갖고 평가할 수 있다는 것이다. 그러나 예외적으로 극히 성공적이거나 극히 실패한 경우는 그 성패의 판단이 너무나 분명하기 때문에 이렇게 긴 시간이 필요하지 않다(한국대통령평가위원회, 2003: 22-23).

둘째, 임기 후 전직 대통령으로서 정치사회적 활동에 의하여 평가가 달라질 수 있다는 것이다. 닉슨 대통령과 카터 대통령의 예가 이를 증명하여 주고 있다.

셋째, 위대한 대통령은 일반적으로 국가 운명이 걸린 아주 심각한 위기 또는 도전에 직면해 있었다는 것이다. 즉 위대한 대통령은 대체적으로 자신의 국정 목표를 설정한다기보다는 이미 취임 전 또는 국정 운영 과정에서 시대 상황에 의하여 국민 모두가 동의하는 국정 목표가 설정되었다는 것이다. 그들은 이 국정 과제를 성공적으로 달성함으로써 위대한 대통령으로 평가받았다.

넷째, 특정 대통령이 위대한 대통령으로 남기 위해서는 자신의 자질과 그에 따른 업적도 중요하지만 또한 그가 처한 상황이 허락하는 경우라야 한다는 것이다. 따라서 아무리 뛰어난 자질을 갖춘 대통령도 시대가 안 따라 주면 위대한 대통령이 되기 어렵다는 것이다.

우리의 대통령 평가는 그 빈도나 평가 결과의 객관성 등에서 미국에 비하여 상대적으로 빈약하다고 할 수 있다. 우리의 대통령 업적과 관련하여 주요 문제점은 첫째, 업적 평가를 위한 객관적인 기준이 없다는 것이다. 둘째, 지금까지 우리의 평가 연구는 성과 지향적인 미국 대통령 평가 연구와는 달리 대체적으로 대통령에 선출되기 전의 '자질평가'에 초점을 맞춘 '기술적 평가'였다는 것이다.

기술적 평가는 '서열평가'와 비교하여 대체적으로 평가자의 숫자가 일반적으로 1인 아니면 소수이고 그 평가 기준의 추상성이 높기 때문에 평가의 객관성이 약하다. 따라서 평가자가 어떤 특정 대통령과 친밀한 관계가 있었으면 그 특정 대통령에 대한 평가는 다른 대통령들에 비하여 상대적으로 호의적일 가능성이 높다.

또한 기술적 평가는 비교 대상이 없어 그 우열의 순서를 고려하지 않으므로 대체적으로 모든 대통령의 업적에 대해서 긍정적으로 평가하는 경향이 강하다. 즉 대통령의 업적에 대한 비판적 시각이 약하다. 이러한 경향은 우리 대통령들의 업적에 대하여 매우 긍정적인 평가에서도 나타나고 있다. 더욱이 자질 중심의 평가는 대통령의 자질이 중요하지만 국정 운영 과정을 통하여 대통령의 자질이 변화 향상될 수 있으며, 또한 자질이 국정 운영 결과에 어떻게 영향을 미치는지의 인과 관계에 대한 분석력이 약하다는 단점을 갖고 있다(함성득, 1999).

대통령을 평가하는 작업은 특정 대통령이 자신의 임기 중 대통령직을 얼마나 성공적으로 수행하였느냐를 개관적이고 공정한 기준에 근거하여 평가하는 것이다. 객관적인 평가 기준으로는 대통령이 임기 중에 남긴 업적을 중심으로 한 대통령의 국정 운영 결과가 적절하다. 그러나 한국의 역대 대통령에 관한 업적 평가는 인물이나 자질을 중심으로 한 리더십 위주의 평가가 대부분이고 업적 평가가 있다 하더라도 객관적인 평가가 아니라 주관적인 평가에 치우쳐 평가의 객관성이 떨어졌다(이시원, 1994; 변형윤 외, 1992). 특히, 전문가나 일반인 대상의 여론조사를 통한 업적 평가는 평가자의 주관적인 편의성에 영향을 받을 가능성이 높으므로 평가자의 주관적 감정을 배제하고 객관적인 평가가 가능하도록 객관적이고 계량화할 수 있는 성과지표에 의한 업적 중심의 평가가 절실하였다(함성득, 1999: 94).

최근에는 이러한 객관적이고 계량적인 업적 평가에 대한 분석이 시도되었다. 취임사에 밝힌 국정 목표를 얼마나 달성하였느냐는 달성도에 초점을 두고 대통령 업적 평가의 대상과 기준을 설정하여 이에 맞는 타당한 성과 지표를 통하여 업적을 평가하려는 시도와 다양한 평가 관점을 수용하며 개별 평가 항목의 상대적 중요도를 반영하기고자 도입, 발전시킨 분석방법론 즉 다속성 효용이론과 스윙 기법을 중심으로 그 평가 방법과 과정을 이론적 및 수리적 관점에서 분석하는 연구가 있었다(함성득·임용득·곽승준, 2003). 또한 미국 대통령 평가에 대한 실증적 분석을 통하여 미국 대통령 평가의 역학과 양태를 근거로 하여 한국 대통령의 성공적 국정 운영을 위한 방향성을 제시하였고(김혁·가상준, 2004), 청와대 경험을 통하여 얻은 실질적인 청와대 운영상 필요한 여러 가지 정보들을 제공하며, 한국 대통령의 업적에 대한 평가를 시도하였다.[3)]

이러한 다양한 대통령의 업적 평가의 시도에도 불구하고 시대적 상황과 대통령직의 수행 연도에 근거한 종합적인 업적 평가를 시도하는 데는 아직 미흡한 면이 많다. 객관적인 업적 평가가 바람직하기는 하나 시대적 상황을 포함하여 무형의 업적 성과는 종합적이고 주관적인 관점도 필요로 한다. 이러한 문제점을 극복하기 어려운 점이 있지만 객관성과 주관성이 혼합되는 심층적 분석들이 요구된다.

대통령의 업적은 통치 이념과 상관 관계를 갖는다. 따라서 업적을 평가하는 것은 대통령의 통치 이념을 이해하게 되고 시대적 배경을 이해하는 데 도움을 준다. 업적 평가는 계량적이고 객관적인 준거 틀에 기초하지만 상대적 주관성이 중요시될 때도 있다. 따라서 비교적인 방법을 사용하여 각 대통령의 업적 비교를 분석할 수 있는 준거 틀을 마련할 필요가 있다. 대통령의 업적을 단지 계량적이고 객관적인 분석에만 의존할 경우 각 대통령들의 상이한 재임 기간, 상이한 정치·경제·사회의 시대적 상황으로 인하여 정확히 업적을 평가하기 어려운 점이 있다. 따라서 당시의 시대적 상황을 염두에 둔 주관적인 관점에서의 업적 평가도 병행되어야 할 것이다.

3) 김충남은 『성공한 대통령과 실패한 대통령』(1998)에서 대통령직의 제도화를 통하여 대통령이 국가경영팀의 최고책임자로 변화하여야 한다고 주장한다. 역대 대통령의 대한 평가는 당시의 시대적 배경, 국가적인 당면 과제, 그리고 리더십을 뒷받침하는 정치적·행정적 조건 등을 고려하여 종합적으로 이루어져야 한다면서 대통령의 업적을 평가하였다. 이를 기초로 대통령에 대한 국민적 인기와 역사적 평가는 다르며 결국 성공한 대통령이 되기 위해서는 파이프너(Pfiffner ed., 1991)의 '경영자적 대통령'이 되어야 하며, 이러한 경영자적 대통령 상을 정립하기 위하여 청와대도 국가 경영적 관점에서 개편되어야 한다고 주장한다.

참고 문헌

가상준. (2004). 클린턴 대통령의 업무 수행에 대한 유권자들의 평가: 경제와 도덕성을 중심으로. 「한국정치학회보」 38(2): 495-514.

가상준 · 김혁. (2004). 미 대통령 평가에 대한 실증적 분석. 「한국사회와 행정연구」 15(2): 23-47.

곽창규. (1997). 「경제발전과 리더십」. 서울: 여의도연구소.

김석준. (2002). 「현대대통령연구 I」. 서울: 대영문화사.

김충남. (1992). 「성공한 대통령 실패한 대통령」. 서울: 전원.

변형윤 외. (1992). 「국민은 이런 변화, 이런 정부를 원한다: 6공의 평가와 앞으로의 정책과제」. 서울: 정암문화사.

안병만. (1998). 역대 통치자의 리더십연구, 한국행정학회 세미나.

―――, (1992). 역대 통치자의 자질과 정책 성향 연구. 한국행정학회 춘계학술심포지엄. 51-73.

이남영. (1996). 21세기의 새로운 정치지도자상. 한국정치학회 한국정치 포럼.

이상민. (1999). 미국에서의 대통령 기록관 제도의 성립과 발전: 대통령 기록관 설립 방향 설정을 위한 사례 연구, 「미국사연구」 143-181.

이시원. (1994) 제6공화국 정부의 정책에 대한 국민의 평가, 「한국행정학보」.

이윤식 외. (2006). 「정부성과 관리와 평가제도」. 서울: 대영문화사.

최평길. (2002). 「대통령학」. 서울: 박영사.

―――. (1993). 대통령의 업적 극대화 전략과 비서실의 조직 · 정책 · 관리 기능에 관한 연구. 연구보고서. 연세대학교 행정학과.

한국대통령평가위원회 · 한국대통령학연구소. (2002). 「한국의 역대 대통령 평가」. 조선일보사.

함성득. (2002). 한국 대통령의 새로운 역할과 리더십: 명령자에서 조정자로. 「행정논총」 40(3): 97-121.

―――. (2002). 「대통령 비서실장론」. 서울: 나남.

―――. (1999). 한국 대통령의 업적 평가: 취임사에 나타난 정책지표와 그 성취도를 중심으로. 「한국정치학회보」 34(4): 93-118.

―――. (1999). 「대통령학」. 서울: 나남출판사.

―――. (1997). 대통령학의 이론적 고찰과 우리의 연구과제, 「한국행정학보」

31(1): 1-22.

——. (1996). 대통령학의 제도적 접근. 「한국행정학보」 30(3): 211-216.

함성득 · 임동욱 · 곽승준. (2003). 한국 대통령 평가 방법의 과학적 설계과정: 다속적 효용이론 스윙기법을 중심으로 「한국정치학회보」 38(2): 263-284.

찰스 F. 파버, 리차드 B 파버, 김형곤 역. (2003). 「대통령의 성적표」. 서울: 혜안.

Barber, James D.(1985). *Presidential Character.* Englewood Cliffs, NJ: Prentice-Hall, Inc.

Fisher, Louis.(1975). *Presidential Spending Power.* Princeton: Princeton University Press.

Greenstein, Fred I.(1982). *The Hidden-Hand Presidency.* New York: Basic Books.

Hart, Roderick D.(2002). Why do they talk that way? A research agenda for the presidency. *Presidential Studies Quarterly* 32(4): 693-708.

Lindgren, James D. (2000). Ranking Our Presidents." *Wall Street Journal* (November).

Lonnstrom, Douglas A. & Thomas O. Kelly II. (1997). The Contemporary Presidency: Rating the Presidents: A Tracking Study. *Presidential Studies Quarterly* 33(3): 625-634.

Maranell, Gary M.(1970). The Evaluation of Presidents: An Extension of the Schlesinger Polls. *Journal of American History* 57(1): 104-131.

Murray, Robert K. & Tim H. Blessing (1988). *Greatness in the White House.* University Park: Pennsylvania University Press.

Neal, Steve. (1982). Our Best and Worst Presidents. *Chicago Tribune Magazine.* January 10.

Neustadt, Richard E. (1980). *Presidential Power: The Politics of Leadership from FDR to Carter The Presidency and the Political System.* A Division of Congressional Quarterly Inc., 115-159.

——. (1990). *Presidents Power and Modern Presidents: The Politics of Leadership from Roosevelt to Reagan.* New York: Free Press.

Porter, David (1987). American Historian Rate Our Presidents, in William Pederson & Ann M. McLaurin(ed.). *The Rating Game in American Politics.* New York: Irvington Publishers.

Ridings, William Jr. & Stuart B. McIver. (1997). *Rating the Presidents.* NJ:

Citadel Press.

Rossiter, Clinton. (1960). *The American Presidency*. New York: Harcourt Brace.

Schlesinger, Sr. Arthur. (1948). Historians Rate the US President. *Life*, November 1. 65-66; 73-74.

———. (1962). Our Presidents: A Rating by 75 Historians. *New York Times Magazine*, July 29, 12-13; 40-43.

Schlesinger, Jr. Arthur M. (1997). Rating the Presidents: Washington to Clinton. *Political Science Quarterly* 112(2): 179-190.

Scriven, M. (1991). *Evaluation Thesaurus*. Newbury Park, CA: Sage.

Seiglman, Lee & Kathleen Knight. (1983). Why does Presidential Popularity Decline? A Test of the Expectation/Disillusion. *Public Opinion Quarterly* 47: 310-324.

Simonton, Dean. (1987). *Why Presidents Succeed.* New Heaven: Yale University Press.

제02장

성과중심 정부업무평가의 주요 현안 및 과제 -중앙행정기관을 중심으로-

I. 서 론

우리나라의 IMD 국가경쟁력 종합 순위는 2006년 현재 38위로 61개 경제권역(53개 국가) 중에서 아직은 중위권 수준이다. 그러나 최근 발표된 수출 실적 3,000억 달러 달성은 선진국 진입을 가리키는 희망 지표라 할 수 있다. 1964년 1억 달러 수출 이후, 수출액 2,000억 달러에서 2년 만에 달성한 3,000억 달러의 수출 실적은 국민소득 3만 달러라는 선진국으로의 진입이 머지 않았음을 암시하고 있기 때문이다.

그간 참여정부에서는 선진국 문턱에서 국가경쟁력 제고를 위한 끊임없는 정부혁신 노력이 있어 왔다. 책임·경쟁의 공직문화 기반 조성을 위한 고위공무원단제의 출범, 성과와 보상을 연계·확충하기 위한 직무성과계약제 및 성과관리카드의 확산, 자율적 성과관리 추진 기반 마련을 위한 「정부업무평가기본법」의 제정·시행, 재정의 효율성·건전성 및 투명성을 제고하기 위한 「국가재정법」의 제정·시행 등은 정부 부문에서의 대표적인 혁신 추진 노력에 해당되는 것들이다. 특히 통합적인 성과관리 체계를 기반으로 국정 운영의 능률성·효과성 및 책임성 향상을 목적으로 실시되고 있는 현행 정부업무평가는 정부 부문의 효율성 제고를 위한 핵심 노력 중 하나로 평가되고 있다.

통합적인 성과관리 체계는 「정부업무 등의 평가에 관한 기본법」(2001. 1. 8.

법률 제6347호)을 대체한 「정부업무평가기본법」(2006. 4. 1. 법률 제7928호) 하에서 구축된 '한국형 성과관리 모델'이다(공병천, 2006b: 184-185). 통합성과관리는 조직(기관 및 부서) 평가와 개인 평가의 연계, 개인별 및 조직별 평가에서의 상대평가 실시, 최종관리자의 별도 점수 부여 등과 같은 원칙을 적용하여 실시하도록 함을 주요 내용으로 한다. 이는 그간에 정부 부문에서 이루어져 온 각종 평가 제도가 개별적으로 분절적이고 중첩적으로 시행됨은 물론 정부기관 내에서는 체계적인 성과관리가 이루어지지 않은 채 평가가 이루어짐으로써 평가의 실효성에 의문이 제기되어 온 것에 대한 반성과 비판에서 도입된 것으로 이해된다.

이 연구에서는 현행법인 「정부업무평가기본법」하에서 이루어지고 있는 정부가 하고 있는 일(정책 또는 사업)에 대한 평가가 실제에서는 어떻게 이루어지고 있는지 그 실태를 파악하고, 그에 따라 나타나는 주요 현안은 무엇이고, 이에 대한 과제는 어떤 것이 있는지 등에 관하여 논의하고자 한다. 이를 통하여 궁극적으로는 성과관리 및 평가 현실에서 정부가 하고 있는 일이 실제로 업무의 성과 개선 및 향상에 기여할 수 있는 제도적인 개선으로 이어지기를 바란다. 이에 기여하고자 함이 이 연구의 목적이다.

Ⅱ. 논의의 전제 및 연구모형

1. 논의의 전제

연구 목적 달성을 위해서 다루어지는 연구 범위는 정부업무평가 중에서 중앙행정기관을 대상으로 이루어지는 자체평가와 중앙행정기관의 성과관리에 한정하고자 한다. 구체적으로는 정부업무평가 중에서 국무총리가 행하는 특정평가와 재평가를 제외하고, 중앙행정기관이 소관 업무를 추진하면서 행하는 일련의 활동인 성과관리와 자신이 추진한 업무를 대상으로 스스로 수행하는 자체평가가 구체적인 연구의 대상 범위가 된다.

자체평가와 성과관리에 관한 논의는 평가 및 성과관리의 실제에서 이루어지는 개념을 중심으로 연구를 진행하고자 한다. 자체평가와 평가에 관하여 다양한 개념과 형태로 설명될 수 있지만 이 연구에서는 행정 현실을 기반으로 주요 현안 및 과제를 다루고자 하기 때문이다.

정부업무평가는 국정 운영의 능률성·효과성 및 책임성 확보를 위하여 중앙행정기관, 지방자치단체, 중앙행정기관 또는 지방자치단체 소속기관, 공공기관이 행한 정책 등을 평가하는 것을 말한다. 현행법에서는 그 종류로 자체평가, 특정평가, 재평가를 명시하고 있다. 법에 따르면, '자체평가'는 중앙행정기관 또는 지방자치단체가 소관 정책 등을 스스로 평가하는 것이고, '특정평가'는 국무총리가 중앙행정기관을 대상으로 통합적인 국정관리를 위하여 필요한 정책 등을 평가하는 것으로 명시되어 있다. 반면에 '재평가'는 이미 실시된 평가에 관하여 평가를 실시한 기관 외의 기관이 다시 평가하는 것으로 규정되어 있다. 한편, '성과관리'는 정부 업무를 추진할 때 경제성·능률성·효과성 등의 관점에서 관리하는 일련의 활동이라고 명시되어 있다.[1)]

2. 연구모형

벤(Behn, 2003: 586-606)[2)]이 성과관리를 다양한 이름과 방식으로 정의할 수 있음을 언급한 바와 같이 성과관리는 그 목적 또는 필요성 등에 따라 여러 측면에서 설명되고 이해될 수 있다(공병천, 2006b: 186). 그뿐만 아니라 성과측정, 성과주의 예산, 성과계약, 성과급 보수 등에 이르는 다양한 개념을 포괄하고 있다. 평가 또한 평가의 대상이 무엇인지, 평가의 시점이 언제인지, 누가 평가하는지 등에 따라 다양한 형태로 설명되고 있고, 그 목적 또한 여러 측면에서 설명될 수 있다.[3)]

1) 「정부업무평가기본법」 제2조(정의) 참조.

2) 공공관리자들이 관리 운영상 실시하는 성과측정은 여덟 가지 목적(evaluate, budget, motivate, control, promote, celebrate, learn, improve)에서 이루어질 수 있음을 설명하면서 목적에 따라 성과관리의 내용(성과측정 기준, 성과정보의 도출 및 활용 등)이 달라질 수 있음을 언급한 바 있다.

3) 평가의 개념 및 정의에 대해서는 일찍이 1960~1970년대 하트리(Harry Hatry), 홀리(Joseph Wholey), 나크미아스(David Nachmais), 로시(P. H. Rossi) 등이 다양하게 설명한 바 있고, 그에 따라 평가 유형화도 다양하게 이루어지게 되었다. 국내에서도 이에 따

[그림 2-1] 연구모형에서 보는 바와 같이 이 연구에서는 연구 범위와 관련하여 중앙행정기관이 주요 정책과제, 재정 성과, 인사, 조직, 정보화 등에서 스스로 수행하는 부문별 평가와 이들 부문과 관련된 성과관리 내용을 중심으로 자체평가와 성과관리의 실태를 파악하고자 한다.[4] 그리고나서, 평가 및 성과관리 현

[그림 2-1] 연구모형

중앙행정기관의 자체평가 및 성과관리의 실태분석 범위

【 중앙행정기관의 자체평가 】

평가 부문	총괄 관련 중앙행정기관
주요 정책과제	국무조정실
재 정 성 과	기획예산처
인 사	중앙인사위원회
조 직	행정자치부
정 보 화	정보통신부 · 행정자치부

【 중앙행정기관의 성과관리 】

성과관리전략계획
(중 · 장기 재정운용계획 반영)
기관의 임무 ⇒ 전략 목표
⇩
성과관리시행계획
(재정 부문의 과거 3년간 성과 결과 포함)
성과 목표 · 성과 지표

중앙행정기관 자체평가와 성과관리 실태 분석 기준

【 중앙행정기관의 자체평가 】	【 중앙행정기관의 성과관리 】
• 자체평가의 구성 요소 및 내용 -부문별 평가 대상 및 영역 • 자체평가의 추진 과정 및 체계	• 성과관리 핵심 구성 요소 • 부문별 성과관리의 내용(대상 및 범위) • 성과관리 추진 과정 및 체계

'평가 내실화를 통한 성과관리 강화 및 성과관리 기반의 자체평가 내실화'를 위한 쟁점별 주요 현안 및 과제

주요 현안 및 과제	▶평가의 목적 : 왜 평가해야 하는가? ▶평가의 주체 : 누가 평가해야 하는가? ▶평가 대상 및 방법 : 무엇을 대상으로 어떻게 평가해야 하는가? ▶평가 결과의 활용 : 평가 결과를 어떻게 활용할 것인가?

라 평가를 정의하는 것이 일반화되어 있다. 구체적으로 평가의 개념, 평가의 목적, 평가의 유형 및 방법 등에 관해서는 김명수(2003), 『공공정책평가론』 참조.

4) 이 연구에서의 실태 파악 내용은 공병천, "통합성과관리를 위한 자체평가와 성과관리의 연계"(『한국행정연구』, 2006년 가을호) 참조 인용.

실에서 논의되는 현안은 무엇이고, 현안을 기준으로 '평가의 내실화를 통한 성과관리 강화' 및 '성과관리 기반의 자체평가 내실화'를 위한 향후 과제에는 어떤 것들이 있는지 등에 관하여 주요 쟁점별로 살펴보고자 한다.

Ⅲ. 중앙행정기관의 자체평가 및 성과관리 실태

1. 중앙행정기관의 자체평가 실태

1) 자체평가의 구성 요소

자체평가 구성 요소에 관한 실태분석에서는 2005년도와 2006년도 두 시점이 고려되었다. 현재의 평가가 법·제도적 환경에서는 새로운 법에 따르도록 되어 있지만, 그 운영은 이전의 법에 따라 수립된 연초 계획을 반영하여 이루어지고 있기 때문이다. 따라서 이하에서는 현행법 하에서의 현재 시점(2006년 10월 현재)을 기준으로 그 실태를 살펴보면서 추가적으로 유의미하다고 판단되는 경우에 한해 이전 시점인 2005년도의 실태를 반영하고자 하였다.

현행법에 따르면 중앙행정기관 평가는 48개 기관을 대상으로 자체평가와 특정평가로 구분하여 이루어지도록 되어 있고, 그 중 자체평가는 주요 정책과제, 재정 성과, 인사, 조직, 정보화 부문에 한하여 이루어진다(<표 2-1> 참조).[5]

과거 평가기본법 하에서의 자체평가와 다른 점은 주요 정책과제 이외에 평가 부문에 재정 성과, 인사, 조직, 정보화가 추가되었다는 점이다. 2005년도까지는 주요 정책만이 자체평가위원회 중심으로 평가되었고, 그 밖의 부문은 평가를 주관하는 소관 부처 중심으로 이루어졌었다. 소관 부처라 함은 현행법에

---

5) 2005년도에는 국무조정실 주관으로 43개 중앙행정기관(24개 부·처 단위 기관과 19개 청 단위 기관으로 구분 실시)을 대상으로 주요 정책, 혁신관리, 고객만족도 등 5개 분야에 청렴도, 위기관리, 규제 개혁 등 3개 분야를 추가하여 총 8개 분야에 대한 종합평가를 실시하였고, 각 부처에서의 자체평가에서는 기관평가 요소 중에서 '주요 정책과제'에 한정하여 평가를 실시하였다.

〈표 2-1〉 중앙행정기관 평가 개요

<table>
<tr><th colspan="3">평가 부문</th><th>부문별 평가총괄 관련 기관</th><th>평가 시행기관</th></tr>
<tr><td rowspan="5">자체평가</td><td colspan="2">주요 정책과제</td><td>국무조정실</td><td rowspan="5">자체평가위원회
(정부업무평가
위원회)</td></tr>
<tr><td colspan="2">재정 성과</td><td>기획예산처</td></tr>
<tr><td colspan="2">인 사</td><td>중앙인사위원회</td></tr>
<tr><td colspan="2">조 직</td><td>행정자치부</td></tr>
<tr><td colspan="2">정보화</td><td>정보통신부 · 행정자치부</td></tr>
<tr><td rowspan="11">특정평가</td><td rowspan="9">관리 대상 업무</td><td>1. 혁신관리</td><td>1. 행정자치부</td><td rowspan="11">국무총리
(정부업무평가
위원회)</td></tr>
<tr><td>2. 정책홍보관리</td><td>2. 국정홍보처</td></tr>
<tr><td>3. 대통령 지시 사항</td><td>3. 국무조정실</td></tr>
<tr><td>4. 규제개혁</td><td>4. 국무조정실</td></tr>
<tr><td>5. 법적 의무 · 권장 사항, 법제 업무</td><td>5. 노동부 등</td></tr>
<tr><td>6. 정보 공개</td><td>6. 행정자치부</td></tr>
<tr><td>7. 청렴도</td><td>7. 국가청렴위원회</td></tr>
<tr><td>8. 위기관리</td><td>8. NSC사무처</td></tr>
<tr><td>9. 보안 업무</td><td>9. 국무조정실</td></tr>
<tr><td colspan="2">특정 시책</td><td>국무조정실</td></tr>
<tr><td colspan="2">고객만족도</td><td>국무조정실</td></tr>
</table>

출처: 국무조정실, 2006년도 정부업무추진계획(2006. 6. 23), p. 8.

서 부문별 평가총괄 관련 기관으로 되어 있는 기획예산처, 중앙인사위원회, 행정자치부, 정보통신부 등을 의미한다. 이와같이 부문별 평가 제도를 자체평가 내에 통합화한 것은 평가 기능의 연계, 평가지표의 통합, 평가기관 간의 협력 체계 구축을 통한 평가 부담의 완화 및 '자체평가 내실화'라는 현행법 취지를 반영한 것으로 이해된다. 이와 같은 취지의 평가는 이미 2005년도 및 2006년도에 시범 실시된 바 있다.[6)]

6) 현행법 통과 이전인 2005년도에는 정보통신부, 국세청, 특허청 등 3개 기관을 대상으로 시범 실시가 있었고(국무조정실 국가평가인프라구축추진단, '2005년도 통합국정평가제도 시범실시 지침'(2005.1.) 참조.), 2006년도에는 2006년도의 경우에는 총 15개 기관(부단위 재정경제부, 외교통상부 등 10개 기관과 청단위 통계청, 중기청 등 5개 기관)을 대상으로 시범평가가 실시되었다.

부문별 평가와 관련하여 평가 대상의 선정 범위는 시행령[7]에 규정되어 있는데, 주요 정책평가 등 부문별 평가 대상 및 영역의 내용을 살펴보면 다음과 같다. 주요 정책 부문에서의 평가 대상 과제는 2006년도 연두 업무보고 과제를 포함하여 부처가 자율적으로 선정한 과제인 국(局) 수준의 정책목표(대과제)와 과(課) 수준의 이행과제(중과제)이다.[8] 세부단위사업을 포함하고 있는 이행과제는 실제의 평가 단위로서 과제별로 계획, 집행, 성과, 평가 결과 활용 단계를 공통지표인 6개 항목 및 11개 지표를 설정·적용하여 자체평가위원회에서 평가를 실시하고 평정점수를 부여한다.

재정성과 부문의 평가 대상 범위는 재정사업 자율평가[9] 대상과 R&D 사업이다. 재정사업 자율평가 대상이면서 자체평가의 재정성과 부문의 평가 대상은 원칙적으로 10억 원 이상의 예산 및 기금이 투입되는 사업이다.[10] 평가 대상과제에 대해서는 사업의 계획, 집행, 산출/결과 단계별로 3개 항목 15개 지표를 가진 재정사업 자율평가 지표 체계가 공통 적용되고, 다만 사업 유형(SOC, 대형 시설·장비 구매, 서비스·조사·행사, 출연·출자, 융자, 민간보조, 지자체 보조 등)에 따라 평가 항목과 평가 지표를 달리 설정·적용한다.

---

7) 자체평가는 평가 대상이 되는 정책 등을 선정할 때는 기관의 임무를 달성하기 위한 기본적·필수적 정책 등, 그 연도의 성과 목표를 달성하기 위한 정책 등, 자체평가 결과와 조직·예산·인사 및 보수 체계 등과의 연계를 위하여 필요한 정책 등이 포함되도록 하여야 함을 규정하고 있다(「정부업무평가기본법 시행령」, 제10조).

8) 2005년도는 42개 기관에서 218개의 정책목표, 840개의 이행과제를 수행하였고, 2006년도는 45개 기관에서 225개 정책목표, 869개 이행과제를 제시하였다. 기관당 정책목표 5개, 이행과제 15 내외가 된다(3개 기관은 미파악).

9) 재정사업 자율평가제도는 재정혁신 프로그램의 하나로 2005년부터 도입된 제도로서 미국 OMB(관리예산처)의 PART(Program Assessment Rating Tool) 방식이 적용된 성과관리제도의 하나이다. 기획예산처가 내려준 평가 항목과 지침에 따라 '예/아니오'로 답변하면서 부처별로 소관 재정사업을 매년 1/3씩 자율평가하는 제도이다(기획예산처, 재정사업자율평가 매뉴얼, 2005).

10) 다만, 인건비·기본사업비 등 경상적인 행정경비, 자치단체에 포괄적으로 이전되는 사업비(자치단체교부금, 지방교육재정교부금 등), 정부내부지출, 보전지출, 예비비 및 기타 세출비목으로만 구성된 사업, 기금의 경우 평가 실익이 미약한 15개 기금투입사업 등은 평가에서 제외된다. 15개 기금투입사업은 정부 내부간 거래, 국채 발행, 차입금 변제 등을 위하여 설치한 기금인 계정성 기금 4개, 보증수수료 환급 등 사유 발생시 당연히 지급하는 사업을 수행하는 기금인 금융성 기금 9개, 평가의 실효성이 없는 군인연금기금과 쌀소득보전기금 등 2개 등을 말한다.

〈표 2-2〉 자체평가 부문별 평가 대상 및 영역

<table>
<tr><th rowspan="2">평가
부문</th><th rowspan="2">평가 단위
(평가 항목 및
지표 수)</th><th colspan="4">단계별 평가 항목(배점)</th><th rowspan="2">비고
(특성지표)</th></tr>
<tr><th>계획</th><th>집행</th><th>성과 또는
산출/결과</th><th>평가 결과
활용</th></tr>
<tr><td>주요
정책
과제</td><td>이행과제
(6개 항목,
11개 지표)</td><td>-계획 수립의
적절성(11)
-성과계획의
적정성(11)</td><td>-시행 과정의
효율성(12)
-시행 과정의
적절성(11)</td><td>-목표의
달성도(40)</td><td>-평가 결과의
활용도(15)</td><td>-</td></tr>
<tr><td rowspan="2">재정
성과</td><td>재정사업 자율
평가 대상: 10억
이상 예금·기금
투입 재정사업(3개
항목, 15개 지표)</td><td>※7개 사업 중
SOC의 예
-사업계획의
타당성(10)
-성과계획의
합리성(15)</td><td>-집행의
효율성(16)</td><td>-성과목표
달성도(50)</td><td>-</td><td>7개 사업
유형별
지표 존재
SOC 특성
지표(9)</td></tr>
<tr><td>R&D 사업: 특정
평가 대상이 아닌
모든 국가연구개발
사업(28개 분야)</td><td colspan="2">-사업 목적 및 내용 타당성
-사업관리 체계의 적절성
-전년도 평가 결과 활용 여부</td><td>-사업성과
평가</td><td>-</td><td>-</td></tr>
<tr><td>인사</td><td>인사관리 전반
(6개 항목, 15개
지표)</td><td>-인사관리
계획의
적절성(12)</td><td>-인사관리
인프라
구축 정도(13)</td><td>-인사운영의
투명·공정
성 및 개방성
확보 정도(20)
-전문성 강화
를 위한 인사
운영 정도(20)
-인사혁 신정
도(5)</td><td>-평가 결과의
활용도(8)</td><td>*2개 항목의
특성지표 존재
-성과관리시
스템 구축
정도(10)
-균형인사 달
성 정도(12)</td></tr>
<tr><td>조직</td><td>조직관리 전반
(8개 항목,
11개 지표)</td><td>-조직관리
계획의
적절성(20)</td><td>-권한의 분산(7)
-행정 권한의 위
임·위탁·이관(10)
-조직관리정보
시스템 활용(5)
-조직관리 참여도(8)</td><td>-조직개편
(10)
-기능인력
재설계(15)</td><td>-조직관리
평가 결과의
활용도(5)</td><td>*2개 항목의
특성지표 존재
-책임운영기
관화(8)
-정부위원회
관리(12)</td></tr>
<tr><td>정
보
화</td><td>정보화촉진 시행
계획상의 모든 사
업(4개 항목, 9개
지표)</td><td>-계획의
적절성(20)</td><td>-사업 추진 내
용의 적절성
(10)</td><td>-성과목표의
달성도(25)</td><td>-평가 결과의
활용도(5)</td><td>*3개 항목의
특성지표 존재
-정보화기반
조성(10)
-정보화 적용
·운영 수준(20)
-정보화 효과(10)</td></tr>
</table>

출처: 국무조정실, 2006년도 자체평가 매뉴얼(2006. 5) 의 수정·보완 후 재편집.

R&D 사업 부문의 경우에는 당해 연도 R&D 사업 중 특정평가 대상사업이 아니면서, 시설사업, 인건비 등 경직성 경비, 경제・인문사회계 연구사업 등을 제외한 모든 국가 연구개발사업이 평가 대상이 된다. 선정된 사업은 국가연구개발사업의 표준사업 분류(28개 분야)를 참조하여 사업별 표준성과지표를 활용하여 기획・집행, 결과 단계로 나누어 평가가 이루어진다. 기획・집행 단계에서는 사업 목적 및 내용의 타당성, 사업관리 체계의 적절성, 전년도 평가 결과 활용 여부에 대하여 평가가 이루어지고, 결과 단계는 사업 성과에 대하여 평가가 이루어진다. 기관별로 평가된 평정점수는 재정 성과 부문의 평가점수에 합산된다.

인사 부문의 경우에는 부처의 인사관리계획 운영 및 인사제도 개선 등 인사관리 전반을 평가 영역으로 계획, 집행, 성과, 평가 결과 활용 단계를 6개 항목 15개 공통지표를 적용하여 평가하고, 2개 항목의 8개 지표를 특성지표로 설정・적용하고 있다.

조직 부문의 경우에는 조직관리계획 운영, 조직관리의 적절성 등 조직관리 전반을 평가 영역으로 계획, 집행, 산출/결과, 평가 결과 활용 단계를 8개 항목 11개 평가지표(19개 세부지표)를 적용하여 평가하고, 2개 항목 3개 지표(4개 세부지표)를 특성지표로 설정・적용하고 있다.

정보화 부문의 경우에는 정보화 촉진 시행계획상의 모든 사업이 평가 대상으로 고려되어 계획, 집행, 산출/결과, 평가 결과 활용 단계별로 4개 항목 9개 지표를 공통지표로 설정・적용하고, 3개 항목 8개 지표를 특성지표로 적용하여 평가한다.

이상에서 살펴본 중앙행정기관의 자체평가 구성 요소를 평가 부문별로 평가의 단위, 단계별 평가 항목, 공통지표를 포함하고 있는 평가 항목의 배점, 특성지표의 내용 및 배점 등을 기준으로 요약 제시하면 <표 2-2>와 같다.

2) 자체평가 과정 및 추진 체계

48개 중앙행정기관이 대상기관인 자체평가는 평가주기가 1년 단위로 평가계획의 수립, 계획에 따른 추진 실적에 대한 분기 및 반기별 점검, 평가 대상 연도에 대한 평가 결과 보고서의 작성・제출이라는 3단계로 이루어진다. 「정부업무평가기본법」에서는 중앙행정기관의 장은 정부업무평가시행계획에 기초하여 당해 정책 등의 성과를 높일 수 있도록 자체평가계획[11)]을 매년 수립하고, 이를 매년 4월 말까지 정부업무평가위원회에 제출하도록 되어 있다.[12] 2006년도의 경우에는 현행법 발효 시기가 2006년 4월 1일인 점을 감안하여 5월 20일까지 자체평가계획을 수립·제출하도록 되어 있다. 이어 2/4분기 시점인 6월에는 반기별 점검, 3/4분기 점검(주요 정책과제에 한정)을 거쳐 연도 말에 자체평가 결과를 작성하여 익년도 3월까지 정부업무평가위원회에 평가결과보고서를 제출하여야 한다.

[그림 2-2] 단계별 평가 업무 흐름도

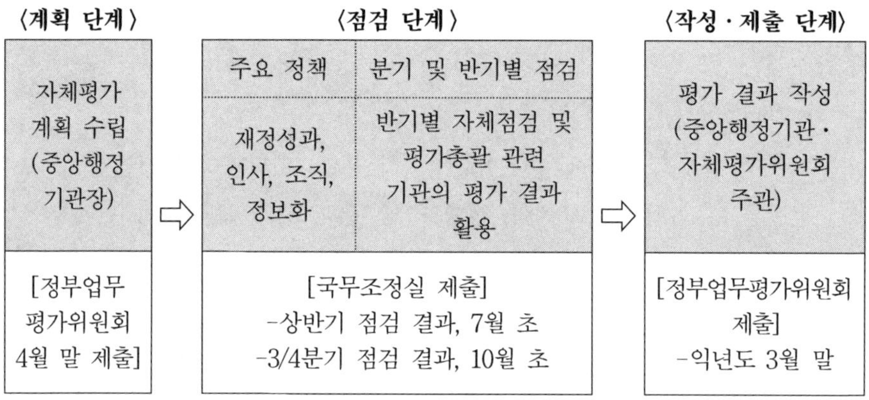

[그림 2-2]에서 보는 바와 같이 평가계획의 수립 단계로부터 점검·분석·평정 단계를 거쳐 평가결과보고서의 작성에 이르기까지 현재의 자체평가는 부문별 평가의 통합 실시로 과거의 주요 정책과제 중심의 평가 업무 및 활동에 비하여 훨씬 방대해졌음을 알 수 있다.

자체평가의 절차적 측면에서는 현행법의 시행령에 명시된 바와 같이 평가

---

11) 자체평가계획에는 당해 중앙행정기관의 임무, 전략목표 및 성과목표에 관한 사항, 당해 연도 주요 정책 등의 내용에 관한 사항, 자체평가의 기본 방향에 관한 사항, 자체평가조직 및 자체평가위원회의 구성·운영에 관한 사항, 자체평가 대상 및 방법에 관한 사항, 자체평가 결과의 활용 및 조치에 관한 사항, 그 밖에 자체평가에 관한 주요 사항 등이 포함되어야 한다(「정부업무평가기본법」 제15조).

12) 「정부업무평가기본법」 제16조.

일정에 맞추어 평가를 수행할 때는 가능한 한 계량화된 평가지표에 의한 측정을 통하여 평가를 실시하고, 필요한 경우에는 모든 중앙행정기관에 공통되는 평가 방법·평가 기준 및 평가지표를 정부업무평가위원회가 설정하여 제시할 수 있도록 규정되어 있다. 다만, 중앙행정기관의 장이 기관의 특성을 반영할 수 있는 지표를 개발하여 평가에 활용할 수 있는 여지를 이후 조항에 명시하고 있다. 또한 자체평가의 대상이 되는 정책 등에 대하여 다른 평가 주관기관에 의하여 평가 결과가 도출된 경우에는 이를 활용할 수 있도록 하고 있다.[13] 자체평가의 내실화와 관련하여 기관의 특성을 반영할 수 있는 지표의 개발·적용을 법률에 명시하고 있음은 매우 의미가 있다. 그러나 평가 현실에서는 자체평가의 관대화 경향 방지를 위해서 공통지표의 개발·적용이 이루어지고 있고, 개별 부처 입장에서는 경험 부족에 따른 성과지표 개발의 어려움이 있어 현재로서는 현실성이 부족한 조항이라 할 수 있다.

평가 추진 체계에 관한 내용으로는 「정부업무평가기본법」에 중앙행정기관의 장은 자체평가 실시를 위하여 자체평가 조직 및 자체평가위원회를 구성·운영하여야 하고, 평가의 공정성과 객관성을 확보하기 위하여 위원의 3분의 2 이상은 민간위원이어야 함을 규정하고 있다.[14] 그 시행령에서는 평가위원의 수를 위원장 1인을 포함하여 10인 이상 30인 이내로 제한하고, 위원은 소관 업무에 대한 전문지식과 풍부한 경험을 가진 자 또는 관계 공무원 중에서 중앙행정기관의 장이 위촉·지명할 수 있도록 하였다. 현재 대부분의 중앙행정기관에서 위촉하고 있는 자체평가위원은 외부 민간인 신분이 대부분이다. 이는 평가의 객관성과 공정성 제고에는 기여할 수 있는 조건은 되지만 이것이 평가의 신뢰성을 반드시 담보하지는 않는다.

2. 중앙행정기관의 성과관리 실태

1) 성과관리의 핵심 구성 요소

성과관리의 구성 요소가 무엇인지를 이해하기 위해서는 성과관리가 무엇인

---

13) 「정부업무평가기본법」 시행령(대통령령 제19437호) 제12조(자체평가의 절차 등) 참조.
14) 「정부업무평가기본법」 제14조(중앙행정기관의 자체평가) 1항, 2항 참조.

지, 성과의 개념은 무엇인지에 대한 이해가 전제되어야 한다. 정부 부문을 포함한 공공 분야에서의 성과는 민간 부문에서 널리 이해되는 '생산성(productivity)'이라는 용어를 통하여 광범위하게 사용되기도 한다(박중훈, 1999: 9-10).[15] 그러나 이 연구에서는 연구 목적 달성을 위해서 정부업무평가 현실에 기반하여 성과 및 성과관리를 이해하고 논의하고자 한다.

성과관리는 성과와 관리라는 두 개념의 합성어이다. 성과는 관리의 대상이 되는 목적물로서 개인, 조직 및 기관이 이루어낸 결실을 의미한다. 이 때 그 결실은 성과를 이루는 주체가 추진한 일에 따른 결과가 될 것이다. 그렇다면 정부업무평가, 특히 중앙행정기관의 자체평가 및 성과관리가 연구 주제인 이 연구에서는 어떻게 이해하여야 하는가. 바람직한 행정 현실에서의 해석과 「정부업무평가기본법」에 따른 해석으로 나누어 살펴볼 수 있다.

행정 현실에서 성과관리라 함은 중앙행정기관이 추진한 일, 즉 사업 또는 프로그램이 기관의 존립 목적인 임무를 수행하기 위해서 필요한 일인지, 추진하고 있는 업무의 목표(성과목표)는 바람직한 것인지, 그렇다면 이는 실제로 달성되었는지 또는 달성 가능한지, 달성하였다면 또는 달성 가능하다면 어떻게 그 성과를 측정할 수 있는지, 측정한 결과에 해당되는 성과정보는 기관의 존립

[그림 2-3] 「정부업무평가기본법」상의 성과관리 체계

성과관리전략계획 § 제5조	전략목표 달성을 위한 중장기 계획
	기관 임무, 전략목표(중장기재정운영계획 반영)
⬇	
성과관리시행계획 § 제6조	성과목표 달성을 위한 연도별 시행계획
	기관 임무, 전략목표, 성과목표 및 성과지표 (재정 부문 과거 3년간 성과 결과 포함)

15) 정부 부문에서의 성과(performance)는 정부조직 및 조직 구성원인 공무원이 국민의 세금으로 이루어진 재원을 유・무형의 자원의 형태로 투입하여, 의도하였던 목표를 달성하기 위하여 업무 수행을 함으로써 결과적으로 나타난 산출물(outputs) 또는 영향/효과(outcomes)라고 볼 수 있다.

이유를 더욱더 공고히 하고, 이후 하여야 할 일을 좀더 현명하게 하기 위해서 의미 있는 유용한 정보로서 가치가 있는지 등에 대한 물음에 답을 하는 일련의 활동이라 할 수 있다. 이 물음에 대한 답이 '그렇다'라고 할 수 있을 때 '제대로 된 성과관리'가 이루어진다고 할 수 있다. 왜냐하면, 정부기관이 추진하는 일의 주요 재원은 국민의 세금으로 '가치(value for money)' 있는 일이어야 하기 때문이다. 한 마디로 정부 부문에서의 성과관리 강화 노력을 통한 성과 중심의 국정 운영은 국민에 대한 '책무성(accountability)'을 제고하여야 하는 이유가 된다.

「정부업무평가기본법」에서는 이와 같은 정부 의지와 노력이 담겨 있다. 동법 제2조 제6항에서는 '성과관리'라 함은 "정부 업무를 추진함에 있어서 기관의 임무, 중・장기 목표, 연도별 목표 및 성과지표를 수립하고, 그 집행 과정 및 결과를 경제성・능률성・효과성 등의 관점에서 관리하는 일련의 활동"으로 규정하고 있다.[16] 이에 따라서 우리나라의 성과관리 체제는 [그림 2-3]에서 보는 바와 같이 전략계획, 시행계획, 기관 임무, 전략목표, 성과목표 및 성과지표, 중장기 재정운영계획 및 재정 부문의 과거 3년간 성과 결과 등으로 구성되어 있다.

중앙행정기관의 장은 기관의 임무・전략목표 등을 포함한 성과관리 전략계획을 수립하여 최소 3년 주기로 수정・보완하여야 하고, 이에 기초한 1년 단위의 성과관리 시행계획을 수립・시행하여야 한다. 여기에는 기관의 임무・전략목표, 당해 연도의 성과목표・성과지표 및 재정 부문에 관한 과거 3년간의 성과 결과 등이 포함되도록 하고 있다. 이 경우에 성과지표는 객관적・정량적으로 성과목표를 측정할 수 있도록 설정하도록 규정하고 있다. 반면에 성과지표의 적용・측정 대상인 성과목표에 관한 규정은 현행법에 분명하게 명시되어 있지 않다. 또한 동법의 성과관리 관련 조항을 좀더 구체적으로 해석・적용하기 위하여 마련된 동법 시행령에는 성과관리에 관한 어떤 규정도 명시되어 있지 않다.

영국과 미국을 포함한 주요 OECD 국가의 성과관리 체제는 기관의 운영 성과 파악과 파악 정보 활용을 위한 질문[17]에 기초하여 전략계획(Strategic Planning),

---

16) 이 밖에 성과관리의 원칙(제4조), 성과관리전략계획(제5조), 성과관리시행계획(제6조) 등의 규정이 있다.

17) 성과 파악과 그 활용을 위하여 던지는 질문은 "우리의 임무는 무엇인가?(goal/mission

[그림 2-4] 성과관리의 핵심 구성 요소

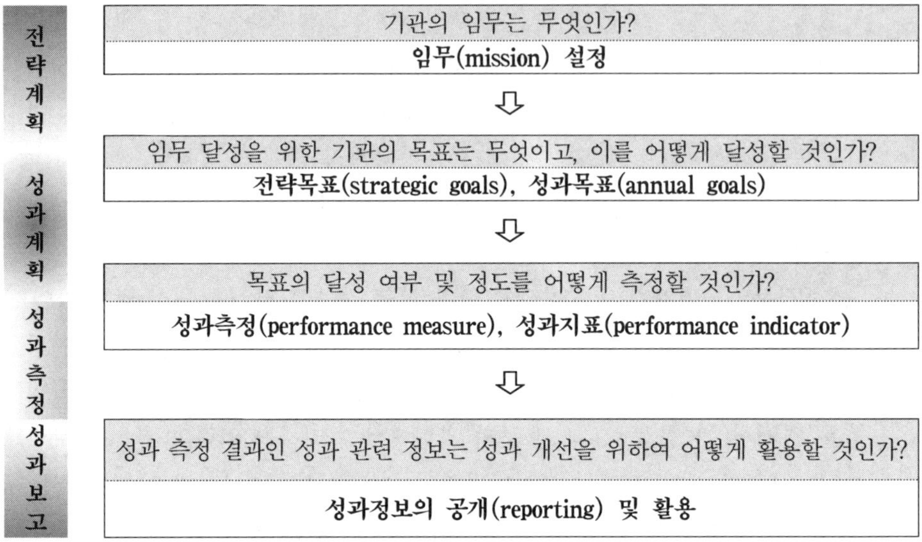

운영/성과계획(Operational/Performance Planning), 성과측정(Performance Measures), 성과정보 공개 및 활용(Reporting) 등을 핵심 요소로 구성하고 있다(GAO, 1996; 박중훈, 2005: 24-32). 이들 핵심 요소는 [그림 2-4]와 같은 체계와 과정 속에서 성과관리가 이루어지고 있다. 기관의 임무 설정 및 이에 따른 전략목표의 수립이 전략계획에서 나타나고, 중장기적 성격의 전략목표는 성과관리 시행계획을 통하여 구체화된다. 따라서 성과관리 시행계획에는 단기의 성과목표 및 성과지표가 설정·제시된다. 제시된 성과지표를 통해서는 기관의 성과 측정이 이루어진다. 끝으로 성과측정 결과인 성과정보의 공개 및 활용이 이루어진다.

성과관리제도의 핵심 구성 요소를 주요국의 것과 비교해 보면, 우리나라 성과관리 체제 내에서는 성과관리보고서의 작성·제출을 명시적으로 다루고 있

setting)", "우리의 목표는 무엇이며, 이를 어떻게 달성할 것인가?(strategic plans/annual goals)", "우리의 성과를 어떻게 측정할 것인가?(performance measure)", "성과 관련 정보를 성과 증진을 위하여 어떻게 활용할 것인가?(public reporting)" 등이다.

지 않고 있다. 또 다른 특징으로는 '평가 중심의 성과관리'가 이루어지고 있음을 알 수 있다. 이는 국무총리가 시행 주체로서 수립하는 평가 관련 계획과 중앙행정기관의 장이 수립하는 자체평가계획 내용을 통해서 알 수 있다.[18] 이 밖에도 법 제6조 제5항[19]의 의무 규정을 통해서도 알 수 있다.

2) 부문별 성과관리의 내용

현행 법체계에서 이루어지는 자체평가는 부문별 평가총괄 관련 기관(국무조정실, 기획예산처, 중앙인사위원회, 행정자치부, 정보통신부 등)이 각종 지침 및 매뉴얼을 중앙행정기관에게 제시하고 이를 따르도록 하고 있다. 따라서 여기에서는 부문별 평가총괄 관련 기관이 자체평가 부문 내에서 다루고 있는 성과관리 관련 내용 및 별도 운영되고 있는 성과관리제도를 중심으로 성과관리 내용을 파악하고자 한다.[20] 이와 같은 실태 파악은 실제로 자체평가 중심의 성과관리 정착·강화를 위한 제도적 틀을 제시하는 데 도움을 주게 될 것이다.

주요 정책과제는 국무조정실 주관으로 이루어지는 자체평가의 주요 요소로서 2006년도에는 연두 업무보고 과제가 평가 대상이 된다.[21] 연두 업무보고 과제라 함은 이행과제를 의미하는 것으로 기관의 비전과 미션으로부터 도출된 국(局) 수준에서 설정한 정책목표를 달성하기 위해서 과(課) 단위에서 추진하는 과제로서 단위 과제/사업의 군(群)에 해당되는 과제를 의미한다. 이는 2~3

---

18) 「정부업무평가기본법」(제8조), 국무총리는 … 정부업무의 성과관리 및 정부업무평가에 관한 정책목표와 방향을 설정한 정부업무평가기본계획을 수립하여야 한다(제15조). 중앙행정기관의 장은 정부업무 평가시행계획에 기초하여 당해 정책 등의 성과를 높일 수 있도록 … '당해 중앙행정기관의 임무, 전략목표 및 성과목표에 관한 사항' 등…의 사항이 포함된 자체평가계획을 매년 수립하여야 한다.

19) 현행법 제6조 제5항에서는 국무총리는 중앙행정기관의 성과관리 실태 및 그 결과가 자체평가 및 특정평가에 반영되도록 하여야 한다고 규정되어 있다.

20) 앞에서 살펴본 자체평가의 부문별 평가 내용과 일부 내용 중복이 있으나, 이는 평가 관점에서 평가 항목 및 지표 파악을 통하여 평가 내용을 이해하려한 것이고, 여기에서는 성과관리 관점에서 성과 관련 내용의 파악을 위해서 성과관리 요소를 파악하고자 함에 기인한 것이다.

21) '2006년도 정부업무평가 추진계획'(2006. 6. 23)에 의하면, 2007년도부터는 단위 과제 수준으로 평가되는 것으로 제시되고 있으나 아직은 구체화되지 않은 상태이다. 2004년도의 정책목표(대과제)-이행과제(중과제)-단위사업(소과제)의 계층구조로 보면, 단위과제 수준은 소과제에 해당될 것으로 보인다. 그러나 여기에서는 2006년도 기준으로 살펴보고자 한다.

개의 핵심 성과지표(KPI)가 함께 제시되어 연(年) 단위로 과제에 대한 성과관리와 평가를 가능케 한다.[22] 주요 정책과제 평가에서 다루어지는 성과관리 내용은 평가 항목 및 평가지표에 일부 언급되고 있다. 이행과제를 평가 단위로 '성과계획의 적정성'과 '성과목표의 달성도' 평가가 이루어진다. 성과계획의 적정성에서는 전략목표와 성과목표 간의 인과 관계의 명확한 정도, 제시된 성과지표의 객관성 및 측정 가능성 적합 정도, 성과목표치의 합리성 및 설정 근거의 명확성, 성과목표치 달성 검증 방법의 적정성 등이 평가된다. 성과달성도에서는 과제의 목표 달성 비율이 어느 정도인지가 평가된다.

기획예산처가 평가총괄 관련 기관인 재정성과 부문의 평가 대상은 재정사업과 R&D사업이다. 자체평가에서 적용되는 각각의 평가 항목과 지표는 기획예산처의 재정사업자율 평가지침과 과학기술부의 국가연구개발사업 자체평가지침을 준용하도록 되어 있다. 성과관리 관련 항목과 지표는 다음과 같다. 재정사업자율평가에서는 평가 항목으로 '성과계획의 합리성'과 '성과목표 달성도'가 제시되고 있다. 성과계획의 합리성에서는 성과목표/지표의 구체적 설정 여부, 성과목표/지표의 사업 목적과의 인과 관계 여부, 성과지표의 목표치에 대한 합리적 설정 여부 등이 평가된다. 성과목표 달성도에서는 객관적 종합적 사업평가의 실시 여부, 계획된 성과의 달성 여부, 사업 고객이나 이해관계인의 만족 여부, 평가 결과를 사업계획·방식의 보완·변경 등에 활용하였는지 여부 등이 평가된다. R&D사업에서는 국가연구개발사업의 표준사업 분류(28개 분야)를 참조하여 사업별로 전략목표 및 성과목표의 설정, 사업별 표준 성과지표를 활용한 기획, 집행, 결과 단계의 성과지표를 활용하고 있다. 이 때 기획과 집행 단계에서의 지표는 표준 성과지표의 3개 공통지표를 설정하고, 결과지표는 표준 성과지표를 활용하여 기관 자율적으로 핵심 성과지표 및 일반 성과지표로 구분하여 설정·관리하도록 하고 있다.[23]

중앙인사위원회가 총괄협조기관인 인사 부문의 평가 대상은 인사관리 전반이다. 성과관리 관련 내용은 특성지표인 '성과관리 체계 구축 정도'라는 평가

22) 이행과제의 하위 세부사업에는 각각의 성과지표(PI: Performance Indicator)가 있고, 이를 대표하는 것이 이행과제의 핵심 성과지표(KPI: Key Performance Indicator)이다.

23) 「국가연구개발사업 등의 성과평가 및 성과관리에 관한 법률」 법률 제7808호(2005. 12. 30.) 및 '2006년도 국가연구개발사업 자체평가지침'(2006. 1) 참조.

항목에서 나타난다. 여기에서는 성과관리 카드 입력률, 직무성과계약 평가 결과의 관대화 경향 지수, 근무성적 평가시 성과 면담의 이행 정도, 성과급 운영의 적정성 등이 평가지표로 제시되고 있다. 한편, 중앙인사위원회는 직무성과계약제를 2004년도 10월에 시범 도입하여 현재는 국무조정실 등 52개 중앙행정기관을 대상으로 확대 적용하기 위한 지원을 하고 있다.[24)]

조직 부문은 행정자치부가 조직관리 전반을 범위로 자체평가의 확인·점검 및 그 결과를 조직관리에 반영하기 위하여 평가 항목과 지표를 설정·제시하고 있다. 성과관리 관련 내용은 계획 단계의 '조직관리계획의 적절성' 평가 항목에서 나타난다. 중장기 조직전략에 대하여 중기인력운영계획의 현실성, 전략적 조직운영 목표의 제시 등이 해당된다. 이 밖에 행정자치부가 조직 부문에서 운영하는 성과관리제도는 '2006년도 정부조직관리지침'에 나타나고 있다. 여기에는 고위공무원단제도의 도입(2006. 7) 및 총액인건비제 전면 시행(2007년)에 대비한 직제 개정 등 기반 정비, 상시적 조직진단 및 조직관리 성과평가 실시, 자율·책임·성과 중심의 조직관리 방식 등의 내용을 담고 있다.

정보화 부문은 정보통신부와 행정자치부가 평가총괄 관련 기관이다. 이들 기관에서는 정보화촉진 시행계획상의 모든 사업을 대상으로 중앙행정기관의 정보화 부문 자체평가 항목 및 지표를 설정·제시하고 있다. 성과관리 관련 내용은 '계획의 적절성'과 '성과달성도' 평가 항목에서 나타난다. 계획의 적절성에서는 성과계획의 적절성, 성과달성도에서는 성과목표의 달성도가 평가지표로 제시되고 있다.

이상에서 살펴본 자체평가의 부문별 성과관리 관련 내용 및 부문별 평가총괄 관련 기관의 성과관리제도를 성과관리 주요 요소를 기준으로 대비·분석하면 [그림 2-5]와 같다.

실제로, 평가 현실에서는 평가 부문별로 성과관리 관련 내용이 나타나고는 있으나, 대부분의 기관에서 아직까지 전략목표 및 성과목표를 포함한 성과관리 관련 계획이 마련되지 않은 채 또는 마련되어 있더라도 부문별로 서로 다르게

---

24) 중앙인사위원회가 2006년 4월 6일 현재 직무성과계약제의 운영 실태를 조사·점검한 결과, 계약 체결 완료 9개 부처, 전략기획단계 10개 부처, 개인별 목표설정 단계 29개 부처, 운영지침 등 준비 단계 4개 부처 등으로 나타났고, 4월까지 계약 체결 완료에 이를 것으로 파악한 바 있다(중앙인사위원회, 직무성과계약제 운영실태 조사 결과).

[그림 2-5] 부문별 성과관리 관련 내용

[성과관리 주요 요소] [자체평가 부문 성과관리 내용]

단계	성과관리 주요 요소	주요 정책	재정 성과 (재정자율사업)	인사 *직무성과계약제	조직 *정부조직관리	정보화
전략계획	기관 임무 설정 및 전략목표 수립 ⇩			*기관장/부기관장 목표	-중기인력 운영 계획의 현 실성 -전략적 조직 운영의 목표 제시	
성과계획	성과목표 ⇩	-성과목표 간의 인과관계 명확 정도	-성과목표/지표의 구체적 설정 여부 -성과목표/지표의 사업 목적과의 인과 관계	* 성과계약: 국장급 목표 -과장급목표		-성과계획의 적절성
성과계획	성과측정 및 성과지표	-제시된 성과지표의 객관성 및 측정 가능성 적합 정도 -성과목표치의 합리성 및 설정 근거의 명확성		-성과관리 카드입력률 -성과 면담 이행 정도 -평가 결과의 관대화	*상시적 조직진단 및 조직관리 성과평가 실시	-성과목표의 달성도
성과측정	⇩	-성과목표치 달성 -검증 방법의 적정성 -과제의 목표달성도	-성과지표의 목표치에 대한 합리적 설정 여부 -객관적·종합적 사업 평가의 실시 여부			
성과보고	성과정보 공개 및 활용		-평가결과의 사업 계획·방식의 보완·변경 등에의 활용 여부	-성과급 운영의 적정성		

출처: 국무조정실, 2006년도 자체평가 매뉴얼(2006. 5)과 정부업무추진계획(2006. 6. 23)을 수정·편집.

이해된 상태로 적용되고 있는 것이 현실이다(박중훈, 2004). 따라서 현행법 하에서의 현실에서는 기관 임무로부터 전략목표와 성과목표, 이를 달성하기 위한 조직구성원의 성과관리 노력 등이 부문별로 각기 서로 다르게 나타고 있다. 그 예로 주요 정책 등의 각 부문별 전략목표, 성과목표 및 성과지표가 기관 임무로부터의 목표 간 인과구조 속에서 단일 설정・적용되고 있지 못하고 있음을 들 수 있다. 그뿐만 아니라 목표체계(전략목표-성과목표-성과지표)의 인과구조[25]가 없는 상태에서 목표의 논리성이 결여되어 있다([그림 2-4] 성과관리의 핵심 구성요소 참조). 다만, 평가지표의 하나로서 성과목표 및 성과지표가 설정・제시되고 있고, 성과목표치(target) 달성 여부 측정에 주 관심이 집중되고 있을 뿐이다.

3) 성과관리 과정 및 추진 체계

중앙행정기관의 성과관리는 [그림 2-6]에서 보는 바와 같이 계획, 시행, 제출

[그림 2-6] 성과관리 과정 및 추진 체계

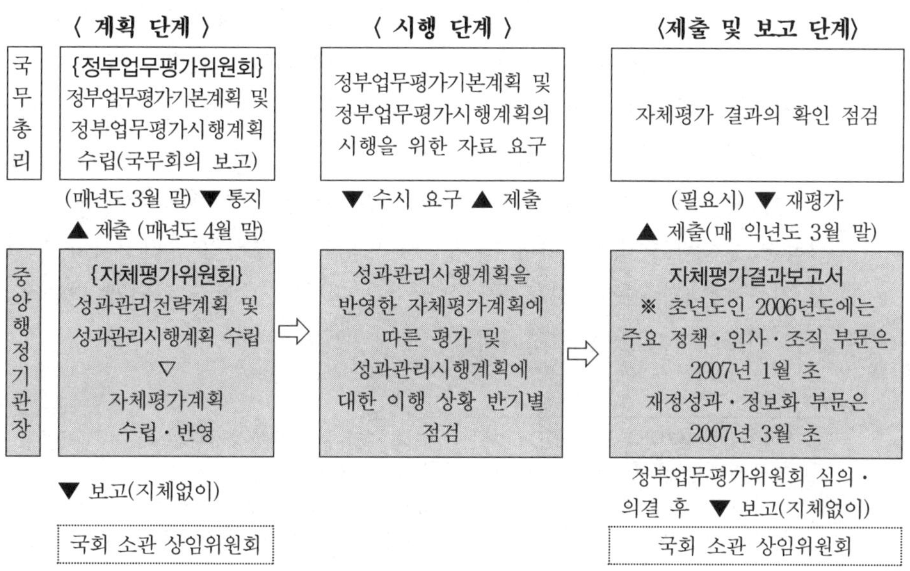

25) 인과적 목표구조'라 함은 기관 임무 달성을 위해서 중장기적인 전략목표 수립이 이루어지고, 이에 대한 실천 수단으로서 단기의 연 단위 목표인 성과목표가 수립되어 이를 측정하기 위한 성과지표가 측정목표인 목표치와 함께 제시되는 구조를 의미한다.

및 보고 단계로 나누어 살펴볼 수 있다. 계획 단계에서는 국무총리가 통지한 정부업무평가기본계획 및 정부업무평가시행계획에 따라 중앙행정기관의 장이 성과관리전략계획 및 성과관리시행계획을 수립하고, 이를 반영한 자체평가계획을 함께 수립한다. 시행 단계는 성과관리시행계획을 반영한 자체평가계획에 따라 평가를 수행하고, 성과관리시행계획에 대해서는 이행 상황을 반기별로 점검하도록 되어 있다. 이후 제출 및 보고 단계에서는 매년도 3월 말까지 국무총리에게 자체평가결과보고서를 작성·제출하여야 한다.

성과관리 과정상의 주요 특징으로 성과관리를 이행한 결과에 해당하는 별도의 보고서 제출 및 보고 단계가 없다는 것을 들 수 있다. 다만, 중앙행정기관의 장이 수립하는 자체평가계획에 성과관리의 내용[26]을 포함하고 있으므로 실제에서는 자체평가결과보고서 제출로 갈음하는 것으로 이해된다.

추진 체계 측면에서 보면, 성과관리에 관한 업무는 국무총리의 경우에 정부업무평가위원회가 중앙행정기관의 장의 경우에는 자체평가위원회와 평가 업무 관련 조직에서 추진하는 것으로 되어 있다. 실제로 모든 중앙행정기관에서는 별도의 성과관리위원회는 두고 있지 않은 채 위원회에서 성과관리 업무를 맡고 있다.[27] 한편 자체평가 업무를 지원하는 평가 업무 관련 조직은 대부분 성과관리팀 내에 설치되어 있다.[28] 이는 평가를 성과관리 수단으로 인식하는 것으로 평가를 통한 기관의 성과관리를 하고자 하는 것으로 이해된다. 현행법에서 성과관리의 계획 내용을 평가계획에 반영하여 그 이행 상황을 반기별로 점검하는 현실과는 대조적이다. 성과관리 담당자와 평가업무 담당자와의 실질적인 업무 연계가 아직까지도 중앙행정기관 전반에 걸쳐 일관되게 기능적 연계 없이 이루어지고 있는 실정이다.

---

26) 「정부업무평가기본법」 제15조 제1항에서는 "당해 중앙행정기관의 임무, 전략목표 및 성과목표에 관한 사항이 자체평가계획에 포함되어야 함"을 규정하고 있다.

27) 정부업무평가위원회는 위원회 내에 '성과관리계획검토 소위원회'를 구성·운영할 예정인 것으로 되어 있다. 이와 같은 추진 체계는 부처의 자체평가위원회 내에 '성과관리 관련 소위'를 설치하도록 하는 계기로 작용하게 될 것으로 보인다.

28) 2005년 12월 12일 현재, 성과관리 전담부서의 설치 현황을 보면, 행정자치부 등 8개 부처가 이미 설치하고 있고, 공정거래위원회 등 4개 기관은 설치 예정에 있다. 2006년 7월 현재, 대부분의 부처가 혁신인사, 정책홍보, 재정기획을 담당하는 국(局) 아래 과(課) 단위의 성과관리팀을 두고 그 안에서 인사, 혁신, 평가, 성과관리 등의 업무를 수행하는 것으로 나타났다.

Ⅳ. 평가의 주요 쟁점별 현안 및 과제

지금까지 앞에서는 평가 및 성과관리에 관한 실태를 살펴보았다. 여기에서는 평가 관련 주요 쟁점별로 실제 현실에서 나타나는 문제가 무엇이며, 이들 문제는 근본적으로 해결 가능한 것인지, 아니면 현재의 여건을 고려하여 제도적 변화를 기해야 하는 것인지 등을 중심으로 평가 쟁점별로 현안 및 과제를 살펴보고자 한다(공병천 외, 2006: 157-165).

1. 평가의 목적

현행법에서는 중앙행정기관이 자신이 수행한 정책 등에 대하여 스스로 평가하도록 의무화하고 있으나 왜 자체평가를 하는 것인지에 대한 자체평가 목적에 대하여는 명시적인 규정이 제시되고 있지 않다. 다만, 자체평가의 목적은 평가, 정부업무평가, 자체평가 등에 관한 정의 및 원칙[29]과 성과관리 관련 조항 등을 통해서 이해할 수 있다.[30] '중앙행정기관의 자체평가'는 정부업무평가 유형의 하나로서, 국정 운영의 능률성·효과성 및 책임성 확보를 위하여 중앙행정기관이 소관 정책 등에 대하여 스스로 그 계획의 수립과 집행 과정 및 결과 등을 점검·분석·평정하는 것으로, 정책 등의 계획 수립과 집행 과정에 대하여는 자율성을 부여하고 그 결과에 대하여는 책임이 확보되도록 함을 목적으로 한다고 볼 수 있다.

그러나 현재 이루어지는 자체평가가 실제에서는 국무조정실·정부업무평가위원회의 '평가(중앙행정기관평가, 구체적으로는 기관의 종합 평정점수)를 위한 평가(자체평가)', '재평가를 의식한 평가(자체평가)'로 매년도 평가결과보고대회에서 상위의 평정점수를 득하는 데 최대의 관심을 기울이고 있음을 쉽게

29) 「정부업무평가기본법」, 제2조(정의) 및 제7조(정부업무평가의 원칙) 참조.
30) 「정부업무평가기본법」, 제4조(성과관리의 원칙), 제5조(성과관리전략계획), 제6조(성과관리시행계획) 등 참조.

알 수 있다. 이와 같은 현실은 자체평가 본래 목적을 왜곡·축소하여 오히려 평가에 따른 부작용이 발생할 우려를 낳을 수 있다. 현재 대부분의 기관에서 이루어지는 자체평가의 과정 및 절차를 보면, 각 기관 내에서의 개별 과제에 대한 평가 의견 및 평정은 1차적으로 과제/사업 담당자가 수행하고 있다. 경우에 따라서는 평정은 평가업무 담당자가 속해 있는 부서(성과관리팀 등)가 수행하며, 2차적으로 평가업무 전담조직에서 수정·보완한 후에 최종적인 평가 의견(안) 및 평정(안)을 자체평가위원회에서 수정·보완 및 확정하는 경우가 대부분이다.

평가는 평가를 받는 기관이나, 조직 또는 개인, 과제 및 사업을 포함한 각종 정책에 대하여 의미 있는 유용한 정보를 제공할 수 있어야 한다. 물론 각종 비교를 위한 서열화된 결과 점수 도출 및 이를 통한 선의의 경쟁 유발이 평가의 한 요소로서 수단적인 의미를 지닐 수 있다. 그러나 모든 평가 활동이 여기에 관심을 두고 이루어지거나, 서열화된 평정 결과가 설득력을 얻을 수 없는 일이 있다면 오히려 평가 자체에 대한 저항 내지는 법적 근거에 따라 이루어지는 평가이기에 마지못해 순응을 하는 결과를 초래할 것이다. 이것은 평가의 형식화를 불러오는 근본 원인으로 작용하게 될 것이다.

과거의 「평가기본법」에서 나타난 문제를 지적하면서 새로운 법이 제정·시행된 첫 해인 2006년은 정부 현실에 평가의 중요성만큼 평가의 실효성을 확인하고 이를 실천할 수 있는 첫 해이기도 하다. 현 제도하에서 불가피하게 서열화를 하더라도 기관 자체적으로 거둔 전년도(n-1년도)의 성과와 현재(n년도)의 성과 비교를 통한 기관 간의 경쟁을 유발하거나, 평가 결과 우수한 기관 및 사례에 초점을 맞춘 평가결과보고대회의 개최, 평가 결과 미흡 기관이나 사례에 대한 문제점 발굴 및 구체적인 향후 개선안 발굴을 위한 토론의 장 마련 등이 이루어지는 것이 오히려 평가의 내실화에 기여할 수 있는 방안이 될 수 있을 것이다.

이 밖에도 크고 작은 문제들이 평가의 내실화에 장애 요인으로 작용하고 있음을 평가 현실에서 어렵지 않게 파악할 수 있다. 현행법의 소관 부처인 국무조정실 및 부문별 평가총괄 협조기관은 이제라도 현장의 목소리를 듣고 여전히 평가의 내실화를 저해하고 있는 문제들이 무엇인지, 그 해결 방안으로 논의되고 있는 방안들은 무엇이 있는지, 문제의 원인에 대한 책임이 어디에 있는지,

방안 마련을 위하여 해야 할 일은 무엇인 등에 대하여 귀를 기울여야 한다. 이는 '왜 평가를 해야 하는가'에 대한 물음에 올바른 답을 찾기 위한 출발점이 될 것이다.

2. 평가 주체

자체평가는 중앙행정기관이 소관 정책 등을 스스로 평가하는 것을 말한다. 현행법에서는 자체평가의 실시 주체가 중앙행정기관의 장이라 명시되어 있다. 또한 평가의 공정성과 객관성 확보를 위해서 중앙행정기관의 장은 자체평가조직 및 자체평가위원회를 구성·운영하도록 의무 규정으로 명시되어 있다. 이 밖에 자체평가계획의 수립, 자체평가 대상 과제의 선정 및 자체평가 결과의 활용 주체도 중앙행정기관의 장으로 명시되어 있다. 이와 같은 명시적 규정은 자체평가위원회가 평가의 실질적인 주체이고, 기관 내의 평가 관련 조직은 평가위원회의 평가 활동을 지원하는 기능을 담당하는 것으로 이해된다. 평가 목적과 법 취지 달성을 위해서도 이와 같은 추진 체계는 바람직한 것이다.

자체평가위원회 중심의 평가가 내실화되기 위한 조건의 하나로 평가자의 양적·질적 충분성은 매우 중요하다(공병천, 2003a: 161-162). 평가위원의 수를 과거의 20명 이내보다 더 확보하도록 규정화함은 양적 측면에서는 바람직하다. 그러나 과거와 다르지 않은 평가위원의 업무환경을 볼 때, 늘어난 평가업무량 대비 평가 인력의 증원 및 평가 인력의 충분성은 오히려 떨어졌다고 볼 수 있다. 주로 대학이나 연구소에 소속을 두고 있는 외부 전문가인 평가위원에 대한 처우와 평가 업무를 수행하는 환경은 예전 그대로인 반면 제대로 된 평가 수행을 위해서 그 기능과 역할을 배가하여야 함은 현실적으로 불가능한 일이다.

평가의 실제에서는 앞서 '왜 평가를 해야 하는가'에서 언급한 바와 같이 자체평가위원은 대부분의 기관에서 간접적·소극적인 평가 활동을 하면서 평가 과정에서 심의·의결 기능을 주로 하고 있음이 지금의 현실이다. 따라서 현재의 평가 여건으로는 자체평가위원회의 기능과 역할이 아무리 확대·강화되더라도 실질적인 의미에서는 평가의 내실화를 기하기가 사실상 어렵다.

자체평가위원회의 활성화를 통해서 자체평가 내실화를 기하려 한다면, 가장 먼저 현재의 자체평가위원회가 적극적으로 활동할 수 있는 여건으로서 부족함은 없는지, 재정적 측면과 물리적인 측면에서 갖게 되는 한계는 무엇인지, 현재로서는 근본적으로 해결하기 어려운 문제들인지, 그렇다면 현실을 이해하고 현재의 여건에 맞는 바람직한 역할과 기능은 어떻게 정립하여야 하는지 등에 대한 검토가 이루어져야 한다. 검토 결과에 따른 문제점 발견을 통해서 실현 가능한 제도 개선으로 이어져야 한다.

3. 평가 대상 및 방법

평가 대상 및 방법에서의 문제점을 거시적 측면과 미시적 측면에서 나누어 살펴보면 다음과 같다. 먼저 부문별 평가 대상 및 영역에서 갖는 일반적인 문제점으로서 거시적 측면에서는 첫째, 5개 부문에서의 총 27개 평가 항목 및 51개 공통지표를 적용한 광범위 평가는 사실상 실효성 있는 평가 수행을 어렵게 한다.[31] 부처가 수행하는 모든 이행 과제의 주요 정책과제화로 인한 평가업무량의 과다, 단년도 위주의 일률적인 정책 단계별 평가로 인한 정책의 생명주기 무시, 이로 인한 과제의 수행기관별 과제 성격 및 특성에 따른 정책 단계에서의 가중치 미고려 등이 그 원인이 된다. 인사와 조직 부문의 경우에는 모든 부처가 인사 및 조직관리 전반을 계획, 집행, 산출/결과 및 평가 결과 활용도 등으로 구분하여 연 단위의 정례적 평가를 수행하여야 하는 것으로 되어 있는데, 매년 동일한 평가 내용을 평가할 때 실제로 평가로 인하여 얻는 이익보다는 평가 노력(비용)이 큰 낭비적인 평가가 될 우려가 있다. 그뿐만 아니라 이와 같은 무리한 평가 내용은 자체평가 수행 역량 및 기반 등을 포함한 평가 현실을 고려하지 않은 채 자칫 '평가를 위한 평가'에 그칠 수 있다.

둘째, 정부업무평가위원회에서 모든 평가 대상기관에 공통 적용하기 위해서 '자체평가 매뉴얼'을 작성·배포하고 있으나, 이는 자체평가의 목적과 취지를 손상시키는 결과를 초래할 수 있다. 현행법에서는 '자체평가'라 함을 평가 대상

31) 재정성과 부문의 R&D 사업 평가의 경우에는 '2006년도 국가연구개발사업 자체평가지침'에 따라 자체평가가 수행되어야 하는데, 평가 항목 및 지표 등이 분류 체계가 상이하여 평가 항목 및 지표 수를 일괄적으로 산정하기 곤란하여 제외하였다.

기관인 중앙행정기관이 자신의 소관 정책 등을 '스스로 평가'하는 것으로 정의하고 있다. 그러나 평가 현실에서는 '스스로 평가'한다는 의미를 주관 기관마다의 개별평가[32]가 통합평가로 전환되어 평가 시행 주체가 부처가 되었음을 의미하는 것이 부처의 평가 부담 경감을 가져오는지는 반론의 여지가 있다. 그뿐만 아니라 현재와 같은 평가 시행 주체의 각 부처로의 전환만으로는 자율적인 평가 역량 강화를 통한 국정 운영의 능률성·효과성 및 책임성 향상을 기하기 어렵다. 자체평가의 역량 강화를 통한 성과 중심의 국정 운영은 '재평가를 염두에 둔 자체평가'만으로는 한계가 있기 때문이다. 즉, 자체평가는 업무를 추진하는 부처가 자신이 추진하고 있는 업무 자체는 물론 및 업무 추진 담당자의 성과 개선에 1차적인 목적을 두어야 한다. 따라서 자체평가 내실화를 위한 '스스로의 평가'는 평가 대상 및 영역별로 부처의 성격과 업무 특성에 맞는 평가 기준 및 지표를 민간 전문가 중심의 자체평가위원회에서 합의하여 설정하고 이를 적용한 평가가 이루어지도록 하는 것이 바람직하다.

평가 대상 및 영역별로 마련되어 있는 평가추진계획 및 각종 매뉴얼에 의하면 미시적인 측면에는 평가지표마다의 측정 방법과 측정 기준에 기인한 문제를 들 수 있다. 지표별로 제시되는 과제별 측정 방법 및 측정 기준의 지나치게 획일화된 계량화 노력은 오히려 평정과 서열을 염두에 둔 통제 목적의 평가에 그칠 우려가 있다. 지표별로 마련된 측정 기준의 적용시에 내려지는 판단 의견 및 이를 반영한 평정점수는 실제로 매우 주관적일 수 있다.[33] 또한 스스로 평가한 결과를 점수화하여 상위 기관에 제출하여야 하는 현실에서는 평가 요소

32) 기획예산처의 재정 성과, 중앙인사위원회의 인사, 행정자치부의 조직, 정보통신부·행정자치부의 정보화 부문의 평가는 과거의 평가기본법 하에서는 주관기관별로 평가를 실시하였으나, 현행법에 따르면 통합평가 실시로 각 부처가 시행하는 것으로 바뀌었다(국무조정실·정부업무평가위원회, 2006년도 정부업무평가 추진계획 참조).

33) 실제로 주요 정책과제 부문의 경우에 '~에 관한 여부'를 묻는 복수의 평가 요소를 모두 충족, 일부 미충족, 일부 충족 등으로 등급화하여 과제마다 평가지표를 적용하여 점수화하고 있다. 주요 정책과제 부문 중 '성과계획의 적정성' 평가 항목의 평가지표의 하나인 '성과목표 및 성과지표는 적정하게 설정하였는가(배점 6점)'에 대한 평가 요소로 '전략목표와 성과목표 간의 인과 관계가 명확(2점)', '성과지표의 객관성(1점)', '성과지표가 목표달성 정도를 측정하기에 적합(1점)' 등이 제시되고 있고, 이들 요소의 점수 합계가 4점으로 모두 충족시에는 6점을 배점, 점수 합계가 3점인 경우는 5점, 점수 합계 2점인 경우 4점 배점, 점수 합계 1점인 경우 3점 배점, 기준 모두 미충족 경우는 0점을 배점 등으로 제시되고 있다. 이와 같은 형식은 다른 평가 부문에서도 크게 다르지 않다.

충족 여부에 대해서 주관적 판단을 하게 되는 외형적인 계량화는 평가 결과의 관대화 가능성을 초래한다. 따라서 평가의 객관성과 공정성이 자연 훼손되고, 이는 상위기관에 의한 자체평가 결과의 불신과 이로 인한 평가 결과의 확인·점검 및 재평가라는 악순환을 초래할 수 있다. 이 밖에도 지적할 수 있는 문제로는 측정 방법에서 제시된 내용이 지나치게 원칙적이거나 평가지표의 내용을 형식적으로 점검하는 수준이라는 것이다. 재정성과 부문의 경우에 7개 사업 유형에 공통지표로 제시된 '성과계획의 합리성' 평가 항목의 평가지표인 '성과목표/성과지표가 구체적으로 설정되어 있는지 여부(5점 배점)'가 대표적인 예에 해당된다.[34)]

평가의 대상에 관한 문제는 평가의 목적에 따라 달라질 수 있고, 현실적으로는 평가의 기반 및 역량에 따라 바뀔 수 있다. 평가 목적에 대해서 합의된 이해를 토대로 이를 달성하기 위한 평가 대상 과제 선정이 이루어져야 하기 때문이다. 평가 대상 과제가 선정되었다 하더라도 현재 가지고 있는 평가 기반 및 역량으로 제대로 평가를 할 수 있을지에 대한 검토 역시 중요하다. 현실을 고려하지 않은 평가 목적 실현을 위한 무리한 평가 대상의 선정은 평가를 수행하더라도 의도하였던 평가 결과를 얻는 것이 사실상 불가능하기 때문이다.

현재는 주요 정책과제의 경우에 국 수준의 정책목표를 실현하기 위해서 과 수준에서 설정한 이행과제가 평가의 대상으로 되어 있다. 이행 과제는 다시 세부적으로 하위의 단위사업(군)으로 구성되어 있다. 그러다 보니 중앙행정기관이 수행하는 모든 업무(과제 및 사업)와 이외에 업무 수행을 하기 위해서 요구되는 인사 및 조직 분야 등 모든 분야에 해당되는 내용이 평가 대상이 된다.

평가의 대상 및 범위가 구체적이고 명확할수록 평가를 수행하여 나온 평가 결과의 정보가 분명해진다. 이와 같은 견지에서 볼 때 인사 및 조직 분야에서의 평가는 반드시 평가가 필요한 부분에 한하여 평가 영역을 최소화하여 평가에 따른 부담을 완화시켜야 한다. 주요 정책과제의 경우에는 현재의 평가 대상 과제로서의 이행 과제가 좀더 구체화되고 명확하게 재조정되어야 할 것이 요구된다. 대부분의 이행 과제가 과제명 자체에서도 알 수 있듯이 포괄적인 개념

---

34) 측정 방법에서 '성과계획서에 성과목표와 성과지표를 제시하는 경우, 성과계획서가 아니더라도 성과목표 및 성과지표를 각종 계획 등에 반영하고 있는 경우, 또는 이를 확인할 수 있는 경우'에는 5점, 그렇지 않은 경우에는 0점을 부여하도록 되어 있다.

수준에서 추상적인 내용을 추구하고 있다. 이로 인하여 이행 과제가 성공 또는 실패로 나타났는지에 대한 판단이 불가능할 뿐만 아니라, 가능하더라도 평가를 통하여 내릴 수 있는 판단은 매우 추상적일 수밖에 없게 된다. 따라서 평가 대상 과제인 이행 과제의 성공과 실패 요인이 규명되었다고 하더라도 구체성이 결여된 상태에서는 이에 대한 평가 결과의 활용이 사실상 불가능하게 된다.

성과관리에 대한 경험 부족, 아직은 미흡한 평가 기반 및 역량 등을 고려하여 5개 부문에 대한 평가의 대상 및 영역은 과감하게 축소·조정될 여지가 있다. 특히 주요 정책과제, 재정사업, 정보화사업의 경우에는 기관이 수행하는 모든 과제를 평가의 범위에 넣기보다는 평가 기반과 역량을 고려한 평가 가능 범위가 어디까지인지에 대한 검토가 이루어져야 할 것이다. 평가 가능 범위에 드는 경우라도 과제/사업의 파급 효과나 예산 규모, 시급성, 문제 해결 우선순위 등의 고려가 이루어지고, 아울러 정책(과제 또는 사업)의 주기 파악에 따른 연차별 평가를 염두에 두고 평가 범위의 분할 및 분할된 범위의 연차별 실시 등이 고려될 수 있을 것이다.

어떻게 평가를 해야 하는가의 문제 역시, 평가의 목적 및 평가의 대상과 매우 깊은 관계가 있다. 평가의 직접적인 목적을 평가 대상 과제 간의 서열에 두는 경우에는 평가를 하기 위해서 설정한 평가 기준 및 지표가 획일적으로 공통 적용 가능하여야 하기 때문이다. 반면에 개별적으로 평가 대상 과제에 초점을 두고 과제의 성과 향상에 관심을 갖는다면 해당 과제의 성과를 측정할 수 있는 성과지표의 개발과 이를 평가지표로 적용하려 할 것이다. 평가 현실에서 볼 때 평가 기준 및 지표는 공통의 획일적인 기준 및 지표를 사용하고 있고, 이와 함께 개별적인 평가 대상 과제 수준에서의 성과지표의 중요성이 함께 강조되고 있다.

'제대로 된 평가'를 수행하기 위해서는 과제의 성과목표를 우선적으로 확립하고, 이에 대한 달성 여부인 성과목표치를 측정할 수 있는 적절한 성과지표를 개발 제시하여야 한다. 성과지표의 개발 제시 단계에서는 지표에 대한 구체적인 측정 방법이 함께 제시되어야 한다. 제시된 성과측정 방법은 어떻게 평가를 하여야 하는가에 대한 답을 제공해 줄 수 있다.

이와 같은 성과목표, 성과목표치의 설정, 성과지표의 개발 과정 등은 기관의 업무 특성이 충분히 반영되도록 하여야 한다. 따라서 이를 유도할 수 있는 평가 기준 및 지표는 획일화된 공통 기준 및 지표로는 한계를 지닐 수밖에 없다. 현재와 같은 모든 기관에 공통으로 적용되는 매뉴얼에 가까운 획일적인 평가 기준 및 지표를 적용한 중앙행정기관 자체평가는 기관 간의 서열화된 비교, 이를 염두에 둔 평정에는 도움을 줄 수 있을 것이다. 그러나 평가 중심의 성과관리, 즉 개별 과제 또는 사업에 대한 유용한 성과정보 생산을 통한 성과 개선에는 한계로 작용할 수 있다.

4. 평가 결과의 활용

평가를 수행한 결과를 어떻게 활용할 것인가의 문제는 평가의 목적과 매우 깊은 관계가 있다. 평가를 수행한 목적이 해당 평가 대상 과제의 성과 개선에 목적을 두고 있다면 평가 수행 결과를 통하여 나타난 결과는 평가 대상 과제의 성과관리를 위하여 활용될 것이기 때문이다. 만일, 그렇지 않고 평가를 수행하는 목적이 과제의 서열화 및 이를 통한 기관의 점수, 기관 간의 비교를 하기 위한 서열화에 목적이 두어졌다면 평가 결과로서 얻은 정보는 1차적인 목적으로 통제 목적으로서의 정보 가치로 한정될 것이다. 이는 서열화된 평정 결과의 공표 즉시 평가 결과의 활용은 더 이상 이루어지지 않는 결과를 초래하게 될 것이다.

실제로 평가 현실에서는 평가 결과의 활용 목적을 과제의 성과 개선에 두기보다는 '평가(엄밀히 말하자면 기관 간 비교를 위한 종합 평정점수)를 위한 평가'로 평가를 잘 받기 위한 충실한 평가자료의 작성·제공에 의미를 두고 있다. 이는 자체평가위원회의 평가 과정에서의 역할과 기능을 통해서 쉽게 이해할 수 있는 사실이다. 기관 간의 점수 비교를 도출하기 위한 평정 자료의 수집 및 확인·점검이 아닌 기관의 미션 및 전략목표를 달성하기 위해서 수행되고 있는 업무에 대해서 그 성과를 측정하여, 측정 결과를 토대로 전년 대비 성과 향상도를 기관 자체 또는 기관 간에 비교하는 서열화 방법으로의 전환을 고려해 보아야 할 것이다. 이 과정에서 나온 평가 관련 정보는 기관은 물론 사업을 추진하는 과제 담당자와 과제 자체에 유용한 정보로서 가치를 지니게 될 것이기 때문이다.

V. 결론 및 정책적 함의

우리나라에서는 정부 업무성과의 중요성과 평가의 실효성에 대한 본격적인 논의가 참여정부 들어와서 이루어졌다. 이를 고려한다면 지금 나타나고 있는 성과관리제도에 대한 정착 노력과 그 과정에서 나타나는 어려움 및 그에 따른 부정적 효과에 대한 우려는 당연한 것으로 이해할 수 있다. 그러나 간과해서는 안 될 것이 있다. 선진 사례의 즉각적인 도입이나 현실을 등한시한 채 이루어지는 제도를 주관하는 기관(소관 부처)의 일방적 드라이브는 새로운 제도의 조기 정착을 더 어렵게 함은 물론 제대로 된 제도 운영을 위한 기틀 마련에 오히려 걸림돌이 될 수 있다는 사실이다. 또한 각종 성과관리제도를 주관하는 기관들이 만일 새법의 취지를 달성하기 위하여 함께 노력하지 않는다면 자칫 시스템 부조화를 초래할 수 있음을 잊지 말아야 할 것이다. 이 또한 대단한 행정력 낭비와 정부 경쟁력을 가로막는 일이 될 것이다. 국민에 대한 책무성은 평가를 받는 사람 또는 과제/사업을 수행하는 사람들만이 아닌, 평가(제도)를 실시하는(또는 운영하는) 사람(또는 조직)에게도 있음에 이론(異論)이 있을 수 없기 때문이다.

현행법의 주요 개선 과제인 '통합적 성과관리', '자체평가 내실화', '평가제도 간 통합·연계' 등이 성공적으로 이루어지 위하여 필요한 몇 가지 정책적 함의를 제시해 보면 다음과 같다.

첫째, 전과 달리 새롭게 바뀐 '자체평가 체제로의 전환'이 무엇을 의미하는지에 관하여 중앙행정기관 및 평가 관련 총괄협조기관들 간의 공감대를 형성하여야 한다. 중앙행정기관의 성과관리는 '업무 추진 과정에서 최대한 자율성이 보장'되도록 이루어져야 하고, '추진한 일에 대한 책임'을 다하기 위한 도구로서 평가가 이루어져야 한다. 이에 대하여 협조하고 지원하는 역할이 바로 평가총괄 관련 기관의 몫이다.

둘째, 중앙행정기관의 자체평가 내실화는 자체평가가 평가의 본래 목적에 충실하도록 이루어질 때 가능한 일이다. 만일, 자체평가의 시행 주체인 각 부처 스스로가 자체평가의 1차적 목적이자 궁극적 목적을 평가(국무조정실·정부업무평가위원회에 의한 상위평가 또는 재평가)를 염두에 둔 평가(자체평가), 평가(기관 간 비교를 위한 서열화된 평정 결과를 잘 받기 위한 평가)를 받기 위한 평가(평정자료의 수집 · 정리 · 분석에 한정한 평가)로 한정하여 수행한다면 이는 평가의 본질을 왜곡하게 될 것이다. 평가에 투입되는 모든 노력과 활동은 반드시 소관 정책 등의 성과 개선으로 나타나야 한다. 이를 위해서 부처 중심에서라도 기관장을 비롯한 모든 조직 내 구성원들이 평가 목적에 충실한 자체평가를 수행하기 위해서 평가 현실에서 나타나는 바람직하지 못한 것들에 대한 문제 의식을 가져야 한다. 현실에 대한 정확한 문제 의식은 가장 현실 적합한 개선 노력을 낳게 되고, 이는 제도 도입 초기인 성과관리 현실에 소중한 밑거름이 될 것이다.

셋째, 평가제도 간 통합 및 연계를 위해서는 정부업무평가위원회와 국무조정실 및 평가총괄 관련 기관의 평가에 대한 올바른 인식이 전제되어야 한다. 평가 제도 간 통합 및 연계를 통하여 국정평가의 근간으로 내실 있는 자체평가가 이루어지도록 하고자 함이 바로 그간 새로운 법을 제정 · 시행하려 했던 주요 이유였음을 반드시 염두에 두어야 한다. 즉 합리적인 통합 및 연계는 평가총괄 관련 기관의 권한 배분이 아니라, 기능적인 통합과 연계를 위한 각 제도의 합리적 조정을 통해서 가능한 일이다. 따라서 부문별 평가 주관기관들은 제도 운영을 위한 권한만이 아닌 그에 상응한 책임이 함께 부여되어 있음을 잊지 말아야 할 것이다. 왜냐하면 평가에 소요되는 모든 재원 역시 세금에 대한 '가치(value for money)' 있는 일이 되어야 하기 때문이다.

참고 문헌

공병천. (2003a). 정부기관평가제도의 탐색적 연구: 중앙행정기관평가를 중심으로. 「한국정책학회보」 12(4).

———. (2003b). 「기관평가와 성과주의 예산의 연계 방안에 관한 연구」. 한국행정연구원.

———. (2004). 평가와 예산부문의 성과관리 연계. 「한국정책학회보」 (13)2.

———. (2005a). 상위평가에 관한 비판적 논고. 「한국행정연구」 (14)1.

———. (2005b). 한국과 프랑스의 정책평가제도 비교 연구. 「한국정책학회보」

14(3).

———. (2005c). 공공부문의 성과관리에 관한 소고. 성균관대학교 국정평가연구소 개소 기념 학술세미나 논문집

———. (2006a). '바람직한 성과지표란'. 정부업무평가 실무워크숍 자료. pp. 32-37. 감사원 평가연구원.

———. (2006b). 통합성과관리를 위한 자체평가와 성과관리의 연계. 「한국행정연구」 (15)3.

——— 외.(2006). 「중앙행정기관 자체평가 내실화를 위한 기초연구」. 감사원 평가연구원

김명수. (2003a). 「공공정책평가론」. 서울: 박영사.

———. (2003b). 범정부적 정부업무평가기관 사이의 역할 관계. 「정부개혁과 정책평가」. 한국행정연구원.

———. (2005). 성과중심의 국정 운영을 위한 공공정책 평가전략. 감사원 평가연구원 세미나 자료집.

박재신. (2005). 국정평가기본법(안)의 의의 및 특징. 국정평가기본법안(정부 제출)에 관한 공청회 자료집. 국회정무위원회.

박중훈. (2005). 「성과평가제도 및 운영실태에 대한 분석과 개선 방안」. 한국행정연구원.

———. (1999). 「결과중심의 성과측정 및 성과관리 체제에 관한 연구」. 한국행정연구원.

송재기. (2006). 새로운 정부업무평가 추진 방향. 「평가리뷰」 창간호. 감사원 평가연구원.

이윤식. (2003). 우리나라 정책평가체계의 현안과 과제. 숭실대 「사회과학논총」 6집.

——— 외. (2004). 참여정부의 정부업무평가체계 구축 방향에 관한 연구. 「한국정책학회보」 13(1).

——— 외. (2005). 통합국정평가제도의 필요성과 구축방안. 「한국사회와 행정연구」 16(3).

제갈돈. (2005). 통합국정평가제도 구축의 필요성과 효과. 국정평가기본법안(정부제출)에 관한 공청회 자료집. 국회정무위원회.

———. (2006). 정부업무평가와 통합국정평가제도. 제3회 「평가포럼」 자료. 감사원 평가연구원.

한국행정연구원. (2005).「성과평가 및 관리 매뉴얼」.

과학기술부·과학기술혁신본부. 2006년도 국가연구개발사업 자체평가지침(2006. 1).

국무조정실. 2003년도 정부업무평가 결과(2004. 1).

———. 2005년도 정부업무평가 결과(2005. 1).

———. 통합국정평가제도 시범실시 지침(2005. 1).

———. 2006년도 정부업무평가 추진계획(안)(2006. 4).

———. 2006년도 자체평가 매뉴얼(2006. 5).

———. 2006년도 정부업무 추진계획(2006. 6).

———. 전자통합평가시스템(e-IPSES) 2차 정보화 사업 제안 요청서(2006).

———. 정부업무평가지침(2006년도, 2005년도).

———. 2007년도 정부업무 성과관리전략계획 및 시행계획 수립지침(2006).

국무조정실·정부업무평가위원회. 2006년도 정부업무평가지침.

국회정무위원회. (2005). 국정평가기본법안 검토보고서.

기획예산처. (2003). 성과관리제도 업무편람.

———. (2005). 재정사업평가 매뉴얼.

중앙인사위원회. (2006). 직무성과계약제 운영지침.

행정자치부. (2005). '05년 진단·혁신관리 매뉴얼.

「국가연구개발사업 등의 성과평가 및 성과관리에 관한 법률」(법률 제7808호).

「국가재정법안」(2004. 10. 정부제출, 의안번호 592).

「정부업무의 심사평가 및 조정에 관한 규정」(전문 개정 1998. 4. 15 대통령령 제15774호).

「정부업무 등의 평가에 관한 기본법」(2001. 1. 8. 제정, 법률 제6437호) 및 동법 시행령.

「정부업무평가기본법」(2006. 4. 1. 시행, 법률 제7928호) 및 동법 시행령.

Behn, Robert D.(2002). The Psychological Barriers to Performance Management: Or Why Isn't Everyone Jumping on the Performance-Management Bandwagon?. *Public Performance & Management Review* 26(1): 5-25.

———(2003). Why Measure Performance? Different Purpose Require Different Measures. *Public Administration Review* 63(5): 586-606.

GAO. (1996). Executive Guide Effectively Implementing the Government Performance Results Act. GAO/GGD-96-118.

Rossi, P. H. & H. E. Freeman. (1989). *Evaluation: A Systematic Approach.*

Newbury Park, CA: Sage.

Wholey, J. S. (1999). Performance-Based Management-Responding to the Challenges, *Public Productivity & Management Review* 22(3): 288-307.

Wholey, J. S. & H. P. Hatry. (1992). The Case for Performance Monitoring. *Public Administration Review* 52: 604-610.

Williams, Daniel W. (2003). Measuring Government in the Early Twentieth Century. *Public Administrative Review* 63(6): 643-659.

제 03 장

우리나라 지방정부의 자체평가에 관한 연구 -대전광역시를 중심으로-

Ⅰ. 서 론

지방자치(local autonomy)란 일반적으로 국가 내의 일정한 지역에서 제기되는 공공의 수요와 욕구를 지역 주민들 스스로가 참여하여 결정하고 책임을 지는 정부운영(governance)의 한 방식이라고 할 수 있다. 이러한 점에서 보면 주민의 입장이 높이 존중되어야 하며, 동시에 지방자치란 일정 지역의 주민들이 헌법에서 규정한 권한 범위 내에서 공공의 문제들을 해결할 수 있는 정당성을 가진 단체를 설립하고 운영하면서 그들의 권한을 행사하고 책무를 지는 제도와 과정을 말한다(이달곤, 2001: 10).

중앙집권적인 행정 체제가 과거와는 달리 본격적인 지방자치제의 실시와 더불어 분권적인 방향으로 새롭게 구축되기 시작하면서 지방정부의 자율성 강화는 물론 이에 따른 책임성의 문제가 대두되기 시작한다. 따라서 정책이나 사업을 집행하는 과정에서 좀더 효과적이고 효율적으로 관리하기 위해서는 이에 대한 분석 활동이 필요하며, 또한 집행된 후 그 정책이나 사업이 사회에 미친 효과나 영향을 식별하기 위해서는 이에 따른 검토가 있어야 한다(김선호 · 조경호, 1995: 150). 물론 측정을 통하여 수집된 자료는 정책이나 사업의 현황에 관한 정보로서 정책관리자에게 제공되어, 많은 문제점이 대두되거나 혹은 시정사항이 있을 경우에는 개선을 요하는 부분을 제시할 수 있어야 한다(김명수,

1992: 37).

우리나라의 정부업무평가는 과거로부터 지금까지 그의 이름이나 제도 혹은 방법이 다를 수는 있으나 효율적인 업무 집행의 도모와 더불어 책무성을 강조하겠다는 역대 정부의 의지와 맞물려 많은 발전을 거듭하였고, 또한 이에 따른 숱한 시행착오도 있었다. 이러한 정부 업무에 대한 평가는 기존의 심사평가제도가 시초였으나, 개별 정책을 대상으로 한 심사평가의 객관성 결여, 공정성의 한계 등으로 인하여 좀더 새로운 평가 방식의 전환이 필요하였던 것이며,[1] 최근 정부는 성과 중심의 행정을 구현하기 위하여 심사평가제도를 확대 · 강화하여, 기관평가제도를 시행하고 있다(박중훈, 2001: 63).

이처럼 기관평가제도의 시행 등은 정책집행에 대한 올바른 평가를 통하여 그 실효성을 얻을 수 있으리라 판단하였고, 이는 '개혁'이라는 기치 아래 최근 정부가 집행하는 각종 정책에 대한 능률성과 효과성, 민주성 등의 확보 의지와 관련된다고 하겠다. 또한 정부 업무에 대한 더 나은 평가 체계를 구축하고 평가에 관한 기본적인 사항을 규정하기 위하여 정부는 「정부업무평가기본법」을 2006년 4월 1일 제정하여 현재에 이르고 있는데, 이는 정부 업무의 책무성을 확보하고 국정 운영의 효율화를 꾀하기 위함이다.

그러나 법률적 근거를 확보하는 것만으로 평가제도가 정착됨과 아울러 평가 목적을 달성할 수 있을지에 대해서는 의문의 여지가 있다. 또한 정부업무평가는 평가 대상 기관의 수가 많음은 물론, 그의 평가 범위가 광범위하기 때문에 세세한 면을 점검하고, 분석 · 평정하는 데 한계가 있는 것도 사실이다. 따라서 정부업무평가가 급격한 행정환경의 변화와 다변화되어 가고 있는 국민의 다양한 행정 수요에 대한 기대에 얼마나 부응하고 있는지에 대한 의문이 있는 것도 사실이다.

정부 업무의 수행 과정에서 정부업무평가와 궤(軌)를 같이할 만큼 오랜 역사와 그 중요성이 부각되는 것이 자체평가이다. 자체평가는 정책이나 사업의 집행 여부는 물론 사업의 부진 여부 등을 파악하고, 이에 대한 조치를 취할 수 있

1) 1994년도부터 국무총리실에서 수행해 오던 심사평가 관련 제도의 한계성을 보완하고, 정부 업무의 효율성 제고와 책임성 확보를 목적으로 「정부업무의 심사평가 및 조정에 관한 규정(전문 개정 1998. 4. 15 대통령령 제15,774호)」에 근거를 두고 기관평가제도를 도입하였다.

는 근거를 마련해 준다는 점에서 '정부업무평가'라는 시스템을 보완하고, 또 나름대로의 영역을 구축하고 있다. 특히 자체평가는 특정한 평가를 용이하게 할 수 있고, 그 평가 과정을 일반적으로 지원할 수 있는 축적된 결과를 갖고 있기도 하다.

평가는 평가 주체를 기준으로 할 때 내부평가와 외부평가로 구분할 수 있다. 내부평가는 사업이나 정책 또는 시책 등을 추진하는 주체가 스스로 평가하는 것을 의미한다. 따라서 내부평가는 집행전략과 효율적인 관리를 위한 정보의 산출이 가능하다는 점에서 장점을 가지고 있으나(라휘문, 2003: 74), 이처럼 중요한 자체평가에 관한 논의는 매우 미흡한 수준에 머물러 있는 것이 사실이다. 더욱이나 지방정부에 대한 자체평가에 관한 학술적 연구는 대부분의 논의가 개념 등을 소개한 것에 지나지 않으며, 실제 이론과 현장을 접목한 논문은 손꼽을 정도이다. 특히 자체평가를 이루고 있는 구성 요소에 대한 논의는 아직도 부족하다.

따라서 지방정부의 자체평가가 어떠한 기준을 갖고, 어떻게 이루어지고 있는지에 대한 실제적인 연구가 부족한 현실을 감안하여 이 연구는 우리나라 지방정부가 현재 자체평가를 어떻게 하고 있는가를 살펴보고, 좀더 바람직한 자체평가 체계를 위한 제도적인 방안의 구축에 관심을 갖고자 한다.

Ⅱ. 연구의 범위 및 방법

1. 연구의 대상 및 범위

이 연구에서의 지방정부라 함은 국무조정실·정부업무평가위원회가 정부업무 평가기관으로 선정한 중앙행정기관을 제외한 광역단체 및 기초단체에 한정하며, 특히 16개 광역단체 중 대전광역시를 연구의 대상으로 하였다. 연구 대상으로 선정된 대전광역시의 분석 대상 과제를 크게 7개 분야로 분류하였다. 범위는 2004년도 198개 과제 중 70개, 2005년도 166개 과제 중 70개를 선정하여 총 140개 과제를 대상으로 하여 대전광역시에 대한 자체평가를 연구하고자 한다.

현재 국무조정실・정부업무평가위원회 주관의 정책평가는 각 중앙정부의 주요 정책과제, 중범위 과제 그리고 단위사업 등을 평가대상 과제로 하고 있으나, 이 연구의 분석 대상은 대전광역시에 한정되어 있으므로 국가위임사무를 포함한 자체평가 과제를 발췌하여 그 세부 과제를 대상으로 하였다. 이는 지방정부가 자체적으로 평가하는 과제에 속한 세부 과제들은 국무조정실・정부업무평가위원회 주관의 상위평가 범위를 벗어난 순수한 기관의 집행 과정을 볼 수 있기 때문이다. 따라서 좀더 객관적인 자체평가에 관한 것을 파악할 수 있을 것이라는 판단 아래 세부 과제를 분석 대상으로 선정하였다.

앞서 언급하였듯이 대전광역시의 분석 대상 과제를 각 분야별로, 2개 연도에 걸쳐 임의로 추출, 총 140개 과제를 대상으로 하였으며, 각 과제별로 (1) 자료 부문, (2) 분석 부문, (3) 조치 부문 등 자체평가를 구성하고 있는 각 요소에 대하여 분석을 실시하였다. 분석자료에는 「2004년도 주요 업무 자체평가 결과」와 「2005년도 주요 업무 자체평가 결과」 등이 사용되었다. 각 분야별 분석 대상 과제 수는 아래의 <표 3-1>과 같다.

〈표 3-1〉 분석 대상 과제 수

분 야	2004년			2005년		
	분석과제 수	전체 과제 수	선정 비율	분석과제 수	전체 과제 수	선정 비율
경제 분야	10	32	31.2%	10	34	29.4%
교통 분야	10	14	71.4%	10	12	83.3%
도시개발 분야	10	35	28.5%	10	20	50%
환경 분야	10	20	50%	10	15	66.6%
복지 분야	10	22	45.4%	10	20	50%
문화 분야	10	21	47.6%	10	17	58.8%
일반행정 분야	10	54	18.5%	10	48	20.8%
계	70	198	35.4%	70	166	42.1%

2. 연구의 방법

이 연구는 문헌연구와 내용분석의 연구 방법을 병행하였으며, 이를 위하여 문헌으로는 자체평가와 관련된 국내·외 단행본, 기존의 논문, 관련 법령 및 각종 통계자료, 언론 보도 자료, 인터넷 자료, 기타 행정기관 및 관련 기관의 정책자료 등을 활용하였다. 한편, 이 연구의 주제를 다루는 데에는 내용분석(김영석, 1999: 207-208)[2] 방법을 활용하였다. 이 연구에서는 정부기관에서 발행한 평가 관련 보고서가 자료원으로 활용되었다. 내용분석 절차는 다음과 같다.

첫째, '자체평가'라는 연구 문제를 구성하였다.

둘째, 연구 대상이 되는 모집단에 대한 정의, 즉 「대전광역시 2004년도 주요 업무 자체평가 결과」와 「대전광역시 2005년도 주요 업무 자체평가 결과」 등의 자료를 중심으로 "우리나라 지방정부의 자체평가에 대하여 연구한다"라고 하는 것은 고려의 대상이 되는 일체의 내용에 대한 경계선을 규정한다는 것을 의미하며, 이러한 내용분석을 위한 모집단의 결정에는 연구 주제의 범위와 연구 기간 등이 고려되었다.

셋째, 16개 광역자치단체 중 임의로 1개 자치단체를 표본으로 선정하였다.

넷째, 분석 단위를 선정하는 데 과정에서 「주요 업무 자체평가 결과」 등에 기록된 내용인 경우 분석 단위는 하나의 단어나 상징, 주제 또는 전체 기사 등이 되었다.

다섯째, 자료를 체계적으로 수량화할 수 있는 원칙을 마련하는 데, 이 연구는 빈도를 계산하는 방식을 채택하였다. 빈도계산법은 내용의 각 단위(단어·주제·항목 등)에 균등한 가중치가 부여되고 있다는 것을 전제로 하였다.

---

2) 내용분석의 목표는 일정의 메시지를 정확히 설명하는 것이다. 이 경우에 수량화는 정확성을 확보하는 데 큰 도움을 준다. 수량화를 하게 되면 결과를 요약하고 보고하는 데 용이하며, 일정한 시간을 두고 측정을 하게 되면 어떤 한 시점의 수량적 자료를 다른 시점의 그것과 비교해 봄으로써 평가절차를 단순하게 하고 표준화시키는 데 도움이 된다. 내용분석을 실시하기 위해서는 적절한 절차에 따라 표본을 선정하여야 하며, 각 항목은 분석에 포함될 수 있는 기회를 균등하게 가져야 한다. 조사자의 개인적인 특성이나 편견이 분석 결과에 개입되어서는 안 되며, 다른 연구자가 반복해도 동일한 결과가 나와야 한다.

여섯째, 분석 대상이 되는 각 분야별, 각 구성 요소별로 세부 항목에 대한 자체평가를 백분율, 평균 등의 기술적 통계 방법을 사용하여 분석하였다.

일곱째, 대전광역시의 자체평가에 대한 분석 결과를 해석하였다.

Ⅲ. 자체평가에 관한 논의 및 분석의 틀

평가는 학자들에 따라 다양하게 정의되고 있기 때문에 명확하게 정의하기가 매우 어렵다. 케이스, 앤드류와 워너(Case, Andrews & Werner, 1988)는 평가를 "수용할 수 있는 표준과 혹은 기준과 부합하는지를 결정하기 위하여 증거를 수집하여 어떤 프로그램의 전부 또는 일부의 가치에 대한 명확한 판단을 하는 것"이라고 하고 있다. 여기에는 두 가지 핵심 요소가 있는데, 즉, 표준 혹은 기준으로 이것은 실제 목표에 견주어 측정할 수 있는 바람직한 조건 혹은 질적 상태를 지칭하며, 다른 한 요소는 일정하게 요구되는 표준 혹은 기준이 특정한 사업에 의하여 충족되었는지를 판단할 수 있도록 제공되는 필요한 정보, 다시 말해서 증거이다. 결국 평가는 가치를 배분하고 사업이나 활동의 가치를 결정하는 과정이라고 규정할 수 있다(한표환 · 박희정, 1999: 14-15). 그리고 베덩(Vedung, 1977: 19)은 "정부개입의 과정과 산출물의 장점, 유용성, 가치 등을 사후적으로 정밀하게 사정하여 미래에 반영하는 작업"이라고 했으며, 김성준(1993: 8)은 평가를 "평가자가 평가 대상에 관하여 유용한 정보 또는 지식을 얻기 위하여 일정한 의도와 목적을 고려한 기준을 정립하고 이 기준에 따라 평가 대상을 신뢰성 있고 타당성이 있게 측정하는 것"이라 보고 있다.

현대를 살아가는 국민의 다양한 행정 수요와 이에 대응하는 정부의 활동은 각양각색이고 또한 이를 위한 정책이나 사업이 진행되거나 소멸되기도 하고 혹은 수정되기도 한다. 따라서 정책이나 사업이 집행되면 당초의 목표대로 진행되고 있는지, 실제로 얼마나 효과적 · 능률적으로 달성되었는가에 관심이 높아지고 있는 것이 사실이다(Nachmias, 1979: 1-2). 따라서 평가는 어떤 정책이나 사업의 결과를 이해하고 그 가치를 판단하는 것이라고 정의된다. 이 경우에 평가란 어떤 정책이나 사업의 산출, 성과, 또는 영향 등을 분석하여 그것이 정책이나 사업의 원래 목표를 얼마나 효과적으로 달성하고 있는지를 결정하는 것이다.

또한 평가는 일차적인 목표가 정책형성에 도움을 주기 위한 것이기 때문에 정부의 정책결정 과정에서 환류 기능을 수행하며, 자원 투입의 정당화를 위한 주요 근거라는 측면에서 책무성 확보의 수단으로 활용된다. 그리고 평가 과정에서 미흡한 점을 찾아내어 정책이나 사업의 운영을 개선하는 데 도움을 줄 수 있다. 그리고 평가는 평가 결과의 환류를 통하여 정부의 의사결정에 도움을 주고 있듯이 정부 내부의 상하 관계의 영향은 거의 받지 않고 주로 외부인에 의한 평가가 실시되어 왔다. 초기의 평가는 조직 상층부의 의견 반영 여지가 많지 않았다는 점에서 하향적인 성격을 띠었으나 평가의 범위가 확장됨에 따라 평가에 대한 조직 하층부의 관심이 고조되고 있으며, 이들의 의견이 반영된다는 측면에서 상향적인 특징을 갖게 되어 수평적으로 또는 상·하향적 방법이 혼합되어 수행된다.

평가에 대한 이같은 다양한 정의를 바탕으로 지방정부의 자체평가를 개념화하기 위하여 「정부업무평가기본법」을 살펴보면, 제18조에 "지방자치단체의 장은 그 소속기관의 정책 등을 포함하여 자체평가를 실시하여야 한다"라고 명기되어 있다. 이를 구체적으로 살펴보기 위하여 평가 대상, 평가 시점, 그리고 평가의 특성으로 구분하여 살펴보면 다음과 같다. 먼저 평가 대상의 기준에서 보면, 자체평가는 사업평가에 해당되는 동시에 개별평가의 성격을 띠고 있다. 지방정부의 자체평가는 평가의 필요성이 인정되는 업무를 선정하여 평가하기 때문에 경우에 따라 다수의 개별평가의 합이 그 대상이 되나 해당 지방정부의 정책 또는 사업의 전체를 평가하는 종합평가로 간주하기는 어려운 점이 있다. 평가 시점의 기준에서 보면, 자체평가는 추진 내용, 집행성과 및 추진 역량 등 사업 추진의 모든 과정을 평가함으로써 중간평가와 사후평가의 성격을 동시에 내포하고 있다. 평가 주체의 기준에서 보면, 단체장이 당해 기관의 평가를 실시한다는 점에서 원칙적으로 내부평가라 할 수 있을 것이다. 평가 특성의 기준에서 본다면, 정량평가가 주된 평가 방법으로 활용될 것이나 부분적으로 정성평가의 활용이 필요할 수 있기 때문에 정량 및 정성의 병행평가라 할 수 있다. 「정부업무평가기본법」에서는 평가 방법에 대한 특별한 규정이 없어 실제 평가작업의 추진 과정에서 최종적으로 추진될 것이다(라휘문 외, 2002: 234).

이처럼 지방정부의 자체평가는 규모와는 관계 없이 해당 지방정부에 대하여 해당 지방정부가 자체적으로 평가하는 것을 의미하며, 지방정부는 자체평가를 의무적으로 실시하여야 한다(이광희, 2003: 98). 하지만 평가에 관한 기본법이 제정된 이후 자체평가 실시에 대한 구체적인 방법이 마련되지 않아 시행 과정에 다소의 혼란이 있으며, 이에 따라 행정자치부는 한국지방행정연구원의 용역결과를 토대로 지방정부에 공통적으로 적용할 수 있는 「지방자치단체 자체평가 지침」을 준비하고 있다(행정자치부, 2003).

정부업무평가가 제 목적을 구현하려면 기관의 자체평가가 무엇보다도 우선되어야 할 것이다. 이러한 점에서 본다면 자체평가는 일반적으로 정책의 투입과 산출, 그리고 정책의 성공적 수행을 위하여 매우 중요한 보조적 활동들에 대한 정보를 체계적으로 수집・분석하는 행동 과정이라고 할 수 있으며(황인정, 1982: 16), 이것이 곧 책무성 확보를 목적으로 하는 평가의 본래 취지이며, 필요성인 것이다. 따라서 이같은 자체적인 평가 활동은 정책의 원인과 결과에 대한 정보를 생산하는 데 사용되는 정책분석적 절차로서 평가자로 하여금 정책이나 사업계획의 운영과 그것의 결과 간의 관계를 기술할 수 있도록 해 주는 것이라고 정의하고 있다(Waller, 1976: 5).

지난 1962년부터 도입・실시되어 오던 심사분석제도는 이후 국내외의 경제상황이나 정치 또는 사회의 발전과 정권의 교체 등 많은 변화가 있어 왔음에도 불구하고 40여년이 지난 최근의 '김대중 정부', '노무현 정부'에서도 그의 기본적인 성격을 유지한 채 '정부업무평가제도'로 실시되고 있다.

심사분석의 유형을 살펴보면 크게 두 가지로 나뉘는데, 집행관리와 성과분석으로서 이는 각각 '추진중인 사업/시책'과 '완료된 사업/시책'을 대상으로 한다. 이것은 앞서 언급하였듯이 자체평가가 집행에 관심을 두고 있다는 사실을 의미한다. 그러므로 집행에 대한 평가는 정책이나 사업이 당초에 설계된 대로 운영되고 있는지, 그리고 그것이 구체적으로 명시된 대상 집단에 도달되고 있는지, 또한 정책이나 사업이 원래 서비스하기로 하였던 수요(needs)가 아직도 존재하고 있는지 여부를 체계적으로 검토하여 수정・보완・개선・활성화 등을 건의하기 위하여 수행되는 것이다(노화준・정정길, 1996: 39).

<표 3-2>에서 보는 것처럼 자체평가와 심사분석제도를 구체적으로 살펴보면 심사분석제도는 「정부업무의 심사평가 및 조정에 관한 규정」에 의거하여

주요 업무에 대한 집행 상황 관리, 집행 성과의 점검·분석 등을 위하여 자치단체별로 연 2회(3월, 9월)에 걸쳐 실시하는 것이다. 이에 반하여 자체평가는 「정부업무평가기본법」에 의거 지방자치단체별로 사업(시책) 추진상의 문제점 발굴과 개선 능력 강화에 초점을 두고 있어 심사분석에 비해 포괄적이라 볼 수 있을 것이다.

〈표 3-2〉 자체평가와 심사분석제도의 비교

구 분	자체평가	심사분석
근 거	정부업무평가기본법	정부업무의 심사평가 및 조정에 관한 규정
평가 목적	사업개선 능력 강화 및 내부운영 효율화	집행 상황 및 성과 점검·반영
평가 대상	자체선정사업 및 시책	자체 선정사업 및 시책
평가 주체	해당 자치단체(자체평가위원회)	해당 자치단체
평가 내용	추진 내용, 성과, 역량	집행 상황, 집행 성과
평가 횟수	연 1회 이상	연 2회(3월, 9월)

출처: 라휘문(2003: 82) 재구성.

오늘날 정책결정자나 정책집행자들에게는 자신들의 정책이나 사업이 평가되는 것을 회피하는 경향이 있음에도 불구하고 이에 대한 평가의 필요성과 중요성은 평가를 통하여 일정 기간 동안의 정책 및 사업의 진도를 측정하고, 그 과정을 분석·검토함으로써 새로운 정책이나 사업계획으로 발전시켜 나아갈 수 있으며, 기존의 정책이나 사업계획을 보완하여 그 성과를 극대화 할 수 있기 때문에(Weiss, 1972: 2), 그들에게 주어지는 책무성만큼이나 날로 증가되고 있는 것이 현실이다.

현재 이루어지고 있는 정부업무평가는 '기관평가'가 큰 틀을 이루고 있으며, 이 중 기관 역량 평가 항목에서 '자체평가 수행 노력 평가'라는 부분은 국무조정실과 정책평가위원회에서 각 기관의 자체평가 활동을 대상으로 평가를 한다는 점에서 상위평가의 의미를 갖고 있다. 이러한 맥락에서 본다면, 자체평가는 기관의 업무 전반을 평가하는 가장 기초적이면서도 중심적인 활동이라는 점에서 대단히 중요한 것임에는 틀림없다.

그러면 각 기관이 정책이나 사업을 집행하는 데 왜 자체평가가 필요한 것일까?

첫째, 자체평가는 당해 기관의 장으로 하여금 사업이 어떻게 추진되고 있는가에 대한 정보를 제공해 주기 때문이다. 이러한 정보는 특히 이미 설정한 목표치나 공정을 완수하는 것이 사업 성패의 관건이 되는 경우 아주 중요한 의미를 갖는다고 하겠다.

둘째, 평가 대상사업이 경제적이며 능률적이고 또한 효과적으로 운영되고 있는지를 알아볼 수 있도록 해 주기 때문이다. 그러나 자체평가 활동을 통해서 이러한 판단을 내리는 것이 항상 가능한 것은 아니다. 그렇게 되기 위해서는 먼저 자체평가 체계가 사업의 경제성과 능률성 및 효과성을 측정하는 일을 해야 하기 때문이다.

셋째, 사업이 그것과 관련된 지침에 따라 운영되고 있는지를 알아볼 수 있도록 해 주기 때문이다. 우리는 일반적으로 상급기관에서 마련된 지침은 하부기관에 의하여 잘 준수되는 것으로 가정한다.

마지막으로, 사업이나 시책이 유능한 요원들에 의하여 시행되고 있는지를 알 수 있게 해 주기 때문이다. 결국 자체평가는 관리자의 입장에서 개별적 사업의 건전성을 심사하는 활동이라고 할 수 있다(김명수, 1992: 39).

사업이나 시책의 향상을 위하여는 정책은 계속적으로 평가되어야 한다. 정책의 과정 또는 산출과 같은 정책 특성의 정상 궤도 이탈은 서비스의 질(質)에서 심각한 문제를 야기할 수 있고, 서비스 질의 변화 식별을 위해서도 계속적인 노력이 필요하다. 이러한 경우 정책 과정, 정책 산출, 또는 정책 영향의 점검은 정책목표의 성취 정도를 알고 정책의 실패에 대한 이해를 제공할 수 있기 때문에 정책관리자는 정책목표 성취를 위하여 정책 투입 또는 정책 과정을 변화시키는 것이 가능하게 된다(김선호·조경호, 1999: 149). 그러나 지방정부가 이러한 논의를 충족하는 평가 활동을 하고 있는 것인지 의문을 갖지 않을 수 없다.

그러면 지방정부 내의 자체평가 활동이 제 목적을 달성하려면 자체평가 활동은 어떤 요건을 갖추어야 하는가? 또 자체평가가 활성화되려면 어떠한 여건이 조성되어야 하는 것일까? 이것이 이 연구의 주된 관심 영역이며, 따라서 자체평가가 제대로 수행될 수 있도록 시스템의 구축을 위한 여러 구성 요소들에 대한 논의가 다음과 같이 선행되어야 할 것이다.

첫째, 평가 활동의 자료 요소 측면에서는 사업 실적의 척도와 관련된 기초자료를 수집한다. 사업의 실적은 여러 척도에 의하여 측정될 수 있다. 이들을 종합해 보면 다섯 개 유형의 척도가 활용되고 있음을 알 수 있다. 이들 다섯 개의 척도는 ① 투입(inputs), ② 활동(activities), ③ 산출(outputs), ④ 능률성(efficiency), ⑤ 효과성(effectiveness) 등이다.

투입은 사업 활동을 수행하는 데 사용되는 자원으로서, 사용되는 비용 혹은 연인원 등으로 표현될 수 있다(Weir, 1984: 39). 활동은 사업 요소의 한 부분으로서, 작업량에 의하여 측정할 수 있다. 작업량은 수행되는 용역의 종류와 그 용역을 전달하는 데 필요한 작업의 양을 서술해 준다(김명수, 1992: 41). 산출은 사업 활동에 의하여 생산된 재화와 용역을 말한다. 능률성은 산출에 대한 투입의 비율로 정의될 수 있다. 산출의 화폐 가치와 산출을 생산하기 위하여 사용된 투입자원의 화폐 가치의 비율, 연인원 당 산출 단위의 수 등이 능률성을 측정하고자 사용되는 일반적 척도이다. 효과성 척도는 산출이 정해진 실적 목표를 달성한 정도를 나타낸다. 일반적으로 효과성은 투입에 대하여는 관심을 기울이지 않으며, 대신 사업의 임무를 달성하는 데 얼마나 성공적이었나 하는 문제에 관심을 기울인다(Usher & Gary, 1981: 232). 그러나 이 연구에서는 분석 대상이 되는 대전광역시의 관련 보고서를 바탕으로 하여 자료 요소의 척도를 투입·활동·산출, 그리고 성과 등 4개의 척도로 한정하였으며, 아울러 이후 분석의 틀에서는 4개의 척도를 중심으로 자료 요소 측면이 논의될 것이다.

둘째, 분석 요소 측면에서는 원자료(raw data)를 사용하여 사업 실적을 계산하며, 실제의 실적과 계획된 혹은 이전의 실적을 비교한다. 이것은 결국 분석 요소는 어떤 특별한 선정된 척도들에 대한 수치와 사전에 설정된 목표의 달성을 향한 진도를 나타낸 수치가 나타난다는 것을 의미한다. 그런데 이러한 목표들이 투입, 활동(혹은 과업), 결과 또는 영향 등과 관련되어 표현되므로, 사업목표가 어떻게 표현되느냐에 따라 그 진도의 내용은 사업마다 다르게 나타날 것이다. 일반적으로 우리나라 행정기관에서는 대상사업을 평가하기 위하여 실제의 사업과 계획된 실적에 관한 기초자료를 수집하며, 이들 원자료로부터 계획되었던 투입자원과 실제로 사용된 투입자원의 양, 계획된 활동과 실제로 수행된 활동의 내용, 산출의 내용이 추출된다. 그리고 나서, 과업 목표의 달성 진도와 투입 목표의 달성 진도가 측정된다.

셋째, 조치 요소 측면은 사업목표에 관한 결정과 사업 요소 혹은 활동에 관한 결과, 실적의 척도에 관한 결정, 그리고 평가 자체에 관한 결정으로 구성되는 것이 바람직하다(Poister, 1982: 606). 우리나라 정부의 각 기관들은 주로 과업 목표의 달성 진도에 관심을 기울이고 있다. 그러므로 과업 목표가 달성되는 한, 해당 사업은 성공적이라 판단되며, 해당 사업이 갖고 있는 애초의 사업 목표는 유지된다. 그러나 해당 사업의 목표가 달성되지 않으면 그 사업을 운영해 온 행정기관은 목표의 달성이 부진한 원인을 밝힐 뿐만 아니라, 그 목표의 달성을 위하여 적절한 조치를 취해야 한다. 여기에서 말하는 적절한 조치에는 사업 목표의 변경과 사업 활동의 변경 등이 포함되며, 또한 사업 내용과 관련된 사항과 운영 절차와 관련된 사항들이 언급된다.

앨트먼(Altman, 1979)은 잘 구성된 평가 활동에는 세 가지의 주요한 요소, 즉 ① 자료 요소(data component), ② 분석 요소(analytical component), ③ 조치 요소(action component)로 이루어져 있다고 하였다. 그에 따르면 자료 요소는 정부사업과 같은 평가 대상의 실제의, 그리고 예상되는 실적에 관한 기초자료를 수집하는 데 하나의 틀을 제공한다. 분석 요소는 자료 요소로부터 얻은 기초자료의 분석을 통하여 추출된 정보로 구성되어 있다. 예컨대, 사업 실적의 측정치라든가, 실제의 사업 실적과 이전의(혹은 기대하였던 혹은 계획하였던) 실적과

[그림 3-1] 분석의 틀

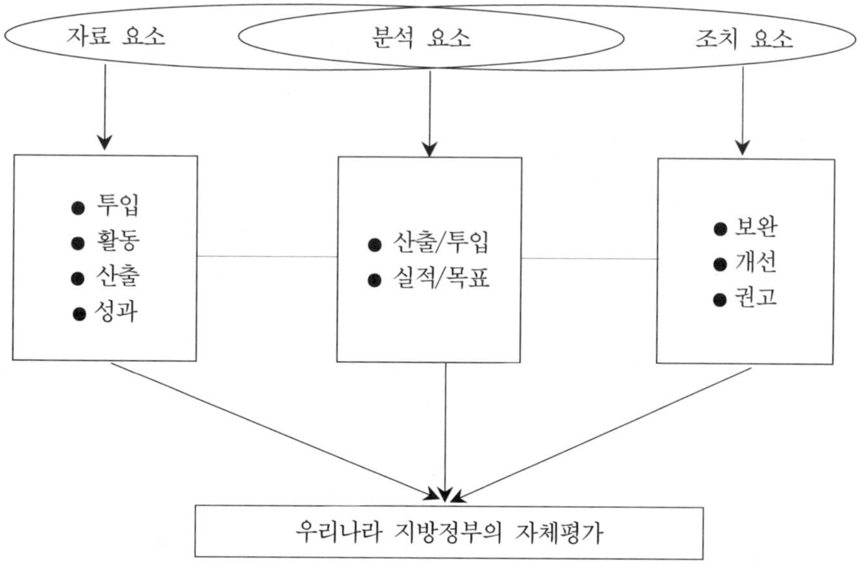

의 비교를 통하여 얻은 자료 등이 여기에 속한다(Wholey, 1982: 606-607). 조치 요소는 분석 요소에 의하여 산출된 사업실적 정보를 관리자가 어떻게 활용하였는가에 관한 것이다. 이처럼 평가 활동의 구성 요소에는 크게 세 가지 요소가 있으며, 이로부터 몇 가지의 세부 항목을 도출하여 이러한 세부 항목이 우리나라 지방정부 자체평가 활동을 살펴볼 수 있는 중요한 측정치를 제공하는 바, [그림 3-1]과 같이 분석 기준을 설정하였다.

평가 활동에 영향을 주는 세 가지 구성 요소는 첫째, 자료 요소 측면이다. 이는 평가 활동의 시작인 동시에 평가 활동의 기초가 되는 것을 제공한다는 점에서 큰 의미가 있다. 따라서 자료 요소 측면에서는 자금이나 인력의 투입 등 전반적인 투입 영역에 대한 평가 활동이 이루어지고 있는지, 투입된 자금이나 인력 등을 활용하여 사업의 집행은 잘하고 있는지에 대한 활동 영역을, 사업의 집행 후에 발생된 산출에 대한 유・무 등을 확인하는 산출 영역을, 또한 사업이 집행된 이후 성과가 있었는지를 평가하는 성과 영역 등에 대한 세부 항목 등이 포함되었다.

둘째, 분석 요소 측면에서는 앞서 언급한 자료 요소 측면에 포함된 세부 항목을 중심으로 산출이 투입에 비하여 적정한지 또는 그러한 사실이 언급되어 있는지를 살펴보았고, 실적은 목표에 비하여 잘 이루어졌는지, 혹은 부진한 이유는 무엇인지를 알아볼 수 있는 세부 항목들이 포함되었다.

셋째, 조치 요소 측면에는 사업을 집행하면서 발생될 수 있는 여러 가지의 문제들, 즉 예산의 증액이나 감소 혹은 인력 투입의 과다로 인한 생산성의 문제 등이 사업을 집행하면서 생길 수 있는 문제인데 이에 대한 여러 조치를 포함하고 있는지에 대한 평가를 뜻한다.

한편, 사업을 집행하면서 새로운 상황에 대한 예측이나 적절한 대응 방안을 구상하거나 제시할 수 있는데, 이를 보완 혹은 개선이라 일컫는다. 따라서 이러한 항목에 대한 평가가 이루어지고 있는지를 포함하였다. 또한 행정기관이 사업 종료 후 어떠한 상황이 결과로서 나타날 때, 혹은 예측이 되는 상황에서 상급기관이나 혹은 동일한 기관 내의 다른 부서에 권고할 수 있는 행정적인 조치 등을 조치 요소 측면에서 세부 항목으로 포함시켰다.

이러한 구성 요소에 대한 세부 항목들은 앨트먼(S. Altman)의 표현대로 사업이나 시책을 평가하는 데 그 근거가 되는 자료를 수집하거나, 수집된 자료를 기초로 사업의 실적을 목표와 비교하여 분석하거나, 또한 분석된 자료를 기준으로 어떻게 활용하였는가에 대한 것으로서 이는 우리나라 지방정부의 자체평가 활동을 살펴보는 데 중요한 잣대가 되었다.

Ⅳ. 연구분석 결과

이 연구는 우리나라 지방정부의 자체평가가 어떻게 이루어지고 있는지를 알아보기 위하여 대전광역시를 대상으로 2개 연도에 걸쳐 각 분야별로 10개의 세부 과제를 임의적으로 추출하여 총 140개 세부 과제에 대하여 분석하였다. 앞서 논의된 바와 같이 자체평가를 구성하고 있는 자료 요소 측면과 분석 요소 측면, 그리고 조치 요소 측면 등 세 가지 요소로부터 각각 세부적인 항목을 도출하여 각 요소별로 우리나라 지방정부의 자체평가 활동에 대한 분석을 실시하였다.

분석의 시작은 자료 요소 측면을 구성하고 있는 세부 항목인 투입 부문, 활동 부문, 산출 부문, 성과 부문 등을 가장 먼저 분석하였고, 분석 요소 측면에서는 두 개의 세부 항목인 산출/투입 부문과 실적/목표 부문을 기준으로 분석하였다. 조치 요소 측면은 보완 부문, 개선 부문, 권고 부문 등에 대한 세부 항목에 대하여 대전광역시의 자체평가가 어떠한지를 분석하였다. 이상과 같이 세 가지 구성 요소에 대한 각 세부 항목별로 분석 대상기관을 분석한 결과를 요약하면 다음과 같다.

자료 요소 측면에서는 첫째, 투입 부문에서 복지 분야는 분석 대상인 20개 모든 과제에 걸쳐 평가 활동이 이루어졌으며, 문화 분야가 19개 과제, 교통 분야가 15개 과제 등 비교적 평가 활동이 잘 이루어진 분야가 있는 반면에 일반행정 분야 6개 과제, 도시개발 분야 8개 과제 등 부진한 분야도 발견되었다. 이를 종합해 보면 [그림 3-2]와 같이 분석 대상 140개 과제 중 94개 과제에 대하여 자체 평가가 이루어져 평균 67.1%의 빈도율을 기록하였으며, 이 부문에서는 2005년도의 자체평가 빈도가 2004년도를 웃도는 수치를 보여 주었다.

[그림 3-2] 투입 부문

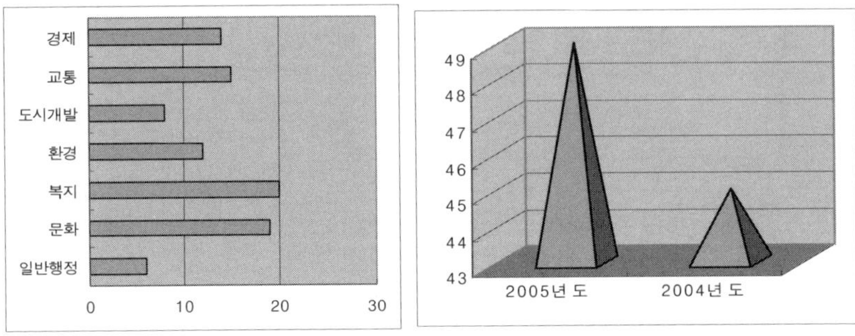

둘째, [그림 3-3]에서 보여 주듯이 활동 부문을 살펴보면, 경제 분야, 교통 분야, 도시개발 분야, 일반행정 분야 등 4개 분야를 제외하고는 분석 대상이 되는 모든 과제에 걸쳐 평가 활동을 한 것으로 나타났으며 이 부문에 대한 빈도율은 97.1%를 기록하였다. 또한 이 부문에서는 2004년도의 자체평가가 2005년도보다는 나은 것으로 나타났으나 그 차이는 아주 미세하다. 이처럼 활동 부문에 대한 자체평가 빈도율이 높은 것은 과제를 추진하는 공무원들이 집행에 관심을 더 갖고 있다는 것이며, 또 평가 활동이 활발한 이유 중의 하나는 집행 활동은 다른 것에 비해서 훨씬 가시적인 점이라는 것이다.

[그림 3-3] 활동 부문

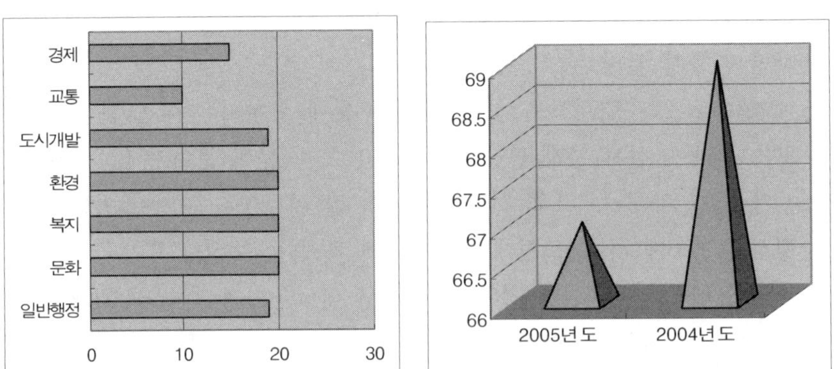

셋째, [그림 3-4]에서 보는 바와 같이 산출 부문에 대한 자체평가를 살펴보면, 문화 분야가 17개 과제, 복지 분야 16개 과제에 대하여 평가를 실시하여 높은 평가 활동 빈도율을 보여 준 반면에 도시개발 분야나 일반행정 분야 등이 분석 대상 20개 과제 가운데 각각 2개 과제만을 평가한 것으로 나타나 아주 부진하였다.

또한 2004년도에는 분석 대상 과제 70개 중 29개 과제에, 2005년도에는 70개 분석 대상 과제 가운데 35개 과제를 평가한 것으로 나타나 산출 부문에서는 2005년도가 더 나은 활동을 한 것으로 분석되었다.

[그림 3-4] 산출 부문

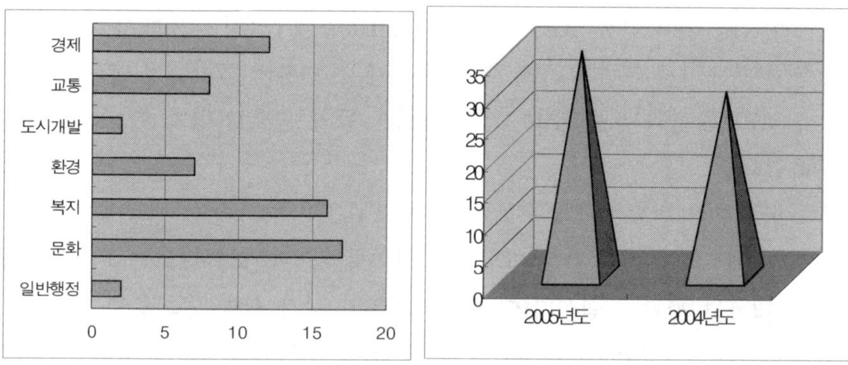

넷째, 성과 부문에서의 자체평가는 [그림 3-5]에서처럼 전체 분석 대상 140개 과제 중 51개 과제를 평가하여 평균 36.4%의 빈도율을 나타내 자료 요소를 이루고 있는 세부 항목 중 가장 저조하였는데, 복지 분야에서는 12개 과제에 대한 평가를 실시하였으나 환경 분야에서는 4개 과제만을 평가한 것으로 나타나 각 분야별로 편차가 있었다. 특히 문화 분야의 2004년도 경우에는 성과 부문에서의 평가 활동은 전혀 하지 않은 것으로 나타났다. 한편 2005년도의 평가 활동 빈도율은 평균 47.1%로 2004년도의 25.7%보다는 훨씬 웃도는 수치를 보였다.

[그림 3-5] 성과 부문

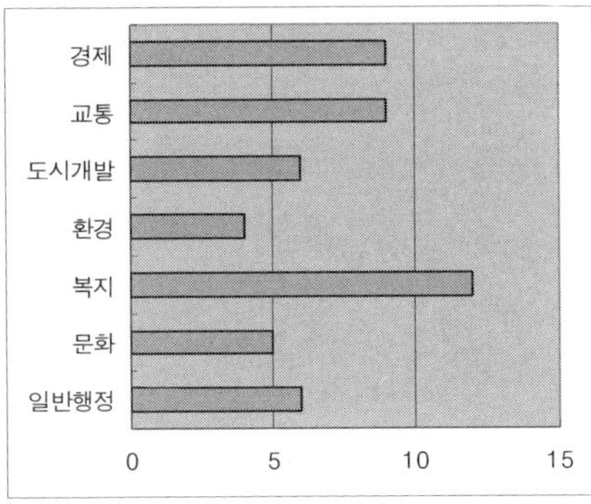

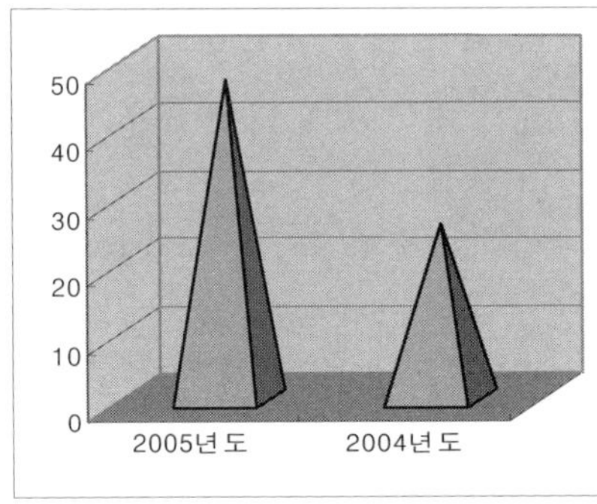

이상과 같이 자료 요소 측면을 살펴보았는데 [그림 3-6]에서 보는 것처럼 활동 부문에서는 평균 97.1%, 투입 부문에서는 평균 67.1%, 산출 부문에서는 평균 45.7%, 성과 부문에서는 평균 36.4% 등의 순으로 평가 활동 빈도율을 기록하였다.

한편 2004년도는 4개 부문에 걸쳐 모두 159개 과제에 대한 평가를 실시하여 평균 56.7%의 평가 활동 빈도율을 기록하였으며, 2005년도는 모두 198개 과제에 대하여 평가를 실시하여 평균 70.7%의 평가 활동 빈도율을 보여 2004년보다는 좀더 활발한 평가 활동을 한 것으로 분석되었다.

[그림 3-6] 자료 요소 측면 종합

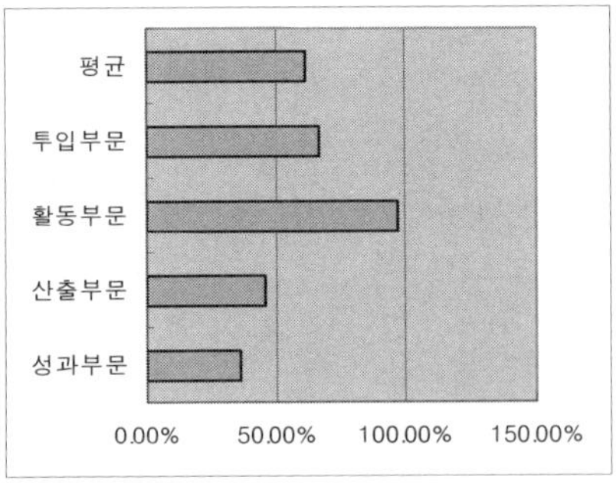

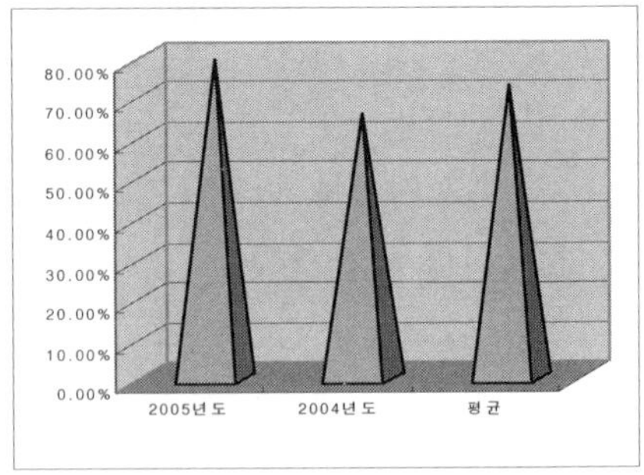

분석 요소 측면에서는 첫째, 산출/투입 부문은 분석 대상인 7개 전 분야에서 평가 활동을 하지 않은 것으로 나타났으며 둘째, 실적/목표 부문에서의 자체평가는 [그림 3-7]에서처럼 복지 분야에서 20개 전 과제에 대하여 평가하였고, 문화 분야에서 19개 과제, 경제 분야가 17개 과제 등 비교적 높은 수치를 나타내었으나 일반행정 분야는 6개 과제에서만 평가를 한 것으로 기록되어 각 분야별로 적지 않은 편차가 있음을 알 수 있었다. 또한 20004년도는 48개 과제에서 평가 활동을 하였으며, 2005년도는 52개 과제에서 평가한 것으로 보아 2개 연도에 대한 비교치는 미미한 차이를 보였다.

[그림 3-7] 실적/목표 부문

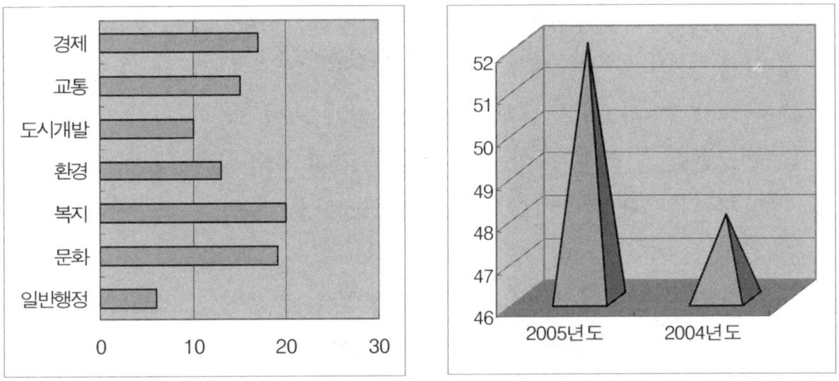

이상과 같이 분석 요소 측면은 [그림 3-8]에서처럼 산출/투입 부문에 대한 평가 활동이 이루어지지 않고 실적/목표 부문만이 평가가 이루어져 자체평가 활동이 편향적으로 수행되고 있음을 알 수 있었으며, 실적/목표 부문에서 분석 대상 분야인 7개 분야 중 2개 연도의 대상 과제인 총 20개 과제 모두를 자체평가한 분야가 있는 반면, 6개 과제만을 평가한 분야 등 각 분야별로 편차가 심하게 나타났다. 또한 이 부문에서는 52개 과제를 평가한 2005년도가 48개 과제를 평가한 2004년도보다는 다소 나은 평가 활동을 한 것으로 분석되었다.

마지막으로 조치 요소 측면은 첫째, 보완 부문에서는 경제 분야에서 3개 과제, 교통 분야에서 2개 과제, 도시개발 분야에서 4개 과제, 환경 분야에서 2개

[그림 3-8] 분석 요소 측면 종합

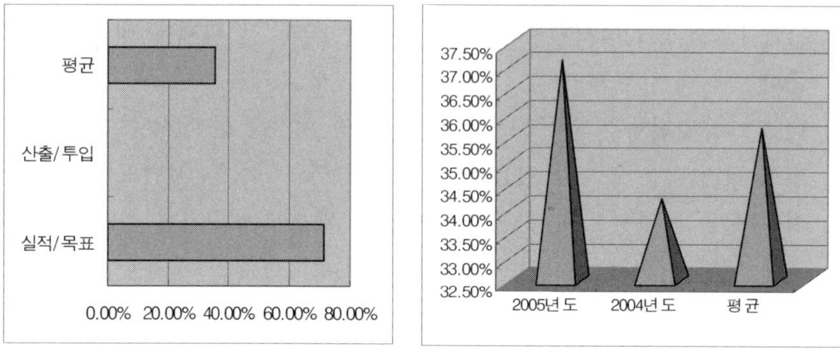

과제, 복지 분야에서 6개 과제, 문화 분야에서 5개 과제, 일반행정 분야에서 1개 과제 등 전 분야에 걸쳐 고르게 평가한 것으로 나타났으나 전체 2개 연도의 분석 대상 총 과제 중 23개 과제에만 평가를 실시하여 평균 16.4%의 평가 활동 빈도율을 기록하여 아주 부진함을 면치 못하였음을 알 수 있었다. 또한 2004년도의 평가 활동이 2005년도보다는 다소 나은 것으로 나타났다. 이는 [그림 3-9]와 같다.

둘째, 개선 부문에서는 [그림 3-10]처럼 환경 분야에서 2004년도에 1개 과제, 일반행정 분야에서 2005년도에 1개 과제에서만 평가 활동을 한 것으로 나타나

[그림 3-9] 보완 부문

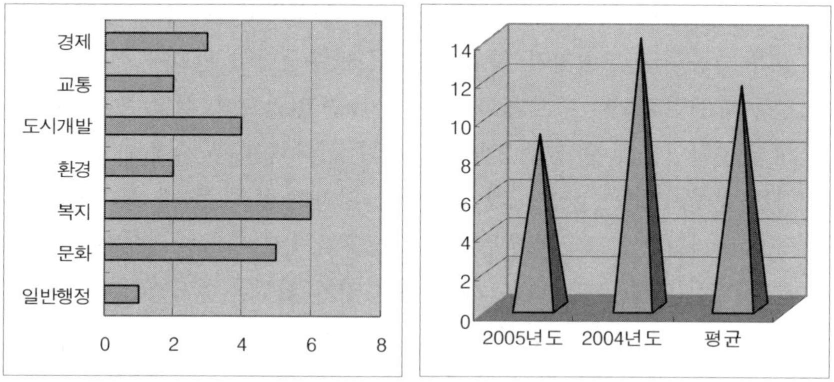

[그림 3-10] 개선 부문

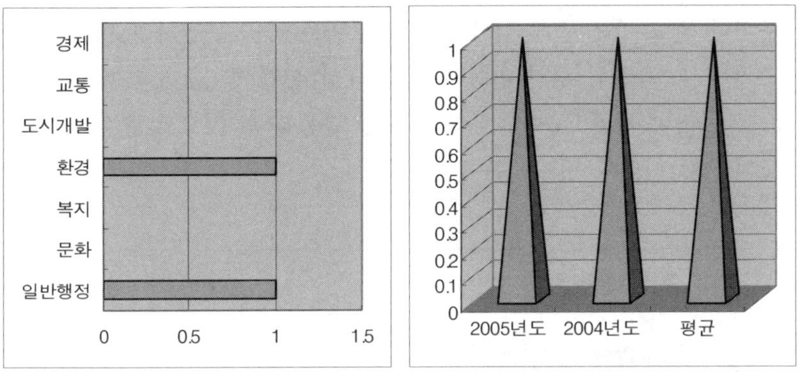

이 부문에서의 자체평가는 아주 부진한 것으로 분석되었으며, 이 부문의 연도별 비교는 의미가 없다.

셋째, 권고 부문에서의 자체평가는 [그림 3-11]에서 보는 것처럼 환경 분야에서 2004년도에 1개 과제, 2005년도에 5개 과제 등 6개 과제에 걸쳐 평가를 실시하였으며, 일반행정 분야에서는 2005년에 1개 과제에서 평가 활동을 하였다. 이처럼 2개 분야 외에는 나머지 5개 분야에서 평가 활동을 한 흔적을 발견할 수 없었으며, 앞서 언급한 개선 부문과 마찬가지로 아주 부진한 평가 활동 빈도율을 볼 수 있었으며, 2005년도에 6개 과제, 2004년도에 1개 과제를 평가한 것으로 보여 연도별 비교는 2005년도가 나은 것으로 나타났다.

[그림 3-11] 권고 부문

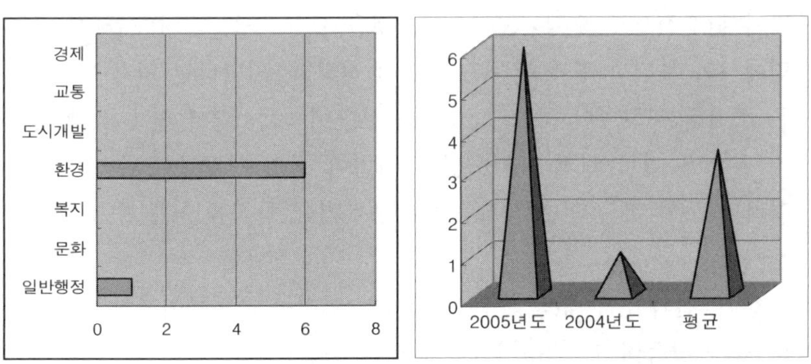

이상과 같이 조치 요소 측면을 전체적으로 보면, [그림 3-12]에서 보는 바와 같이 모든 분야에 걸쳐 평가 활동이 부진한 것으로 분석되었다. 특히 개선 부문이나 권고 부문 등의 평가 활동 빈도율은 아주 부진하여 보완 부문을 포함한 조치 요소 측면의 평가 활동은 전체 대상 사업 중 32개 과제에서만 평가한 것으로 나타나 평균 7.6%의 극히 부진한 활동을 한 것으로 분석되었으며, 2005년도와 2004년도의 빈도율은 같다.

[그림 3-12] 조치 요소 측면 종합

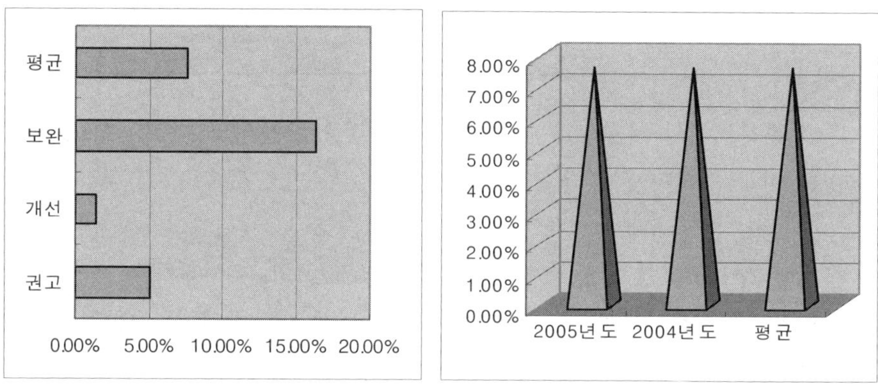

이처럼 대전광역시의 자체평가 활동을 살펴본 결과, 평가 활동 빈도율 순(順)이 자료 요소 측면, 분석 요소 측면, 조치 요소 측면 나타났다. 특이할 만한 것은 분석 요소 측면에서 산출/투입 부문의 평가 활동이 없었다는 것은 자체평가가 편향적으로 수행되고 있다는 것을 보여 주는 것이다. 또한 조치 요소 측면에서의 부진한 평가 활동은 매우 심각하다. 왜냐하면 평가 활동은 필요에 따른 조치를 취하여야 하는데, 이러한 부분에 대한 평가 활동이 제대로 이루어지지 않으면 결국 정책이나 사업의 집행이 원만히 수행될 수 없으며, 결국에는 평가 활동이 더 유의미한 활동으로서 바라는 목적을 이룰 수 없다는 것이기 때문이다.

한편, 간과할 수 없는 문제는 평가가 빈번하게 이루어졌다고 해서 해당 분야의 평가 활동이 잘 이루어졌다고 단정지을 수 없다는 점이다. 이미 언급한 바와 같이 어느 분야에는 지나치게 한 측면에만 치우치는 평가 활동을 하였고, 어느 분야는 모든 부문에 걸쳐 고르게 평가 활동을 하는 등 각 분야별로, 혹은 각 구성 요소별로 평가 활동의 양태(樣態)가 각각 다르게 분석되었다. 이는 좀 더 바람직한 평가 활동을 언급한 앨트먼의 견해와는 달리 대전광역시의 자체평가 활동은 앞서 언급한 평가 활동의 축을 이루는 세 가지 구성 요소들을 모두 충족시키지 못하였고 균형적이지 못한 평가 활동을 한 것으로 나타났기 때문이다. 또한, 2004년도와 2005년도의 평가 활동을 비교해 보면 2005년도의 평가 활동이 평균 40%인 반면에 2004년도는 35.7%로서 2005년도의 평가 활동이 다소 나은 것으로 분석되었다. 이상과 같이 세 가지의 각 구성 요소 측면에서의 평가 활동을 살펴보면 [그림 3-13]과 같다.

[그림 3-13] 각 구성 요소별 비교

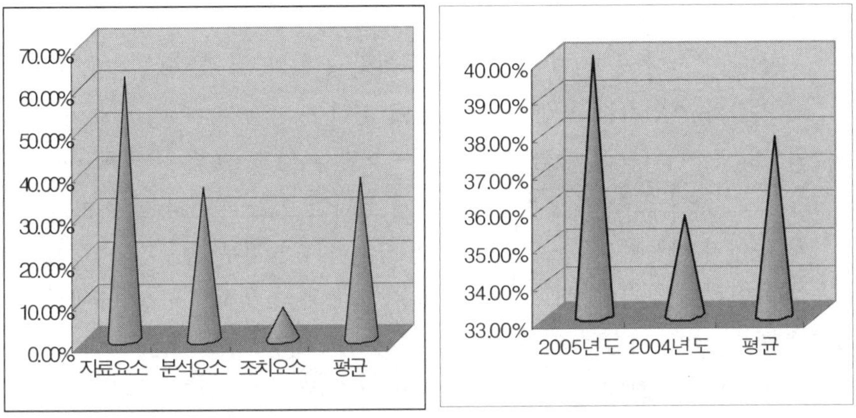

V. 결론 및 정책적 함의

현재 우리나라의 각 중앙정부는 물론 각 지방정부에서도 각종 정책의 수립과 아울러 이에 대한 집행과 관련된 행정 업무를 수행함에 있어 행정 업무의 책무성과 효율성 등을 제고시키려는 노력을 끊임없이 하고 있는 것은 사실이다. 사실 행정 업무에 대한 이러한 노력은 정부 수립 이후 계속되어 왔다고 해도 과언이 아니며, 이러한 것 중에는 앞서 언급한 심사분석제도나 정책평가제도, 그리고 현행 정부업무평가제도가 포함된다.

그러나 현행 정부업무평가제도가 과연 당초의 목적대로 정착되고 있는지는 여전히 의문일 수밖에 없는 이유가 있다. 이는 평가 이전의 가장 기초적인 장치인 기관 자체의 평가 활동이 활성화되지 못하고 있다는 데에서 그 이유를 찾을 수 있을 것이다.

대전광역시의 자료를 살펴보면, 제대로 평가 활동을 한 분야가 있는가 하면 다소 부진한 분야도 있고, 또는 일부분에서만 평가 활동이 활발한 분야가 있는가 하면, 전체가 아주 부진한 분야도 있는 것으로 분석되었다. 이는 정책이나 사업의 성공적인 집행을 위해서는 반드시 개선되어야 할 평가 활동의 문제점으로 파악되는 바, 다음과 같이 평가 활동을 좀더 활성화하기 위한 몇 가지의 개선 방안을 제시하고자 한다.

첫째, 평가 활동 전반에 대한 공무원의 인식의 제고(提高)이다. 이를 위해서는 기관의 책임자가 우선 평가 활동에 임하는 자세가 적극적이어야 한다. 실적 위주나 전시 위주의 행정 업무보다는 객관성 있고 책임 있는 행정을 구현하여야 하는 몫이 소속 기관의 공무원에게 있다면 이를 독려하는 것은 기관의 책임자 몫이기 때문이다. 또한 자체평가 활동이 중앙정부 업무평가의 하위 개념이라는 인식을 갖거나, 이로 인하여 평가 활동을 소홀히 하는 자세에서 탈피하여야 할 것이며, 나아가 평가 활동을 담당하는 일선 행정공무원이나 기관 책임자의 관점이 현재보다는 더 바람직하고 긍정적인 측면으로 바뀌어야 한다.

둘째, 평가 활동의 운용에 대한 체계적인 확립이 필요하다. 각 분야별로 과제를 평가하기 위해서는 어느 과제에나 동일한 기준하에 평가 활동을 하여야 하며, 이에 따른 절차 등도 동일하여야 한다. 즉, 기준은 무엇이고, 기간은 언제부터 언제까지를 볼 것인가, 또 누가 평가 활동을 수행할 것인가 등등의 내용에 대한 체계적인 확립이 필요하다. 따라서 평가 활동과 관련된 지침이나 제반 규정에 대한 이해는 물론 이에 따른 철저한 이행이 있어야 하며, 필요에 따라서는 지침이나 규정의 개정 등 현실적이고 목적 지향적인 자세로의 전환이 필요하다.

셋째, 평가 활동에 투입되어 있는 인력상의 문제에 대한 대책이 필요하다. 현재 평가 활동은 기획관리실 소속의 '확인평가 담당'에서 하고 있는데, 실제적인 자체평가에 투입되고 있는 인원은 고작 4명에 불과하다. 그러나 이 인력으로는 수많은 과제들에 대한 평가를 관장하고, 또한 평가를 실시하는 데에는 기술적인 결함이 발견될 수 있어 이들에 대한 전문성의 요구는 무리일 수밖에 없다. 따라서 인력 보강은 물론 전문성의 확보를 위한 인사제도의 변화는 물론, 전문성을 제고하기 위한 평가 관련 교육의 필요성도 요구된다.

넷째, 평가 활동의 틀과 운용에 대하여 민간 부문과 비교하여, 미흡한 부분이 있으면 검토하여 과감히 보완하거나 수용하는 자세가 필요하다. 현재 일부 기업 등에서는 경영조직체에 대하여 경영과 관리가 정상적으로 또는 합리적으로 이루어지고 있는가를 일정한 기준에 따라 진단하고 있으며, 대부분 제3자적 입장을 띠고 있는 외부의 기관에 의뢰한다.[3] 이러한 진단은 이상 징후를 발견하고 이에 대한 개선 방안을 제시하는 것이 목적이며, 기업은 이에 대한 결과를 가지고 경영 개선에 이용한다. 조직, 판매, 생산, 재무 등의 유기적인 결합으로 운영되는 기업 경영에 대한 진단은 부분적으로 취급해서는 의미가 없다. 경영의 한 가지 부분을 진단하는 경우에도 종합적인 입장에서 그 부분을 진단하는 태도가 중요하다. 그러나 기업진단은 언제나 경영 전반에 걸쳐서 취급되는 것은 아니다. 판매, 재무, 등의 한 부문을 지정하여 진단할 때가 많다. 그러할 때도 그 부문과 경영 전반의 체계적 관련에서 파악하여 관찰하는 것이 중요하다(박대규, 2002: 331-341).[4]

또한 내부적으로는 감사팀이나 제도 개선, 운영 혁신 등에 관련된 조직을 운

---

3) 이러한 진단사업을 하는 국내 기관은 한국생산성본부, 한국표준협회, 한국능률협회, 한국경영·기술컨설턴트협회 등이 있으며, 각 기업의 경영과 관련한 통계와 자료 등은 삼성경제연구소, 전국경제인연합회, 한국경영자총협회, 대한상공회의소 등에서 매년 꾸준히 발간하고 있다.

4) 기업의 각 부문별 진단·평가 항목을 보면 첫째, 경영 기본 부문으로서 (1) 수익성, (2) 생산성, (3) 채산성, (4) 성장성·발전성, 둘째, 재무 부문은 (1) 자산관리, (2) 자본·부채관리, (3) 손익관리, (4) 이익관리, 셋째, 생산부문은 (1) 자재관리, (2) 작업관리, (3) 공정관리, (4) 제품관리, (5) 설비관리, (6) 원가관리, (7) 구매관리, 넷째, 판매 부문은 (1) 판매비효율, (2) 판매효율, (3) 부문별 판매효율, 다섯째, 인사·조직 부문은 (1) 노동량의 적부, (2) 노동의 질의 여부, (3) 임금액의 타당, (4) 인건비의 비율, (5) 복리·후생관리 등이 있다.

용하면서 점검 업무를 수행하고 있는데, 이들 조직은 문제점을 적출하여 벌을 주는 과거의 업무 방식에서 벗어나 해당 조직에서의 업무 수행과 관련하여 불편한 점이나 업무 수행의 개선, 보완할 점 등에 초점을 맞추어 이를 점검하고 또 개선하고 있다. 따라서 조직의 생산성을 극대화하기 위하여 업무에 대한 개선과 추진 등을 중요시하는 민간기업의 경영진단 방법에 있어, 살펴보고자 하는 세부 항목 등에 관해서도 정부의 평가 활동과 무엇이 다른지를 상호 비교하거나, 민간 부문에서 실시하고 있는 관련 모임 등에 적극 참여하는 등 민간 부문에서 운영이 잘 되는 점을 습득하는 상호 교류의 기회를 자주 갖는 것이 필요하다. 나아가 지방정부가 집행하는 사업의 일부를 민간 부문에 위탁하여 평가하게 함으로써 지방정부의 평가 활동이 객관성을 확보하는 중요한 계기를 갖게 하는 것도 바람직하다고 판단된다.

다섯째, 평가 관련 제도와의 유기적인 관계가 필요하다. 현재 진행중인 정부업무평가제도와 정부합동평가는 지방정부가 안고 있는 취약한 부분까지를 세부적으로 평가하기에는 모든 면에서 무리일 수 있다. 반면에, 자체평가 활동은 이를 파악하여 문제점 등을 찾아내고 새로운 방안 등을 모색할 수 있다는 점에서, 현행 정부업무평가제도하에서의 각종 평가제도의 취약점을 보완할 수 있는 계기를 만들 수 있다는 데 큰 의미가 있다고 생각한다.

참고 문헌

김광웅. (1982). 「방법론강의」. 서울: 박영사.

김명수. (2000). 「공공정책평가론」. 서울: 박영사.

———. (1985). 평가대상으로서의 정책과 계획사업. 「논문집」, 제18집. 한국외국어대학교.

———. (1989). 성공적 정책과 성공적 정책집행의 판단 기준. 「한국지역연구」 7(1). 한국외국어대학교.

———. (1992). 점검 체계에 관하여. 「정책분석평가학회보」 2(1).

———. (1996). 현행 정부업무 심사평가제도의 개선 방안. 「공공정책연구」 14(1). 한국외국어대학교.

김병국. (2001). 지방자치단체 평가의 실태와 개선과제, 「자치행정」 159. 서울: 교육인적자원정책위원회.

김현구・박희정. (2000). 지방자치단체의 기관평가 제도와 운영. 「지방행정연구」 14(2). 한국지방행정연구원.

김선호・조경호. (1995). 정책점검을 위한 정책 영역별 정책영향지표의 개발에 대한 논의. 「정책분석평가학회보」 5(1).

김영석. (1999). 「사회조사방법론」. 서울: 나남출판.

김영평. (1998). 「불확실성과 정책의 정당성」. 서울: 고려대학교출판부.

김준한. (1999). 정책평가 개념의 재정립. 「한국행정학보」 33(4).

김해동. (1982). 「조사방법론」. 서울: 법문사.

김현구. (2002). 정부업무 기관평가제도의 분석적 조명. 「정부기관평가제도의 성공적 정착과 발전 방향」, 자료집, 정책평가위원회・한국행정연구원.

노화준. (1987).「정책평가론」. 서울: 법문사.

———. (2000). 전략적 관리와 목적 달성에 의한 정책평가의 방향. 「행정논총」 38(2), 서울대학교.

노화준・정정길. (1996). 「정책평가론」. 서울: 한국방송대학교출판부.

라휘문. (2003). 지방자치단체 자치평가제도의 발전 방안. 춘계학술대회 세미나 자료집, 한국정책분석평가학회.

———. (2004). 지방자치단체 자체평가모형의 설계와 적용 그리고 교훈. 「한국정책분석평가학회」 (14)1.

———. (2005). 지방정부의 평가 및 성과관리 실태에 관한 연구: 전국 광역 및 기초자치단체를 중심으로. 한국정책분석평가학회」 (15)3.

박경효・박천오. (2001). 「한국관료제의 이해」. 서울: 법문사.

박대규. (2002).「경영분석진단론」. 서울: 세학사.

박병식. (2001). 정부업무 평가의 효율적 운영 방안. 「2001년도 춘계학술대회 논문집」, 한국정책분석평가학회

———. (2002). 기관평가의 평가지표와 방법론. 「정부기관평가제도의 성공적 정착과 발전 방향」. 세미나 자료집, 정책평가위원회・한국행정연구원.

박재완・김신. (2000). 지방자치단체의 성과평가. 「지방행정연구」 14(2). 한국지방행정연구원.

박중훈. (2002). 민원서비스에 대한 고객만족도 조사. 「한국행정연구」 10(1). 한국행정연구원.

백완기. (1995). 「한국의 행정문화」. 서울: 고려대학교출판부.

안해균. (2000). 「정책학원론」. 서울: 다산출판사.

오철호. (2001). 중앙부처 자체평가제도의 현황 및 문제점. 「2001년도 춘계학술대

회 논문집」, 한국정책분석평가학회.
이광희. (2003). 지방정부 평가 현황 및 개선 방향.「춘계학술대회 세미나자료집」, 한국정책분석평가학회.
이교헌. (2003). 한국 중앙행정기관의 점검 활동에 관한 연구: 14개 중앙행정기관을 중심으로. 한국외국어대학교 대학원 박사학위 논문.
이달곤. (2001). 지방자치단체 평가의 논리와 방향,「자치행정」159.
이진주·서건수. (1996).「정책평가를 위한 새로운 모형」. 서울: 나남출판.
장위상. (1999).「기업진단과 경영계획」. 서울: 성진문예.
정정길. (2001).「정책학원론」. 서울: 대명출판사.
조경호. (1996). 정부정책 평가제도의 현황과 과제.「한세정책」2.
하태권 외.(2001).「현대한국정부론」. 서울: 법문사.
황인정. (1982). Project Management Workshop on Young Human Resource Development in Korea, 경제기획원.

경제기획원. (1983).「심사분석편람」.
「공공기관의 정보공개에 관한 법률」(제정 1996. 12. 31, 법률 제5242호).
대전광역시. (2004).「2004년 주요 업무 자체평가 결과」.
———. (2005).「2005년 주요 업무 자체평가 결과」.
「정부업무평가기본법」(개정 2006. 3. 24, 법률 제7928호).

Altman, Stan. (1979). Performance Monitoring Systems for Public Managers. *Public Administration Review*. January/February.
Case, R., M. Andrews & W. Werner. (1988). How Can We Do It? An Evaluation training package for development educators. *British Columbia: Research and Development in Global Studies.*
Connor, Anne. (1993). *Monitoring & Evaluation: Made Easy*. Edinburgh HMSO.
Dunn, Willam N. (1981). *Public Policy Analysis.* Englewood Cliffs. N.J.: Prentice Hall, Inc.
Evaluation Research Society. (1982). Standards Committee, Standards for Program Evaluation. *New Directions for Program Evaluation* No. 15.
Lang, Gerhard & George D. Heiss. (1994). *A Practical Guide to Research Methods.* University Press of America, Inc.
Nachmias, David. (1979). *Public Policy Evaluation: Approaches and Methods.*

New York: St. Martin's Press, Inc.

Poister, Theodore H. (1982). Performance Monitoring in the Evaluation Process. *Evaluation Review* 6(5).

———. (1978). *Public Program Analysis: Applied Research Methods.* Baltimore: University Park Press.

Usher, Charles L. & Cornia C. Gary. (1981). Goal Setting and Performance Assessment in Municipal Budgeting. *Public Administration Review.* March/April..

Waller, John D. & Others. (1976). *Monitoring for Government Agencies.* Washington, D.C.: The Urban Institute. Feb.

Weir, Michael. (1984). Efficiency Measurement in Government. *The Bureaucrat,* Summer.

Weiss, Carol H. (1972). *Evaluation Research.* Englewood Cliffs. N.J.: Prentice-Hall.

Wholey, Joe.(1999). Performance-Based Management: Responding to the Challenges. *Public Productivity and Management Review* 22(4).

Wholey, Joseph S. (1979). *Evaluation: Promise and Performance.* Washington D.C.: The Urban Institute.

———. (1983). *Evaluation and Effective Public Management.* Little Brown and Company, 1983.

———. (1991). Using Evaluation to Improve Program Performance. *The Bureaucrat,* Summer.

———. & Others. (1971). *Federal Evaluation Policy.* Washington, D.C.: The Urban Institute.

———. & Others. (1989). *Improving Government Performance.* Jossey-Bass Inc. Publishers.

제 04장 지방자치단체 자체평가의 효율적인 운영에 관한 연구 -전라북도를 중심으로-

Ⅰ. 서 론

현재와 같은 개혁과 변화의 시대에서는 정책평가의 중요성이 더욱 부각된다. 그 이유는 다음과 같다.

첫째, 새로운 제도나 조치들에 대한 평가를 통하여 지속적인 수행 노력을 기울인다면 시행착오로 인한 피해를 적절한 시기에 최소화할 수 있기 때문이다.

둘째, 환경 변화로 인하여 과거보다 정책을 기획하고 집행하는 일은 날로 복잡하고 어려워지고 있으며, 정책 효과를 원래 의도한대로 거둘 가능성도 낮아지고 있다. 그렇기 때문에 정책의 효율성과 민주성에 대한 평가 및 그 결과의 활용이 어느 시대보다 절실히 요구되는 것이다.

셋째, 정책 효과에 대한 평가는 공직사회 내에 경쟁 체제를 도입하고 업무 추진상의 적극성을 유도하는 동시에 성과에 따른 보상제도 및 예산 배분의 토대를 마련해 준다는 점에서 그러하다(김명수 · 박경효, 1996: 12).

중앙정부는 정책평가의 중요성을 새롭게 인식하여 1994년도부터 국무총리실에서 실시해 오던 심사평가 관련 제도의 한계성을 보완함과 동시에 경쟁을 통한 정부 업무의 효율성 향상과 책임성을 제고하기 위하여 「정부업무 등의 평가에 관한 기본법」(이하 평가기본법)을 2001년 1월에 제정하였다. 이 법은 1998년 4월에 '기관평가'를 도입하여 제정한 「정부업무 심사평가 및 조정에 관한 규정」을 진일보시킨 법률이라고 할 수 있다.

지방자치단체들은 「평가기본법」 제2조 제5호와 동법 제24조 제3항에 근거하여 "자체평가에 관한 기본적인 사항"과 "자체평가위원회의 구성 및 운영 등에 관한 사항"을 규정한 「주요 업무 자체평가 규칙」을 자체적으로 제정한 후 지금까지 시행해 오고 있다. 그리고 평가에 관한 한 많은 변화를 시도하려는 흔적이 많이 엿보인다.

그러나 탐색적 조사 결과, 지난 3년 여에 걸쳐 실시된 지방자치단체의 자체평가 운영 과정은 자체평가의 수행 목적인 정부 업무의 효율성 향상과 책임성 제고를 달성하기 위해서 보완하고 해결하여야 할 과제들을 많이 안고 있으며, 또한 이러한 문제점들은 심사분석과 관련하여 기존의 선행 연구들이 지적한 사항들과 크게 다르지 않다는 점을 파악하게 되었다.

이에 이 연구에서는 전라북도 내의 지방자치단체들이 운영하고 있는 자체평가의 내실화를 강화시킬 목적으로 현재 운영중인 자체평가에 대한 현황 분석을 통하여 한계점을 파악한 후 이들을 보완하고 해결할 수 있는 정책적인 방안을 모색하고자 시도하였다.

연구 방법은 문헌조사를 위주로 하였으며, 필요한 경우에 담당 공무원들과의 면접도 아울러 실시하였다.

Ⅱ. 지방자치단체 자체평가에 관한 논의 및 분석 기준

1. 지방자치단체 자체평가에 관한 개요

각 지방자치단체는 2001년 1월에 제정된 「정부업무 등의 평가에 관한 기본법」 제2장 제8조(자체평가)에 "중앙행정기관의 장 및 지방자치단체의 장은 당해 기관에 대한 자체평가를 실시하여야 한다"고 명시한 내용에 근거를 두고 '자체평가'를 실시하고 있다.

「평가기본법」은 1994년도부터 국무총리실에서 실시해 오던 심사평가 관련

제도의 한계성을 보완하고 동시에 경쟁을 통한 정부 업무의 효율성 향상과 아울러 책임성 제고를 위하여 1998년 4월 기관평가를 도입한 「정부업무의 심사평가 및 조정에 관한 규정」을 진일보시킨 법률이라고 하겠다.

정부 업무에 대한 평가에 관한 근거가 대통령령에서 법률로 바뀐 것은 첫째, 강제성의 정도를 좀더 크게 하고 둘째, 평가제도의 정치적 지지 기반을 확보하였다는 의미를 부여할 수 있다(이근주, 2001: 20-22).

「평가기본법」의 제1장 제2조(정의)는 "행정기관이 자체적으로 선정한 업무의 추진 내용 및 집행 성과, 이를 추진하는 기관의 역량 등을 평가하는 일"을 '자체평가'로 정의하고 있다.

지방자치단체는 평가기본법 제2조 제5호의 규정에 의한 자체평가에 관한 기본적인 사항과 동법 제24조 제3항에 의한 자체평가위원회의 구성 및 운영 등에 관한 사항에 대하여 「주요 업무 자체평가 규칙」을 제정·시행하고 있다.

지방자치단체에서는 '자체평가'를 "해당 자치단체가 자체적으로 선정한 업무의 추진 내용 및 집행 성과, 이를 추진하는 본청, 직속기관 및 사업소를 대상으로 기관의 역량 등을 평가하는 것"으로 정의하고 있다. 다시 말해서 각 지방자치단체는 '주요 업무의 추진 내용', '주요 업무의 집행 성과', '기관 역량'의 세 가지 요소를 자체평가의 주요 대상으로 삼고 있다.

지방자치단체는 실시 시기를 기준으로 주요 업무에 대하여 단체장이 정기적으로 실시하는 정기평가와 주요 업무 중 단체장이 필요하다고 인정하여 수시로 실시하는 수시평가를 실시하고 있다.

한편 부서 내의 "상·하간 협의를 통하여 개인의 목표를 설정하고, 설정된 목표의 달성 정도를 평가하여 목표를 통하여 시정을 효율적으로 관리해 나가는 제도"인 목표관리제의 운영을 자체평가와 병행하고 있는 점과 단체장이 평가 대상기관에 대한 업무 추진 내용 및 집행 성과, 기관의 역량, 업무 추진 등에 대한 시민의 만족도 등을 외부 전문가에 평가 의뢰하는 시민만족도 조사를 의무화하고 있는 점은 지방자치단체 자체평가의 또 다른 특징이라고 하겠다.

2. 평가제도에 관한 선행 연구 및 분석 기준

1) 선행 연구

전술한 바와 같이 「평가기본법」은 지방자치단체로 하여금 자체평가 실시를 새롭게 강제 규정하고 있다.

새로운 제도(institution)의 형성은 기존 제도의 철저한 평가를 통하여 수행되어야 시행착오를 줄이고 실효성을 확보할 수 있다는 주장(서순복, 2001: 83)은 지방자치단체 자체평가의 내실화와 관련하여 적절한 지적이라고 할 수 있겠다.

현재 실시되고 있는 지방자치단체의 자체평가가 지닌 한계점을 분석하기 위해서는 그 분석 기준이 필요한데 이곳에서는 기존 학자들이 심사분석 평가제도 운영과 관련한 선행 연구에서 지적한 문제점들과 자체평가와 관련하여 문영세(2001: 23-25), 공병천(2003: 147-174), 이혜영 · 김건위 · 박해욱(2004: 43-65) 등이 거론한 문제점들을 참고하여 설정하기로 하였다. 이들이 정책평가와 관련하여 제기한 문제점들을 정리해 보면 다음과 같다.

김명수 · 박경효(1996: 11-29)는 제3기 전반기의 심사평가제도에 대하여 기본적 여건 구비 정도와 심사평가 운영 및 절차상의 합리성 차원으로 구분하여 평가하였다. 기본적 여건 구비 정도와 관련해서는 대내외적 지지도, 법규적 근거의 충분성, 담당 인력의 적절성을 지적하였고, 심사평가 운영 및 절차의 합리성과 관련해서는 평가 대상 과제의 선정, 실질적 평가 내용 및 방법, 평가 시기, 평가 결과의 활용도에 대한 문제점을 언급하였다.

문영세(1996: 182-184)는 제1기, 제2기 심사평가제도의 문제점으로 부처 심사평가의 형식성, 심사평가 근거의 법률적 보장 결여, 심사평가 내용의 미흡, 능력 있는 심사분석 요원의 전문성 미흡 및 인원 부족을 지적하였다. 또한 문영세(1997: 249)는 제3기 전반기의 중앙심사평가제도의 대한 메타평가를 통하여 시급히 보완되어야 하는 사항으로 평가 방법의 정교화, 정치 · 사회적 지원 평가 결과의 차기 정책 및 예산과의 제도적 연계, 그리고 평가 인력의 전문성 보강 및 증원을 거론하였다.

김병진(1997: 27-33)은 제3기 전반기의 심사평가제도에 대하여 법적 근거 미비, 평가 대상의 자의적 선정, 평가담당 인력의 취약, 결과 활용의 미흡을 문제점으로 지적하였다.

차의환(1999: 111-114, 143-149, 232-234, 236-238)은 심사평가제도의 문제점으로 평가담당 인력의 취약, 기관평가 미비, 모니터링 위주 등 평가 방법의 취약, 부처평가의 형식성과 활용 저조, 기능의 중복, 결과의 활용 미흡을 거론하였다.

오철호(2001: 72-75)는 「정부업무평가기본법」의 시행을 앞두고 중앙부처 자체평가의 문제점을 다음과 같이 지적하였다. 첫째, 정치적 지지 측면에서 대통령과 국회, 국민, 언론의 관심이 낮다. 둘째, 법적·제도적 측면에서 심사평가가 대통령령에 근거하거나 부처 자체평가는 부처의 훈령에 근거하는 등 분명하거나 충분한 근거가 부족하였다. 셋째, 조직적 측면에서 부처에 따라 다르지만 평가담당 공무원 수가 2~3명, 수준으로 너무 적으며, 훈련된 전문 인력이 부족하였다. 넷째, 운영 절차 및 기술적인 측면과 관련하여 보완이 필요하다.

서순복(2001: 89-99)은 지방자치단체의 심사평가 실태에 대하여 단체장의 지원과 관심, 평가 결과의 환류, 심사평가, 기준과 방법, 평가 인력 및 물적 자원, 심사평가 기구와 부서 간 협조, 중앙심사평가기구의 지방자치단체 평가 측면의 문제점을 지적하였다.

문영세(2001: 19-45)는 「정부업무평가기본법」에 대한 메타평가와 관련하여 대상 과제의 선정, 담당 인력, 평가 설계 및 기법, 평가 결과의 활용, 정치/사회적 지지, 법적 근거, 부처의 심사평가 등을 평가의 기준으로 삼아 이와 관계된 문제점을 지적하였다.

공병천(2003: 147-174)은 정부기관평가제도에 관한 탐색적 연구를 중앙행정기관을 중심으로 시도하면서 기존 연구들이 지적한 문제점들을 근거로 평가 대상 과제 선정, 평가 과정, 평가 결과의 활용, 평가 업무 조직/인력 등을 해당 연구를 위한 분석 기준으로 제시하였다.

이혜영·김건위·박해욱(2004: 43-65)은 지방자치제도 자체평가제도의 집행 실태를 정책집행론적 관점에서 접근하여 집행 내용, 집행환경, 집행 주체, 집행 대상자 등과 관련된 문제점을 지적하였다. 집행 내용 요인으로 정책목표의 명확성, 인과이론의 타당성, 법/제도적 수단의 확보를 지적하였고, 집행환경 요인으로는 관련 집단(자치단체 구성원)의 지지, 중앙정부의 지원 부족을 거론하였다. 그리고 집행 주체와 관련하여 집행 주체의 능력, 집행 주체의 재량, 중앙정부와 지방정부의 갈등을 지적하였고, 집행 대상자 요인으로 인센티브 제공의 저조, 이해관계자 간의 갈등, 학습 요인 등을 문제점으로 지적하였다.

2) 분석 기준

지금까지 위에서 살펴본 평가제도에 관한 선행 연구의 내용과 지방자치단체에서 자체평가를 담당하고 있는 공무원들과의 면접, 자체평가 관련 내부자료 및 보고서의 내용에 대한 검토 결과를 토대로 하여 이 연구에서 활용할 분석 기준들을 다음과 같이 범주화하였다.

- **자체평가의 기본 여건**
  - 관련 규정
  - 담당 조직 및 인력
- **자체평가의 과정**
  - 자체평가 대상 업무의 선정
  - 자체평가 설계 및 기법
- **자체평가 결과의 활용**

Ⅲ. 지방자치단체 자체평가의 운영 현황과 과제

1. 자체평가 기본 여건의 현황과 과제

1) 자체평가 관련 규정 측면

일반적으로 정책평가는 충분한 법적 근거가 마련되어 있고 관련 사항들의 구체성과 명시성의 확보가 가능할 때 평가 결과의 실효성을 기대할 수 있다.

전라북도는 광역자치단체 1곳과 기초 자치단체 14곳을 합하여 모두 15개의 자치단체로 구성되어 있다. 행정자치부의 「2004년도 지방자치단체 자체평가 운영분석 결과 통보」에 의하면 이들 15개 자치단체 모두는 자체평가에 대한 근거 규정을 제정하고 이를 근거로 하여 자체평가를 실시하고 있는 위에서 지적한 바 있다.

이러한 점을 참고할 때 전라북도 지방자치단체 자체평가의 법적 근거는 확실히 마련되어 있다고 평가할 수 있다.

그러나 제정된 규칙 조항들을 검토한 결과, 자체평가 규정의 구체성 및 명시성과 관련하여 평가 수행을 어렵게 만드는 두 가지의 결함을 지니고 있는 것으로 파악되었다.

첫째, '기관 역량'에 대한 명확한 개념 정의가 내려져 있지 않아 자체평가를 수행하는 담당 직원의 평가 수행에 어려움을 주고 있다.

"기관 역량 평가를 현재 실시하고 있는지? 실시하고 있다면, 기관 역량을 어떻게 이해하고 있으며, 그 측정지표는 무엇인가?"라는 질문을 하였다.

이에 대하여 대부분의 자체평가 담당자들은 한결같이 "기관 역량이란 것이 무엇을 의미하는지 알기도 어려울 뿐더러, 설령 이해하는 것이 맞는다고 할지라도 조직의 규모가 작고 대부분 단순 업무를 집행하고 있는 지자체에서 기관 역량을 자체평가의 대상으로 삼은 것은 처음부터 무리한 발상이며, 현재와 같은 상황 속에서 기관의 역량을 평가해 봐야 아무런 의미가 없다"고 답변하였다.

김명수(2003: 284)는, 지자체의 기관 역량에 대해서 따로 정의하지는 않았지만, 기관평가에서 '추진 역량'을 "정부의 업무, 즉 정책, 사업, 시책, 국정 과제 등을 행정 기관이 추진하는 데 동기 부여, 지도력 발휘, 관리 기법의 적용, 통제 수단의 활용, 환경 변화에 따른 대응책 마련, 내부 갈등의 관리, 대외 협력 및 이미지 관리 등의 활동을 통하여 이미 설정된 임무나 결정된 임무를 수행할 능력"으로 정의하고 있다.

위의 정의 내용을 참고하더라도 '기관 역량'에 대한 평가는 복잡한 많은 업무를 수반하게 될 것임이 자명하다. 이를 감안할 때 비교적 규모가 작고 단순한 성격의 업무를 주로 수행하는 대부분의 지자체에서 기관 역량 평가를 실시한다는 것은 오히려 비능률을 가중시키는 일이라는 지적은 매우 높은 설득력을 지닌다.

둘째, 각 지방자치단체가 제정한 「주요 업무 자체평가 규칙」에 표기한 '자체평가'가 단순히 자체평가(self-evaluation)를 의미하는지, 아니면 내부평가(inside evaluation)를 의미하는지에 관한 명확한 표현이 없어 평가 대상자와 평가담당 부서 근무자 모두를 혼란스럽게 만들고 있다.

정책평가는 평가자의 소속에 따라 자체평가와 내부평가, 그리고 외부평가로 구분된다(노시평 · 박희서 · 박영미, 1999: 379-380).

자체평가는 정책 또는 사업의 집행을 담당하고 있는 사람들 자신이 수행하는 평가이다. 이는 일반적으로 기관에서 운영하고 있는 사업의 개선을 위하여 사용되고, 평가의 신뢰성과 타당도를 보장해 줄 수 있는 능력이 있는 평가자를 기관 내에서 확보할 수 있는 것을 전제로 한다.

내부평가는 정책의 결정과 집행을 담당하는 사람들은 아니지만, 정책 또는 사업의 수행에 책임을 지고 있는 기관의 다른 구성원이 행하는 평가이다. 이는 사업운영비를 국가기관이나 공공단체로부터 수탁을 받은 경우에 사업의 성과 또는 책무성을 제시하기 위한 목적으로 수행된다.

자체평가 규칙의 내용과 실제로 실행되고 있는 평가 내용을 살펴보면, 대부분의 지방자치단체들은 주요 업무를 집행하는 직원들 스스로 평가를 수행하도록 요구하는 자체평가와 자체평가의 결과를 다시 평가하는 상위평가(meta-evaluation)의 성격을 띤 내부평가를 병행 · 실시하고 있다는 느낌을 준다.

이러한 병행 실시는, 후술하겠지만, 자체평가를 수행하는 전담 부서의 미설치라는 문제와 설치된 전담 부서의 인력 부족 문제 등을 초래하여 자체평가의 실효성을 크게 떨어뜨리는 결과를 낳고 있다.

2) 평가담당 조직 및 인력의 측면

자체평가를 하나의 정책 내지 사업으로 보고 이의 성공적인 수행을 원한다면 기본적으로 전담 조직을 설치하고, 인력과 예산 등을 충분히 뒷받침해 줄 필요가 있다.

특히 인력과 관련해서는 내부 인력의 양적, 질적인 측면과 외부 인력의 활용 정도 등이 고려될 필요가 있다.

내부 인력의 양적인 측면에서는 평가 주관 부서의 규모 및 구조가 평가업무량에 비하여 무리가 없느냐 하는 점이 검토되어야 하며(문영세, 2001: 26), 질적인 측면에서는 평가 담당자의 평가 관련 기본적인 지식, 평가 경험, 객관적 입장 견지 여부 등이 논의되어야 한다(김명수, 1993: 177). 그리고 외부 인력은 외부 전문가와 일반 시민의 활용 목적과 정도가 주요 분석 사항이 되어야 한다.

행정자치부의 「2004년도 지방자치단체 자체평가 운영분석 결과 통보」에 의하면 전라북도의 15개 자치단체(광역+기초) 가운데 13개 기초자치단체가 평가 전담 부서를 설치하지 않은 곳으로 나타났다.

평가 전담 부서를 운영하고 있는 자치단체의 경우조차도 배치 인원이 고작 4명 이하에 불과한 형편이다.

이러한 인력으로 15개의 자치단체가 국가 위임사무 17개, 국고보조사업 21개, 국가 주요 시책 43개, 자체 추진시책 197개 등 총 278개(2004년도 기준)의 업무를 자체평가 대상 업무로 다루고 있다. 즉 자치단체 1곳당 평균 약 211개의 업무를 평가 대상 업무로 다루고 있는 상황이다. 이러한 자치단체의 실정에서 충실한 자체평가나 상위평가를 수행한다는 것은 거의 불가능한 일이다.

한편 자체평가 전담 부서가 없는 대부분의 자치단체의 경우에도 평가 담당자 1인이 감사나 기획, 또는 여타의 업무를 병행하면서 평가 업무를 수행하고 있어 형식적인 상위평가를 수행하고 있는 실정이다.

전술한 내용처럼, 각 지방자치단체는 주요 업무를 집행하는 공무원들 스스로 평가를 수행하도록 요구하는 자체평가와 함께 그 결과를 다시 평가하는 상위평가의 성격을 띤 내부평가를 병행하고 있다.

따라서 자체평가의 실효성 있는 수행 결과를 얻기 위해서는 상위평가를 수행하여야 하는 평가담당 부서의 공무원과 자신의 집행 업무를 스스로 평가하여야 하는 공무원 모두가 기본적으로 평가에 관련된 기초 지식을 갖춰야 한다.

조사 결과에 의하면, 자체평가를 위한 사전 준비 소홀과 계속적인 교육 시간의 부족 및 과도한 업무 부담으로 인하여 행정자치부에서 마련한 「지방자치단체 자체평가 지침」 내용에 부응할 수 있는 기초적인 평가 전문 지식을 갖추고 있지 못한 실정이다.

한편 각 지방자치단체들은 자체평가위원회를 운영하고 만족도 조사를 실시하면서 외부 인력에게 자체평가에 참여할 수 있는 기회를 제공하고 있다.

전라북도 내의 대부분의 자치단체장들은 자체평가의 효율적인 실시를 위하여 자체평가위원회를 설치·운영하고 있다(1곳은 미구성). 자체평가위원회는 ① 당해 연도 평가 실시 방향 및 평가계획 수립에 관한 사항, ② 평가 대상 과제 선정, 평가지표 및 평가 방법에 관한 사항, ③ 평가 결과에 관한 사항, ④ 그 밖의 평가에 관한 주요 사항을 심의하는 기능을 수행하도록 규정하고 있다.

광역자치단체의 경우에 총 15명의 위원 가운데 11명의 위원이 민간인으로 위촉된 반면, 기초단체의 경우에는 총 115명의 위원들 가운데 67명의 위원이 민간인으로 구성되어 있다(행정자치부. 2005: 자체평가위원회 운영).

자체평가위원회의 평균 회의 개최 실적은 약 2회 정도(행정자치부. 2005: 자체평가위원회 운영)이나, 극단적인 경우에는 자체평가위원회를 서류로만 구성하고 실제 활동하는 것처럼 운영하는 곳도 있으며, 대부분의 자체평가위원회는 거의 형식적인 수준에서 운영되고 있는 형편이다.

이러한 결과를 초래한 중요한 이유로 자체평가위원회의 인적 구성에서 평가 전문가들의 구성 비율이 낮은 점, 평가위원들에게 실질적인 권한과 예산을 뒷받침해 주는 장치가 미흡한 점, 그리고 단체장 또는 평가담당 부서장들이 자체평가의 중요성을 과소 평가하거나 실행 및 관리 능력이 부족한 점 등을 지적할 수 있겠다.

자체평가위원회의 평균 회의 시간이 2시간을 넘지 않고, 연 평균 2회 정도의 개최 횟수에 불과한 평가위원회에서, 대략 70개 내지 100개 정도의 사업을 평가 대상으로 삼고 있다. 이러한 문제점을 안고 있는 자체평가위원회에서 주요 업무에 대한 평가 관련 사항들이 심도 있게 논의되기를 기대할 수는 없다.

2. 자체평가 과정의 현황과 과제

1) 자체평가 대상 업무의 선정

각 지방자치단체의 자체평가에 관한 규칙에 의하면, “각 지자체가 선정한 업무로서 각 지자체가 추진하는 시책과 사업 중 당해 연도 자체평가 대상 과제로 선정된 것”을 ‘주요 업무’라고 정의하고 이를 자체평가의 일차 대상으로 삼고 있다.

바람직한 평가를 시행하기 위해서는 평가기획이 이루어져야 한다. 그리고 평가 작업이 제대로 이뤄지고 또 그 결과가 관련 의사결정자에게 유용한 정보를 제공하고 또 그것이 활용될 수 있도록 하기 위해서는 주요 업무에 대한 평가성 사정(assessment of evaluability)을 선행하여야 한다.

평가성 사정은 평가를 수행하기 전의 분석 활동(preassessment)으로서, 평가에서 추구하는 목적을 달성하기 위하여 어느 정도나 적실하고 기술적으로 가능한 평가가 이루어질 수 있는가 하는 점을 결정하는 것이다(김명수, 2003: 88).

평가성 사정의 기준으로 ① 해결하고자 하는 문제, 사업의 내용, 사업 실시에 따라 예견되는 결과, 기대되는 영향들이 측정할 수 있도록 잘 정의되어 있는지의 여부, ② 위 ①에서 정의된 내용에 대하여 정책결정자와 사업관리자들이 동의하고 있는지의 여부, ③ 자원의 사용, 사업의 실시, 예견되는 결과, 해결하고자 하는 문제에 대한 영향을 연결하는 제반 가정에 있어 논리성이 분명하며 검증될 수 있는지의 여부, ④ 사업으로부터 기대하는 것은 적정한지의 여부, ⑤ 평가 요구자가 원하는 증거는 신빙성 있게 얻을 수 있는지의 여부, ⑥ 사업을 관장하고 있는 사람이 분명히 있는지의 여부와 만일 있다면 그가 평가 결과를 이용하고자 하는 의욕과 이용 방법을 알고 있는지의 여부 등을 제시할 수 있다(Schmidt, Beyna, & Haar, 1983: 201).

전라북도 내의 자치단체들은 단순한 자체평가(self-evaluation)와 상위평가의 기능을 수행하는 내부평가(inside evaluation)를 병행하고 있다는 점은 앞에서 지적한 바 있다.

이런 경우, 내부평가를 담당하고 있는 관련자나 집단(특히 기초단체 내에서 상위평가를 수행하기 위하여 조직된 일종의 특별 팀)에서는 먼저 위의 기준을 고려한 평가성 사정을 실시한 후 각 부서의 자체평가 결과에 대하여 상위평가를 수행하여야 할 것이다. 그럼에도 대부분의 자치단체에서는 평가성 사정에 대한 심도 있는 논의를 거치지 않은 채 내부평가를 수행하고 있는 한계를 지니고 있다.

그 결과, 다음과 같은 문제점이 드러나고 있다.

첫째, "○○○기념관 피뢰침 달기" 등과 같이 단순하고 단편적인 사업(시책)까지도 자치단체의 내부평가, 즉 상위평가의 대상으로 삼는 경우가 나타나고 있다.

둘째, 평가 대상 과제 모두가 단년도 사업이 아님에도 평가 대상 기간을 1년으로 한정하고 있고, 측정의 대부분도 산출(outputs)에만 초점을 맞추고 있어 평가의 기본적인 목적을 도외시한 채 평가를 형식적으로 수행할 가능성이 농후하다.

셋째, 다년도 계속사업인 경우에도 매년 동일한 사업을 평가 대상 과제로 선정하고 있어 자체평가를 주요 사업에 대한 점검(monitoring) 내지 진도분석의 수준에 그치게 하는 평가환경을 제공하고 있다(공병천, 2004: 73).

2) 자체평가 설계 및 기법

평가기획의 일반적인 절차에 따르면, 의사결정자들이 평가를 통하여 해답을 구하고자 하는 결정 사항 혹은 결정 문제들이 파악되면 그 다음 단계에서는 평가 이론적 맥락에서 어떠한 유형의 평가가 수행되어야 할 것인가를 결정하여야 한다.

다음으로는 결정된 유형의 평가를 어떻게 수행할 것인가를 구상하여야 하는 절차를 거쳐야 하는데 이를 '평가의 설계'라고 한다. 이 부분은 평가에서 가장 핵심적인 사항인 평가 방법, 자료 수집 방법, 자료 분석 방법의 선정 등이 고려된다(김명수, 2003: 83-84).

분석에 의하면, 전라북도 자치단체들의 대부분은 이러한 평가 설계 및 기법에 대한 구체적인 논의 과정을 거치지 않은 채 거의 관행적으로 자체평가를 수행하는 것으로 파악되었다.

그 결과, 기존 심사평가제도에 대하여 선행 연구들이 지적한 아래의 사항들이 자체평가 수행 과정에서도 동일한 문제점으로 나타나고 있다. 이들을 간략하게 살펴보면 다음과 같다.

평가의 질적 수준은 극히 형식적이고, 기록 형태로 일관되었다(차의환, 1999: 143-149).

주요 업무 과제에 국한된 실적 중심의 평가도 점검 위주로 이루어져 성과평가가 소홀하게 다루어지는 경향이 있다(차의환, 1999: 232-234).

성과평가의 경우, 분석 방법 및 판단 기준에 객관성이 결여되어 실제 성과와 일치하지 않고 있다(김명수 · 박경효, 1996: 17-18).

성과평가의 내용도 능률성과 효과성 및 영향 등을 모두 포함하도록 하였으나 실제로는 산출에 치중하고 있다(김명수 · 박경효, 1996: 17-18).

평가지표가 모호하거나 계량화하기 힘든 경우가 많아 평가의 신뢰성이 저하되고 있다(김명수 · 박경효, 1996: 52-53).

과학적인 분석 기법이 활용되지 않고 있다(김명수 · 박경효, 1996: 17-18).

외부 전문 인력의 참여 없이 비전문가인 공무원 중심으로 평가가 시행되고 있고, 주요 시책 사업을 자체 평가한 것을 심사평가 담당관이 망라하여 요약 · 보고하는 방식으로 진행된다(차의환, 1999: 232-234)

자체 심사평가가 부실한데다 종합 심사평가마저 제한된 시간과 부족한 인력으로 제대로 이루어지지 않고 있기 때문에 총리실의 종합 심사평가도 구체성과 현실성이 상당히 결여되어 있었다(김명수 · 박경효, 1996: 52).

위의 지적 사항들을 전라북도 자치단체들의 자체평가와 연결시켜 보면 다음과 같은 과제들로 표현할 수 있다.

첫째, 실시하고 있는 자체평가의 유형은 진도분석과 정확성평가(monitoring)를 위주로 하고 있고, 성과평가와 관련된 효과평가, 능률성평가, 상대적 요소효과성평가, 정책구조평가 등에 관한 시도는 거의 전무한 실정이다.

둘째, 성과평가를 시도한 곳에서 조차 성과의 측정 지표가 제대로 개발되지 않고, 분석 방법 및 판단 기준에 객관성이 결여되어 있어 실제로 성과와 일치하지 않는 곳도 많이 발견된다.

셋째, 대상 과제의 영향에 대한 만족도 조사를 몇 군데의 지자체들이 실시하고 있으나, 대상 과제의 특성에 따라 질문 항목이 구성되지 않았고, 전문 조사요원들의 참여가 보장되지 않은 상황 속에서 조사가 이루어지고 있어, 조사 결과의 타당도와 신뢰성에 한계를 지니고 있다.

넷째, 외부 전문 인력의 참여를 법적으로 보장하고 있으나, 실제로는 비전문가인 공무원 중심으로 자체평가를 시행하고 있어, 자체평가위원회의 기능이 유명무실화되고 있다.

다섯째, 상위평가의 기능을 수행하여야 할 기획 부서의 평가 부서는 인력 부족과 시간 제한으로 단순히 각 부서 및 사업소에서 자체평가한 시책이나 사업의 결과를 망라하여 요약 · 보고하는 방식으로 평가 절차를 진행하고 있다.

3. 자체평가 결과 활용의 현황과 과제

각 지방자치단체들은 '자체평가 결과 처리'와 관련하여 「주요 업무 자체평가 규칙」에 "자체평가 결과 보완 및 개선을 요하는 사항에 대하여 지체없이 이를 시정하거나 그 시정 방안을 강구하여 기획관리실장(기초자치단체의 경우: 기획예산과장 혹은 기획감사실장 등)에게 제출하고 중요 사항은 도지사(시장, 군수)에게 보고하여야 하며, 또 그 평가 결과를 도지사(시장, 군수)에게 보고하여야 한다"고 적시하고 있다.

이러한 내용은 자치단체의 각 부서 업무 담당자는 자체평가를 수행하되 보완 및 개선을 요하는 사항에 대하여 지체없이 이를 시정하거나 그 시정 방안을 강구하여 보고하고, 내부평가를 책임지고 있는 기획관리실장(기초자치단체 경우: 기획예산과장 혹은 기획감사실장 등)은 당해 장에게 평가 결과를 보고하여야 한다로 재해석할 수 있다.

재해석한 내용 속에서 각 지방자치단체는 평가의 활용을 제도화시키려고 노력한 흔적을 볼 수 있다.

혹자는 평가의 활용을 크게 수단적 활용(instrumental use)과 개념적 활용(conceptual use)으로 분류하여 논의하고 있다(Rich, 1977: 23-24).

수단적 활용은 평가에서 제시된 결론을 특정한 결정에 적용하는 것을 의미한다. 반면에 개념적 활용은 평가의 결과가 어떤 특정한 결정에 영향을 미치지 않는다고 하더라도 그것이 정책결정자나 사업관리자와 같은 평가 결과의 이용자들의 평가 대상 정책/사업에 대한 이해에 영향을 미치는 것, 즉 평가의 결과가 다른 요인들과 더불어 서서히 사업에 관련된 의사 결정을 변화시킬 수도 있는 영향까지 포함시키는 것을 의미한다.

그러나 평가 결과의 활용은 활용 또는 불용의 이분법적 사고로 접근해서는 안 될 것으로 생각된다. 즉 평가의 결과는 '완전한 활용'과 '완전한 불용'이라는 양 극단의 사이의 연속선상에서 관찰될 수 있는 상대적인 성질로 이해하여야 할 것이다(김명수, 2003: 216-17).

완전한 활용이란 평가의 결과에 따라 혹은 평가 결과 보고서에 제시한 내용에 근거하여 평가 대상 정책/사업에 대하여 즉각적이고 직접적인 조치를 취하는 경우를 말한다.

반면 완전한 불용이란 평가의 결과가 어떠한 형태로든, 또는 어떠한 시기에 걸쳐서는 평가의 대상이 되었던 정책/사업에 아무런 영향도 미치지 않는 경우를 의미한다.

이와 같은 의미로 평가 활용을 이해한다고 할 때 현재 전라북도 내 지자체에서 이루어지고 있는 평가 결과의 활용은 정도를 크게 높이기 위한 다양한 노력이 계속 필요한 수준에 머물고 있다고 보여진다. 이러한 판단의 근거는 다음과 같다.

첫째, 자체평가 결과에 의하여 산출된 정보와 활용되는 정보의 유형이 지극히 단순하다는 점이다.

2004년도에 이루어진 전라북도 자치단체들의 평가 결과 환류 실적에 관한 결과보고서에 의하면 '제도 개선 시책 반영'과 관련하여 광역단체 4건, 기초단체 16건이 지적되었고, '문제점 및 지적 사항'으로 광역단체 6건, 기초단체 62건이 지적되었다. 그리고 '지적 사항 조치 내역'으로 '조치 완료'가 52건, '조치 중'이 16건(광역단체: 6건, 기초단체: 10건)이다(행정자치부, 「2004년도 지방자치단체 자체평가 운영분석 결과 통보」).

이처럼 자체평가 결과가 제공하는 정보는 단순히 시책 또는 업무의 진도 수준이나 집행의 정확성과 관련된 정보에 한정되어 있다. 즉 평가 활용과 관련된 정보의 유형이 아주 단순하여 새로운 정책결정을 하거나 사무관리의 변화에 크게 도움을 주는 것이 못된다.

둘째, 자체평가의 활용이 지나치게 성공적 사례에 대한 보상 위주로 이루어지는 경향이 있다.

「2004년도 지방자치단체 자체평가 운영분석 결과 통보」에 의하면, 전라북도 자치단체들은 다른 자치단체들과 달리 자체평가 결과에 대한 인센티브로 재정지원을 하지 않고 개인 표창이나 부서 표창으로 그친 것으로 나타났지만, 실제로 대다수의 지자체들은 자체평가의 결과를 목표관리제와 성과관리와 연계시켜 성과급의 산정에 반영하고 있는 것으로 알려지고 있다.

자체평가를 실시하는 일차적인 목적은 업무 추진의 효율성을 높이고 책임성을 확보하는 데 있는 것이지 업무 담당자를 통제하거나 감시하는 데 있지 않다.

그럼에도 불구하고 업무 특성에 따른 평가 방법이나 지표가 제대로 개발되지 못하고, 성과급 산정 과정이 공정하게 이루어지지 않은 상황 속에서 평가 결과를 지나치게 상벌 수여의 근거로 활용하는 것은 자칫 부서 간의 갈등을 조장할 수 있다. 이른바 민원 부서라 하여 현장에서 민원을 직접 해결하여야 하는 부서와 그렇지 않은 업무 부서 간의 업무의 중요도에 대한 상호 인식 차이가 해결되지 않은 상황에서는 부서 간의 갈등이 더욱 증폭될 염려가 있다.

상벌을 위한 평가의 활용은 한편으로 '평가를 위한 자체평가' 식의 평가를 유도할 가능성이 있다. 즉 '무소식이 희소식'이 되는 게 아니라, "무엇이 어떻게 진행되고 있는지가 묻혀 지는 상태"로 될 가능성이 커지는 상황을 수반할 수도 있다(Cohen, 1993: 7).

Ⅳ. 지방자치단체 자체평가 운영의 내실화를 위한 정책적 제언

1. 자체평가 운영상의 과제에 관한 개요

지금까지 전라북도 내의 지방자치단체들이 운영해 오고 있는 자체평가 제도를 살펴보면서 파악된 과제들을 개략적으로 정리해 보면 아래와 같다.

첫째, 관련 규정 측면에서 나타난 한계는 다음과 같다.

1) '기관 역량'에 대한 개념 정의가 명확하게 내려져 있지 않아 평가를 수행하는 직원들을 혼란스럽게 만들고 있다.

2) 비교적 규모가 작고 단순한 성격의 업무를 추진하는 대부분의 지방자치단체에서 '기관 역량'에 대한 평가를 수행한다는 것은 오히려 업무의 부담을 가중시킬 뿐만 아니라 집행상의 효율성을 저하시키고 있다.

3) 지방자치단체에서 수행하는 자체평가가 그야말로 온전한 자체평가를 말하는 것인지 아니면 내부평가를 말하는 것인지 분명하게 규정하지 않은 채, 위의 두 가지 평가를 동시에 병행·실시하면서 자체평가에 대한 상위평가를 실시하고 있다. 그 결과 자체평가와 관련한 인력의 부족과 업무의 과중 부담 및

형식적인 평가 수행 등의 많은 한계점을 드러내고 있다.

둘째, 담당조직 및 인력의 측면에서는 아래의 문제점들이 지적되었다.

1) 전술한 바와 같이 지방자치단체의 평가담당 직원들은 현재 자체평가와 상위평가를 수행하는 데 필요한 전문지식을 충분히 갖추고 있지 않다.

2) 자체평가와 상위평가를 병행 실시하고 있는 평가환경 하에서 상위평가를 전담하는 부서가 없을 뿐만 아니라 인력도 충분히 확보되지 않고 있다.

3) 자체평가의 계획 수립, 평가지표 개발 및 평가 방법 수행에 대한 자문 등의 역할을 수행하기 위하여 자체평가위원회를 구성하여 운영하고 있으나, 그 구성과 운영이 대부분 형식적인 수준에 머물고 있을 뿐만 아니라, 외부 평가전문가들의 구성 비율이 현격히 낮으며, 그들의 참여 및 활동에 대한 법적 및 예산상의 뒷받침이 충분하지 못하다.

4) 상위평가의 기능을 수행하여야 할 기획 부서는 인력 부족과 시간 제한으로 단순히 각 부서 및 사업소에서 자체 평가한 시책이나 사업의 결과를 망라하여 요약·보고하는 방식으로 평가 절차를 진행하고 있다.

셋째, 평가 대상 업무의 선정과 관련된 문제점은 다음과 같다.

1) 평가성 사정을 거치면서 평가 설계 및 기법에 대한 구체적인 논의를 하여야 함에도 거의 관행적으로 자체평가를 수행하는 것으로 파악되었다.

2) 비교적 단순하고 단편적인 사업(시책)까지도 자치단체의 내부평가, 즉 상위평가의 대상으로 삼는 경우가 나타나고 있다.

3) 평가 대상 과제 모두가 단년도 사업이 아님에도 평가 대상 기간을 1년으로 한정하고 있고, 측정의 대부분도 산출에만 초점을 맞추고 있어 평가의 기본적인 목적을 도외시한 채 평가를 형식적으로 수행하고 있다.

4) 다년도 계속사업인 경우에도 매년 동일한 사업을 평가 대상 과제로 선정하고 있어 자체평가를 주요 사업에 대한 점검 내지 진도분석의 수준에 그치게 하는 평가환경을 제공하고 있다.

넷째, 자체평가 실시 설계 및 기법 선정과 관련하여 제기되는 문제점은 아래와 같다.

1) 진도분석과 정확성평가(monitoring)를 위주로 하고 있고, 성과평가와 관련된 효과평가, 능률성평가, 상대적 요소효과성평가, 정책구조평가 등에 관한 시도는 거의 전무한 실정이다.

2) 성과평가를 시도한 곳에서조차 성과 측정 지표가 제대로 개발되지 않고, 분석 방법 및 판단 기준에 객관성이 결여되어 실제 성과와 일치하지 않는 곳도 많이 발견되고 있다.

3) 대상 과제의 영향에 대한 만족도 조사를 몇 곳의 지자체들이 실시하고 있으나, 질문 항목이 대상 과제의 특성에 따라 구성되지 않고, 전문 조사요원들의 참여가 보장되지 않은 상황 속에서 실시되고 있어, 조사 결과의 타당도와 신뢰성에 한계를 지니고 있다.

4) 외부 전문 인력의 참여가 법적으로 보장되고 있으나, 실질적으로는 비전문가인 공무원 중심으로 자체평가를 대부분 시행하고 있어 자체평가위원회의 기능이 유명무실화되고 있다.

마지막으로 자체평가 결과 활용과 관련하여 드러나고 있는 한계점을 지적하면 다음과 같다.

1) 자체평가에 의하여 산출된 정보의 유형이 지극히 단순하다는 점이다.

2) 자체평가의 활용이 지나치게 성공적 사례에 대한 보상 위주로 이루어지는 경향이 있다

2. 자체평가제도의 내실화를 위한 정책적 제언

위에서 살펴본 문제점들을 보완 내지 개선하기 위한 다양한 방안들이 제시될 수 있겠으나, 이곳에서는 (1) 상위평가 전담 부서의 설치 및 평가 기능의 이원화, (2) 자체평가위원회의 기능 강화, (3) 평가에 관한 지속적인 교육훈련 실시 등과 관련된 내용을 핵심적인 것으로 보고, 이들을 중심으로 정책적인 제언을 하기로 하겠다.

1) 상위평가 전담 부서의 설치 및 평가 기능의 이원화

전라북도 지방자치단체들이 운영하고 있는 자체평가제도의 내실화를 저해하는 가장 큰 문제점은 '방향성의 상실'이라고 생각한다. 자체평가를 누가, 어떻게 실시할 것인가에 대한 깊이 있는 논의가 선행되어야 할 필요가 있다.

현재 각 지방자치단체는 업무나 시책을 수행하는 부서에서 수행하는 자체평

가와 조직도표상 부서의 자체평가 결과에 대하여 평가담당 부서나 직원이 수행하는 내부평가를 실시하고 있다. 그러나 인력과 기술적인 전문성 부족 등으로 지극히 형식적으로 평가가 이루어지고 있으며 그 수준 또한 매우 낮은 상태에 머물고 있는 실정이다.

이러한 문제점을 극복하기 위해서는 우선적으로 상위평가를 전담 실시하는 부서를 따로 설치한 후, 업무 집행 부서가 실시하는 자체평가 기능과 상위평가 기능을 명확하게 구분해 두는 것이 좋을 것 같다.

시책이나 업무를 담당하는 일선부서에서는 단순하게 진도분석, 모니터링, 산출에 초점을 맞춰 순수한 자체평가를 실시하도록 하고, 상위평가를 전담하는 부서는 정치적 요인, 사업적 요인, 평가 가능성 요인 등의 선정 기준(Bozeman & Massey, 1982)을 고려하여 주요 시책이나 업무로 선정한 평가 대상 업무에 대해서만 '자문식 상위평가'를 수행하는 내부평가 방식을 수행하도록 하게 하거나, 청주시가 준비한 '시정평가제'의 활용도 고려해 봄직하다.

'자문식 상위평가'란 제1차적 평가가 수행되는 과정에서 이루어지는 평가로서, 상위평가자가 평가 과정에 계속적으로 참여하면서 평가 과정에 내포된 문제점들을 찾아내고 또한 그들을 해결할 수 있는 실질적인 방안을 제시하는 평가를 말한다(Cook & Gruder, 1978: 17).

이 때 상위평가자는 점검자보다 상대적으로 높은 기술적 전문지식을 소유하게 하고, 주요 시책이나 업무로 선정된 평가 대상 업무에 대해서 사업 요소들의 집행 상태는 물론 최종 목표의 달성도(outcomes)를 주로 평가하는 작업을 전담하도록 한다.

대부분의 전라북도 지방자치단체 공무원들은 자신의 업무를 추진하면서 '목표관리'와 '성과관리', 그리고 '자체평가'에 대해서 많은 부담을 느끼고 있는 상황이다. 그것은 평가 결과가 성과급 책정과 승진 등과 관련하여 유·불리 조건으로 영향을 미치게 되기 때문이다. 그리고 상당수의 구성원들은 평가 결과의 공정성과 객관성에 대하여 많은 회의감과 불만을 가지고 있는 것으로 드러났다. 특히 업무 특성을 고려하지 않은 평가 기준의 적용, 준비가 미흡한 평가지표의 개발, 직급에 대한 예우를 고려한 평점 배분, 형식적으로 이루어지는 상위평가 등에 대해서 많은 불만을 토로하였다.

이러한 문제점을 해결하는 방안으로 청주시가 한국지방경영포럼에 의뢰하여

2005년에 발행한 『2004 청주시 시정평가제 연구』의 내용과 같이 목표관리제 요소를 포괄하는 이른바 '시정평가 방식'을 상위평가 전담 부서에서 활용해 보는 것도 하나의 좋은 시도가 되리라고 생각한다.

청주시의 시정평가 방식의 내용은 "행정자치부에서 시달된 「지방자차단체 자체평가제 지침」의 내용과 목표관리제의 요소를 반영하여 공통목표, 전략목표, 기본목표의 세 가지 종류로 구분된 부서별 목표 체계를 구축하고 각 목표의 달성 정도를 주요 평가 대상으로 설정한 것"을 특징으로 내세우고 있다.

공통목표는 청주시 부서 전체가 공통적으로 시정 발전 차원에서 필수적으로 수행하여야 하는 목표를 말하고, 전략목표는 부서별로 1년 동안 중점적으로 추진하여야 할 목표를 말하며, 기본목표는 각 부서별로 일상적 업무의 추진과 관련하여 설정하는 목표를 말한다.

한편 위에서 제시한 세 가지 목표의 달성 정도를 측정하기 위한 지표로서 첫째 각 행정 부서에서 수행하고 있는 행정 업무의 양을 측정하며, 행정 서비스의 규모 등을 이용하는 업무량지표(workload measures), 둘째 행정 부서가 업무 처리를 위하여 투입한 비용과 결과에 대한 비교 평가에 초점을 두며, 소요 비용 또는 소요 시간 등을 이용하는 능률성지표(efficiency measures), 셋째 행정 부서의 업무 처리 결과와 이에 따라 발생된 영향에 대한 비교 평가에 초점을 두며, 목표달성도와 주민만족도 등을 이용하는 효과성지표(effectiveness measures), 넷째 각 행정 부서의 업무 수행에 대한 능률성과 효과성을 종합하여 단일 지표로 측정하며, 공무원 1인당 업무 실적 또는 업무 건수당 소요 비용 등을 이용하는 생산성지표(productivity measures) 등 네 가지 형태의 시정평가지표를 마련하고 있는 점은 주목할 만하다.

2) 자체평가위원회의 기능 강화

현재 각 지방자치단체들은 자체평가의 효율적인 수행을 위하여 자체평가위원회의 설치와 기능을 규칙에 명문화하고 이를 운영하고 있으나, 상위평가 전담부서가 설치되고 평가 기능이 자체평가와 상위평가로 이원화되는 경우, 자체평가위원회 활동의 중요성은 더욱 커지게 될 것으로 예상된다.

물론 상위평가 전담 부서가 앞으로 주요 업무로 선정한 업무에 대해서만 평가를 수행하는 '자문식 상위평가' 방식을 채택할 것인지 아니면 '시정평가' 방식을 채택할 것인지에 따라 자체평가위원회의 위상이 달라질 수 있겠지만, 지금처럼 외부 전문가들의 구성 비율이 매우 낮고 실질적인 참여 보장과 예산의 뒷받침이 미약한 상태에서는 '자문식 상위평가'든 또는 '시정평가'든 어떠한 형식의 자체평가를 수행한다고 할지라도 제대로 된 기능을 수행하기가 매우 어려운 실정이다.

'자문식 상위평가'를 도입하여 평가를 실시할 경우에는 평가 대상 업무의 선정, 평가 실시 및 기간, 평가 기준 및 지표의 선정, 평가 방법의 적용, 그리고 평가 활용 등에 관한 내용들에 대하여 훨씬 정치한 접근이 필요하기 때문에 자체평가 위원들에 대한 의존도가 훨씬 높아질 것으로 예상된다.

'시정평가' 방식을 실시하는 경우에는 이미 체계화된 형식에 의하여 평가를 수행하기 때문에 '자문식 상위평가'를 실시하는 경우보다는 의존도가 덜하겠지만 평가 업무 특성상 많은 전문적인 지식을 요하기 때문에 자체평가위원회의 중요성은 결코 무시될 수 없다.

앞으로 자체평가나 상위평가를 수행하는 데 유익한 정보를 제공받고 실질적인 자문을 기대하기 위해서는 무엇보다도 지금과 같은 짜맞추기 식의 위원회 구성에서 탈피하고 외부 전문가 구성 비율을 적어도 60% 이상으로 높여 실질적이고 효과적인 자문 활동이 이루어질 수 있도록 예산상의 뒷받침 등 많은 지원과 보장이 이루어져야 할 것이다.

3) 평가에 관한 지속적인 교육훈련 실시

지방자치단체에서의 평가 작업이 계속 이루어지는 한 평가를 수행하는 관련자들의 기술적인 전문지식의 축적 여부는 평가의 성패를 가름하는 중요한 관건이 될 것이 틀림없다.

중앙정부에서는 매년 초에 각 자치단체에 효율적인 평가 수행을 위해서 「정부업무 평가지침」을 보내고 있지만, 그 내용을 숙지하고 직접 평가 업무에 적용하여야 하는 담당자들의 서투름으로 인하여 크게 만족할 만한 정보를 얻지 못하고 있는 상황이다.

이러한 기본적인 문제점의 해결을 위해서는 모든 부서의 공무원들에게 평가 업무에 관한 교육훈련을 지속적으로 실시하여야 할 것으로 본다.

이와 관련하여 우선적으로 행해야 할 일은 지방자치단체들이 제정한 「주요 업무 자체평가에 관한 규칙」 속에 "평가에 관한 교육훈련"의 내용을 명문화시킬 필요가 있다.

우리나라의 「평가기본법」 제6장 평가제도 발전에 관한 사항 중 제28조 평가 관련 교육훈련에 관한 내용을 살펴보면, 제1항에 "정부는 평가 업무의 효율적인 추진을 위하여 평가 관련 부서의 공무원에게 교육훈련의 기회를 제공하여야 한다"와 제2항에 "정부는 다양한 평가 기법·제도 등을 습득하고 평가 업무의 국제 교류를 활성화하기 위하여 평가 관련 국제 협력을 강화하여야 한다"고 명시하여 놓았다.

이러한 내용은 기존의 「정부업무의 심사평가 및 조정에 관한 규정」에는 삽입되지 않은 내용들로서 평가에 관한 교육훈련의 중요성을 새롭게 인식하고 강조한 것으로 해석할 수 있다.

그럼에도 불구하고 전라북도 지방자치단체들이 제정한 「주요 업무 자체평가에 관한 규칙」 속에는 평가교육에 관한 어떠한 내용도 들어 있지 않다.

평가 업무는 앞으로 자치단체의 일상 업무의 하나로 자리매김하게 될 것이며 모든 부서의 공무원은 평가를 수행하는 업무와 무관하게 되지 않을 것이다. 점검과 진도분석, 그리고 산출에 주로 초점을 맞춘 자체평가를 수행하든지 아니면 효과에 주로 초점을 둔 내부평가를 수행하든지 간에 상관없이 평가에 관한 모든 공무원들은 기초적인 평가 전문지식을 갖추어야만 유용한 정보를 평가로부터 확보할 수 있게 될 것이다.

위와 같은 상황 전개를 감안할 때 지방자치단체 공무원들에 대한 지속적인 평가교육훈련은 「주요 업무 자체평가에 관한 규칙」으로 삽입되고, 반드시 실천되어야 할 내용이라고 생각한다.

V. 결 론

정책평가는 정책과 관련한 의사결정에 유용한 정보를 제공하기 위하여 실시되고 있고, 이러한 유용한 정보를 체계적으로 생산해 내지 못하는 평가제도는 내실화에 문제가 있다고 한다.

이러한 점에서 본다면 "업무 추진의 효율성 제고와 책임성 확보"를 위하여 전라북도 내의 지방자치단체들이 실시하고 있는 자체평가는 내실화를 꾀하는 데 분명히 많은 문제점을 안고 있다.

이 연구에서 자체평가와 관련된 문헌과 자료 및 보고서의 내용과 담당 공무원들과의 면접을 실시하여, 특히 자체평가의 기본 여건, 자체평가의 과정, 자체평가 결과의 활용 측면에서 문제점을 파악하려고 노력하였다.

그 결과, 규정, 담당 조직 및 인력, 자체평가 대상 업무의 선정, 자체평가 설계 및 기법, 평가 결과의 활용 등과 관련되어 있는 문제점들을 논의하였다.

지적된 문제점의 해결과 관련하여 이 연구에서는 사안별로 정책적인 제언을 삼가는 대신 아래와 같은 포괄적인 대안을 제시하였다.

첫째, 평가 전담 부서를 설치하고 이 부서로 하여금 주요 업무로 선정된 업무에 대해서만 '자문식 상위평가'를 수행하거나 또는 '시정평가제'를 운영하게 한다.

둘째, 자체평가위원회를 구성할 때 외부 평가전문가의 비율을 높이고 그 기능을 강화시켜야 한다.

셋째, 공무원들에 대한 평가 교육훈련을 지속적으로 실시하여야 한다.

심사 평가제도를 도입하여 운영해 오면서 지적된 문제점들이 지금까지 거의 동일하게 또 반복적으로 지적되는 것은 근본적인 해결책이 마련되지 않은 데에 그 이유가 있다. 근본적인 해결책을 마련하지 않고 지엽적인 대안을 통하여 자체평가제도의 내실화를 꾀하는 것은 연목구어나 다름없는 일이 될 것이다.

참고 문헌

공병천. (2003). 정부기관평가제도의 탐색적 연구. 「한국정책학회보」 12(4).

———. (2004). 평가와 예산부문의 성과관리 연계. 「한국정책학회보」 13(2).

국무조정실 정책평가위원회. (2005). 「2005년도 정부업무 평가지침」.

———. (2005). 「2005년도 정부업무 성과관리 추진 방안」.

군산시. (2003). 「2003년도 상반기 주요 업무 자체평가 결과」.

———. (2004). 「2004년 군산시 목표관리제」.

김명수. (2003). 「공공정책평가론」(개정판). 서울: 박영사.

김명수 · 박경효. (1996). 한국정부의 심사평가제도에 대한 비판적 고찰. 「한국정책학회보」 5(1).

김병진. (1997). 우리나라 정부 정책평가제도의 활성화 방안: 심사평가제도를 중심으로. 「정책분석평가학회보」 7(2).

문영세. (1996). 한국 중앙심사평가제도의 과제와 발전 방향. 「한국사회와 행정연구」 7.

―――. (1997). 한국 중앙심사평가 기능의 위상 재정립을 위한 메타평가. 대구경북행정학회. 「한국행정논집」 9(2).

―――. (2001). 한국중앙심사평가제도의 메타 평가적 분석. 「행정개혁과 정책 조정」. 한국행정학회 1996년도 동계학술대회 논문집(1).

서순복. (2001). 지방자치단체 정책평가제도의 실태와 한계. 한국정책분석평가학회. 「2001년도 춘계학술대회 논문집」.

이근주. (2001). 미국 GPRA의 현황과 평가. 「한국행정연구」 10(1).

이혜영 · 김건위 · 박혜욱. (2004). 지방자치단체 자체평가제도 집행실태 분석: 정책집행론적 관점. 「한국지방자치학회보」 16(3).

차의환. (1999). 「정책평가의 이론과 실제: 기관평가제 접근모형과 전략」. 서울: 한울.

청주시. (2005). 「2004 청주시 시정평가제 연구」.

충청북도. (2005). 「충청북도 자체평가 지표개발 연구용역 최종보고서(2)」.

행정자치부. (2005).「2004년도 지방자치단체 자체평가 운영 분석 결과 통보」.

Cohen, Steven. (1993). *Total Quality Management in Government*. St: Jossey-Bass Publishers.

Cook, Thomas & Charles Gruder. (1978). Metaevaluation Research. *Evaluation Quarterly* 2(1).

Rich, Robert F. (1977). Use of Social Science Information by Federal Bureaucrats: Knowledges for Action versus Knowledge for Understanding. in Weiss(eds.). *Using Social Research in Public Policy Making*. Lexington, Mass: D.C. Health & Co.

Schmidt Richard, Larry Beyna, & Jerry Haar. (1982). Evaluation Assessment: Principles and Practice. in Gerald J. Stahler & William R. Tash(eds). *Innotiative Approaches to Mental Health Evaluation*. NY: Academic Press.

제 05장 과학기술 경쟁력 제고를 위한 대형 첨단연구시설 및 장비 평가모형 -신뢰성 및 타당성 검토-

I. 서 론

지적 자본이 부가가치 창출의 핵심 원천으로 인식되는 지식기반 사회에서 과학기술 경쟁력은 국가경쟁력을 좌우하는 중요한 요인이라 할 수 있다(Drucker, 1993; OECD, 2004). 지식·정보·과학기술이 부와 성장의 원천이 되는 지식기반 사회로의 이행은 더욱 가속화되어 가고 있다. 급진적인 기술 변화와 혁신은 사회 모든 분야에 걸쳐 광범위한 영향을 미치는 등 세계적 기술경제 패러다임(techno-economic paradigm)이 변화하고 있다. 특히 산업구조가 공학 주도에서 과학 주도로 전환됨에 따라 과학기술 경쟁력 향상을 위하여 기초과학의 비중이 증대되고 있는데, 이는 기초과학의 토대가 원천 기술의 확보를 가능케 하고 원천 기술에서 창출되는 부가가치가 한 국가의 과학기술 경쟁력은 물론 국가경쟁력과 직결되기 때문이다.

최근 과학기술 패러다임의 중요한 내용 중의 하나는 혁신적인 과학적 발견 및 연구개발 과정에서 첨단 대형 연구시설 및 장비에 대한 의존도가 높아지고 있다는 것이다. 과학기술의 첨단화·고도화가 급속하게 진전되면서 첨단 대형 연구시설·장비는 연구개발 성과의 극대화를 위한 필요 조건으로 간주되고 있다(권용수, 1997; NISTEP, 2004). 새로운 과학 분야의 등장에 따른 장비의 고성능화 및 대형화 추세가 이루어지고 있으며, 기초연구와 응용연구 간 융합, 생명공학 기술(BT)과 정보기술(IT)의 융합 등 학제간·기술개발 단계 간 융합화 경향으로 연구 및 시설·장비의 대형화가 과학기술 분야의 중요한 정책과제로 대두되고 있다(황병상, 2005; 이철원, 2003; 과학기술부, 2003; 권용수, 1997). 과학기술 경쟁력 제고 및 기초과학 진흥 여부는 첨단 연구개발 활동을 촉진시킬 수 있는 대형 연구시설 및 장비 구축 여부에 달려 있다고 해도 과언이 아니다. 이에 따라 세계 주요 선진국들은 첨단 대형 연구시설 구축을 통한 연구개발 역량 강화로 미래 지식기반 사회를 대비하고 있다. 특히 미국과 영국에서는 미래 연구시설 구축과 관련된 로드맵을 설정하고 과학기술 경쟁력 제고를 위한 대형 연구시설 구축을 계획하고 있다.

대형 연구시설의 경우 많은 비용이 소요되고 대부분 기초연구에 치중되어 있어 민간기업 입장에서는 높은 위험 부담으로 투자를 기피하는 현상을 보이고 있다. 이에 대형 연구시설 및 장비 구축은 개별 연구 주체 또는 민간의 투자보다는 국가적 차원에서 투자하고 구축하여 이를 공동으로 활용할 수 있도록 운영하는 것이 더욱 효과적일 수 있다. 또한 과학기술 분야에서 차지하는 기초과학 진흥의 필요성과 대형 연구시설 및 장비의 중요성 측면에서 국가 발전 전략에 부합하고 미래 수요에 부응하는 대형 연구시설 및 장비 구축과 관련된 국가적 차원의 정책적 고려가 필요하다. 특히 효율적인 대형 연구시설 및 장비 구축 및 활용을 위해서는 목표 달성 및 투자효율성의 극대화라는 관점에서 전략적 투자 우선순위에 대한 평가가 필요하다.

반면 현재까지 우리나라의 과학기술 대형 연구시설 및 장비 구축은 전략적 투자 우선순위 평가가 부재한 상황에서 그동안 임시방편적(ad hoc)으로 투자되어 온 실정이다. 또한 현행 과학기술 정책은 해당 분야 및 산업의 당면 과제를 해결·지원하는 데 우선순위를 두고 있어 과학기술 연구 기반시설 분야는 상대적으로 취약한 실정이다. 이러한 상황에서는 대형 연구시설 및 장비 구축에 대한 장기적 투자효율성의 극대화와 기초과학 진흥을 기대할 수 없다.

이러한 맥락에서 이 연구의 목적은 해외에서 활용되고 있는 대형 연구시설 및 장비 구축의 투자 우선순위 평가 기준 검토를 통하여 과학기술 연구와 경쟁력 향상을 위한 대형 연구시설 및 장비 구축의 평가모형을 도출하고, 이 평가모형의 신뢰성 및 타당성 분석을 통하여 정책적 함의를 제시하고자 한다.

Ⅱ. 이론적 고찰

1. 대형 연구시설의 개념 및 정책적 특성

1) 대형 연구시설의 개념

연구장비란 시험, 연구, 분석, 조사, 교육, 실습, 훈련, 검사, 감정, 측정, 관측, 시추, 탐사, 측량, 의료 기타 이와 유사한 용도로 사용되는 기기, 장비와 그 부수 기재를 말하며, 과학기자재, 실험실습 기자재, 연구기자재 등을 포함하는 개념이다(과학기술부 외, 2005: 102). 반면 대형 연구시설 및 장비에 관한 정확한 개념은 아직까지 정립되지 않은 실정이며, 각 국가별 연구개발 단계, 규모 및 목적에 따라 다양하게 정의되고 있다(OECD, 1992; 이철원, 2003; 권기헌 외, 2006).

기존 연구에서 제시된 대형 연구시설 및 장비의 개념을 검토하면 다음과 같다. OECD(1992)는 대형 연구시설 및 장비를 물리, 화학, 바이오, 천문, 지구환경, 해양, 우주, 항공 등에 사용되는 거대과학(mega-science)에 필요한 모든 첨단 고가 시설 및 장비로 규정하고 연구시설의 규모와 연구 대상의 규모가 크고, 참여 연구 인력과 필요 연구 분야의 복합성이 큰 과학 프로젝트로 규정하고 있다.[1)] 이철원(2003)은 기초과학 중 특정 연구 분야뿐만 아니라 공동 활용이 가능한 첨단 고가 장비만을 대형 연구장비로 규정하고 있다. 구체적으로 국가 기초과학 발전을 위하여 필요하거나 기반 구축의 차원에서 도입·운영하여야 할 장비로서 연구장비 도입가가 50억 원~100억 원 범위 내의 장비 또는 중규모(10억 원~30억 원 정도) 장비의 집적 및 시스템화를 통한 특성화된 연구시설 및 장비로 규정하고 있다.

이상에서 살펴본 바와 같이 대형 연구시설 및 장비의 개념은 연구기관의 관점 및 적용 범위에 따라 차이가 있으나 공통적으로 기초과학 진흥을 위하여 국

1) OECD(1992)의 개념에 의하면 연구 목적이 상업적 측면이나 서비스 측면이 강한 분야는 일반적으로 제외한다.

가적 차원에서 공동 활용이 필요한 대형 연구시설 및 장비로서 연구장비 도입가가 50억 원 이상인 연구시설 및 장비 또는 사업 규모가 100억 원 이상인 연구시설 및 장비로 정의할 수 있다.

2) 대형 연구시설 구축의 정책적 특성

기존의 기술정책 패러다임은 특정 프로젝트의 수행을 통하여 기술적 성과를 얻어내는 임무 지향적 기술정책이었다. 하지만 최근의 경우 이러한 기술정책 패러다임의 변화가 이루어지고 있다. 즉, 기존의 임무 지향적 기술정책에서 연구개발의 기반 조성과 하부구조를 강조하는 기술정책 패러다임으로 전환되고 있다.

과학기술 인프라의 구축은 과학기술 인력 및 연구개발 인력이 효율적인 연구 활동을 수행할 수 있도록 하는 가장 기본적이면서도 핵심적인 요소이다. 즉, 과학기술 연구기반 및 효과적인 연구개발을 위한 인프라의 구축은 새로운 지식과 과학기술을 창출하는 필요 조건이자 핵심 요인으로 작용한다. OECD의 '성장 프로젝트' 보고서에서도 전반적인 과학기술 환경과 혁신 친화적인 과학기술 인프라의 중요성을 강조하고 있다(과학기술부, 2003). 대형 연구시설 중심의 거대과학 연구는 세계 수준의 연구장비의 개발, 종합적인 연구 기능을 가능하게 하는 기초과학과 기초연구의 연구기반 시설의 확보를 통한 과학기술의 하부구조 구축으로 가능하다(권용수, 1997). 이러한 관점에서 우수한 연구시설의 지원은 강력한 연구기반을 구축하는 데 필수적이다. 대형 연구시설 및 장비의 경우 대학, 민간, 정부출연(연) 등 과학기술 연구 주체가 공동 활용할 수 있다는 측면에서 일종의 공공재의 성격을 가지고 있어 대형 연구시설 및 장비의 구축에 대한 정부의 체계적인 정책 지원이 필요하다.

한편 과학은 규모 측면(인간 유전자 프로젝트, 고에너지 물리 등)에서 국제적 이슈 측면(기후 변화, 테러, 질병 등)에서 국제적인 대규모 사업이 발전되고 있다. 국가 차원의 네트워크 및 시설 위주인 많은 분야들이 국제적인 차원으로 대체되고 있고, 민간의 연구개발 투자를 유치하기 위한 국제적 경쟁이 치열해지고 있다. 이러한 상황에서 대형 연구시설 및 장비의 효율적인 구축은 국가경쟁력 향상의 중요한 요인으로 고려되고 있으며,[2] 국제적 연구개발 프로젝트의

2) 이러한 측면에서 미국 DOE(2002)를 비롯한 영국(2003)과 일본(2004)은 국가적 차원에서의 대형 연구시설 및 장비 구축·활용의 중요성을 인식하고 이에 관한 전략적 로드맵

유치에도 긍정적인 영향을 미칠 수 있다(권용수, 1997). 또한 국제적 연구개발 사업의 협력 파트너로서 국내 연구 인력의 국제적인 연구개발 활동에의 참여를 기대할 수 있다.

2. 대형 연구시설 구축 우선순위 평가 기준

효율적인 대형 연구시설 및 장비 구축 및 활용을 위해서는 목표 달성 및 투자효율성의 극대화라는 관점에서 전략적인 투자 우선순위 평가가 수행되어야 한다. 투자 우선순위 평가를 위해서는 무엇보다 대형 연구시설 및 장비 구축과 관련된 우선순위 평가 기준이 정립되어야 한다. 대형 연구시설 및 장비 선정 기준 또는 이의 구축에 관한 우선순위 평가 기준은 국가나 기관에 따라 다양하게 규정되어 있다. 이 연구에서는 이들 국가들의 대형 연구시설 구축 관련 우선순위 평가 기준을 검토하고 우리에게 적용 가능한 평가모형을 도출하고자 한다.

OECD(1992)는 주요 국가의 연구시설들에 대한 우선순위 평가 기준으로 과학기술 기여도 차원과 국가 기여도 차원의 평가 기준을 제시하고 있다. 과학기술 기여도 차원의 세부 평가 기준으로는 ① 과학적 중요도, ② 확정된 수요, ③ 독창성, ④ 파급 효과, ⑤ 국제적 협력성 등이 포함되고, 국가 기여도 차원의 세부 평가 기준으로는 ① 산업적 중요도, ② 사회적 중요도, ③ 국제경쟁력 등이 포함된다.

미국 National Science Foundation(NSF)은 Major Research Equipment Program 등 다양한 프로그램을 통하여 대형 연구시설 및 장비를 구축하고 있다. NSF의 대형 연구시설 선정 기준 및 우선순위 평가는 크게 3단계로 이루어진다. 첫 번째 단계는 해당 분야의 연구자에 의하여 평가된 과학기술 기준에 의하여 평가된다(NSF, 2004). 구체적인 평가 기준으로는 ① 대형 연구시설의 과학적 장점, 잠재성, 기회, ② 기술적 준비성, ③ 대형 연구시설 제안자의 과학적 신뢰성, ④ 대형 연구시설 제안자의 관리 운영 능력 등이 포함된다. 두 번째 단계는 NSF 이사회의 자문 위원회에 의하여 평가된 기관의 전략적 기준으로 ① 기관에서 운영하는 연관 분야와의 과학적 균형, ② 발전의 효과성(기관 관점), ③ 학제간 연구 수요의 대응성, ④ 다른 기관과의(기관 간) 책임성, ⑤ 교

과 활용 대책을 발표한 바 있다.

육 및 노동력 발전 효과성, ⑥ 발전 및 구축에 대한 준비성 등의 기준에 의하여 평가된다. 세 번째 단계에서는 국가과학위원회에 의하여 평가된 국가적 기준에 의하여 평가되는데, 구체적으로 ① 과학연구 변화 잠재성, ② 과학연구 국가적 선도 잠재성, ③ 다양한 참여자에 대한 편익성, ④ 시급성, ⑤ 국가적 우선순위 효과성, ⑥ 과학계의 지원 정도, ⑦ 과학적 균형 발전(국가 차원) 등의 기준에 의하여 평가가 수행되고 있다.

미국 Department of Energy(DOE)는 향후 20년 동안 구축할 28개 대형과학 연구시설을 평가·선정하였다. DOE의 대형 연구시설 우선순위 선정 기준은 과학적인 중요성, 건설을 위한 준비 정도 등 크게 두 개의 차원으로 구분된다(DOE, 2003). 과학적 중요성 차원은 ① 가장 높은 과학적 중요성, ② 두 번째 과학적 중요성, ③ 평가하기 어려운 과학적 중요성 등으로 세분화된다. 또한 건설의 준비성 차원은 정도에 따라 시설들을 단기, 중기, 장기로 분류하고 있다.[3)]

영국은 대형 연구시설의 체계적이고 효과적인 구축을 위한 전략적 계획으로 대형 연구시설 로드맵(Large Facilities Roadmap)을 수립하였다.[4)] 대형 연구시설 구축을 위한 우선순위 평가 기준은 ① 과학적 우수성, ② 과학적 포괄성, ③ 사용자 적실성(타당성, 적시성, 유용성), ④ 지역적 적절성(세계적, 국가적, 지역적), ⑤ 시급성, ⑥ 실현 가능성 등으로 세분화되어 있다.

독일 German Science Council(GSC, 2003)의 대형 연구시설에 관한 우선순위 평가 기준은 전문가와 정책적 관점 두 가지 차원으로 구별된다. 전문가 관점의 세부 평가 기준으로는 ① 대형 연구시설의 과학적 발전 가능성, ② 대형 연구시설의 기술적 혁신 가능성, ③ 관련 기관의 과학기술적 역량, ④ 사용자 수용 가능성, ⑤ 연구의 중요도(기술 이전, 국가경쟁력, 과학 후속 세대 양성) 등이 포함된다. 정책적 관점의 세부 평가 기준은 ① 과학적 잠재성, ② 정책목표 수행 가능성, ③ 과학적 개념의 실현 가능성, ④ 과학적 발전 가능성(연구조사 분야에 대한 국가적·국제적 과학 개발의 함의) 등으로 구성되어 있다.

호주 The National Research Priorities Taskforce(2002)에서 제시하고 있

---

3) DOE는 28개 대형 연구시설(Major Science Research Facilities) 우선순위 선정 결과, 단기, 중기, 장기 등 3그룹으로 분류하여 각각 12개, 8개, 8개 시설을 선정하였다.

4) 영국은 2001년 6월 대형 연구시설에 관한 전략적 로드맵(Large Facilities Strategic Roadmap)을 발표하였으며, 이후 'UK-Road Map 2001'을 보완 발전시킨 'UK-Road Map 2003'을 발표한 바 있다.

는 국가적 연구 우선순위 평가 기준은 투자 효과성과 연구 기여도 차원, 두 가지 차원으로 구분된다. 투자 효과성 차원의 세부 평가 기준은 ① 국가적 차원의 공동 활용 정도, ② 사회문화적 적합성, ③ 국가적 역량 구축 정도(전문성, 경험, 기술적 역량), ④ 연구기반 시설의 활용 가능성, ⑤ 국제협력 가능성, ⑥ 투자 파급 효과 등을 포함한다. 연구 기여도 차원의 세부 평가 기준은 ① 상용화 가능성, ② 지식 기반 및 과학기술 혁신에의 기여도 등을 포함하고 있다.

이상의 국제기구 및 해외 국가기관에서 제시·활용하고 있는 평가 기준들을 종합적으로 검토하면 대형 연구시설 및 장비의 효과적인 구축 및 활용을 위한 각국의 투자 우선순위 평가의 관점은 과학기술 경쟁력 제고를 위한 과학기술 차원과 국가정책 차원의 중요성을 강조하고 있다. 즉, 국가 과학기술 경쟁력 제고에 평가 목적을 두고 특정 대형 연구시설 및 장비 구축이 과학기술 발전에 기여하는 정도와 국가 발전에 부합하는 정도에 초점을 두고 있다. 또한 각 차원별 투자 우선순위 평가 기준은 정책적 관점에서 소망성(desirability)과 실현 가능성(feasibility)을 고려하여 설정될 필요가 있다(Baker, Michales, & Preston, 1975; Dunn, 1994; 정정길, 1988; 강근복, 2000). 따라서 이 연구에서는 기존 연구에서 제시하고 있는 평가 기준들을 기초로 대형 연구시설 및 장비 구축의 우선순위 평가 기준을 과학기술 차원과 국가정책 차원으로 구분하고, 소망성과 실현 가능성을 고려한 각 차원별 세부 평가 기준들을 다음과 같이 제시하고 있다.

〈표 5-1〉 대형 연구시설 구축 우선순위 평가 기준

차 원	평가 기준
과학기술	-과학적 중요성(장점, 잠재성, 기회) -기술적 준비성 -대형 연구시설 및 장비의 활용률 -대형 연구시설 및 장비의 공동 활용 정도(BT, NT, ET, IT, ST 등) -사용기관의 관리 및 운영 능력
국가정책	-국가 과학 발전에의 부합 정도(NTRM, 차세대 성장 동력 핵심 기술과의 부합 정도) -국가 정책적 차원의 시급성 -대형 연구시설 및 장비의 과학기술적 파급성 -대형 연구시설 및 장비의 경제·산업적 파급성 -학제간/기초과학 연구 수요의 대응성 -관련 정부기관과의 형평성

과학기술 차원의 우선순위 평가 기준으로 ① 과학적 중요성(장점, 잠재성, 기회), ② 기술적 준비성, ③ 대형 연구시설 및 장비의 활용률, ④ 대형 연구시설 및 장비의 공동 활용 정도(BT, NT, ET, IT, ST 등), ⑤ 사용 기관의 관리 및 운영 능력이 포함되고, 국가정책 차원에서는 ① 국가 과학 발전에의 부합 정도(NTRM, 차세대 성장 동력 핵심 기술과의 부합 정도), ② 국가 정책적 차원의 시급성, ③ 대형 연구시설 및 장비의 과학기술적 파급성, ④ 대형 연구시설 및 장비의 경제·산업적 파급성, ⑤ 학제간/기초과학 연구 수요의 대응성, ⑥ 관련 정부기관과의 형평성이 포함된다.

Ⅲ. 연구 방법

1. 연구모형

위에서 제시된 과학기술 경쟁력 제고를 위한 대형 연구시설 및 장비 구축 평가 기준의 구성 체계를 토대로 이 연구에서는 [그림 5-1]과 같은 평가모형을 구축하였다. 과학기술 경쟁력 평가모형은 과학기술 및 국가정책의 두 개의 요인으로 구성되어 있고, 과학기술 요인은 다섯 개, 국가정책 요인은 여섯 개 평가지표(evaluative indicators for competitiveness of the science and technology)로 구성되어 있다. 대형 연구시설 및 장비에 대한 개념 및 정책적 기대 효과와 같이 이 평가모형에서는 각 요인들의 평가 정도가 높을수록 국가의 과학기술 경쟁력은 높아진다고 가정한다.

과학기술 요인은 다섯 개의 평가지표-과학적 중요성, 기술적 준비성, 대형 연구시설 및 장비 활용률, 대형 연구시설 및 장비 공동 활용 정도, 사용 기관 관리 및 운영 능력으로 구성되어 있고, 국가정책 요인은 여섯 개 평가지표-국가 과학기술 발전 부합 정도, 국가 정책적 차원의 시급성, 대형 연구시설 및 장비 과학기술적 파급성, 대형 연구시설 및 장비 경제·산업적 파급성, 학제간/기초과학 연구 수요 대응성, 관련 정부기관과의 형평성으로 구성되어 있다.

[그림 5-1] 과학기술 경쟁력 제고를 위한 대형 연구시설 및 장비 구축 평가모형

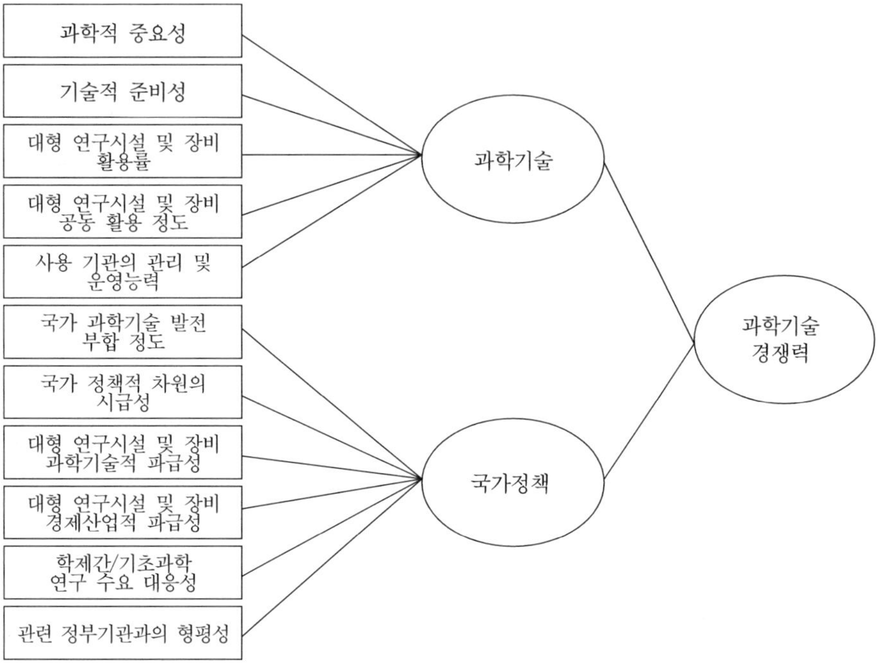

2. 분석 방법

이 연구에서는 미래 과학기술 경쟁력 제고를 위한 대형 연구시설 및 장비 도출을 위하여 3단계에 걸친 기초과학 전문가회의(Delphi)를 통하여 대형 연구시설 및 장비 목록을 선정하였다. 1단계에서는 기초과학 전문가를 대상으로 기존 및 계속사업에 대한 의견조사가 수행되었고, 2단계에서는 기초과학 연구자, 한국 기초과학 지원 연구원 등 대형 연구시설 및 장비 관련 전문가(물리, 화학, 생물, 지구과학, 기초과학 일반)를 대상으로 의견조사를 실시하여 12개의 대형 연구시설 신규 후보(NMR 등)가 추천·검증되었다. 3단계에서는 기초과학 전문가를 대상으로 각 분야별(BT, NT, ET, IT, ST) 유사·중복 목록의 조정, 대형 연구시설 및 장비의 각 분야별(BT, NT, ET, IT, ST) 균형 배정, 기초연

구 분야 예산(비용) 등을 고려하여 최종 목록을 도출하였다. <표 5-2>에서는 이 연구에서 분석하고자 하는 18개 대형연구시설 및 장비를 보여 주고 있다.

〈표 5-2〉 과학기술 경쟁력 제고를 위한 대형 연구시설 및 장비

대형 연구시설 및 장비
차세대 자기공명장치(NMR)
질량분석 가속기(AMS)
고분해능 질량분석기(Mass Spectrometer)
자기공명영상 시스템(MRI)
전자현미경
극초단 광양자 빔(Ultra-Short Optical Pulse Laser)
고자기장 연구장비
초전도특성 평가시설
대전력저장 공급시설
핵융합로 재료시험시설
양성자 가속기
가속기 기반 중성자 연구설비(Spallation Neutron Source)
중성미자 검출설비
중대형 이온빔 가속기
제4세대 방사광 가속기
초전도 가속관 시험/제작 시설
고에너지실험자료센터(대용량 자료시스템 포함)
냉중성자연구시설

위에서 제시된 대형 연구시설 및 장비들에 대한 평가모형 분석을 위하여 이 연구에서는 기초과학 관련 전문가 집단을 대상으로 2005년 11월 중에 설문조사를 실시하였다. 조사 대상은 기초과학 분야의 형평성을 고려하여 물리, 화학, 생물, 지구과학 분야의 전문가를 할당 표본추출하여 실시하였다.[5] 목표표본은

5) 이 연구에서는 과학기술부 산하 기초과학 관련 연구기관인 한국과학기술원, 한국표준과학연구원, 한국기계연구원, 한국에너지기술연구원, 한국화학연구원, 한국항공우주연구

총 150명을 선정하여 설문조사를 실시하여 실제 회수된 설문지는 124개였다(회수율 82.7%). 측정 문항은 위 평가모형에서 제시된 과학기술 요인의 다섯 개 측정지표(과학적 중요성, 기술적 준비성, 대형 연구시설 및 장비의 활용률, 대형 연구시설 및 장비 공동 활용 정도, 사용 기관의 관리 및 운영능력), 국가 정책 요인의 여섯 개 측정지표(국가 과학 발전에의 부합 정도, 국가 정책적 차원의 시급성, 대형 연구시설 및 장비의 과학기술적 파급성, 학제간/기초과학 연구 수요의 대응성, 관련 정부기관 간의 형평성)로 구성되었다. 각각의 측정 문항은 리커트 5점 척도로 측정되었다.

이 연구에서는 대형 연구시설 및 장비 구축 평가모형의 측정지표 신뢰성 및 타당성분석, 평가모형을 검증하고자 구체적인 분석 방법으로 탐색적 요인분석(exploratory factor analysis) 및 확인적 요인분석(confirmatory factor analysis)을 실시하였다. 또한 과학기술 경쟁력 제고를 위한 대형 연구시설 및 장비 구축 평가모형을 검증하기 위하여 고차요인분석(higher order factor analysis)을 적용하였다.

Ⅳ. 분석 결과

1. 신뢰성 검증

자료의 정규분포성(normality), 등분산성(homoscedasticity), 선형성(linearity)을 검증하기 위하여 과학기술 경쟁력의 각 구성 개념에 해당하는 과학기술, 국가 정책에 대한 측정 문항들을 분석하였다. 정규분포성 검증을 위해서 Kolmogorov-Smirnov(K-S) 검증을 실시한 결과, 모든 측정 문항들은 정규분포를 가지는 것으로 나타났다($\alpha=0.05$). 등분산성 검증을 위하여 Levene 검증을 실시한 결과, 특정 구성 개념에 해당하는 측정 문항들 간에 이분산성(heteroscedasticity)

원, 한국생명공학연구원, 한국기초과학지원연구원 등에서 대형연구시설 및 장비와 관련된 업무나 연구개발을 수행하고 있는 전문가들을 대상으로 조사하였다.

은 발견되지 않았다(α=0.05). 또한 선형성 검증을 위하여 상관관계 분석을 실시한 결과, 각 구성 개념에 해당하는 측정 문항들은 상관 관계가 높게 나타났다(α=0.05).

또한 과학기술 경쟁력의 구성 요인인 과학기술 및 국가정책 차원에 대하여 탐색적 요인분석을 실시하였다. 2개의 구성 요인들 간에 상관 관계가 존재하는 것으로 가정하기 때문에 요인들 간에 독립성을 가정하지 않는 사각회전(oblique, oblimin) 방식을 적용하여 탐색적 요인분석을 수행하였다. 사각회전에 의한 요인분석 결과는 <표 5-3>과 같다. 탐색적 요인분석의 평가 기준으로는 요인적재량(factor loading) 0.3, 요인의 설명력(variance extraction)은 50% 이상으로 설정하였다(Hair et al., 1995).

〈표 5-3〉 사각회전 및 신뢰성 분석 결과

구성 요인	측정지표 수	사각회전 분석 결과	Cronbach's α
과학기술	5	5	0.97
국가정책	6	6	0.98

<표 5-3>은 사각회전에 의한 탐색적 요인분석 및 신뢰성 분석 결과를 보여주고 있다. 과학기술 경쟁력 평가모형에서 제시된 2개의 구성 요인들에 대한 탐색적 요인분석 결과, 과학기술 차원은 5개의 측정지표 전체가, 국가정책 차원은 6개 측정지표 전체가 각각의 요인을 구성하고 있다(요인적재량은 .80 이상, 요인설명력은 90% 이상). 따라서 각각 측정 항목은 구성 개념을 잘 구성하고 있음을 나타내고 있다. 또한 신뢰성 분석 결과, 과학기술 경쟁력 평가모형에서 과학기술 경쟁력을 구성하고 있는 2개 요인의 신뢰도는 모두 0.90 이상으로 나타나고 있어 내적 일관성(internal consistency)이 매우 높음을 보여 준다.[6]

2. 타당성 분석

측정지표에 대한 타당성 검증을 위하여 내용타당성, 구성 개념 타당성, 기준

6) Cronbach's α 계수의 기준은 연구 목적에 따라 다르나 일반적으로 0.7 이상이면 내적일관성이 적절하다고 판단하고 있다(Carmines & Zeller, 1979).

타당성 검증을 실시하였다. 내용타당성(content validity)은 측정지표들이 측정하고자 하는 개념을 대표하고 있는 정도를 나타내는 측정 도구의 대표성(representativeness)을 의미한다. 이 연구에서의 측정지표는 기존 연구들을 기초로 개발된 관계로 내용타당성이 인정된다고 판단할 수 있다.

기준타당성(criteria-related validity)은 하나의 측정 도구를 사용하여 측정한 결과를 다른 기준을 적용하여 측정한 결과와 비교하여 나타난 관련성의 정도를 의미한다(남궁근, 2001). 이 연구의 경우 기준타당성은 2개의 구성 요인(과학기술, 국가정책)들의 상관성을 검정하는 것이다(이군희, 2001; 김계수, 2004). 따라서 상관관계분석 결과가 유의미한 경우 기준타당성을 만족한다고 할 수 있다(Pedhazur & Schmelkin, 1991). 이 연구에서는 측정지표들의 총합척도(산술 평균)를 활용하여 구성 개념 간 상관관계분석을 수행하였다. 총합척도를 사용하는 목적은 측정된 모든 변수들의 측정오차를 줄이고 단일 차원으로 구성 개념의 대표성을 높이려는 데 있다. 따라서 평균 점수가 높을수록 구성 개념에 대하여 동의 정도가 높음을 의미한다(김계수, 2004, 민재형·이영찬, 2004). <표 5-4>는 각 구성 개념들 간의 상관관계분석을 수행한 결과를 보여 주고 있다. 상관관계분석 결과, 각 구성 개념들 간의 상관관계가 유의미하게 나타나고 있어 구성 요인들 간의 기준타당성을 만족한다고 판단할 수 있다.

〈표 5-4〉 구성 개념들의 상관관계

구성 개념	평균	표준편차	과학기술	국가정책
과학기술	3.3529	0.4780	1.00	
국가정책	3.3371	0.4203	0.67**	1.00

**p<0.01

또한 구성 개념 타당성(construct validity)은 연구에 사용된 이론적 구성 개념(theoretical construct)과 이를 측정하는 측정 도구들 간의 일치의 정도를 의미한다(채서일, 1990). 이 연구는 구성 개념의 집중타당성(convergent validity)과 판별타당성(discriminant validity) 검증을 위한 확인요인분석(confirmatory factor analysis: CFA)을 실시하여 구성 개념 타당성을 검증하였다. 구체적으로 확인요인분석에서는 공분산행렬(covariance matrix)을 사용하여 각 구성 개념의 측정모형(measurement model)을 검증하였다. 또한 확인요인분석에서 구성 개념을 측정하기 위한 개별 측정 항목 구성의 최적 상태를 도출하기 위한 평가 기준으로는 적합지수(goodness of fit index: GFI),7) 비교적합지수(comparative fit index: CFI),8) 잔차평균 자승이중근(root mean square residual: RMR),9) 표준적합지수(normed for index: NFI),10) χ^2 통계량, χ^2에 대한 p-값과 같은 적합도 지수를 사용하였다.

〈표 5-5〉 구성 개념별 확인요인분석 결과

구성 요인	측정지표 수	GFI	CFI	RMR	NFI	χ^2	p-값
과학기술	5	0.95	1.00	0.0023	0.98	2.51	0.78
국가정책	6	0.92	1.00	0.0026	0.97	5.31	0.81

확인요인분석 결과, <표 5-5>에서 보는 바와 같이 과학기술, 국가정책은 GFI, CFI, RMR, NFI 권고 기준에 만족하는 것으로 나타나고 있다. 따라서 확

7) GFI는 일반적으로 0(무적합)~1.0(완벽한 적합) 사이의 값을 갖는다. GFI는 표본 크기의 변화나 다변량 정규성의 위반에 별로 영향을 받지 않으며 제안모델의 적합도를 잘 설명해 준다. 이 값이 크면 좋은 적합도 나타내지만 수용 가능성에 관한 절대적인 기준은 없다. 보편적으로 권장되는 수용 수준은 0.90 이상이다(배병렬, 2002).

8) CFI는 내포모델에서 모집단의 모수 및 분포를 표시하는 관점에서 제안모델의 적합도를 나타내는 지수이다. CFI는 0~1 사이의 값을 가지며 0.90 이상이면 매우 좋은 적합도로 판단한다(Bentler, 1990).

9) 관찰행렬(S)과 추정행렬(Σ)과의 차이를 잔차공분산행렬(residual covariance matrix)이라 하는데 RMR은 이러한 잔차평균을 자승하고 이를 합한 후 이중근(√)을 취한 값이다. RMR은 표본자료에 의하여 모델이 설명할 수 없는 분산/공분산의 크기를 말하며 작을수록 좋다. 투입행렬로 공분산을 이용하면 잔차평균 공분산이 되고 상관행렬을 이용하면 잔차평균상관이 된다(Joreskog & Sorbom, 1993; 1996). RMR의 권장수용 기준에 대한 절대적인 기준은 없으나 적합도가 매우 좋은 모델이라면 0에 가깝고 적합도가 나쁜 모델이라면 그 값은 커지게 된다. 대체로 투입된 자료가 상관행렬인 경우에 한하여 0.10 이하이면 적합한 모델, 0.05 이하이면 매우 좋은 모델로 평가된다(배병렬, 2002).

10) NFI는 기초모델에 비하여 제안모델이 어느 정도 향상되었는가를 나타내는 지수이다. NFI는 영모델의 χ^2와 제안모델의 χ^2가 χ^2 분포를 갖는 검정통계량이 아닌 경우에도 계산할 수 있고 최적화된 지수에 대하여 영모델의 $\chi^2 \geq$제안모델의 χ^2이기 때문에 표준화되었다고 한다(Bentler & Bonett, 1980). NFI는 0~1까지의 범위를 갖고 수용 수준을 나타내는 절대적인 수치는 없지만 일반적으로 0.90 이상이면 수용할 만하다고 본다(배병렬, 2002).

인요인분석을 통하여 과학기술, 국가정책 구성 개념은 단일 차원성과 집중타당성(convergent validity), 그리고 판별타당성(discriminant validity)과 같은 구성 개념 타당성을 확보하고 있는 것으로 나타났다.

3. 고차요인분석

이 연구는 과학기술 경쟁력 제고를 위한 대형 연구시설 및 장비 평가모형을 검증하기 위하여 고차요인분석을 수행하였다. 이 연구에서 검증하고자 하는 요인분석모형은 11개 측정지표를 설명하는 각각 2개의 구성 요인(과학기술, 국가정책)의 1차 요인모형(first-order factor model), 2개의 구성 개념을 설명하는 고차 요인(과학기술 경쟁력)의 2차 요인모형(second-order factor model)으로 구성되어 있다.

고차요인분석을 수행하기 위하여 LISREL 8.72를 이용하여 구조방정식모형(structural equation model) 분석을 실시하였고 측정 방법은 비가중최소자승법(unweighted least square: ULS)을 적용하였다. 고차요인분석은 과학기술 경쟁력 제고를 위한 대형 연구시설 및 장비 평가모형에서 제시하고 있는 가정에 모형이 얼마나 적합한가를 평가하는 절차이다. 측정지표와 구성 개념 간의 고차요인분석 결과는 다음과 같다.

〈표 5-6〉 평가모형 적합도 결과

적합도 지수	
χ^2	χ^2=48.89, df=42, P=0.22
GFI	1.00
AGFI[11)]	1.00
CFI	1.00
RMR	0.0039
RMSEA[12)]	0.098
NFI	1.00
PGFI[13)]	0.64

적합도 지수들은 χ^2=48.89(df=42) P=0.22, GFI=1.00, AGFI=1.00, CFI=1.00, RMR=0.0039, RMSEA=0.098, NFI=1.00, PGFI=0.64로 적합도가 높게 나타나고 있어 이 연구의 분석모형과 자료가 잘 부합되고 있음을 나타내고 있다.

[그림 5-2]는 고차요인분석 결과를 나타내고 있다. 11개의 관측 변수를 설명하는 각각의 2개 요인(과학기술, 국가정책)의 1차 요인모형 분석 결과에서 11개 관측 변수들과 관련된 오차는 대체로 낮게 나타나고 있어 이러한 관측 변수들이 구성 요인(과학기술, 국가정책)을 잘 구성하고 있음을 보여 준다. 또한 2차 요인모형에서 2차 요인(과학기술 경쟁력)이 1차 요인(과학기술 및 국가정책)을 잘 설명하는 것으로 나타나고 있고 과학기술에 대한 설명력이 상대적으로 높게 나타나고 있다.

---

11) AGFI는 GFI를 확정시킨 것으로 추가적인 모수를 포함하는 것에 대한 벌칙함수(penality function)를 고려한다. 일반적으로 모델이 복잡할수록(또는 추정모수가 많을수록) 그렇지 않은 경우에 비하여 동일한 자료를 더욱 잘 적합시키는 경향이 있어 추정모수의 수가 많아짐에 따라 GFI값을 하향 조정할 필요가 있다. 이러한 경우에 AGFI는 GFI를 모델 내의 자유도를 이용하여 조정한 값이다(Joreskog & Sorbom, 1993). AGFI는 일반적으로 0과 1사의의 범위에 있으며 권장 수용 기준은 0.90 이상이다(배병렬, 2002).

12) 근사오차 평균자승의 이중근(root mean square error of approximation: RMSEA)은 표본 크기가 큰 제안모델을 기각시키는 χ^2 통계량의 한계를 수정하기 위하여 개발된 적합지수로 모델을 표본이 아닌 모집단에서 추정하는 경우에 기대되는 적합도를 의미한다(Browne & Cudeck, 1993). 일반적으로 RMSEA값이 0.05~0.08의 범위를 나타낼 때 수용할 수 있는 것으로 판단하며, 스타이거(Steiger, 1990)는 RMSEA값이 0.10 이하이면 자료를 잘 적합시키고 0.05 이하이면 매우 잘 적합시키고 0.01 이하이면 가장 좋은 적합도로 평가된다.

13) 간명적합기초지수(parsimonious goodness-of-fit-index: PGFI)는 GFI를 수정하여 산정한 값이며 추정모델의 간명도를 기준으로 계산된다. 이 값의 범위는 0~1 사이에 있으며 높을수록 모델의 간명도가 높다고 할 수 있다. 반면 어느 정도가 높은지에 대한 기준은 정해져 있지 않으며 경쟁모델을 비교하는 데 유용하게 적용된다(James, Mulaik, & Brett, 1982).

[그림 5-2] 고차요인분석 결과[14)]

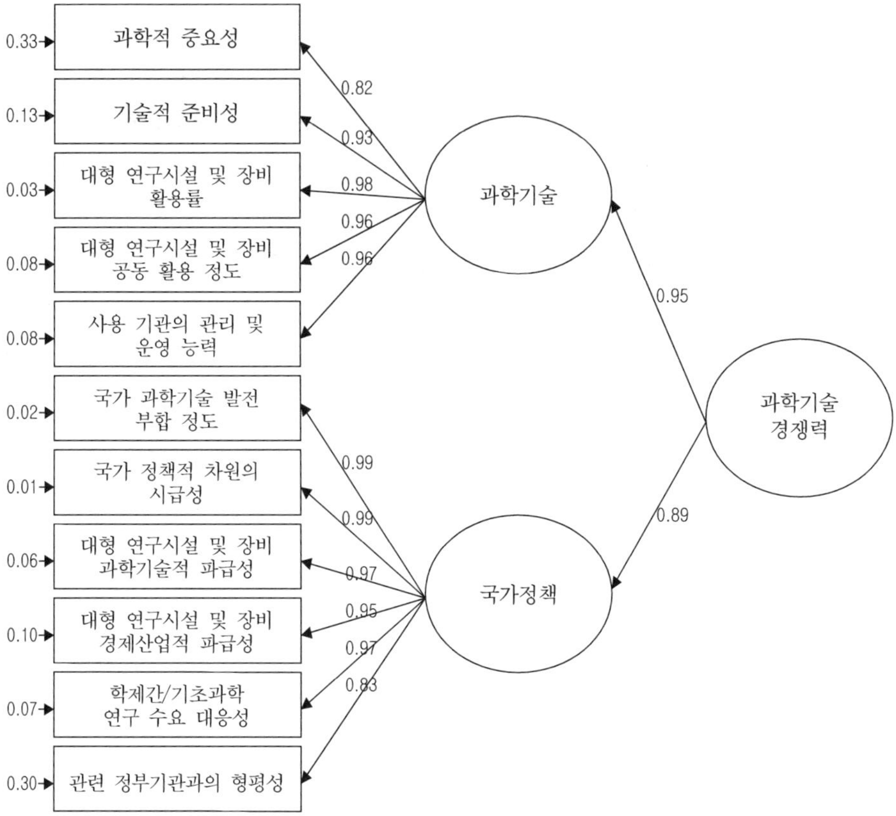

V. 결론 및 정책적 함의

이 연구는 과학기술 경쟁력 향상을 위한 대형 연구시설 및 장비 구축 평가모형을 도출하고 이 평가모형의 신뢰성 및 타당성을 검토하였다. 분석 결과, 대형 연구시설 및 장비 구축 평가모형에 대한 신뢰성 및 타당성이 높게 나타났다.

14) 제시된 모수는 표준화 추정치이다.

과학기술과 국가정책 차원의 신뢰성 분석 결과에서 2개의 구성 요인의 신뢰성은 높게 나타나고 있어, 과학기술 차원의 다섯 개 측정지표들, 국가정책 차원의 여섯 개 측정지표들의 내적 일관성이 매우 높음을 보여 주고 있다. 또한 타당성 분석 결과에서 과학기술, 국가정책 차원은 내용타당성, 구성타당성 그리고 기준타당성이 높게 나타나고 있다. 또한 고차요인분석 결과에서 대형 연구시설 및 장비 구축 평가모형 적합도가 대체로 적합하게 나타나고 있어 평가모형과 자료가 잘 부합되고 있음을 보여 주고 있다. 이 연구의 분석 결과를 토대로 이론적·정책적 시사점을 제시하면 다음과 같다.

첫째, 이론적인 측면에서 이 연구가 지니는 함의는 기초과학 활성화를 위한 기반 구축과 관련된 이론적 평가모형을 제시하였다는 점이다. 기초과학은 물론 과학기술 경쟁력 향상에 필요 조건으로서 기반시설 구축의 중요성은 종종 언급되어 왔지만 실질적인 이론적 평가모형에 대한 논의는 거의 전무한 실정이었다. 하지만 이 연구에서는 선진 각국의 대형 연구시설 및 장비 구축 모형에 대한 검토와 경험적 분석을 통하여 평가모형을 제시함으로써 기초과학 기반시설 구축과 관련된 이론적 토대를 마련하였다는 점에서 중요한 의미를 지닌다.

둘째, 정책적·실무적 측면에서 이 연구가 지니는 함의는 다음과 같다. 먼저 대형 연구시설 및 장비 구축 평가모형은 과학기술 경쟁력 향상을 위한 대형 연구시설 및 장비 구축의 평가 기준 및 우선순위를 분석하는 정책 및 의사결정 수단으로 활용될 수 있을 것이다. 앞에서도 언급한 바와 같이 이미 미국, 영국 등을 비롯한 주요 선진국들의 경우 대형 연구시설 구축과 관련된 우선순위 평가 기준을 설정해 놓고 있는 상황이다. 이는 과학기술 경쟁력 제고는 물론 과학기술 정책에서 정책오류와 정책실패를 사전에 방지하기 위한 전략적 노력이라고 평가할 수 있다. 과학기술 분야 특히 기초과학 분야의 경쟁력이 대형 연구시설 및 장비의 수준에 의하여 좌우되는 지금의 상황에서 대형 연구시설 및 장비 구축을 위한 평가모형은 효과적인 기초과학 인프라 구축을 위한 유용한 분석틀로 활용될 수 있다.

또한 대형 연구시설 및 장비들의 특성을 파악하고 효율적 투자를 위한 전략 수립을 위한 중요한 정책정보를 제공해 줄 수 있다. 대형 연구시설 및 장비는 과학기술 발전을 위하여 반드시 필요한 기반시설임에도 불구하고 막대한 예산이 투입된다는 측면에서 효율적인 투자가 전제되어야 한다. 지금까지 임시방편

(ad hoc)적으로 이루어져 왔던 대형 연구시설 및 장비 구축에서 국가적 차원과 과학기술 차원을 포괄하는 평가모형의 활용을 통하여 과학기술 경쟁력 제고는 물론 대형 연구시설 및 장비의 투자 우선순위 분석을 가능케 함으로써 효율적인 예산 집행을 위한 중요한 정책 도구로 활용될 수 있다.

이 연구는 지금까지 대형 연구시설 및 장비 구축과 관련한 분석·평가 연구가 거의 없는 상황에서 대형 연구시설 및 장비 구축의 평가모형을 처음으로 경험적으로 분석하여 제시하였다는 점에서 그 의의를 찾을 수 있다. 반면 이 연구에서 제시한 평가모형은 완전한 모형이기보다는 향후 연구를 통하여 좀더 개선되어야 할 필요가 있다. 구체적으로 과학기술 경쟁력에 대한 명확한 개념 정립과 관련된 심도 있는 이론적 논의를 통한 합의가 필요하며, 이를 기초로 신뢰성 및 타당성이 높은 지표 구성 체계를 개발·적용하여야 하고, 더욱이 방법론 측면에서 객관적이고 신뢰할 수 있는 측정 및 산정 방법 등에 대한 추가 연구가 수행될 필요가 있다.

참고 문헌

강근복. (2000). 「정책분석론」. 서울: 대영문화사.

과학기술부. (2003). 「과학기술기본계획」, 과학기술부.

——— 외. (2005). 「2003년 연구장비 구입 현황 및 공동활용 실적 조사결과 보고서」.

과학기술정책연구원. (1997). 「국제 거대과학 프로젝트 현황분석과 정책과제」, STEPI.

———. (1997). 「대형과학기술 장비의 국가적 운영시스템 구축에 관한 연구」, STEPI.

———. (2001). 「다자간 대형 국제 공동연구사업 과제 발굴 및 참여 방안 모색 연구」, 과학기술부.

권용수. (1997). 「대형과학기술 기자재의 국가적 운영시스템 구축에 관한 연구」, 정책연구보고 P97-15, STEPI.

김계수. (2001). 「AMOS 구조방정식모형」. 서울: SPSS 아카데미.

남궁근. (2001). 「행정조사방법론」. 서울: 법문사.

민재형·이영찬 (2004). 지식경영의 역량, 활동, 성과에 관한 실증연구. 「고객만족경영연구」 6(1): 123-155.

배병렬. (2002). 「구조방정식의 모델의 이해와 활용」. 대전: 대경.

서울대학교. (1997). 「21세기의 창조적 사회를 대비하는 기초과학(순수 및 응용) 연구기반 구축에 관한 조사연구」, 한국과학재단.

이군희. (2001). 「사회과학연구방법론」. 서울: 법문사.

이철원. (2003). 「대형연구장비·시설의 효율적 구축 방안 및 공동 활용 제고 방안 연구」, 기술과 가치.

정정길. (1988). 「정책결정론」. 서울: 대명출판사.

조양구. (2004). 「차세대 연구장비 개발을 위한 연구기획」, 한국표준과학연구소.

채서일 (1990). 「사회조사방법론」. 서울: 법문사.

한국과학기술연구원. (2001). 「기초기술연구회 산하 연구기관의 중장기 발전 방향과 중점 전략 연구 분야의 테크놀로지 로드맵 정립에 관한 연구」, 기초기술연구회.

한국과학재단. (2004). 「Science Watch Report」, 통권 제1권, 한국과학재단.

한국기초과학지원연구원. (2003). 「기초과학(원) 분석 결과 DB 구축 및 연구장비 개발 기반 구축을 위한 조사연구」, 기초기술연구회.

한국자기공명학회. (2001). 「차세대 자기공명장치 기획연구」, 한국기초과학지원연구원.

한국표준과학연구원. (2003). 「첨단 연구장비 개발 기획보고서: 차세대 분석장비 기술개발」, 과학기술부.

황병상. (2005). 과학기술 분야 대형 공동연구시설의 활용성과 증진 방안 모색, 「한국행정학회 동계학술세미나 논문집」. 한국행정학회.

Baker, R. F., R. M. Michales & E. S. Preston. (1975). *Public Policy Development*. N.Y.: John Wiley & Sons.

Bentler, P. M. & D. G. Bonett. (1980). Significance Tests and Goodness of Fit in the Analysis of Covariance Structures. *Psychological Bulletin* 88: 588-606.

Browne, M. W. & R. Cudeck. (1993). Alternative Ways of Assessing Model Fit. In K. A. Bollen & J. S. Long (eds.). *Testing Structural Equation Models*. Newbury Park, California: Sage.

Congressional Research Service. (2002). *National Science Foundation: Major Research Equipment and Facility Construction*, RS21267. Washington, D.C.

DOE. (2002). *Facilities for the Future of Science*, DOE.

Drucker, P. (1993). *Post-Capitalist Society*, N.Y.: Harper Collins.

Dunn, William N. (1981). *Introduction to Public Policy Analysis*. Englewood Cliffs: Prentice-Hall.

———. (1994). *Public Policy Analysis*. New York: Prentice-Hall.

England, Merton. (2003). Big Science, Big Trouble, Chapter 3, draft manuscript of second volume of his history of NSF.

German Science Council. (2003). *Statement on Nine Large-scale Facilities for Basic Scientific Research and on the Development of Investment Planning for Large-scale Facilities*.

Hair, J. F., R. E. Anderson, R. E. Tatham, & W. C. Black. (1995). *Multivariate Data Analysis with Readings*. Englewood Cliffs, NJ: Prentice Hall.

James, L. R., S. A. Mulaik, & J. M. Brett (1982). *Causal Analysis: Assumptions, Models and Data*. Beverly Hills, California: Sage.

Joreskog, K. G. & D. Sorbom. (1993). *Structural Equation Modeling with the SIMPLIS Command Language*, Chicago: Scientific Software International Inc.

———. (1996). *PRELIS 2. User's Reference Guide*, Chicago: Scientific Software International Inc.

———. (1996). *LISREL 8 User's Reference Guide*. Chicago: Scientific Software International Inc.

National Science Board. (2001). *Guidelines for Setting Priority for Major Research Facilities*. NSB-01-202. http://www.nsf.gov/nsb/meetings/2002/nsb02187/nsb02191.htm.

National Science Foundation. (2001). *Guidelines for Planning and Managing the Major Research Equipment Account*. http://www.nsf.gov/home/about/mre01.html.

———. (2004). *Setting Priority for Large Research Facilities Projects Supported by the National Science Foundation*, Washington D.C.: The National Academies Press.

NISTEP. (2004). 「大型研究施設・設備の現況と今後の課題」, 日本科學技術政策研究所.

OECD. (1992), *Mega-Science Policy Issues*, OECD.

———. (2004), *Technology and Industry: Outlook 2004*. OECD.

Office of Science and Technology. (2001). *Large Facilities Strategic Road-Map*, Office of Science and Technology UK.

Pedhazur, E. J. & L. P. Schmelkin. (1991). *Measurment, Design and Analysis: An Integrated Approach.* New Jersey: Lawrence Erlbaum Associates.

PREST & CASR. (2002). A Comparative Study of the Purchase, Management and Use of Large-scale Research Equipment in UK and US Universities.

Saaty, T. (1980). *Analytic Hierarchical Process: Planning, Priority Setting, Resource Allocation.* McGraw-Hill.

Schumacker, R. E. & R. G. Lomax. (1996). *A Beginner's Guide to Structural Equation Modeling.* Lawrence Erlbaum Associates.

Steiger, J. H. (1990). Structural Model Evaluation and Modification: An Interval Estimation Approach. *Multivariate Behavioral Research* 25: 173-180.

Tegart, W. J. McG. (1992). *Australian Science and Technology Council Reports.*

The National Research Priorities Taskforce. (2002). *Developing National Research Priorities.* Australian Government.

US Congress. (1991). Planning and Priority-Setting in the National Science Foundation. 102nd Congress, 1st Session. Hearings before the Science Subcommittee. Committee on Science, Space and Technology. US House of Representatives. Washington, D.C.: Government Printing Office.

제 06 장 국가연구개발사업 프로젝트 선정평가 실태분석 및 개선 방안

I. 서 론

이 연구는 국가연구개발사업(National R&D Program)의 집행 과정에서의 효율성을 높이기 위하여 실시되고 있는 프로젝트 선정평가 제도가 실효성을 거두고 있는지, 성공적으로 운영되고 있는지에 대하여 의문을 갖는 데에서 시작한다. 국가연구개발사업은 일반적으로 경제, 산업 발전 단계, 제도 등 여러 가지 측면들에서 각국이 처해 있는 환경과 과학 기술적 조건 속에서 시대적 요청을 반영하면서 동태적으로 진화하였다(황용수 외, 1997). 따라서 국가연구개발사업의 진화에는 각국이 처해 있는 경제적·과학기술적 환경 속에서 정부의 전략적 선택이 개입되어 있으며, 이러한 전략적 선택은 국가 전체 차원의 과학기술력 및 기술 혁신 능력과 상호 작용하면서 이루어진다.

우리나라는 정부의 과학기술정책과 투자 확대에 대한 관심 증대에 힘입어 1990년 이후부터 국가연구개발사업과 R&D 예산 규모가 점차 확대되면서 투자의 효율성에 대한 관심이 증대되고 있다. 국가연구개발사업은 1982년에 정부 예산 140억 원의 규모로 출범한 특정연구개발사업을 효시로 하여 1990년대 이후 추진 주체가 다원화됨에 따라 지금까지 규모와 기능면에서 괄목할 만한 발전을 이루어 왔다. 2005년도에는 「과학기술기본법」[1)] 제12조에 따라 조사·분석·평가를 받도록 되어 있는 국가연구개발사업은 총 31개 부·청의 390개 사업으로 총예산 7조 7,906억 원이다(국가과학기술위원회, 2006).

이러한 국가연구개발사업의 관리를 위하여 「과학기술기본법」에 근거하여 대통령령으로 「국가연구개발사업관리 등에 관한 규정」[2]과 개별 부처별로 별도의 국가연구개발사업 추진 근거 법령에 의거하여 부처별로 독립적으로 시행되고 있다. 또한 대부분의 연구개발 수행 부처는 국가연구개발사업 관리 업무를 기획·평가·관리기관(이하 "연구관리전문기관"이라 함)[3]에 위탁하여 추진하고 있다. 각 부처에서 위탁받은 연구관리전문기관은 해당 부처의 연구개발 특성을 반영한 고유한 기획·평가·관리 체계를 구축하여 운영하고 있다. 이에 따라 국가연구개발사업의 기획 및 프로젝트 선정평가, 진도관리와 결과평가, 연구성과의 활용 등에서 다소 상이하게 운용되고 있다(과학기술부, 2006). 따라서 연구를 수행하는 연구자 측면에서는 부처별(연구관리 전문기관별) 기획·평가·관리 체계의 상이함으로 인하여 연구 수행의 어려움을 제기하고 있다. 또한 연구개발 예산 확정 단계부터 사업기획, 공고(연구과제 공모), 연구과제 신청서 접수, 선정평가, 연구과제 확정(선정)의 단계까지 90일 이상이 소요되어 연구를 매년 1월 1일에 시작하지 못함에 따라 정부회계연도(1월 1일~12월 31일)와 연구 기간(연구비 집행 기간)이 불일치하는 현상이 발생하고 있다(과학기술부, 2006). 이러한 문제점은 연구기관 및 연구자의 원활한 연구에 지장을

1) 과학기술기본법은 1997년 「과학기술혁신을 위한 특별법」을 발전시켜 2001년 「과학기술기본법」으로 제정하였으며 국가연구개발사업에 대한 국가과학기술위원회의 조사·분석·평가 제도의 근거 법이다.

2) 과학기술부는 과학기술기본법(제11조)에 근거를 둔 「국가연구개발사업의 관리 등에 관한 규정(이하 공동관리규정)」을 2001. 12. 19 대통령령으로 제정(2001. 12. 19)하였다. 그래서 각 부처의 연구개발 관리법률(시행령·시행규칙)과 각 부처의 행정규칙(훈령·고시·지침 등)과의 사이에서 중개자(조정자) 또는 매개자로서의 역할을 하도록 설계되었다. 그러나 제정된 지 5년이 경과한 시점에서 공동관리규정의 효과성에 대하여 다양한 비판이 제기되고 있다. 공동관리규정에서 제시한 원칙과 기준은 개괄적이어서 각 부처에서는 원칙과 기준의 구체화를 위한 행정규칙을 제정·운용할 수밖에 없고, 각 부처별 행정규칙의 제정·운용은 국가연구개발사업 추진의 원칙과 기준이 부처마다 다르게 적용되는 원인을 제공하고 있다는 것이다.

3) 연구관리전문기관은 「국가연구개발사업 등의 성과평가 및 성과관리에 관한 법률」에 의거 중앙행정기관의 장 및 연구회는 필요한 경우에는 '연구관리전문기관'을 설립하거나 지정하여 소관 연구개발사업 등에 대한 성과평가 및 연구 성과의 관리에 관한 업무를 수행하게 하였고, 현재 한국과학재단, 학술진흥재단 등 10여개 연구관리전문기관이 있다.

주고 있으며, 연구기관 및 연구자가 불만을 제기하는 원인 중의 하나로 인식되고 있다. 현재 각 연구관리전문기관들이 수행하는 국가연구개발사업의 프로젝트 선정평가 단계로부터 연구비의 지급까지 상당한 시일이 소요되고 있고, 선정평가 절차가 연구관리전문기관별로 상이한 점이 문제점으로 지적되고 있다.

따라서 이 연구의 목표는 국가연구개발사업의 프로젝트 선정평가 단계를 연구 대상으로 하여 5개 부처의 6개 연구관리 전문기관이 수행하는 프로젝트 선정평가 실태를 분석하고 개선 방안을 제시하고자 한다. 이를 위하여 이론적 논의에서는 기존의 논문이나 저서 등의 문헌 조사를 통해서 국가연구개발사업 개념 및 현황, 국가연구개발사업 평가제도 특징과 현황, 선행 연구 검토를 통하여 분석의 틀을 제시하였다. 그리고 각 부처의 6개 연구관리전문기관을 대상으로 담당자 및 산·학·연 담당자 등 관계자 면담조사를 통하여 각 연구관리 전문기관의 프로젝트 선정평가 실태를 파악하고, 이에 대한 문제점을 분석하였다. 마지막으로 연구관리전문기관의 담당자 및 산·학·연 담담자들이 실무적으로 제시한 개선 방안과 실태 분석 결과를 토대로 프로젝트 선정평가의 개선 방안을 제안하고자 한다. 이는 연구개발 행정절차를 간소화하여 정부 측면에서는 효율적인 연구관리 제고, 연구자 측면에서는 자율적인 연구 활동 환경을 조성하여 연구 생산성을 높이는 것이며, 나아가서는 대(對)국민 행정 서비스의 질적 향상을 도모하는 것이다.

Ⅱ. 이론적 논의 및 연구의 틀

1. 이론적 논의

1) 국가연구개발사업의 개념과 현황

국가연구개발사업이란 중앙행정기관이 법령에 근거하여 연구개발 과제를 특정하여 그 연구개발비의 전부 또는 일부를 출연하거나 공공기금 등으로 지원하는 과학기술 분야의 연구개발사업(국가연구개발사업관리 등에 관한 규정 제

2조) 또는 정부가 국가 차원에서 기술혁신을 촉진하고 공공 부문에 대한 기술 수요를 충족시키기 위하여 정부의 예산과 기금 등을 사용하여 연구개발 활동을 직접 추진하거나 이를 지원하는 사업(홍사균·배용호, 2002: 24)을 의미한다. 따라서 국가연구개발사업이란 국가 차원에서 연구개발이 요구되는 분야의 과학기술 문제의 해결을 위하여 일정한 지향성과 목표를 설정하고, 연구개발 자원을 전략적으로 집결하여 추진하는 사업이라고 말할 수 있다.

국가연구개발사업은 목적에 따라 임무 지향적(mission-oriented) 프로그램과 확산 지향적(diffusion-oriented) 프로그램으로 구분할 수 있다(Chiang J, 1991; 박병무, 2001). 먼저 임무 지향적 프로그램이란 국가가 전략적으로 근원적 기술혁신을 목표로 설정하고, 이로부터 파생되는 신기술, 신산업, 신제품의 개발을 실행해 나가는 연구개발 프로그램이다. 이러한 프로그램은 과제 선정에서부터 기술 공급(technology-push)의 원리가 적용되며, 기술적 목표 달성을 경제적 효과보다 더욱 중시하는 것이 특징이다. 한편 확산 지향형 프로그램은 기존 산업과 기존 제품의 개선 및 생산 기술의 효율화들을 통한 점진적 기술혁신을 추구하는 프로그램이다. 확산 지향적 프로그램은 기술개발 과제 선정에서 수요 견인(demand-pull)의 원리가 적용되며, 기술적 목표 달성보다 경제적 성과가 우선시된다. 이처럼 정부가 개입하여 주관하는 국가연구개발사업의 전개 과정을 살펴보면, 국가연구개발사업이 분야별·기능별로 분화되고 확대되어 가고 있다. 이러한 추세는 연구개발 투자의 확대와 부문별 기술 개발 노력의 강화라는 차원에서는 바람직하나, 과학 기술을 둘러싼 우리의 제도적 환경 속에서 각 연구개발 사업별로 목표, 연구개발의 내용 및 성격의 차별화, 연구개발 수행 체계의 동원과 연계 방식의 체계화, 전략화에 대한 문제가 제기된다.

이러한 국가연구개발사업은 여러 개의 세부사업으로 구성되어 있고 각 세부사업에 대하여 정부가 예산을 지원하게 된다. 과거 1960년대와 1970년대 산업화 기간 동안 국내 연구개발 활동들은 주로 해외 기술들을 모방·흡수하는 데 중점을 두어 왔다. 1980년대 들어서 정부는 첫째, 기술 도입 등 필요한 기술에 대한 해외 의존성을 완화하면서 국내 기술 혁신을 통한 산업 구조 고도화를 위하여 정부 개입을 통하여 제한된 국가연구개발 자원을 좀더 효율적으로 활용할 필요성을 인식하였다. 둘째, 민간 기업들의 자체 연구개발 투자를 유인하고, 산·학·연 협동연구를 촉진하기 위하여 정부 연구개발 투자에 의한 연구개발사업을 추진한다. 이 같은 점들에서 국가연구개발사업의 필요성을 깊이 인식하였다. 이에 따라 1982년 기술개발촉진법에 근거하여 당시 과학기술처 주관의 특정연구개발사업이 출범하였다.

하지만 1980년대 중반에 들어오면서 정부의 특정연구개발사업은 연구개발 시스템 정착, 발전에는 크게 기여해 왔지만, 사회·경제적 문제 해결을 위한 많은 수요를 충족시키기에는 역부족이었다. 그뿐만 아니라 여러 가지 국가적·산업적 연구개발 수요가 특정연구개발사업이라는 하나의 틀 안에 통합되어 추진됨으로써 다양한 산업 분야들의 기술개발 수요가 국가연구개발사업에 충분히 반영되지 못하는 측면이 있었다. 이것과 연관되어 국가연구개발사업의 연구개발 성과에 대한 비판이 고조되었다. 결국 단기적인 산업 기술에 대한 문제 해결 요구가 커지게 되면서 당시 과학기술처의 특정연구개발사업으로 추진되던 국가연구개발사업은 타부처로 확산되면서 국가연구개발사업이 분화되었다. 당시 상공부는 산업정책이 실효성을 거두기 위해서는 산업계에서 필요한 기술 수요를 충족시켜 나가야 한다고 인식하였다. 이를 위하여 정부는 민간 기업들의 연구개발 수요를 좀더 잘 연결시킬 수 있고, 특히 특정연구개발사업을 보완하여 중소기업들의 기술개발 수요를 반영할 수 있도록 1987년 「공업발전법」에 근거하여 상공부의 공업기반기술개발사업을 출범하였다. 이로써 그동안 국방연구 개발을 제외하고는 과학기술처 단독으로 추진되어 온 정부연구개발사업이 분화되기 시작하였으며, 과학기술처의 특정연구개발사업도 상공부의 공업기반기술개발사업과의 차별화를 모색하여야 하는 등 변화가 가속되는 상황으로 돌입되었다.

1988년 '대체에너지기술개발기본계획(1988~2001년)'을 실행하기 위하여 상공자원부의 대체에너지기술개발사업을 필두로 1992년부터는 에너지절약기술개발사업을 추진하였으며, 1994년부터는 환경오염 문제에 대한 관심 증대와 함께 청정에너지기술개발사업을 추진하였다. 1992년에는 정보통신 분야의 연구개발을 주도하기 위하여 당시 체신부는 정보통신연구개발사업을 추진하였다. 동 사업은 정부와 한국통신, 데이콤 등 통신사업자가 함께 연구비를 출연하여 교환, 전송, 무선, 반도체, 컴퓨터, 연구개발정책, 기타 등 7개 기술 분야에 대하여 연구개발을 추진하였다. 동 사업은 정부연구개발 예산뿐만 아니라 정보통신진흥기금에서 자금이 동원되었다는 점에서 과기부 및 상공부의 연구개발사업과 구별된다.

1990년대에 들어오면서 선진국 진입의 과제로서 산업의 기술 경쟁력에 대한 관심이 한층 고조되었으며, 이러한 기술 경쟁력을 뒷받침할 핵심 전략기술의 조기 확보를 위하여 국가적인 차원의 노력이 필요하다는 인식이 널리 확산되

〈표 6-1〉 정부 부처의 국가연구개발사업 추진 현황(2005년도)

정부 부처	연구개발사업
교육인적자원부	대학원연구중심 대학 육성(BK21), 학술연구 조성사업, 지방연구중심 대학 육성사업 등
국방부	한국국방연구원, 국과연연구개발, 군관리연구개발, KTX-2 정부분담금 등
과학기술부	특정연구개발사업, 기초과학연구지원, 원자력연구개발사업 등
문화관광부	문화콘텐트산업 기술 지원, 지역대학문화산업연구센터 지원 등
농림부	농림기술 개발, 농업생산기반 연구, 국립수의과학검역원, 북한농업연구 등
산업자원부	산업기술 개발, 산업기술기반 조성, 에너지자원 기술 개발, 전력산업기반기금 등
정보통신부	정보통신원천기술개발사업, 정보통신연구기반조성사업, 정보통신표준화사업 등
보건복지부	한방치료 기술 개발, 질병관리 연구, 유전체 실용화사업, 전염병실험장비 현대화 등
환경부	국립환경연구원, 차세대 핵심환경기술 개발, 핵심연구 개발 등
건설교통부	건설기반 기술혁신, 경량전철시스템 기술 개발, 고속철도 기술개발 등
해양수산부	첨단항만 기술 개발, 첨단해양과학 기술 개발, 특정수산 기술 개발 등
기상청	기상연구소, 기상지진 기술 개발, 기상관측위성 개발사업 등
농촌진흥청	고령지농업시험장, 농업경영 연구 등
산림청	임업연구원, 국립산림과학원, 지능형 교통시스템, 임업기술연구개발 등
중소기업청	산학연콘소시엄사업, 중소기업기술 혁신개발, 중소기업 기술 이전지원 등
식품의약품안전청	독성연구소, 식품의약품 안전성관리 등

출처: 한국과학기술기획평가원 홈페이지(2006).

었다. 이러한 인식에 바탕을 두고 특정 제품에 대한 기술 수준을 2000년대에는 선진국 수준에 진입시킨다는 목표로 1992년 선도기술개발사업(G7사업)을 기획하였다. 동 사업은 목표 타개적 과학기술 문제 해결과 이를 달성할 연구개발 수행 체계의 조직화에 가장 큰 전략적 의미를 부여하였다.

2005년 현재 국가연구개발사업은 총 31개 부·청의 390개 사업[4]으로 파악되고 정부 부처별로 추진하고 있는 국가 연구개발사업의 대표적인 현황은 <표 6-1>과 같다.

2) 국가연구개발사업 평가제도 특징 및 현황

평가란 평가 대상의 적합성, 효율성, 효과성을 판단하기 위하여 평가 대상의 전체 혹은 그 일부를 객관적으로 점검하고 측정하는 것이다(이정원, 2000: 8). 평가 대상이 개인, 프로그램, 프로젝트 혹은 조직 등에 따라서 평가의 개념이 여러 가지로 나뉠 수 있다. 나크미아스(Nachmias, 1979: 4)는 "정책/사업평가란 진행중인 사업이 달성하고자 하는 목표와 관련하여 그것이 대상 집단에 미친 효과를 객관적·체계적·실증적으로 검토하는 것"으로 정의하고 있으며, 여기서 정책평가와 사업평가를 같은 개념으로 보았다. 김명수(2000: 4)는 정책평가란 정책과 평가라는 두 개념의 합성어이다. 여기서 정책이란 공공 부문에서 수립하여 실시하는 행동 방안을 말하고, 평가란 어떤 활동(정책이나 사업 등)의 가치를 판단하는 일반적 과정을 말한다고 하였다. 이러한 용어의 상이함은 그들이 본질면에서 상이하기 때문이 아니고, 정책과 사업에 대한 관점의 차이에서 연유한 것이다. 즉, 정책평가와 사업평가는 동일한 것으로 보았다(김명수, 2002). 그러므로 국가연구개발사업(National R&D Program) 평가도 정책을 넓은 의미로 파악하고 사업까지도 정책에 포함되는 것으로 보아 정책평가라 부를 수 있다.

국가연구개발사업 평가의 정의 역시 다른 많은 사회과학적 용어와 마찬가지로, 연구자의 관점과 사용 목적에 따라 다양하게 정의되고 있다. 그러나 최근에는 연구개발 평가를 통해서 연구개발의 내부적인 효율성과 함께 연구개발 결과의 사회경제적인 영향력도 동시에 파악하려는 경향이 강해지고 있다(Georghiou,

---

4) 과학기술기본법의 의거 국가과학기술위원회가 실시하는 2005년도 조사·분석·평가의 대상 국가연구개발사업 통계이다.

1998; Georghiou & Roessner, 2000; 이찬구, 2005). 이러한 관점에서 국가연구개발사업 평가는 연구개발 활동의 성과를 높이기 위하여 기획의 적합성과 집행 과정에서의 효율성 및 효과성을 객관적으로 점검하고 측정하는 것뿐만 아니라 사회 각 부문에의 다양한 영향을 사전적·사후적으로 면밀하고 체계적으로 검토하는 작업이라고 말할 수 있다. 최근의 국가연구개발사업과 관련된 다양한 평가제도 역시 과학기술계의 다양화된 요구가 반영된 것이라 할 수 있다.

2006년 현재 국가연구개발사업 관련 평가제도의 유형별, 관련 근거법, 수행 주체, 대상 및 수행 시기 등 현황을 요약하면 <표 6-2>와 같다.

〈표 6-2〉 국가연구개발사업 평가제도 운영 현황(2006년 현재)

유 형		근 거	주 체	대 상	시 기
혁신평가	혁신역량 평가	연구성과평가법	국과위	과학기술 투입, 성과, 인프라 등	12월
	혁신시책 평가	과학기술기본법 (과학기술부 직제)	국과위	5~6개 시책 (2005년 3개)	7월~12월
사업평가 (조사·분석·평가)	특정평가	연구성과평가법 (과학기술기본법)	국과위	중요 연구개발사업 (2006년 50개)	2월~6월
	자체평가		국과위	특정 평가대상 제외 사업(2006년 226개)	2월~3월
	상위평가		국과위	자체평가대상사업	4월
기관평가	출연기관 평가	연구성과평가법 (정출연법, 과학기술기본법)	연구회/ 각부처	31개 연구기관	2월~4월
	연구회 평가		국과위	3개 연구회	5월~6월
과제 (프로젝트) 평가	선정평가 ↓ 연차평가 ↓ 단계평가 ↓ 최종평가 ↓ 추적평가	연구성과평가법, 국가연구개발사업관리 등에 관한 규정, 각 부처 개별법 및 지침	각 부처	부처별 추진 연구개발 과제 (2004년 기준 26,514개)	매년 과제별 수시

출처: 과학기술부, 성과평가 기본계획 수립연구, p. 8 수정 및 재구성.

이 중 혁신역량 평가는 가장 상위의 포괄적인 범위로 이루어지는 평가이며 혁신역량과 시책으로 구분된다. 국가과학기술위원회의 사업평가인 조사·분석·평가는 최근 개편되어 특정평가, 자체평가와 상위평가로 구성된다. 한편 연구개발사업을 수행하고 있는 각 부처는 국가과학기술위원회에 보고하기 위한 사업 자체평가를 실시하고 있으며, 각 사업별로는 각 부처의 관련 법령이나 지침 등에 의한 프로젝트(과제) 평가가 이루어지고 있다. 일반적으로 각 부처 사업의 개별 과제 평가는 선정평가, 중간평가, 최종평가 및 추적평가로 이루어지며 사업의 성격에 따라 중간평가와 추적평가는 생략되기도 한다. 연구개발 활동을 수행하는 각 정부출연연구기관들은 3개 연구회에 소속되어 있으며, 연구회로부터 매년 기관평가를 받고 있고, 연구회 역시 국과위로부터 매년 평가를 받고 있다.

국가연구개발사업 프로젝트 평가는 연구개발사업 자체에 한정하여 프로젝트에 대한 자원의 투입, 프로젝트의 수행 과정, 프로젝트의 결과, 그리고 결과를 활용을 통한 성과 등 연구개발사업과 관련된 연구개발 과정 모두를 포함하는 평가를 목적으로 한다는 것이다(윤석환 외, 2003). 국가연구개발사업 프로젝트(과제) 평가는 국가연구개발사업을 수행하는 각 부처는 '국가연구개발사업관리 등에 관한 규정'을 기본 틀로 하고 각 부처 혹은 사업별로 제정되어 있는 규정이

〈표 6-3〉 평가 단계별 평가 주안점

평가 유형	대 상	시 기	주안점
선정평가	응모 과제	과제 선정 연도	• 연구자의 과거 업적 및 연구 수행 역량 • 목표의 타당성 및 추진전략의 적절성
연차평가	진행중인 과제	매년	• 산출물 중심의 실적평가 • 예산집행의 적절성, 사업 추진의 효율성 등
단계(중간) 평가	진행중인 과제	3~5년 주기	• 중간 목표달성도, 과제의 계속 추진 여부 • 환경 변화에 따른 사업 방향의 개선, 보완
최종평가	종료된 과제	종료 연도	• 최종 성과 달성 여부 • 과제의 성공 여부 및 향후 활용 가능성
추적평가	종료된 과제	종료 후 최소 3년까지 매년	• 과학기술적, 경제·사회적 파급 효과 • 연구 성과의 활용 및 확산 여부

출처: 국가과학기술위원회(2006), 연구개발 성과평가 기본계획(2006~2010).

[그림 6-1] 특정 연구개발사업 선정평가 절차

단계	절차	내용
연구기획	기획대상 사업 확정	• 연구기획 대상사업 확정(과기부)
	기획 실시	• 과기부(정책)→전문기관+전문가(기획)→과기부(확정) • 신규 사업에 대한 타당성, 연구개발 목표 및 추진 방법 등 • 제안요구서(RFP) 작성
신청접수	사업 공고	• RFP 확정 및 공고 통보(과기부) • 과제 선정에 필요한 제반 사항 공고 및 안내(설명회 등)
	과제 접수	• 연구과제 신청서 접수 -인터넷 홈페이지 활용
선정평가	사전 검토	• RFP 내용과의 부합 여부 및 서식의 적합성 등 검토 -과제 중복성, 비목별 연구비 검토 및 부적합 과제 보완 조치 -결격 사유 과제 평가 대상에서 제외
	전문가 평가	• 산·학·연 전문가 7인 이상으로 구성된 평가위원 또는 별도로 구성된 전담평가단에 의한 평가 실시 -연구개발사업평가단 평가위원 풀(pool) 활용 • 60점 이상 과제 후보 과제 선정
	전문기관 평가	• 전문가 평가 결과 종합·조정(후보 과제 대상) -RFP 내용에 따른 가감점 부여 • 연구비 조정 및 종합평가서 작성(과제조정관 협의)
	위원회 평가	• 추진위원회 또는 전문위원회에서 실시(필요시 별도 위원회 구성) -평가 결과 타당성, 선정 대상 과제, 정책적 고려 사항 등 • 지원 예산 규모 내의 과제 및 예비후보 과제(우선순위) 최종 확정
	선정 통보	• 과기부→전문기관→연구기관 • 최종 선정 결과 통보 -협약 체결 요령, 인터넷 홈페이지 접속 방법, 제출 구비 서류 안내
	이의 신청	• 이의신청 기관→과기부→전문기관 • 탈락 통보받은 기관은 통보 접수 후 7일 내 과기부에 이의 신청 • 과기부로부터 통보받은 후 14일 내 심의 실시 및 결과 보고

나 지침 등에 따라 각 사업의 연구개발 과제에 대하여 연구개발 진행 단계에 따라 선정평가, 연차평가, 단계(중간)평가, 최종평가, 추적평가 등을 실시하고 있다. 각 국가연구개발사업 수행 부처는 성과평가 표준지침을 토대로 사업 혹은 연구 과제의 유형별 특성에 맞는 평가를 실시한다. 성과평가 기본계획에서 제시하고 있는 각 평가 단계별 평가의 주안점은 <표 6-3>과 같다(이정원 외, 2007).

국가연구개발사업의 프로젝트 선정평가의 위치는 기획의 다음 단계이다. 한국과학재단에서 수행하는 과학기술부 특정연구개발사업의 선정평가 절차는 [그림 6-1]과 같다. 선정평가는 특정연구개발사업평가지침(2000. 7. 5)에 의하면, 사업 공고 및 접수, 사전 검토, 전문가 평가, 전문기관 평가, 위원회 평가의 절차에 따라 추진된다. 선정평가는 평가라는 특성으로 인하여 관리 체계의 어떤 절차보다도 공정성, 객관성, 전문성이 강조되는 절차이다.

3) 선행 연구의 검토

국가연구개발평가를 혁신 시스템 측면에서 진행한 연구(임윤철 외, 1997; 이철원, 1997; 이정원, 2000)들은 국가연구개발사업에 대한 새로운 평가 방향을 제시하여 국가혁신 시스템 강화를 위한 수단으로 평가 체계 개선 방안 등을 제시하였다. 평가 대상별로 연구개발평가 시스템을 구축하기 위한 실질적인 연구들로는 오세홍(2001)의 국가연구개발 프로그램 평가를 위한 기법, 제도의 선진화 방안, 황용수・김성수(2000)의 정부연구개발 프로그램 평가 체계의 비교분석과 향후 평가 체계 구축 방안, 이장재 외(2003)의 정부 연구개발 프로그램의 평가지표 개발연구 등이 있다. 양희승(2004)의 연구에서는 학술기초, 원천기술, 산업기술 등 분류된 사업 그룹별로 연구 과제의 선정과 중간평가 단계에서 사용되고 있는 지표에 대하여 정책목표 합목적성을 제고하기 위한 방안을 제시하였다. 특정한 국가연구개발사업에 대해서 평가제도를 점검하고 개선 방안을 제안하기 위한 연구들로는 임윤철(1997)의 국가연구개발사업 평가 관점 및 방법: 차세대 반도체 연구개발사업 중심으로, 김재영(1999)의 특정연구개발사업 평가 시스템의 선진화 방안, 그리고 이정원(2005)의 건설기술연구개발사업의 유형별 평가 방안 연구 등이 있다. 연구개발 평가를 관리적 수단(management tool)의 측면에서 진행된 연구(한진수, 2002; 김태유 외, 2002; 홍사균 외, 2002; 이정원, 2001; 주성기, 2001; 이찬구, 1998)들은 연구개발사업의 목적을 달성하기 위해서는 적절한 연구관리가 필요하고 이를 위해서는 지속적이고 체계적인 평가제도의 구축이 연구개발사업의 효율적 추진을 위한 유용한 관리 수단으로 활용될 수 있다는 입장이다.

그러나 선행 연구들의 대부분은 국가연구개발사업의 특성을 충분하게 고려하지 않은 채 다양한 연구개발사업에 공통적으로 적용할 수 있는 일반적인 연구개발평가 체계를 모색하는 데 초점을 둔 경향을 보이고 있다. 심지어는 연구개발 프로그램이나 연구개발 프로젝트를 동일시하여 평가 체계를 제시하는 등 평가 목적이나 평가 단위에 관계 없이 일률적으로 사용될 수 있는 평가 체계 개선을 제안하는 경향을 보이고 있다. 또한 위의 선행 연구 검토에서 보듯이 대부분의 선행 연구가 연구 대상을 연구개발사업 전체를 총괄하는 프로그램(program) 수준에서의 평가를 고려하고 있다. 구체적인 연구 방법의 내용에서 선정평가나 중간평가, 결과평가와 같은 평가 유형과 평가 기준 및 평가 방법 등을 대상으로 하는 프로젝트(project) 평가는 미국의 ATP(Advanced Technology Program)나 유럽의 Framework Program, 영국의 Alvey 프로그램 등의 연구개발 평가 체계에 대한 탐구 및 비교분석으로 통하여 평가 체계의 개선을 위한 시사점을 제안하고 있을 뿐 현재의 운영 실태를 대상으로 수행한 선행 연구는 거의 전무하다고 할 수 있다.

따라서 이러한 측면에서 이 연구는 지금까지 기존 연구에서 추진한 국가연구개발사업 프로그램 평가를 연구 대상으로 한 것이 아니라 국가연구개발사업 프로젝트 단위의 평가를 대상으로 하였다. 프로젝트 평가에서도 선정평가를 대상으로 하여 실제로 R&D 수행 부처에서 실시하고 있는 수행 실태를 분석하였다는 점에서 의의가 있다고 할 수 있다.

2. 연구의 틀

1) 실태 조사 방법

이 연구에서는 국가연구개발사업의 프로젝트 평가를 대상으로 하고 정부 및 연구자 측면에서 국가연구개발사업의 선정평가 절차상 비효율성을 제거하는 데에 주안점을 두었다. 이를 위하여 국가연구개발사업 관련 전문가 15인 내외의 전문가 그룹을 만들고 공무원, 각 부처 연구관리전문기관(11인), 산업계·학계·연구계 각 1인으로 구성하였다. 전문가 그룹의 기능은 해당 기관의 의견 수렴 및 종합, 해당 부처 및 연구기관의 실태분석, 제도 개선 제안 및 제도 개선(안)의 검토, 법령 및 현황 자료 등의 공유로 하였다. 전문가 그룹의 운영은 정기 세미나 5회 및 수시로 전화 인터뷰 및 이메일 조사 등으로 이루어졌다. 전문가 그룹 조사는 사례의 시의성을 고려하여 가능한 현재 실태에 대한 문제점이 무엇인가라는 것에 초점을 두었다. 조사 항목은 과제기획·발굴·사업 공고, 신청서 접수, 선청서 검토, 선정평가, 과제 확정 및 통보의 단계로 나누고, 각 전문기관별로 각 단계별 실태, 특징 행정 소요 시간, 문제점, 개선 방안 등을 조사하였다. 조사 기간은 2005년 3월부터 12월까지였다.

11개 연구관리 전문기관 전체를 대상으로 각 전문기관으로부터 해당 부처 및 연구기관의 실태분석, 제도 개선 방안 등 조사를 추진하였다. 이 중 환경부 산하 한국환경기술진흥원(이하 '환경'이라 함), 농림부 산하 농림기술관리센터(이하 '농림'이라 함), 산자부 산하 에너지관리공단(이하 '에너지'라 함), 한전전력기반 조성사업센터(이하 '전력'이라 함), 건설교통부 산하 한국건설교통평가원(이하 '건설'이라 함), 과기부 산하 한국과학재단(이하 '재단'이라 함)으로 총 여섯 개의 연구관리 전문기관의 실태가 정확하게 파악되어 이 연구에서는 이를 중심으로 프로젝트 선정평가의 현황을 분석하여 개선 방안을 제시하였다.

2) 분석의 틀

연구과제 선정 절차는 과제기획·발굴·사업공고, 신청서 접수, 선청서 검토, 선정평가, 과제 확정 및 통보의 단계를 거쳐서 진행된다. 이 연구에서는 국가연구개발사업의 선정평가 절차를 공고/과제 접수 단계, 신청서 검토 단계, 선정평가 단계, 과제 확정 및 통보 단계로 나누고 각 단계별로 심층 검토하였다.

첫째, 공고/ 과제 접수 단계에서는 단순한 절차로 보이지만 구체적으로 보면, 선정평가 체계에 내재되어 있는 여러 요소가 있다. 사업의 특성을 반영하여 평가 체계를 구성하기 위해서는 선정평가를 위한 사전 준비가 필요하다. 이러한 일련의 선정평가 준비 과정을 선정평가 체계의 주요 요소라고 할 수 있다. 국가연구개발사업의 관리 등에 관한 규정은 '평가 준비'를 평가 행위의 공식적인 과정으로 다루고 있지 않다. 다만, 주요 부처의 행정규칙에서 선정평가의 전 단계 절차로서 '사전 검토' 절차를 마련하고 있을 뿐이다. 이 연구에서는 사업 공고 단계에서는 공고 시기, 절차, 공고 방식이 합리적이었나에 초점을 두고 분석하였고, 과제 접수는 접수의 간소화 여부 측면에서 분석하였다.

둘째, 신청서 검토 단계는 사전 검토는 그 절차의 성질상 평가의 준비 과정이라기보다는 평가의 과정에 포함시키는 것이 더 합리적일 수도 있다. 왜냐하면, 신청기관의 자격, 신청 서식, 민간부담률, 참여기업의 적합성 등 연구 과제 신청의 기본적인 사항에 대하여 검토하는 단계이기 때문이다. 이 연구에서는 당초 공고 내용과 부합성 여부와 관련 서식의 구비 및 적합성 여부 측면에서 분석하였다.

셋째, 선정평가 단계는 「국가연구개발사업의 관리 등에 관한 규정」 제5조에서 과제평가단 구성·운영에 관한 사항, 세부 기술별 적정 규모의 전문가 확보에 관한 사항, 이해관계자의 과제 평가 배제에 관한 사항 등에 대하여 규정하고 있다. 과제평가단 구성·운영에 관한 사항은 '객관성 유지'와 연관되고, 세부 기술별 적정 규모의 전문가 확보에 관한 사항은 '전문성 유지'와 연관되며, 이해관계자의 과제 평가 배제에 관한 사항은 '공정성 유지'와 연관된다. 이와 같은 객관성·전문성·공정성은 프로젝트 평가의 기본 방향이다. 이 연구에서는 선정평가의 세부 절차인 전문가 평가, 전문기관 평가, 위원회 평가의 절차의 합리성 및 간소성 여부에 초점을 두고 분석하였다.

넷째, 과제 확정 및 통보 단계는 각 부처의 운영규정에 의거 평가를 거친 대상 과제에 대하여 연구기관, 연구책임자, 연구비 및 연구 기간 등 선정 결과를 연구관리 전문기관에 통보하고, 동 내용을 연구기관에 통보하여 선정 사실을 알리는 행위이다. 여기서 선정된 과제는 협약 체결 요령, 인터넷 홈페이지 접속 방법, 제출 구비 서류 안내 등을 안내한다. 탈락된 과제도 통보하여 탈락 통보받은 기관은 통보 접수 후 7일 내에 이의 신청하고 통보받은 후 14일 내 심의 실시 및 이의 신청 결과 보고를 받도록 하고 있다. 이 연구에서는 과제 확정 및 통보의 신속성 여부를 중심으로 분석하였다. 앞에서 제시한 분석의 틀을 정리하면 <표 6-4>와 같다.

이 연구에서는 프로젝트 선정평가 제도의 공고 시기, 절차, 방식이 합리적이고, 과제 접수와 사전 검토가 간소화되고 선정평가 세부 절차가 합리적이고 과제 확정 및 통보가 신속하게 이루어진다면 국가연구개발사업 프로젝트 선정평

〈표 6-4〉 분석의 틀

선정평가 절차	평가 지표	세부 평가 요소
사업 공고/접수 단계	사업 공고	공고시기, 절차, 방식의 합리성 여부
	과제 접수	과제 접수의 간소화 여부
사전 검토 단계	사전 검토	공고 내용과의 부합 여부 서식의 적합성 등 검토
선정평가 단계	전문가평가, 전문기관평가, 위원회평가	세부 절차의 합리성, 간소성 여부
과제 확정 및 통보 단계	과제 확정 및 통보	과제 확정 및 통보의 신속성 여부

가는 성공적으로 운영될 것이라고 전제하는 것이다. 왜냐하면 지금까지 프로젝트 선정평가에 대한 기존의 이상적인 방안을 제시한 선행 연구가 거의 전무하다. 또한 평가제도에서 평가의 특성상 이상적인 모형을 제시하기가 어렵기 때문이다. 이 연구에서는 주관적인 요소를 가능한 한 배제하고 객관성을 유지하기 위해서 관계 실무자를 대상으로 면접을 실시하고 실태를 문제점 위주로 분석하고 개선 방안을 제시하고자 하였다.

Ⅲ. 국가연구개발사업 프로젝트 선정평가 실태 분석

바람직한 연구개발 평가 체계의 구축을 위해서는 연구개발 기획 및 선정, 수행, 결과, 추적 단계로 이어지는 연구개발 과정별 핵심 요소를 분석, 평가 체계의 구축 방향을 제시할 수 있어야 한다(윤석환 외, 2003). 프로젝트 선정평가 절차는 일반적으로 '공고・과제 접수'→'신청서 검토'→'전문가 평가'→'전문기관 평가'→'위원회 평가(심의)'→'과제 확정 및 통보'의 순서대로 진행된다. 각 연구관리 전문기관별로 조사한 각 절차별로 평균적으로 소요되는 일수를 대략 산출해 보면, '공고・과제 접수'는 39일, '신청서 검토'는 7일, '전문가 평가 및 전문기관 평가'는 32일, '위원회 평가(심의)'는 6일, '과제 확정 및 통보'는 3일이 각각 소요된다. 이를 종합하면, <표 6-5>에서 보는 바와 같이 연구과제 선정에는 총 87일이 소요되는 것으로 파악되었다.

〈표 6-5〉 연구 프로젝트 선정 소요 기간

<table>
<tr><th colspan="2">절 차</th><th>세부 내용(과학재단 기준)</th><th>환경</th><th>농림</th><th>에너지</th><th>건설</th><th>전력</th><th>과학</th><th>학술</th><th>평균</th></tr>
<tr><td colspan="2">공고/과제 접수</td><td>• RFP 확정 및 공고 통보
• 연구과제 신청서 작성 및 제출
-인터넷을 통한 자료 접수</td><td>30</td><td>30
15</td><td>30
10</td><td>30
10</td><td>31</td><td>30
10</td><td>20
10</td><td>39</td></tr>
<tr><td colspan="2">신청서 검토</td><td>• RFP 내용과의 부합 여부 및 행정서식의 적합성 검토
-부담금, 중복 검토 및 부적합 과제 보완 조치
-결격 사유 과제: 제외</td><td>7</td><td>5</td><td>10</td><td>7</td><td>7</td><td>7</td><td>6</td><td>7</td></tr>
<tr><td rowspan="3">선정 평가</td><td>전문가 평가 (Evaluation)</td><td>• 전문가 7인 이상으로 구성된 전문가 또는 전담평가단에 의한 전문가 평가 실시
• 평가 내용: 연구개발 계획, 연구책임자 및 팀의 우수성, 연구환경 및 연구비 규모의 적정성 등의 연구개발 잠재력 평가
-후보과제 선정: 60점 이상 과제</td><td rowspan="3">40
1차 심의-2차 심의-사전 조정-3차 심의-실국 검토</td><td rowspan="2">25
비밀 서면-공개 발표</td><td rowspan="2">28
공개 평가 -이의 신청</td><td>30</td><td>24
전문가 평가-평가 결과 공시 (통보)</td><td>14</td><td rowspan="2">45
심사자 구성-전공 심사-면담 심사</td><td rowspan="2">32</td></tr>
<tr><td>전문기관 평가 (KOSEF)</td><td>• 전문가 평가 결과 종합/조정 (후보과제 대상)
-RFP 내용에 따른 가감점 부여
• 평가 결과를 종합한 종합의견서 작성</td><td>7</td><td>15
사업 계획서 수정보완</td><td>7</td></tr>
<tr><td>위원회 평가</td><td>• 행정부: 실무위원회 또는 전문위원회 활용(최종 확정)
• 전문기관의 평가 결과에 대한 심의 및 확정
• 보안과제의 평가: 과제조정관 단독 평가
• 정책과제: 별도 기준으로 조정관 회의 심의
• 연구비 조정시 시행계획 예산과 일치 여부 및 민간부담금 조정 필요성 확인</td><td>7</td><td>1</td><td>7</td><td>14</td><td>7</td><td>7
종합 심사</td><td>6</td></tr>
<tr><td colspan="2">과제 선정 및 통보</td><td>• 절차: 행정부→전문기관→연구기관
-과제별 위원회 최종선정 결과 통보
-계속과제: 5년 이내 과제선정 가능</td><td>3</td><td>3</td><td>1</td><td>3</td><td>3</td><td>3</td><td>3</td><td>3</td></tr>
<tr><td colspan="2">계 (소요 일수)</td><td></td><td>80</td><td>85</td><td>80</td><td>94</td><td>94</td><td>78</td><td>91</td><td>87</td></tr>
</table>

그러나 이는 각 절차별·전문기관별 소요 시간을 산술적으로 평균한 소요 일수에 불과하다. 그리고 사업기획·발굴은 일반적으로 연구과제 선정 절차와는 분리되어 독립적으로 수행된다는 점을 고려하여 소요 일수를 반영하지 않았다. 또 각 절차별 진행 과정에서 실무적으로는 많은 돌발 상황이 발생한다. 이상을 고려하면 실제로 연구과제 선정에는 약 100일 이상이 소요된다고 할 수 있다.

최근 국가연구개발사업비의 착수 시점은 거의 1/4분기 내에 집중되어 있다. 국회의 예산 회계연도 준수와 이월금 문제, 연구비의 조기 집행을 통한 경제 활성화 유도 등 정책적인 고려에서 비롯된 연구비의 조기 집행은 긍정적인 측면도 상당하나 이에 반하는 부정적인 목소리도 연구 현장에서는 심심찮게 제기되고 있다. 연구자의 입장에서 보면 특정한 시기에 거의 모든 사업이 집중적으로 시작하기 때문에 사업에 참여할 수 있는 기회가 적어진다고 볼 수 있다. 과제 신청 기간이 촉박하여 짧은 시간 내에 연구자와 관련되는 사업에 모두 신청하기에는 무리가 있으며, 집중된 시기에 과제를 확보하지 못하면 1년을 또 기다려야 하는 문제가 있다. 한편 관리기관 측면에서는 과중한 업무 부담 및 평가의 부실화가 우려된다. 1/4분기에 과제 선정평가, 진도관리(연차평가), 단계 및 최종평가가 집중적으로 발생하므로 물리적인 시간 부족 및 인력 부족으로 업무 부담 가중이 심각한 실정이다. 또한 이러한 문제로 말미암아 각종 평가시 평가 전문가 확보가 어렵고, 아울러 심도 있게 평가가 이루어지기 어렵다는 큰 문제가 따른다. 따라서 국가연구개발사업의 착수 시점을 일정 부분은 분산하여 추진할 필요성이 크다. 착수 시점을 분산함으로써 연구자에게는 사업의 참여 기회 확대와 준비 기간의 확보로 내실 있고 창의성 있는 과제의 기획이 좀더 유익할 수 있으며, 관리기관에서는 평가 업무 부담의 분산으로 전문성을 충분히 확보한 심도 있고 내실 있는 평가가 가능하여 국가연구개발사업의 효율성 확보에 기여할 수 있을 것이다. 이러한 시점에서 간편한 절차로 자유롭게 연구하는 제도·풍토가 필요하며, ① 적절한 시기에 적절한 자금을 투입하여 연구기관이 연구에 몰입할 수 있는 환경 조성, ② 연구비를 지급받기 위한 선행 절차를 간소화하여 행정 부담 완화, ③ 신규 연구 과제의 빠른 선정과 지원을 통하여 이월금 축소 등의 제도 개선 방안이 필요하다.

공고/과제 접수, 신청서 검토, 선정평가, 과제 확정 및 통보 단계로 나누고, 각 단계별로 여섯 개 연구관리 전문기관의 실태를 분석하면 다음과 같다.

1. 공고/과제 접수 단계

「국가연구개발사업의 관리 등에 관한 규정」 제4조에서는 정부에 대하여 국가 안보상 필요한 경우를 제외하고는 사업별 세부계획의 사전 공고 의무를 부과하고 있으며, 사전 공고의 필수 포함 사항을 "국가연구개발사업의 추진 목적 및 사업 내용, 연구개발 과제의 선정 절차 및 일정, 연구개발 과제의 선정을 위한 심의·평가 절차, 연구개발 과제의 선정을 위한 심의·평가 기준" 등으로 규정하고 있다.

행정규칙에서 정하고 있는 계획공고는 i) 공고 사항에 대한 내용과 ii) 과제 선정(신청) 방법에 대한 내용으로 나뉜다. 공고 사항은 과학기술부의 특정연구개발사업은 "연구개발사업의 추진 목적 및 사업 내용, 과제의 신청 절차 및 일정, 신청 서류의 심의·평가 절차, 신청 서류의 심의·평가 기준" 등으로, 산업자원부의 산업기술개발사업은 "지원 대상 분야, 지원 내용, 지원 자격, 평가 절차, 평가 기준, 기술료 징수율" 등으로, 건설교통부의 건설기술연구개발사업은 "연구개발사업의 추진 목적 및 사업 내용, 과제 선정을 위한 심의·평가 절차, 평가 기준, 연구개발사업의 참여 방법, 신청 자격, 신청 기간" 등으로, 농림부의 농림기술개발사업은 "연구개발사업의 추진 목적 및 사업 내용, 연구개발 과제의 신청 절차 및 일정, 신청 서류의 심의·평가 절차, 신청 서류의 심의·평가 기준" 등으로 요약된다. 사업계획의 공고는 매년 초에 연중 추진계획 전반에 대하여 공고하고, 또 해당 사업의 추진 일정에 따라 세부 추진계획을 제안요구서(RFP: Request for Proposal)의 형식으로 재차 공고한다. 세부 추진계획 또는 제안요구서(RFP)는 일정한 형식이 있는 것은 아니지만, "사업의 명칭, 사업의 개요, 사업추진 방법, 연구개발 목표(최종 목표, 단계별 목표), 총 연구 기간, 주요 연구 내용, 연구과제 신청시 고려 사항" 등을 주요 내용으로 한다.

한국환경기술진흥원은 사업 공고에 있어 정부의 예산 확정 지연에 따라 사업 공고 개시일이 늦어져 정부의 예산 조기 집행(1/4분기 중 선정-협약 체결 및 연구비 지급 완료) 방침을 이행하기 어려운 경우가 많다. 정부의 R&D 예산이 대체로 12월 중에 확정됨에 따라 당해 연도 3월 말까지 선정-협약 체결 및 연구비 지급 완료가 어렵다는 문제점이 지적되었다. 과제 접수시에 신청서 접수 과정에서는 복잡한 행정 절차에 대한 문제점이 제기되었다. 중복성 검토 등을 위하여 필수 사항은 전산으로 입력하도록 하고 있으나 번거롭다고 여기는 연구자들이 일부 있고, 과제 접수시 관련 서류가 과다한 문제점이 있다.

농림기술관리센터의 공고/과제 접수 실태는 농림부에서 사업시행계획을 확정하면 인터넷, 신문, 관보를 통하여 공고하고 사업설명회를 개최한다. 그러나 시행계획 수립의 과정이 이원화되는 문제점이 발생하는데, 이는 농림기술개발사업의 차년도 사업 예산이 확정(매년 12월 31일 이전)되면 확정된 예산에 따라 매년 2월에 별도로 사업시행계획을 확정하고 있고, 사업 공고를 위한 시행계획은 계략적인 예산 범위에 따라 수립될 수밖에 없으므로 예산이 확정된 후에는 좀더 구체적인 사업계획이 수립되고 있기 때문이다. 신청서 접수는 인터넷 홈페이지를 통하여 접수가 이루어지며 접수 공문은 받지 않는다. 신청자 편의를 위해서 신청서를 온라인으로만 접수하고 있으며 별도의 공문을 받지 않는다. 다만 연구과제 선정이 확정되면 과제 협약 시점에 연구개발비 비목별 소요 명세, 기업의 공장등록증, 참여 기업 확인서, 협동 연구과제 계약서 등을 별도로 제출하도록 하고 있다. 그러나 일부 대학에서는 교수가 대학 본부의 승인 없이 연구과제 신청서를 접수하는 경우가 있어 대학본부 측에서는 소속 대학 교수의 과제신청서 제출 현황을 파악하기 어렵다는 문제점이 제기되었다.

한국건설교통평가원의 공고/과제 접수 실태는 연도별 사업의 시행계획 수립이 연초에 수행되고 있어 시행계획 수립부터 사업 공고까지 추진 시기가 당해 연도 1/4분기에 이루어져 결국 연구는 당해 연도 3/4분기에 시작되는 것과, 별도의 사전 홍보 활동을 수행하지 않아 상당수의 연구자가 사업 공고 이후에야 연구진을 구성하고 연구개발계획서를 준비하는 등 과제 제안을 위한 시간이 부족하다는 문제점이 제기되었다. 신청서 접수 기간은 사업별·지원 분야별로 상이하며, 사업별 접수 기간 내에 인터넷 접수와 방문 접수를 모두 해야 한다. 과제를 신청하는 기관은 짧은 공고 기간으로 인해서 접수 마감일에 시스템 접속이 집중되어 과부하로 인한 서버의 오작동, 신청시 전산 오류 등의 문제점이 제기되었다.

한국과학재단의 공고/과제 접수 실태는 각 부처 및 전문기관 홈페이지에 연계(link)되지 않아 효과에 한계가 있고, 내용 입력 등의 관리 또한 각 부처 자발적 행위가 아닌 관리기관 담당자의 중앙 집중적 자료 취합 형태이므로 다소 내용의 미흡성이 있어서, 범부처의 사업 공고 내용이 통합 공지되는 국가연구개발사업 통합공고 시스템의 효율성 극대화 제고 필요성이 제기된다. 신청서 접수 과정은 각 부처별 신청 접수 시스템을 갖추고 있음에 따라 연구자의 불편, 자료 통합관리의 부재 및 관리비용의 가중 등의 문제가 발생하고 있다.

종합 정리하면, 사업 공고 절차는 비교적 단순한 절차이기 때문에 세부 절차로는 특별한 것이 없다. 대부분의 전문기관들이 인터넷 홈페이지와 신문을 이용하고 있으며, 추가적으로 이메일 송부(환경, 에너지), 사업설명회(농림, 에너지, 건설) 등의 방법을 이용하는 기관들도 있다. 공고 기간의 경우에는 동일 전문기관에 대해서도 과제 규모별로 달리하는 경우가 있다. 사업 공고에 관련해서는 시기, 기간, 방식의 문제가 제기되었다. 사업 공고 방식에 대해서는 국가연구개발사업 통합공고 시스템의 효율성 극대화 제고 필요성과 각 부처 및 전문기관 홈페이지와 연계하여 효과를 높이자는 의견 등이 제기되었다.

신청서 접수 세부 절차는 '온라인 접수'와 '오프라인 접수'로 구분할 수 있다. 전문기관별 특징을 보면, 전산 입력(전산관리를 위한 필요 사항)과 직접 계획서 제출(upload시킨 요약서 및 계획서)을 모두 요구하는 경우(환경, 건설, 에너지, 과학)와 인터넷 홈페이지를 통한 접수만 하면 되는 경우(농림, 전력) 등이 있다. 신청서 접수 과정에서 문제점으로 지적된 것은 복잡한 행정 절차, 부족한 관리자원이다. 복잡한 행정 절차로는 과제 접수시 관련 서류가 과다하다는 의견(환경), 부처별 다원화된 접수 창구로 인하여 편리성·효율성이 저하되고, 각 부처별 신청 접수 시스템을 갖추고 있음에 따라 연구자의 불편, 자료 통합관리의 부재 및 관리비용의 가중 등의 문제가 있다는 의견(과학) 등이 있다. 부족한 관리자원으로는 접수 마감일에 시스템 접속이 집중되어 과부하로 인한 서버의 오작동, 신청시 전산 오류가 발생할 우려가 있다는 의견(건설)이 있었다.

2. 신청서 검토 단계

평가 준비 단계의 내용을 보면, 적합성 평가, 신청 자격 검토, 가점 검토, 현장 실태조사 또는 면담조사, 서식 및 구비 서류의 누락 여부 점검, 사업 목적 및 공고 내용과의 부합성, 비밀서면평가 대상 과제 분류 등이다. 이 중에서 적합성 평가, 서식 및 구비 서류의 누락 여부 점검 등은 모든 평가 행위에 공통되는 내용이고, 신청 자격 검토, 가점 검토, 현장 실태조사 또는 면담조사, 사업 목적 및 공고 내용과의 부합성, 비밀 서면평가 대상 과제 분류 등은 특정한 평가 행위에만 필요한 내용이다.

한국환경기술진흥원의 신청서 검토 실태는 공정성을 유지하고자 요약서 본문에 후광 효과를 기재하였는지를 점검하여 후광 효과 기재를 사전 체크하며, 기재한 경우 탈락시킨다. 기타 연구계획서 중 전산 입력 외의 부분에 대하여 검토 후 주요 사항은 보완을 요청하는 방식으로 신청서 검토가 이루어진다.

농림관리센터의 신청서 검토 실태는 사전검토실무위원회를 구성하여 사업 목적, 공고 내용과의 합치 여부, 유사·중복에 관한 사항을 검토한다. 이 과정에서 과제의 사업 분야별 재분류/농업 관련 연구기관 및 타부처 연구관리 전문기관 과제와의 유사·중복 여부를 검색한다. 이러한 사전 검토 결과를 종합하여 비밀 서면평가 대상 과제를 선정한다. 그러나 사전 검토 과정에서는 단지 제출된 과제신청서의 서류상의 하자, 기본 요건의 충족 여부, 공고 내용과의 합치 여부, 제안 분야의 재분류, 중복성 여부 등을 검토하고 있으나 공고 내용과의 합치 여부, 중복성 여부 등에 대한 판단은 자칫 평가로서의 성향을 띠는 경우도 있어 사전 검토에 의하여 탈락된 과제의 책임자가 이의를 제기할 수 있다는 문제점이 제기되었다.

에너지관리공단의 신청서 검토 단계 실태는 신규 과제의 접수가 완료된 경우 과제별 담당자는 해당 과제에 대하여 내부 검토를 실시하며, 내부 검토시에는 공고 내용(RFP)과의 부합 여부, 이미 이루어진 추진 과제(타사업 포함)와의 중복성, 당해 사업에의 적합성 등을 세밀히 검토한다. 타사업과의 중복성 검토는 접수 과제 목록을 관련 기관에 송부하여 해당 기관 수행 과제와의 중복성에 대한 검토를 의뢰(중복으로 판정된 과제는 자문위원회 개최시 해당 내용을 발표하고 중복으로 확정된 과제는 선정에서 제외)한다.

종합 정리하면, 신청서 검토와 관련하여 세부 절차로는 '사전 검토'와 '위원회 최종 결정'이 있다. 신청서 검토시에는 검토의 공정성, 객관성, 효율성을 유지하여야 한다. 공정성 유지를 위해서 요약서 본문에 후광 효과를 기재한 경우 탈락시키는 사례(환경)가 있다. 객관성 유지를 위해서는 전산 입력 외의 부분에 대하여 검토 후 보완(환경), 내부 검토시 공고 내용(RFP)과의 부합 여부 검토 또는 서류 검토를 원칙으로 하되 필요한 경우 외부 전문가 또는 사업관리 담당자가 현장 실태조사를 실시(전력), 이미 이루어진 추진 과제와의 중복성 및 당해 사업에의 적합성 등을 세밀히 검토(에너지)하는 사례 등이 있다. 효율성 유지를 위해서는 중복으로 판정된 과제는 자문위원회 개최시 해당 내용을 발표하고 선정에서 제외하는 사례(에너지), 부적합으로 판정된 신청 과제는 평가위원회 심의시 그 검토 결과를 보고하는 경우(전력) 등이 있다. 기타 공정성, 객관성, 효율성을 모두 강화시키는 경우로는 사전검토실무위원회를 구성하여 사업 목적, 공고 내용과의 합치 여부, 유사·중복에 관한 사항을 검토하는 사례(농림), 사전검토 전담팀(task force team)을 구성하는 사례(건설) 등이 해당한다. 전문기관별 자체진단 결과를 보면, 객관성 강화에 대한 문제 제기로 공고 내용과의 합치 여부, 중복성 여부 등에 대한 판단은 자칫 평가로서의 성향을 띠는 경우도 있어 사전 검토에 의하여 탈락된 과제의 책임자가 객관성에 이의를 제기할 수 있다는 의견(농림) 등이 있었다.

3. 선정평가 단계

「국가연구개발사업의 관리 등에 관한 규정」은 선정평가에 관한 개괄적 조항을 두고 있다(제5조). 내용을 보면, 연구개발 과제의 중복성 및 국내외 연계·협력 가능성 검토, 과제 선정시 우대 조건, 과제 선정 통보, 선정 과제 중 계속 과제 선정의 조건 및 계속 과제의 범위 등이다.

한국환경기술진흥원의 선정평가 실태를 보면, 문제점으로 지적된 것은 평가위원 인력 풀과 관련하여 객관성·공정성을 확보하기 위하여 각 평가위원회별로 평가 대상 과제에 참여하는 연구원들과의 이해 관계가 있는 자를 배제하고 평가위원을 구성하나, 이런 경우 전문성 확보가 곤란하다는 점이다. 심사 과정에 대해서는 1차 심의(요약서 심사)는 요약서 본문만으로 1차 평가를 실시하고 있으나 1차 평가에서 탈락된 경우 2차 심의(발표·패널평가)에서의 발표 기회를 얻지 못하여 이에 대한 불만이 있는 것으로 조사되었다.

농림관리센터의 선정평가 실태는 비밀 서면평가를 의뢰하기 위하여 연구기관 및 연구자에 대한 인적 사항 등의 정보를 삭제하는 작업에 매우 많은 시간이 소요되며, 서류(파일) 발송 작업과 실제 평가 기간, 평가 후 전문기관에 평가서 발송 및 입력하는 작업 등에도 많은 시간이 소요되는 문제점이 있다.

한국건설교통평가원의 선정평가 실태는 과제의 규모가 중・대형화되면서 현재의 위원 수로는 좀더 공정한 평가 및 전문적인 평가를 수행하기가 어렵다는 판단을 하고 있으며, 평가 내용 역시 우수연구기관의 더욱 합리적인 지원을 위해서는 미흡하다는 문제점이 제기되었다.

한전전력기반조성사업센터의 선정평가 실태는 평가위원 선정시 피평가기관의 연구책임자와의 상관 관계 등을 고려할 때 전문성을 갖춘 평가위원을 위촉하기가 무척 어려운 형편이며, 연구개발 분야가 협소한 관계로 우수한 평가위원을 활용하기에 역부족이다. 평가의 공정성과 관련하여 기술 분야 평가위원으로 선정된 전문가는 연간 3회 이상 평가위원회 참여를 제한하고 있어 평가를 담당할 전문가가 절대적으로 부족한 상태에서 평가위원을 기술 분야별, 소속기관별 구성 비율의 안배, 평가 횟수 등을 고려하여 선정함으로써 평가위원의 전문성 및 자질 부족에 대한 문제가 제기되고 있다.

한국과학재단의 선정평가 실태는 공정성・전문성・객관성을 동시에 추구하여야 하나, 국내 평가위원 풀(pool)에는 한계가 있어 일부 대학 출신 평가위원에 편중되어 있으므로 이들 기관에 대한 역차별의 소지가 있다.

종합하여 정리하면, 선정평가의 세부 절차는 '1차(평가)', '2차(종합)', '3차(위원회 심의)'로 구성된다. 전문기관별 특징을 살펴보면, 절차상 구분과 평가 방법상 구분으로 나누어 살펴볼 수 있다. 절차상 구분은 서류심사위원회(1차 심의)－분야별 과제심의회(2차 심의)－총괄과제심의회(3차 심의)(환경), 발표평가－총괄 조정(전문기관)－중앙건설기술심의위원회 심의(건설); 선정평가위원회가 발표평가, 기술료 징수 과제, 기술료 비징수 과제를 구분하여 평가(전력), 전문가 평가－전문기관 평가－위원회 평가(과학) 비밀 서면평가(인터넷 평가, 익명평가)－공개발표 평가－농림관리기술센터 조정(농림) 등이 있다. 평가 방법상 구분은 공개평가, 비밀평가 또는 서류평가, 발표평가 등이 해당한다.

선정평가 과정에서 문제점으로 제기되는 것은 평가의 효율성과 평가 전문인력 풀 구성에 대한 것이 대부분이다. 평가의 효율성의 경우 비밀 서면평가에서 서류(파일) 발송 작업과 실제 평가 기간, 평가 후 전문기관에 평가서 발송 및 입력하는 작업 등에 많은 시간이 소요되고 있다는 의견(농림), 평가 전문인력 풀 구성에 대해서는 평가를 담당할 전문가가 절대적으로 부족한 상태에서 평가위원을 기술 분야별 · 소속 기관별로 구성비율을 안배하고 평가 횟수 등을 고려하여 구성하여야 하므로 평가위원의 전문성 및 자질 부족에 대한 문제가 제기된다는 의견(전력) 등이 있었다.

4. 과제 선정 및 통보 단계

과제 확정 및 통보의 세부 절차로는 '위원회 심의', '확정 통보'가 있다.

한국환경기술진흥원의 과제 확정 및 통보 실태는 과제심의회 평가 결과에 대한 환경부 실 · 국 검토 후 최종 확정되며, 최종 확정 결과를 환경기술진흥원에 통보하여 진흥원에서 각 연구기관에 통보 및 협약 체결을 요청한다.

농림관리센터의 과제 확정 및 통보 실태는 선정된 과제에 대하여 농업과학기술정책심의회에서 최종 심의 · 조정하여 분야별 사업비를 배분하여 확정한다. 농림부는 선정된 과제를 최종 확정 · 발표하고 농림관리기술센터와 주관연구기관에 통보하여 협약을 체결한다. 에너지관리공단의 과제 확정 및 통보 실적은 자문위원회 평가가 완료된 경우 평가 결과를 취합하여 지원 대상 과제를 선정한다. 평가 결과는 최고 및 최저 점수를 제외한 나머지 점수의 평균 점수를 산정하여 에너지자원기술개발사업 관리규정에 제시된 신규 사업 종합평점 적용기준에 따라 처리한다. 지원 대상 과제 선정이 완료된 경우 선정 내용을 과제신청 기관에 통보하고 평가 결과에 대한 이의 사항을 수렴하고 최종 결과를 산업자원부에 보고한다. 한국건설교통평가원의 과제 확정 및 통보 실태는 결과통보에 있어 중앙건설기술심의위원회의 심의 결과를 통보받은 전문기관인 건설교통기술평가원장은 7일 이내에 주관연구기관의 장에게 이를 통보하게 되며, 연구개발 과제의 선정 통보를 받은 주관 연구기관의 장 또는 총괄연구책임자는 특별한 사정이 없는 한 통보를 받은 날부터 15일 이내에 보완된 연구개발계획서를 전문기관의 장에게 제출하여야 한다. 한전전력기반조성사업센터의 과제 확정 및 통보 실태는 전담기관의 장은 즉시 평가위원회 평가 결과를 장관에게 보고 및 주관기관장에게 통보한다. 한국과학재단의 과제 확정 및 통보 실태는 평가를 거친 대상 과제에 대하여 과학기술부가 연구기관, 연구책임자, 연구비 및 연구 기간 등 선정 결과를 전문기관에 통보하고 전문기관은 동 내용을 연구기관에 통보하여 선정 사실을 알린다. 그러나 이런 경우 연구자는 과제 신청 이후 장기간의 평가 기간 동안 평가 결과를 기다리고 있는 실정이어서 연구자와 연구기관에 동시에 선정 여부를 통보하여야 할 필요가 있다. 또한 단계별 평가 절차 진행 현황이 모니터링될 필요성이 제기된다.

종합 정리하여 전문기관별 특징을 보면, 절차상 구분과 통보 방법상 구분으로 나누어 살펴볼 수 있다. 절차상 구분의 경우는 환경부 실·국 검토 후 최종 확정(환경), 자문위원회 평가 후 이의 사항 수렴 후 이의 사항 검토를 위한 총괄자문위원회 개최 후 산업자원부 보고(에너지) 등이 있었다. 통보 방법상의 구분으로는 사업계획서의 검토·조정 및 평가위원회 심의 결과 등을 전담기관의 인터넷 홈페이지를 통하여 공시(전력), 연구기관, 연구책임자, 연구비 및 연구 기간 등 선정 결과를 전문기관에 통보(과학) 등이 있었다. 전문기관별 자체진단 결과를 보면 평가 결과 공개에 대한 의견에 제시되었다. 예를 들면, 탈락 사유나 평가자 등에 대한 정보는 제공하지 않고 있어 탈락된 과제의 신청자는 명확한 탈락 사유를 알지 못한다는 의견(농림), 연구자는 과제 신청 이후 장기간의 평가 기간 동안 평가 결과를 기다리고 있는 실정이므로 단계별 평가절차 진행 상황을 공지하여야 할 필요성이 있다는 의견(과학) 등이 해당한다.

Ⅳ. 국가연구개발사업 프로젝트 선정평가 개선 방안

1. 과제 공고/접수 단계

1) 예비공고 제도 도입

현재 대부분의 연구개발사업은 사업 공고 후 1개월 정도의 시간을 두고 연구 과제 신청서를 접수받고 있으나 이 기간으로는 충분한 검토와 충실할 연구계획 수립에 한계가 있다. 또한 연구 과제의 원활한 수행을 위한 산학연 컨소시엄을 구성하는 데도 상당한 협의와 조정 등의 시간이 요구되는 바 현재의 제도로는 이를 확보하기 어려운 점이 있다. 따라서 연구자들로 하여금 사전 준비 기간을 충분히 제공함으로써 연구의 질적 수준을 향상시킬 수 있도록 유도하기 위해서는 예비공고 제도의 도입이 필요하다. 각 부처에서 시행하는 사업공고 기간이 통상적으로 1개월 정도로 짧으므로 연구제안자가 사업 신청 기회를 놓칠 수 있는 경우를 대비하여 충분한 사전 안내가 필요하다. 다만, 각 부처의 사업 특성에 따라 도입 가능성에 대한 판단이 요구되며, 도입하는 경우에도 정부지정 연구과제와 같이 연구과제의 주요 내용이 공개되는 사업에 한하여 시행하는 것이 바람직하다. 연구개발자에게 기술개발 방향을 미리 알려 주어 충분한 준비 시간을 주는 측면에서 예비공고 제도는 바람직하다고 할 수 있다.

예비공고 제도를 도입하는 경우의 장점을 살펴보면, 연구자가 각 부처 추진사업의 현황을 미리 파악하고, 부처별 추진 일정에 따른 응모계획 등 사전 전략을 구상할 수 있기 때문에 연구계획서 작성의 내실화(연구수행계획, 연구진 구성 등)를 유도할 수 있다는 것이다. 또한 연구기관으로 하여금 연구계획 수립에 필요한 충분한 시간을 부여하는 것이 가능하며 연구 내용에 대한 사전 연구와 검토, 국내외 기술 동향과 기술 개발 방향 설정 등의 연구기획, 관련 전문가의 물색 등에 소요되는 시간을 충분히 확보할 수 있다. 또한 준비 기간의 확보로 연구 내용에 따른 관련 전문가의 결집 및 상호 협의와 산학연 컨소시엄의 적절한 구성 및 협력에 기여하여, 산학연 및 다학제간 컨소시엄 형성을 유도하여 궁극적으로 연구 활성화에 기여할 수 있다.

이에 반해서 예비공고도 공고 자체의 의미가 있으므로, 실제 확정 단계에서 중요한 정책 변화가 있는 경우 이를 반영하여 시행계획을 확정하는 데에는 행정부처의 부담이 될 수 있고, 연구기관의 상호 이해와 역할에 대한 조정 등에 어려움이 있을 수 있고 전문가의 이합집산이 조장될 우려가 있다. 또한 연구과제에 대한 세부 아이템이 유출될 우려가 있으며, 이로 인한 분쟁의 소지가 있다. 결론적으로 예비공고 제도는 연구개발자에게 사전 준비시 고려하는 측면에서 장점이 되지만, 공고 내용 변경시 준비자에 대한 불만이 우려된다.

도입에 따른 단점의 실제 발생 가능성에 대하여 검토한 후 시범사업으로 운영하고, 추후 제도 보완을 거쳐 각 부처로 하여금 도입 여부를 검토하게 한 후 단계적으로 도입하는 것이 바람직하다고 판단된다.

2) 상시과제 신청제도 도입

상시과제 신청제도는 연중 과제 신청을 접수받아 이를 평가하고 연구비를 지원할 수 있는 제도로서 미국 등 선진 외국에서 일부 시행하고 있는 제도이다. 현재 우리나라의 연구개발사업의 대부분은 연 1~2회에 한하여 연구사업 공고 및 연구과제 접수를 통해서 실시된다. 이로 인하여 연구자가 연구개발과 관련된 참신한 아이디어를 발굴하였더라도 이를 즉시 연구과제화하여 제안할 수 있는 제도가 없는 실정이다. 따라서 우수한 연구개발 아이디어의 상시 발굴 및 과제계획의 일상화를 촉진하기 위한 제도 도입에 대하여 검토가 필요하다.

국가 R&D사업의 경우, 중장기 마스터 플랜에 따라 체계적으로 추진되고 있으나, 기술 분야에 따라 요소 기술의 소요 시점 예측이 불가능하거나 시의성 있는 기술의 출현으로 인한 개발 필요성 대두 등, 중장기 계획에 반영되지 않은 소요 기술들을 필요에 따라 개발하여 과제 추진의 효율성 극대화를 통한 연구개발 성과의 활용도 향상 및 파급 효과 극대화를 도모하여 궁극적으로 국가 연구개발사업의 효율성 향상을 실현할 필요가 있다. 따라서 현실을 반영한 시의성 있는 기술을 적시에 개발하여 연구개발사업의 효율성을 높이기 위해서는 궁극적으로 연구자는 언제든지 창의적인 아이디어가 내재된 연구 과제를 제안하고, 전문기관은 제안된 연구의 필요성, 연구 성과의 활용 등을 평가하여 상시 지원할 수 있는 제도 마련이 필요한 때이다.

이러한 상시과제 신청제도는 연구개발 수요에 따라 필요한 기술을 적시에 개발할 수 있는 여건이 마련되어 연구개발 효과를 극대화할 수 있다는 장점이 있으나, 연간 기술 수요에 대한 불확실성으로 소요 예산 확보가 곤란하며, 과제 추진계획은 중앙심의위원회의 심의를 거치도록 되어 있어 행정 절차가 복잡해지는 단점이 있다. 따라서 상시과제 신청제도의 도입은 연구개발사업 추진의 효율성 제고 측면에서는 필요한 제도이나 예산 확보, 집행 등 예산 운용상의 유연성과 심의·협약 등 행정 절차의 간소화가 뒷받침되어야 한다. 또한 연중 수시로 수요조사를 하여 분기별 또는 반기별로 선정평가 등을 하는 관계로 평가 횟수가 많아질 수 있다. 또한 연구개발 아이디어(아이템)의 보안 유지가 어려우므로 접수 이후 비교적 장기간이 경과한 후에 평가하게 되면 그 과정에 연구개발 아이디어가 유출되거나 지속적인 보안 유지가 어렵다. 물론, 이 경우 인터넷 시스템을 통한 접수와 데이터베이스 보안을 유지할 경우 이러한 문제를 상당 부분 해결할 수 있으나 별도의 보안 요령이 시행될 필요가 있다.

아이디어 상시 발굴의 실효성 여부, 관리의 비효율성, 연구개발 아이디어의 보안 유지의 어려움 등으로 인하여 그 필요성에도 불구하고 상시과제 신청제도의 실제 도입에는 상당한 현실적인 어려움이 따를 것으로 판단된다. 정부 부처에서는 부처의 특성에 맞는 전략적 목표하에 R&D사업을 각각 추진하고 있으므로, 동 사업을 상시과제 신청제도를 통하여 추진하는 것은 효율성이 낮을 것으로 판단된다. 또한 상시과제 신청제도의 목적에 부합하면서, 이를 효율적으로 운영할 수 있을 정도의 사업비 규모가 큰 대형 R&D사업은 거의 없을 것으로 판단된다. 다만, 기초연구 성격의 과제, 또는 최종 사업화를 위한 과제 등 정부의 기술개발 전략이 특별히 필요하지 않은 연구비 지원 성격의 사업 등에 대하여는 추진이 가능할 것으로 판단된다.

일단 상시과제 신청제도가 도입된다면 접수된 과제신청서에 대하여 최소한 2~3개월에 한 번(1년 6회~4회) 이상으로 사전검토 과정을 거쳐야 도입 취지를 살릴 수 있으나 그 도입의 장점에 비하여 연구관리 전문기관이 부담하여야 할 업무량이 지나치게 높다고 할 수 있다. 접수된 연구과제 신청서에 대하여 연간 수 차례의 사전 검토 및 신규 과제 평가가 진행되고 계속과제의 진도 및 연차평가도 연중으로 진행될 경우 상당한 업무 비효율 및 혼란을 초래할 가능성이 높다. 또한 연구기관의 연구지원 부서에서도 소속 연구원의 연구 진행 과정을 체크하기가 매우 어려울 것이며, 연구관리전문기관에서는 "당해 연도 ○회차 접수 과제" 등으로 정리, 처리하는 데 상당한 어려움이 있을 것으로 판단된다. 연구과제의 접수 시기와 평가 착수 시기가 일률적이지 못해 접수과제에 대한 체계화된 평가 일정을 통제하기 어렵고, 신규 과제 선정평가를 위한 평가위원의 상시 가동도 어렵다. 마지막으로 국회 예결위의 연구비 조기 집행 방침과 배치될 가능성이 있다.

3) 사업 공고 메일링 서비스 도입

연구자의 연구 분야에 맞는 사업 공고 내용의 메일링 서비스를 고려하여 볼 필요가 있다. 사업공고는 사업 수행 부처별로 산발적·부정기적으로 행해지기 때문에 연구자가 관련 정보 습득을 위해서는 관련 부처의 사업 공고를 수시로 확인하여야 하는 불편함이 따른다. 따라서 연구자들에게 전공 분야별 사업 공고 내용을 메일링 서비스한다면, 좀더 수요자 지향적인 연구행정을 도모할 수 있으며 연구자의 많은 참여를 유도하여 국가연구개발사업의 질적 수준 향상을 기대할 수 있을 것이다.

2. 신청서 검토 단계

신청서 검토와 관련하여 서식 및 절차의 간소화 등을 통하여 연구자의 과중한 행정 부담을 경감시킬 필요가 있다. 이를 구체적으로 살펴보면 아래와 같다. 먼저 과제 신청서 접수시 첫째, 과제 신청서 서식 및 절차의 간소화가 필요하다. 선정이 불확실한 연구과제 신청에 지나치게 많은 부담을 가중시켜 결국 연구생산성을 해치고 있다는 문제점을 해소하기 위하여 과제신청서는 과제 선정평가를 위한 최소한도의 핵심적이고, 필수 정보만을 담도록 하여 최대한 간소화하는 것이 필요하다. 그리고 완비된 연구계획서는 선정이 확정된 과제에 한하여 작성하게 하는 것이 필요하다. 또한 연구과제를 신청하기 위하여 연구기관 내부적으로 거쳐야 하는 절차가 상당히 복잡하고, 또한 행정적인 부담이 많음이 사실이다. 따라서 연구과제 제안시 절차의 간소화 및 요식행위의 최소화를 제도화하여 시행할 필요가 있다.

둘째, 장기적인 관점에서 부처 차원에서 접수창구의 단일화를 고려해 볼 필요가 있다. 부처별 다원화된 접수창구로 인하여 편리성·효율성이 저하되고, 각 부처별 신청접수 시스템을 갖추고 있음에 따라 연구자의 불편, 자료 통합관리의 부재 및 관리비용의 증가 등의 문제가 발생하고 있는 것이 현실이므로 이에 대한 개선책을 고려하여야 한다. 연구자는 전주기적 연구관리 상황을 하나의 홈페이지를 통하여 확인할 수 있는 편리성을 확보하고, 각 부처는 중복 지원 및 제재자에 대한 기본 정보를 활용할 수 있도록 접수창구 단일화의 개념을 확대시키는 것도 연구자의 편의를 제고할 수 있는 방법이 될 수 있다.

이러한 방안을 통해서 행정절차의 간소화, 행정서식의 간소화 및 행정창구의 단일화에 기여할 수 있다. 그러나 접수창구의 단일화는 사업별 관리 절차를 오히려 복잡하게 할 수 있고, 관리기관의 행정 부담을 가중시킬 수 있는 부정적인 면도 고려하여야 하므로 장기적인 관점에서 검토가 필요해 보인다.

아울러 신청서 검토와 관련해서는 신청서 검토의 내실화를 위한 절차 및 과정의 명확화가 필요해 보인다. 현재 각 부처 전문기관의 신청서 검토 절차 및 과정은 검토 시일이 촉박하고 제안 과제가 방대하여 신청서 검토의 핵심 부분인 연구과제 제안의 적정성, 선정 대상 기술의 분류, 연구기관의 자격, 연구자의 자격 등 연구제안의 기본 요건의 검토가 형식적으로 이루어질 가능성이 많다. 따라서 신청서 검토 및 과정의 명확화를 위해서 관리기관 차원에서 신청서 검토 전담팀(또는 위원회)의 설치를 고려해 볼 만하다. 앞에서 제안한 신청서 접수창구의 단일화와 관련하여 신청서 검토 전담팀을 설치하여 신청서 검토의 내실화를 기하고, 나아가서 신청서 검토를 선정평가를 위한 공식적인 절차로서 객관화시키고, 상시적인 조직을 갖추는 것을 고려해 볼 만하다. 이러한 개선 방안을 통하여 행정 절차의 객관성이 확보되고 신청서 검토의 전문성이 확보될 수 있을 것이다.

3. 선정평가 단계

과제 선정 분야는 국가연구개발사업 추진 체계상 논란과 잡음이 가장 많이 발생하는 부문이며, 국가연구개발비를 배분하여 실제로 집행하기 위한 실질적이고, 핵심적인 과정이므로 무엇보다 공정성과 투명성이 요구된다 할 것이다. 생산성을 향상시키기 위한 방안으로서 다음의 사항을 제안한다.

첫째, 사업 성격에 따른 평가 기준의 차별화가 필요하다. 국가연구개발사업은 일반적으로 기초, 응용, 개발로 구분하며, 이에 따라 사업별 평가 항목의 가중치를 달리하여 평가하고 있음이 일반적인 현실이다. 그러나 사업 성격에 따라 추진 체계가 발생한 성과의 활용이 다를 수 있음에도 형식적인 가중치 고려를 통하여 획일화된 평가 척도를 적용함은 올바른 평가가 어렵고, 나아가 연구자에게 그릇된 방향을 제시할 수 있기 때문이다. 따라서 연구개발사업을 기초, 응용, 개발연구 등 성격에 따라 구분하고, 이에 따라 구체적이고 합리적인 평가 기준을 마련하여 적용함이 필요하다.

둘째, 평가 결과의 범부처적인 활용 및 공유를 위한 노력이 필요하다. 현재 최종 평가 결과시 제재 조치 사항에 대한 정보는 일부 부처에서만 시행하고 있는 것으로 파악되었으며, 우수연구자 및 연구 성과 등에 대한 정보는 거의 공유되지 않는 것으로 파악된다. 따라서 관련 정보의 공유를 통한 효율성 확보 차원에서 평가 결과의 실질적인 공유를 위한 제도 개선이 필요해 보인다.

셋째, 진도관리(연차평가)의 완화가 필요하다. 선정평가, 단계평가, 최종평가, 성과평가 등 과다한 평가로 인하여 연구자 및 연구관리자의 행정 부담이 과다

하며, 이에 따라 평가 비용의 증대와 연구자가 연구 수행에 집중할 수 있는 절대적인 시간 낭비가 심하다. 또한 잦은 평가로 연구책임자는 단기적인 성과 위주로 연구를 진행함으로써 창의력이 제한되고 질 높은 연구 성과 창출이 저해된다는 문제가 있다. 따라서 선정평가, 최종평가는 심도 있는 평가를 하되 진도관리(연차평가)는 대폭 완화하여 연구 진행 경과에 대한 점검 수준의 평가가 이루어짐이 바람직해 보인다.

넷째, 평가위원 DB 통합 및 공유 시스템 구축 및 활용이 필요하다. 평가를 담당할 전문가가 절대적으로 부족한 상태에서 평가위원을 기술 분야별・소속기관별 구성 비율의 안배, 평가 횟수 등을 고려하여 선정하여야 하므로 평가위원 구성시에 많은 제약이 따르고, 따라서 평가위원의 전문성에 대한 문제가 제기되고 있는 실정이다. 이러한 문제의 원인 중 하나는 해당 부처 평가위원 풀(pool)의 부족이라 할 수 있다. 이러한 문제를 해소하기 위해서는 부처 간・전문기관 간 평가위원 데이터베이스 통합 및 공유 시스템 구축 및 활용이 필요하다. 이러한 개선 방안을 통하여 국가연구개발사업에서의 효율성의 확보와 평가위원 풀의 저변 확대 및 공정성 확보, 평가의 전문성 제고와 평가 기간 단축의 효과를 기대할 수 있을 것이다.

4. 과제 확정 및 통보 단계

과제 확정 및 통보와 관련해서는 아래의 사항에 대한 개선이 필요하다.

첫째, 탈락 사유의 구체적 제시가 필요하다. 선정 과제를 확정하여 통보하는 행위는 행정법학적 관점에서는 행정처분에 해당한다. 탈락은 연구기관 또는 연구자의 연구 신청에 대한 거부의 행정처분에 해당한다. 이러한 경우 주관기관은 행정처분의 기준 및 이유를 구체적으로 제시하여야 할 법적 의무가 있다. 또, 탈락 사유를 구체적으로 제시하는 것은 연구자로 하여금 연구계획을 수정 또는 재검토하여 더 바람직한 연구 진행을 유도하는 긍정적인 효과도 있는 것이 사실이다.

둘째, 평가 절차 진행정보의 인터넷 서비스가 필요하다. 연구자는 과제 신청 이후 장기간의 평가 기간 동안 평가 결과를 막연히 기다리고 있는 실정이다. 행정 서비스의 관점에서 평가 절차 진행 상황을 연구자가 확인할 수 있도록 평가 절차 진행정보를 인터넷을 통하여 서비스하는 것은 바람직하다. 이는 부처 및 전문기관에 대해서는 평가 절차 진행 정보를 객관화함으로써 평가의 공정성을 유도하는 견제 기능도 수행하게 된다. 이러한 개선 방안을 통해서 행정의 합리성과 행정 서비스가 제고될 수 있을 것이다.

V. 결 론

이 연구에서는 단순히 연구관리제도 중 연구과제 선정 과정의 기간을 단축시키는 것에 머물지 않고, 각 과정의 문제점을 파악하고 적절한 대응 방안을 제시한 데에 의미를 둘 수 있다. 연구자가 연구과제 선정에 대한 충분한 준비를 할 수 있도록 충분한 공고 기간이 필요하다는 점을 확인하고 공식 공고 시점을 앞당기는 방안을 제안하였다. 이를 위해서 예비공고 제도와 상시사업기획 체계를 도입할 수 있다. 먼저 예비공고 제도의 도입으로 연구자들에게 사전 준비 기간을 충분히 부여하여 연구의 질적 수준을 향상시킬 수 있다. 다만 예비공고 제도는 이후 변경에 따른 연구제안자의 혼란 및 불만이 예상된다는 문제점을 내포하고 있다. 또한, 상시 사업기획 체계를 도입하여 사업기획을 전년도에 끝내고, 사업 공고를 전년도(10월)에 사업별 시행계획 수립과 동시에 실시하는 방안을 검토하였다. 그러나 상시기획 체계의 경우 과제 신청서에 대하여 최소 2~3개월에 한 번 이상으로 사전 검토 과정을 도입하여야 하나, 이를 위해서는 연구관리전문기관의 업무 부담이 지나치게 증가하여 오히려 업무의 비효율과 혼란을 초래할 가능성도 있다.

결론적으로 지금까지 제시한 개선 방안을 요약하고 정책적 시사점을 찾아보면 다음과 같다.

첫째, 효율적인 평가 체계의 수립이다. 부처별 연구개발사업의 평가 시스템은 객관성·공정성·신뢰성 향상을 위하여 선정평가, 중간평가, 최종평가, 프로그램평가 등 연구사업 진행 단계별로 세분화하여 운영하고 있다. 그러나 선정평가, 중간평가, 최종평가 및 추적평가의 목적이 명확하지 않고 밀접하게 연계되어 있지 아니하여, 평가 결과가 향후 국가연구개발사업 계획의 수정 및 변경,

기술 분야 및 연구기관별 자원배분, 그리고 우수 연구의 산업화 및 학계, 산업계로의 이전 등에 제대로 활용되지 않고 있다. 따라서 기획의 강화를 통하여 선정, 중간, 최종평가 등 평가의 기준과 방법의 설정이 사전에 검토되어야 한다. 더불어 따라서 사업 특성에 따른 전문가 선정, 평가 기준 및 방법, 평가 수행 주체 선정 등에서 다양한 평가제도 마련이 요구된다. 사업 및 과제의 특성에 따라 평가위원 구성, 평가 주체의 전문화, 평가 목적 등을 차별화하는 맞춤형 평가제도 마련을 위한 평가 기획 역량을 강화하도록 한다. 따라서 평가 관련 업무 매뉴얼 작성 및 확보로 평가 업무 프로세스를 표준화하여 평가 체계 업무의 전문성을 강화하도록 할 필요가 있다. 과제 선정평가시 중복성 검토를 위한 시스템을 구축하여 해당 연구관리전문기관 자체의 중복성 검토와 타부처 및 연구관리전문기관에 대한 중복성 검토 의뢰를 할 수 있는 시스템을 마련하여야 한다. 신청 과제 내의 유사·중복 여부에 대한 판단의 의무를 연구관리전문기관 및 연구기관, 연구자에게 부과하도록 한다.

둘째, 부처별 국가연구개발사업 관리의 통합 조정의 강화이다. 연구개발사업에 사전적인 평가를 거쳐 연구개발이 실행되고, 연구개발이 진행되는 과정에서는 연구개발이 효과적으로 수행되고 있는지에 대한 모니터링이 중간평가의 형식으로 이루어지고 있다. 그리고 연구개발이 종료된 후에는 연구개발의 결과로서 나타나는 성과와 영향에 대한 사후적인 평가가 실시된다. 이러한 평가행위로 산출되는 각종 정보는 정부가 추진하는 연구개발사업의 사업추진자와 사업수행자의 책임성을 평가하는 근거가 되며, 특히 연구개발사업 사후평가로 산출된 정보는 다음에 추진될 연구개발사업의 우선순위 설정과 연구개발사업의 목표설정 과정에 정책정보로서 피드백된다(양희승, 1999). 국가연구개발사업의 추진은 '국가적 과학기술 추진 전략 설정→과제 선정의 사전평가→중간평가, 모니터링→사후평가→피드백'과 같은 일련의 과정들이 연구개발정책의 '일관적 기조 하에' 종합적인 관리 체제로 운영되어야 한다. 연구개발사업의 종합적인 관리 체계 구축을 위해서는 각 부처 간 연구개발 관리에 관한 일관성 있는 연구관리 전문기관 운영 체제 마련과 관리 체제를 확립하기 위한 정보 인프라의 구축이 요구된다.

국가연구개발사업의 기획·평가·관리와 관련하여 연구관리전문기관에서 생산하거나 취합된 자료를 표준화하고, 통합하여 실시간으로 관리하는 국가연구개발사업 관리정보 종합관리 시스템을 구축하도록 하는 것이 필요하다. 따라서 국가연구개발 예산의 투입에서 성과 창출·활용에 이르는 모든 과정에 대한 종합적인 관리가 가능하도록 구축이 필요하다. 이러한 개선과 제안을 통해서 국가연구관리제도의 개선과 이를 통한 국가 과학기술의 효율성 증대에 기여할 수 있을 것이다.

참고 문헌

국가과학기술위원회.(2006). 2006년도 국가연구개발사업 조사·분석·평가 결과.

———.(2006). 연구개발성과평가 기본계획(2006~2010).

과학기술부.(1997). 「과학기술 30년사」.

———.(2006). 생산적인 연구 환경 조성을 위한 연구관리 개선 방안 연구.

———.(2006). 과학기술기본계획 수립 연구.

김덕영.(1992). 연구관리 업무를 위한 정보시스템 설계에 관한 연구, 한남대학교.

김명수.(2000). 「공공정책평가론」, 서울: 박영사.

———.(2002). 「정책평가와 정부개혁」, 서울: 외대오피스.

김명수·박준.(1995). 「공공감사론」, 서울: 대영문화사.

김재영.(1999). 특정연구개발사업 평가시스템의 선진화 방안, 한국과학기술기획평가원.

노화준 외.(1996). 연구기관 종합평가를 위한 평가요소 개발과 가중치 설정 연구, 과학기술정책관리연구소.

박병무.(2001). 국가연구개발사업의 추진체계 및 관리시스템 개선 방안 연구, 한국과학기술기획평가원.

——— 외.(2005). 국가연구개발사업 종합분석 연구, 한국과학기술기획평가원.

박재간 외.(2005). 국가연구개발사업 연구협약 및 정산업무 개선 방안 연구, 한국과학기술기획평가원.

송장헌.(2002). 국가연구개발사업의 관리체계 개선 방안, 충남대학교.

송종국·오준근·정상조.(1994). 과학기술관계법제의 현황과 정비 방안, 과학기술정책관리연구소·한국법제연구원.

양희승.(2004). 우리나라 국가연구개발사업 연구평가지표의 개선에 관한 연구, 대한산업공학회/한국경영과학회 2004 춘계 학술대회.

———외.(1999). 국가연구개발예산 사전조정 제도 개선에 관한 연구, 한국과학기술기획평가원.

오세홍.(2001). 국가연구개발 프로그램 평가를 위한 기법, 제도의 선진화 방안, 한국과학기술기획평가원.

윤석환 외.(2003). 대형연구개발사업 평가제도의 체계적 도입 방안, 「한국정책학회보」 12(4).

이길우.(2006). 연구관리전문기관 운영효율화 방안 연구, 과학기술부.

―――.(2005). 국가연구개발사업 공동관리규정 시행규칙 제정에 관한 연구, 과학기술부.

―――.(2005). 국가연구개발사업 평가제도의 진화 과정. 「한국정책분석학회 추계학술대회 논문집」. 배재대학교.

―――.(2005). 기관평가제도 운영에 영향요인에 관한 연구, 「한국기술혁신학회보」 제8권 특별호.

이장재.(2003). 정부 연구개발 투자 효율화 방안 연구, 국가과학기술자문회의.

――― 외.(2003). 정부연구개발 프로그램의 평가지표 개발 연구, 한국과학기술기획평가원.

이정원.(2000). R&D평가시스템의 이론적 체계 구축 및 적용 방안에 관한 연구, 과학기술정책연구원.

이정원 · 임채윤.(2005). 건설기술연구개발사업의 유형별 평가 방안 연구, 건설교통부.

이정원 외.(2007). 정부연구개발 평가제도의 연계 및 평가 결과 활용 방안, 과학기술정책연구원.

이찬구.(2005). 정부출연 연구기관 평가에서 지적자본 모형의 적용 필요성, 「한국행정학보」 39(1): 195-217.

임윤철.(1997). 국가연구개발사업 평가 관점 및 방법: 차세대 반도체 연구개발사업 중심으로, 과학기술정책연구원.

임윤철 · 이철원 · 이정원.(1997). 국가혁신 시스템 강화를 위한 국가연구개발사업 평가방법 연구, 과학기술정책관리연구소.

조현대 외.(1998). 국가연구개발사업 종합 조정을 위한 연구개발사업 추진 현황 및 투자배분 분석, 과학기술정책관리연구소.

차이환.(2001). 「정책평가의 이론과 실제: 기관평가제 접근모형과 전략」, 서울: 한울아카데미.

한국과학기술평가원.(2003). 2002/2003 특정연구개발사업의 연구기획관리평가사업에 관한 연구, 과학기술부.

황용수 · 김성수.(2000). 정부연구개발 프로그램 평가체계의 비교분석과 향후 평가체계 구축 방안, 과학기술부.

황용수 외.(1997). 정부연구개발사업의 특성분석 평가와 향후 발전 방향, 과학기술정책관리연구소.

홍동희.(2003). 국가연구개발사업의 기획·평가·관리행위에 대한 법리적 분석, 한국과학기술기획평가원.

홍사균.(1997). 국가연구개발사업의 연구기획 체계 및 방법에 관한 조사연구, 과학기술정책관리연구소.

홍사균·배용호.(2002). 정부연구개발사업의 구조 및 추진 체계 개선을 위한 조사연구, 과학기술정책연구원.

과학기술기본법령(2001).

국가연구개발사업 관리 등에 관한 규정 및 시행규칙(2005).

특정연구개발사업 평가지침(2000).

각 R&D 수행부처 국가연구개발사업 평가 관련 규정 등.

한국과학기술기획평가원 홈페이지.

Chiang, J.(1991). From Mission-Oriented to Diffusion-Oriented Paradigm: The New Trend of U.S. Industrial Technology Policy, *Technovation* 11(6): 339-356.

Georghiou, Luke & David Roessner.(2000). Evaluating Technology Program: Tools and Methods. *Research Policy* 18: 333-342.

Goss, Wayne. (2001). Managing for Results-Appraisals and Rewards, *Australian Journal of Public Administration.*

Government Auditing Standards.(2002 revision). *Yellowbook.* United States General Accounting Office.

Hatry, Harry P. (1999). *Performance Measurement: Getting Results,* Washington D. C.: The Urban Institute.

Luke, Georghiou.(1998). Issues in the Evaluation of Innovation and Technology Policy. *Evaluation.* 4(1): 37-51.

Nachmias, David.(1979). *Public Policy Evaluation: Approach and Methods.* New York: St. Martin's Press.

NIST. (April 2002). Advanced Technology Program Guidelines and Documentation Requirements for Research Involving Human and Animal Subjects.

Rip, Arie. (2005). Societal Challenges for R&D Evaluation, *US-European Workshop on Learning from Science and Technology Policy Evaluation.*

Thompson, James R.(2000). Reinventing as Reform: Assessing the National Performance Review, *Public Administration Review* 60(6).

제 07 장 정보화 평가설계 및 평가 방법에 관한 소고-전자정부 성숙도 평가를 통해 본 평가모형의 일반화-

I. 서 론

지식국가로의 변화를 유도하기 위한 전략과 실천 방안 마련에 국가정책의 주안점을 두고 있는 국민의 정부는 2000년대 들어 6대 국정지표의 하나로 '창조적 지식국가'를 설정하여 지식 종주국으로 발돋움하겠다는 의지를 천명하였으며, 이를 위하여 정부는 창조적 지식기반 국가 건설을 위한 정보화 비전으로 'Cyber Korea 21'을 제시한 바 있다. Cyber Korea 21(정보통신부, 1999: 1-82)은 창조적 지식기반 국가 건설이란 비전을 제시하고 이 목표를 달성하기 위하여 지식정보(기반) 사회의 기반이 되는 정보 인프라를 조기에 구축하고, 정보통신 관련 교육을 통하여 정보 이용을 활성화함으로써 지식정보화 선진국으로 나아가려는 계획과 전략을 포함하고 있다.

또한 기획예산처는 세계 34위인 국가경쟁력을 5년 이내에 15위 수준으로 향상시킬 것을 목표로 공공 부문 구조개혁을 추진하겠다고 밝힌 바 있다. 달리 말하여 정부조직을 비롯한 공공 부문의 재구조화를 통하여 선진 지식정보(기반)사회를 구현하고자 하는 정부의 정책표명이라고 할 수 있다.

이러한 노력의 일환으로 정부는 「전자정부법」의 제정,[1] 2001년의 e-Korea

1) 정부에서는 행정 업무의 전자적 처리를 위한 기본 원칙, 절차 및 추진 방법 등을 규정함으로써 전자정부의 구현을 위한 사업을 촉진시키고 행정기관의 생산성, 투명성 및 민주성

추진기획단 구성(장석권, 2001: 29-39) 및 2002년의 e-Korea 비전 2006 사업 추진(전자신문, 2002. 3. 16. 1면), 정보화를 통한 민원업무 혁신을 위한 G4C (Government for Citizen)사업 추진(정국환, 2001: 959; 최영상, 2001; 전자신문, 2002. 1. 10. 6면, 동년 4. 30. 11면, 동년 10. 2. 9면), 정부지식관리 시스템 구축(정국환, 2001: 963)을 진행중에 있다.

그러나 이러한 선진 지식정보(기반) 사회 구축을 위하여 지난 20여 년 동안 정부가 기울여 온 정보화 과정을 평가한 관련 기관의 분석 결과를 놓고 볼 때[2] 그 성과가 투자한 예산 규모에 비하여 국가 정보화 계획을 위하여 설정한 소기의 목적에는 크게 못 미치는 것 같다. 국민의 정부 출범 이후 지난 4년여 동안 일반예산으로 편성된 정보화 예산은 총 4조 1,586억 원으로 매년 1조여 원의 예산이 국고에서 배정되어 정보 인프라 확충, 전자정부 구현, 사회 각 부문 정보화, 그리고 정보화 역기능 해소 등 크게 4대 부문에 집중 투자되었다. 특히 지난 4년여 동안 교육・토지・환경・문화・산업・농림・보건 등 사회 각 부문 정보화에 쓰인 예산이 8,939억 원(21.5%), 정보 격차 완화 및 해킹 방지 등 역기능 해소 부문에 5,174억 원(12.5%), 그리고 전자정부 구현 부문에는 전체 정보화 예산 가운데 38.8%에 해당하는 1조 6,122억 원이 투입되어 민원행정 서비스 및 행정 능률 효율화에 쓰였다는 점이다(전자신문, 2001. 10. 30: 16면).[3]

전자정부 구현을 위하여 투자된 예산도 그 내용을 보면 민원행정 서비스 부문(4,053억 원)보다는 행정업무 효율화(1조 2,068억 원) 부문에 집행되었다는 점이다. 정보화를 통한 전자정부 구현으로 대국민 서비스 향상이라는 본래의 취지는 퇴색된 채 작고 효율적인 정부 구현에만 정책의 힘이 실려 전자정부라는 구호가 일반 국민에게는 여전히 실감이 나지 않는 것 같다.

을 높여 지식정보화 시대의 국민의 삶의 질을 향상시키려는 목적으로 2001년 3월 28일 법률 제6439호로 「전자정부 구현을 위한 행정 업무 등의 전자화 촉진에 관한 법률」을 제정 공포하였다. 이 법의 자세한 내용은 다음의 site를 참조.
http://www.moleg.go.kr/newlaw/law/nlaa6439.html

2) 한국전산원, 제2회 정보화평가 심포지엄(2000. 10. 12) 발표 논문 참조; 한국정책분석평가학회 2001년도 추계학술대회(제3회 정보화평가 심포지엄) 발표 논문 참조(2001. 10. 20); 전자신문사, 한국데이터베이스진흥센터 공동 주관, e-Government 그랜드 컨퍼런스 및 전시회(2002. 9.3-9.4.) 내용 참조.

3) 2002년 및 2003년에 편성된 예산 추이 및 내용분석은 전자신문 2002. 4. 18. 3면, 동년 9. 25, 1면과 3면, 동년 10. 1, 8면 참조.

국가정보화의 목표가 내부 업무의 효율화와 대국민 서비스 향상에 있음을 감안할 때 전자정부의 목표 추진은 이러한 맥락 속에서 진행됨은 자명하며 전자정부에 대한 평가 또한 국민에 대한 서비스 수준이 어느 정도에 와 있는지에 대한 분석이 전제되어야 할 것이다.

이러한 취지에서 이 글은 먼저 전자정부 구현의 한 축이라고 할 수 있으며, 국민의 삶의 현장에서 직접 피부로 느끼게 되는 전자정부(전자민원) 서비스 수준에 관하여 분석함으로써 전자정부가 어느 정도 성숙되어 있는지를 알아보고자 하였으며, 다음으로 정보화평가에 전자정부 성숙도평가에 적용한 모델과 방법론을 일반화시킬 수 있는지를 알아보고자 하였다.

Ⅱ. 정보화평가에 관한 선행 연구 탐색

1. 정보화평가

1) 개 념

정보화는 정보기술을 활용하여 조직 내 제반 활동의 합목적성을 제고함으로써 조직 내외적으로 대외 경쟁력을 높여서 궁극적으로 인간 삶의 질을 향상시키려는 활동으로 볼 수 있다. 이러한 개념은 단기적으로는 컴퓨터 및 통신기술의 활용을 통한 제반 업무 활동의 효율성과 합리성을 높이는 것이며, 장기적으로는 생산성 향상을 통한 대외 경쟁력을 강화시켜 인간의 삶의 질을 향상시키는 것임을 보여 준다. 정보화를 통한 효율성과 합리성 추구 정도는 대개 정보화평가를 통하여 이루어진다(임광현, 2000: 208-209).

우리나라에서의 정보화평가는 「정보화촉진기본법」 제8조, 제9조와 동법 시행령 제4조 및 제7조 그리고 「정보화추진위원회 운영세칙」 제13조에 의거하여 1997년부터 정보화추진위원회의 간사기관인 정보통신부가 산하 한국전산원(현 한국정보사회진흥원))의 협조를 얻어 실시해 오고 있다.

정보화평가는 여러 관련 기관에서 부단한 노력을 기울여 오고 있으나 아직까지는 부처별로 통일된 사업성과 평가 방법이나 수준 측정지표가 존재하는 것은 아니라고 할 수 있다. 다만 설문조사에 의한 방법(조만형, 이창기, 1997; 권오상, 1993; 장시영·홍형득, 1994)이나 시스템 관련 지표 개발(행자부, 자치정보화지원재단, 1999. 12; 한국전산원, 1999; 정명주, 1998)을 통하여 수행됨으로써 평가지표를 개발하는 데 일부 도움이 되는 것은 사실이다. 정보화 평가방법론상 타당성에 대한 위협 요인을 본질적으로 내재하게 되어 평가 결과의 타당성 및 신뢰성에 대하여 의구심을 초래하게 되고, 급기야는 평가 결과의 활용 측면에서 실무 부서에 별 도움이 되지 않는 등 여러 가지 문제점이 제기되고 있는 것이 현실이다(문명수, 1999: 4-10).[4)]

2) 정보화 평가 유형 및 방법

정보화평가는 대체로 정보화 수준평가와 정보화사업 평가를 포함하는 개념(임수경, 1999: 33-42)이다. 정보화평가는 정보화와 관련하여 장차 필요한 정책적·행정적 조치를 취하는 데 도움을 줄 목적으로 분석적인 방법을 체계적으로 적용함으로써 정보화의 과정이나 결과를 이해하고 그 가치를 판단하는 객관적·체계적·실증적·회고적인 점검 또는 사정 활동을 의미하며 정보화의 과정 및 결과에 관한 평가로 구성된다.

(1) 정보화사업평가

정보화사업평가는 정보화평가의 일부로서 특정 정보화 사업의 집행행동 및 결과에 대하여 객관적이고 체계적이며 실증적으로 분석·고찰하여 판단을 내리는 활동이라 볼 수 있다(임광현, 2000: 209). 정보화사업평가는 각 사업 주관기관에서 실시하는 자체평가와 정보화평가위원회가 실시하는 외부평가로 구분하며, 정보화사업 평가편람(1997. 12, 정보통신부)을 활용하여 평가한다.

정보화사업의 평가 방법은 정책평가의 방법과 유사한 기준으로 효과성평가, 집행평가, 효율성평가, 경제성평가, 비용절감 효과평가, 정보화투자 효과평가 등의 기준에 따라 다양하게 시행될 수 있는데(한국전산원, 1999. 12), 정부 수준에서의 정보화사업의 평가는 정보통신부에서 발간한 「정보화사업 평가편람」[5)]

---

4) 정보화평가 목적 및 필요성에 관하여는 신순식(2000: 6) 참조.

5) 「정보화사업 평가편람」에서 제시하고 있는 평가 기준 및 항목은 크게 효과성평가와 집행

에 의거하여 평가가 이루어지고 있다. 정보화사업평가의 구체적인 기본 방향과 평가 방법은 1997년 2월에 만들어진 제3차 정보화추진위원회의 「공공정보화사업 평가계획」에 제시되어 있다(한국전산원, 1999년 12월).[6]

(2) 정보화 수준평가

정보화 수준평가는 국가정보화의 효과적인 추진을 위하여 필요하다고 판단되는 기관, 지역 등을 매년 선정하여 평가를 실시하며, 민간 전문가로 구성된 정보화평가위원회를 통하여 평가한다(신순식, 2000: 8). 즉, 정보화 수준평가는 정보기술이 조직의 임무 및 목표 달성에 기여하는 정도에 대한 종합적 평가로서, 조직의 목표, 사업 집행 과정, 정보기술 활용 결과 등을 분석하며, 평가 중점 사항으로는 업무 능률, 업무 개선, 조직개혁, 대민 서비스 등 정성적 성과평가가 주를 이룬다(김동현, 2000: 14).

2. 각 기관의 정보화평가 및 전자정부 평가 체계 및 내용

1) 국내 기관의 평가 체계 및 평가 내용

(1) 관련 기관의 일반적 현황[7] 및 시사점

정명주(2002, 122)가 국내에서 정보화를 주관하고 있는 부서 및 이들 기관이 행하고 있는 정보화 평가 기준 및 세부 지표를 정리하여 제시한 표에 의하면 몇 가지 시사점을 발견할 수 있다.

즉, 정보화평가의 주 내용이 전자정부 구현의 중점 대상인 내부업무 효율화

평가로 구분된다. 효과성평가는 이용의 편리성, 대민 서비스의 개선도, 이용자의 만족도와 활용도, 내부업무 효율화, 조직혁신, 정보 시스템의 효율성을 기준으로 제시하고 있다. 집행평가에서는 사업적 측면과 제도적 측면으로 다시 세분하여 사업계획, 사업 추진체계, 세부사업 추진 과정, 사업관리, 비용관리, 법제도 개선, 관계 기관과의 협조 등의 항목이 구체적 평가 항목으로 포함되어 있다(정보통신부, 1997. 12).

6) 사업평가 대상 및 지표에 관하여는 다음의 글을 참조. 대상에 관하여는 신순식(2000: 8), 측정지표에 관하여는 김성태(2000), 임광현(2000), 오강탁·김석주(2001), 이기식(2000), 송충근(2000) 자료 참조.

7) 표의 자세한 내용 및 현황은 관련 자료를 참고.

와 대국민 서비스 향상이라는 목표 달성 기반을 구축하기 위한 전제가 담겨져 있음을 알 수 있다. 한편 정보화 평가 체계에서, 평가기관의 다기화에 따른 평가 결과 통합적 관리 미흡, 평가 중복, 그리고 평가 결과 활용 미흡 등의 문제점이 제기되고 있음도 알 수 있다(정명주, 2000: 123-124).

(2) 정통부의 정보화 수준평가 기준 및 평가지표

정보화 관련 기관의 전반적인 정보화 수준을 파악하기 위해서 실시된 정보화 수준평가에서 정보화 수준은 내부적으로 업무의 효율성을 증진하고 외부적으로 대국민 서비스의 질을 향상시키기 위하여 정부 개별 기관이 전자정부 구현의 목표에 어느 정도 접근해 있는가를 측정하고자 하였다.

구체적으로 각 기관의 정보화 수준은 "전자정부 구현을 위하여 각 기관이 정보화를 통하여 주요 기능을 고객 지향적이고 효과적으로 수행하고 있는 정도"로 정의하고 그 수준을 측정하였다.

〈표 7-1〉 정보화 수준평가 주요 측정지표의 비교

2000년 정보화 수준평가	2001/2002년 정보화 수준평가
• 정보화 활용 1. 전자적 민의 수렴 1) 정책정보의 전자적 제공 2) 정책 의견의 전자적 수렴 2. 전자민원 1) 민원정보의 전자적 제공 2) 전자민원 처리 3. 전자행정 1) 정보공동 활용 2) 행정업무 개선	• 정보화 비전과 전략 수준(2001년 추가) -정보화 리더십과 정보화전략 • 정보화 활용 1. 전자적 민의 수렴 - 2000년과 동일 2. 전자민원-2000년과 동일 3. 전자행정(수정) 1) 핵심업무 정보화 2) 내부업무 정보화 • 정보화 기반 수준(2001년 추가) 1) 정보화 투자 2) 정보 보호

출처: 김동현(2000: 18), 윤상오(2002: 226).

정보화 수준의 범위를 어떻게 볼 것인가에 대해서는 다양한 의견이 존재한다. 2000년 정보화 수준평가에서는 전자적 민의 수렴, 전자민원, 그리고 전자행정 등 정보 활용의 측면을 기관의 정보화 수준으로 파악하였던 반면, 2001년의 평가모형에서는 2000년에 설정하였던 정보화 활용 이외에 2000년 조사에서 기타 환경 요인으로 구분하였던 기관장(CEO) 및 정보화책임관(CIO)의 정보화 마인드, 정보 보호 및 관리 강화, 시스템의 안전성 및 신뢰성 확보, 정보화 추진의 장애 요인 극복 노력 등을 조직의 비전, 전략과 정보화 기반으로 각각 구체화하여 추가함으로써 정보화 수준의 범위를 폭넓게 이해하였다.

즉, 2001년도 정보화 수준평가에서는 정보화 비전, 전략, 정보화 활용, 정보화 기반 등에 나타난 전반적인 수준을 정보화 수준으로 보고, 이들 각 요소들의 성숙 수준에 초점을 둔 것이다. 예를 들면, 기관이 정보화를 추진한 결과 나타난 산출 요소에 해당하는 활용 측면과 함께 투입 요소에 해당하는 기반 측면도 함께 정보화 수준으로 이해하여 이들을 종합적으로 평가하며, 기관별 정보화 발전 단계를 설정하고, 발전 단계에 따라 정보화 추진 현황을 진단하고 수준 제고를 위한 추진 방향을 제시하고자 하였다. 구체적으로 2001년의 정보화 수준평가에서는 정보화 비전, 전략, 정보화 활용(전자적 민의 수렴, 전자민원, 전자행정), 그리고 정보화 기반에 대하여 평가지표를 개발하여 측정하였다.

첫째, 정보화 비전, 전략 수준은 각 기관의 기관장과 정보화책임관의 정보화에 대한 마인드와 기관별로 정보화에 대하여 갖고 있는 비전 및 이를 달성하기 위한 전략이 적절한 정도를 말하며, 이 범주 내에서 정보화 리더십과 정보화 전략으로 구분하였다. 정보화 리더십은 기관장과 정보화책임관이 기관의 정보화에 대하여 갖고 있는 마인드, 이해도, 그리고 추진 의지를 포함하고 있는 반면 정보화 전략은 대상 기관의 전체 업무를 포괄한 중장기적 정보화 기본계획의 수립 여부 및 적정한 정도, 그리고 정보화 추진을 반영하여 관련 법이나 제도를 보완한 정도로 이해하였다.

둘째, 정보화 활용에서 전자적 민의 수렴 수준은 행정기관 내 정책 수립 및 결정 과정에 정보기술을 도입함으로써 정책 과정의 투명성과 민주성을 확보하고 있는 정도를 말하며, 이 범주 내에서 정책정보의 전자적 제공과 정책 의견의 전자적 수렴으로 구분하였다. 정책정보의 전자적 제공은 온라인에서 국민과 정부 간 상호 교류가 이루어지는 홈페이지에서 대상 기관의 정책 결정에 관한 정보에 전자적으로 접근 가능한 정도를 의미하며 정책 의견의 전자적 수렴은 정책 포럼 등 국민들의 의견을 전자적으로 수렴하기 위하여 기울이는 노력과 수렴된 의견에 대한 반응의 정도로 보았다.

셋째, 정보화 활용에서 전자민원 수준은 전자적 방법을 활용하여 모든 국민이 필요로 하는 민원 서비스를 신속하고 편리하게 제공하고 있는 정도를 말하며, 이 범주 내에서 민원정보의 전자적 제공과 전자민원 처리로 구분하였다. 민원정보의 전자적 제공은 온라인을 통하여 민원서식 등 민원사무 관련 정보의 제공과 민원 피해 구제 노력의 정도를 의미하며 전자민원 처리는 온라인으로 민원 신청이 가능한 정도와 민원 처리 과정의 투명성으로 파악하였다.

넷째, 정보화 활용에서 전자행정 수준은 기관의 일상적인 내부 행정 업무 수행에 전자적 방법을 활용함으로써 행정 처리의 효율성을 확보하고 있는 정도를 말한다. 2000년 정보화 수준평가에서는 전자행정 수준을 정보공동 활용과 행정업무 개선으로 구분하여 파악한 바 있다. 정보공동 활용은 기관 내외 공문서 및 지식정보의 전자적 유통 정도를 의미하고, 행정업무 개선은 행정 처리를 위한 각종 정보화된 수단의 여부와 활용 정도로 파악한 바 있다. 그러나 2001년 정보화 수준평가에서는 전자행정을 핵심 업무 정보화와 내부행정 정보화로 구분하였다.

마지막으로 정보화 기반 수준은 정보화를 위하여 기본적으로 필요한 정보화 기반을 갖추고 있는 정도를 말하며, 이 범주 내에서 정보화 투자와 정보 보호로 구분하였다. 정보화 투자는 정보화 예산 수준, 정보화 인력 수준, 정보화 설비 보급 수준 등의 정보화 투자가 이루어진 정도로 보았으며, 정보 보호는 정보 시스템을 보호하기 위하여 기관이 기울이는 노력 정도로 파악하였다(서진완, 2001: 32-34).

2) 해외 관련 기관의 평가 기준 및 세부지표[8]

(1) 액센추어의 전자정부 서비스 수준 분석

국제조사연구 전문기관인 액센추어(Accenture) 사에서는 2002년 4월 세계 23개국을 대상으로 전자정부 서비스 수준을 분석한 보고서(e-Government Leadership-Realizing the Vision)를 내놓았다. '전자정부의 성숙도'를 평가 기준으로 하고 이를 분석하기 위한 세부지표로는 서비스 성숙도(온라인으로 이용 가능한 서비스 수, 각 서비스의 완성도)와 CRM(서비스의 정교함 정도)을 사용하였다.

8) 아래의 두 기관 이외에도 IDC, 하버드 국제개발센터 등의 조사분석 자료가 있으나 이 논문에서는 전자정부 서비스 수준분석과 관련된 기관의 자료만 분석 대상으로 하였다.

비록 평가 대상 국가에 우리나라가 포함되지는 않았지만 전자정부 성숙도를 평가하는 평가 기준이나 평가 세부지표 개발에 적지 않은 참고가 될 것이다.

(2) UN의 전자정부 구현 수준 분석

한편 UN에서는 2002년 6월 전 세계 190개 회원국을 대상으로 전자정부 구현 수준에 관하여 조사분석한 보고서를 발표하였다.

이번 조사는 다른 전자정부 평가에 비하여 가장 광범위한 조사가 실시되었다. 특정 국가의 미래 진보를 예측할 수 있는 준거점(reference point)으로 국가별 전자정부 지수(E-Government Index)가 계량적으로 측정되었다. 주요 평가 항목으로는 각국의 웹 수준, 정보통신 기술 인프라, 인적 자본 수준 등이다. 총 190개 유엔 회원국을 대상으로 전자정부에 대한 접근법, 진도, 노력 등을 분석한 결과 국가별 전자정부 지수 평균은 1.62 수준이며, 이 가운데 미국(3.11)이 전자정부 지수 3.00을 넘는 유일한 국가로 세계 최고 수준인 것으로 나타났다. 한국은 전자정부 지수에서 2.30을 얻어 세계 15위를 기록하였다(전자신문, 2002. 9. 2. 3면; 오강탁, 2002: 303-304).

Ⅲ. 관련 기관의 연구 결과 분석과 정보화(전자정부 성숙도) 평가모형

1. 각 평가기관의 평가 결과 분석

(1) 정통부의 평가 결과 분석

현행 평가제도 및 시행상 제기된 일반적인 문제점으로는 앞서 잠시 언급한 바와 같이 다음과 같은 내용이 지적될 수 있다.

먼저, 평가 대상이 한정되어 있다는 것이다. 현행 정보화평가는 한정된 정보화사업을 대상으로 실시하고 있으므로 정보화사업 전체에 대한 평가가 곤란하다는 점이다.

또한 피평가기관의 협조가 미흡할 우려가 있다는 것이다. 현행 정보화평가는 정보화추진위원회를 중심으로 이루어지고 있으나, 기획예산처(성과관리), 국무조정실(심사평가) 등에서도 평가를 추진하고 있으며, 동일 대상에 대하여 동일 내용의 평가가 여러 번 이루어질 경우 피평가 기관의 부담 가중으로 인하여 협조가 미흡할 우려가 있다는 점이다.

마지막으로, 평가 결과의 환류가 제때에 이루어지지 않고 있다는 것이다. 평가 결과가 보통 9월에 처리되어 각 부처에 통보되므로 평가 결과를 정보화 촉진시행계획 및 정보화 예산 심의 과정에 반영하는 데 어려움이 있다는 점이다(신순식, 2000: 9).[9]

(2) 외국 기관의 평가 결과 분석

지난 6월 유엔이 발표한 보고서에 따르면, 우리나라의 전자정부 시스템이 행정기관 간 경계를 뛰어넘어 온라인 상에서 전자적 기능과 서비스를 통합 제공하는 일괄처리(seamless) 단계에 도달하기 위해서는 정부 내부 개혁부터 선행되어야 할 것으로 지적되었다.

즉, 조사 대상국 가운데 한국을 포함한 17개 국가(9%)는 온라인 상에서 간행물이나 다른 항목 구입 또는 여권 취득과 같은 서비스를 이용하고 신용카드, 은행 계좌 또는 다른 전자적 수단을 통한 온라인 대금 지불이 가능한 업무 처리 단계인 것으로 분석되었다. 하지만 슈퍼 검색 엔진과 단일 접근점을 통하여 서비스, 정보, 웹사이트 등 모든 것을 온라인 상에서 처리하는 일괄 처리 단계에 도달한 국가는 현재까지 없는 것으로 나타났다.

또한 한국전산원(현 한국정보사회진흥원) 정책연구부가 최근 작성한 「전자정부 서비스 벤치마킹과 시사점」 보고서에 따르면 전자정부 발전의 최고 단계인 일괄 처리 수준을 구현하기 위해서는 행정개혁을 통하여 정부통합 전산환경을 구축하고 전자정부 서비스를 제공하는 전체 행정기관의 백 오피스(back office)를 통합하여야 할 것으로 분석되었다.[10]

---

9) 결과 내용분석에 관하여는 2000년 자료는 김동현(2000), 2001년 자료는 서진완(2001) 참조.

10) 이 같은 분석자료는 190개 회원국 전자정부 벤치마킹 보고서를 비롯한 각종 전자정부 관련 선행 연구를 비교, 분석해 전자정부사업의 장·단점을 검토하고 정보화 관련 중장기 전략과제를 수립하기 위하여 작성된 보고서에 근거하고 있다(전자신문, 2002년 9월 2일자 3면).

2. 연구에 적용한 평가 방법, 정보화(전자정부) 평가지표 및 조작화

앞장에서의 논의를 바탕으로 이상 간략히 요약한 '전자정부 성숙도평가'시 고려할 수 있는 평가 방법, 성숙도 평가지표에 대하여 정리하면 다음과 같다.

(1) 평가 방법

사업 성공 유무 및 사업 목적과 사업 결과 간의 인과 관계를 밝히기 위하여 준실험설계 접근법 중[11] 중 간여전후설계 접근법을 적용하고자 한다. 이 방법을 택하는 이유는 다음과 같다.

첫째, 앞에서 언급한 연구를 위한 첫째 질문인 사업 목표의 식별 및 연구 대상집단의 선정이 용이하기 때문이다. 사업 목표는 정보화평가위원회에서 마련한 세부계획서에 명시되어 있으며, 연구 대상집단의 표집도 비교적 용이하기 때문이다.

둘째, 사업평가를 효과성(내지는 효율성) 평가[12]에 역점을 둔다고 전제할 때 이를 사업 목표와 결과(산출물)와의 인과 관계를 규명할 측정 수단(지표)의 개발 및 조작화가 가능하기 때문이다.

셋째로, 이들 인과관계 분석을 통하여 사업 목표의 달성 여부 내지는 문제점 파악이 가능할 것이다.

(2) 성숙도 평가지표

성과측정 지표는 측정하고자 하는 사업[13]의 성격과 측정 목표에 따라 구성되는 인과관계 모형에 따라 영향을 미칠 수 있다. 사업성과 평가 방법은 일반적으로 효과성평가, 능률성평가, 집행평가, 그리고 정책구조평가 등으로 나눌

---

11) 전자정부사업의 성과측정을 위한 평가 방법 유형에 관한 자세한 내용은 임광현(2000: 4-5) 참조.

12) 기존에 정통부가 실시한 효과성 평가 지표에 일부 지표를 추가하여 간여전후설계접근법을 적용하여 성숙도를 평가하고자 한다.

13) 이하에서 사용하고자 하는 '사업'이라는 개념은 정보화사업과는 다른 개념으로 전자정부 구현을 위하여 시행하고 있는 각종 사업을 지칭하는 개념이다.

수 있다(김명수, 2000: 107-121). 이 가운데 특정의 정책(사업)이 의도하였던 직접적 목표의 달성 정도를 측정하는 방법은 효과성 평가이다. 이 방법의 주요 관심사는 특정의 사업과 목표 달성의 정도 사이의 인과 관계를 확립하는 데 있으며, 사업의 효과성평가에는 목표 달성의 정도를 발견하는 데 충분한 정도로 명확하게 규정된 사업목표가 필수적 요건이 된다.

이 연구에서는 성과측정지표 개발에 있어 이러한 효과성 평가 기준을 따르고자 하며, 이러한 과정을 거쳐 도출된 지표를 성숙도 평가지표로 이용하고자 한다. 왜냐하면 성숙도란 결국 성과측정 과정에서 도출될 수 있는 개념이라고 생각되기 때문이다.[14]

1) 전자정부 사업목표

전자정부 구현사업의 궁극적 목표는 '내부효율 극대화'와 '대국민 서비스 향상'에 있다. 다만 이 연구에서의 조사 대상이 민원인에 한정되는 관계로 측정지표는 '대국민 서비스 향상'만을 사용하고자 한다.

2) 성과측정 지표

성과측정치에 대한 연구들은 성과측정 지표의 개발과 상대적 중요성에 초점을 두고 있다. 로보와 퀸(Rohrbaugh & Quinn, 1980: 343-348)은 조직의 성과측정을 위하여 일곱 개의 중요한 지표를 제시한 후, 이들 지표의 조작을 통하여 설문 대상자로부터 응답하도록 하여 평점이 높게 나타난 지표들을 성과측정 지표로 선정하였다. 그리즐(Grizzle, 1987: 328-341)은 특정 성과측정 지표가 갖는 상대적 중요도를 결정하기 위하여 분석적 계층화 과정법(AHP)을 사용하여 평점을 조사하였다. 어셔와 코니아(Usher & Cornia, 1981)는 정부사업에 대한 목표 설정과 성과평가 측정치가 실무에서 얼마나 이용되고 있는가를 조사하여 효율성과 효과성을 성과측정치로 사용하고 있다.

이들 연구 결과를 토대로 선정한 성과 측정지표는 크게 사용자 요인, 업무효

---

14) 전자정부 평가모델링에서 오강탁·김석주(2001: 94-100)는 모델에 포함될 4대 핵심지수로 전자정부 변화관리 지수, 인프라 지수, 프로젝트 지수, 그리고 효과평가 지수를 포함시키고 있다. 이 가운데 효과평가 지수를 외부효과와 내부효과로 구분하고 있으며, 내부효과 측정지표에는 액센추어 사에서 조사분석하고 정통부에서 마련한 정보화 수준평가 지표와 유사한 내용 여덟 가지를 포함시키고 있다.

율화 요인, 사업적 요인, 법제도적 요인, 상호 작용 요인, 그리고 조직적 맥락 요인으로 구성할 수 있다.

먼저 사용자 측면에서 사업성과에 영향을 미치는 영향 요인들로는 이용자 만족도 및 활용도, 이용자 편리성 등이 있다. 업무효율화 측면은 업무생산성 향상, 업무 수행시 비용 절감 정도, 조직 측면은 업무혁신, 구조개혁 등을 들 수 있다. 사업적 측면은 사업계획 및 (세부)사업추진체계 구성, 사업 및 비용관리 등을 들 수 있다. 다음으로 법제도적 측면은 법 제도 개선, 관계 기관과의 협조 체계 등을 들 수 있다. 상호 작용 측면을 구성하는 변인은 이용자와 시스템 운영자 간 의사소통 용이성, 문제 발생시 해결 정도로 구분하여 볼 수 있다. 그리고 조직적 맥락의 특성 요인으로는 전문인력의 확보 정도, 사업 운영의 유형 등이 있다.

그러나 이 연구에서는 연구 범위를 전자정부 서비스 수준분석에 한정하고 있으므로 위에 기술한 측정 요인 가운데 연구와 밀접한 관련이 있다고 여겨지는 사용자 요인, 업무효율화 요인, 법제도적 요인, 상호 작용 요인을 선정하여 사용하고자 한다. 이들 요인 외에 앞에서 전자정부 추진 과정에서 문제점으로 제기된 여러 요인들 가운데 기술적·지역환경적 요인을 포함시키고자 한다. 아울러 전자정부 서비스 수준을 분석하기 위한 지표 구성은 정통부가 평가에 사용한 지표 내용을 이용하고자 한다.[15)]

---

15) 2000년 정통부가 실시한 평가지표 중 본 연구를 위하여 다음 두 항목만 인용하였다.

대항목	중항목	주요 세부 항목
전자적 민의 수렴	정책 정보 제공	정보의 다양성 정보의 최신성 정보의 실명성 정보의 공개 청구 정보의 탐색 용이성
	국민 의견 수렴	토론 활성화 기관장/담당자의 전자우편 공개
전자민원	민원 정보 제공	민원 정보 제공 Q/A 제공 수준 장애인 정보 접근
	민원 처리	민원 신청 및 통지 처리 과정의 투명성 민원업무 통계 처리

자료: 김동현(2000: 18).

(3) 분석의 틀

1) 전 제

이 연구는 정보화 수준평가[16]의 연속선상에서 전자정부의 성숙도를 측정하고자 한다. 이를 위하여 전자정부 사업이 추진되기 전후의 정보화 결과를 특정집단을 대상으로 비교 분석하는 평가접근법인 간여전후설계(Before-After Design) 접근법을 활용코자 한다. 왜냐하면 실시된 후 결과만을 가지고 조사대상집단과 통제집단을 비교 분석하여 평가하는 설계접근법인 비교간여 후 검증설계(Comparative Post-test Design) 접근법의 경우 사후통제집단의 확보가 어렵기 때문이다. 즉, 이 연구는 전자정부 구현을 위한 세부사업 내용 가운데 하나인 전자정부 서비스 수준을 분석하고 이를 통하여 전자정부 성숙도를 평가하는 것이므로 사후통제집단을 구성하기가 쉽지 않다. 사후통제집단은 실험집단과 구별되어야 하므로 이를 명확하게 설정하기가 쉽지 않기 때문이다. 또한 간여전후설계 방법의 경우도 특정 전자정부 사업의 실시 이전의 경우 측정·분석하고자 하는 요인들, 예컨대 전자정부 구현사업 목표와 관련하여 어느 정도 신뢰할 수 있는 (측정)자료를 확보할 수 있는지가 중요한 문제로 대두된다.[17]

---

16) 정명주(1998. 2)의 연구에서는 정보화 수준을 평가하는 지표로서 설비 수준 지표, 지원 수준 지표, 이용 수준 지표로 분류하였다. 설비 수준 지표에는 100인당 PC 설치 대수, 전체 PC보유 대수당 LAN 접속 PC, DB 보유 건수, 소속기관수당 통신회선 수가 포함되었고, 지원 수준 지표에는 1인당 전산예산, 100인당 전산 인력, 1인당 전산교육 수강시간 등이 포함되었으며, 이용 수준 지표에는 하루 평균 컴퓨터 사용 시간, 컴퓨터를 사용하여 문서 작성시 다른 사람의 도움을 받는 정도, 전산화된 업무량, 한 달간 처리한 전자결재 건수, 다른 기관에서 구축한 데이터베이스 접속 빈도, 다른 기관에서 구축한 데이터베이스에 접속한 결과가 업무에 도움이 되는 정도, 하루 평균 인터넷 사용시간, 하루 평균 PC통신 사용 시간, 한 달간 부처 간 처리한 전자문서 유통건수, 한 달간 부처 내에서 처리한 전자문서 유통 건수 등이 포함되었다. 광역자치단체 평가에서는 정보화 전략, 정보화 설비, 정보화 지원, 정보화 이용, 정보화 효과 등으로 분류되어 정보화 효과에 대민서비스, 업무 개선 등의 항목이 추가되어 조사되었다(한국전산원, 2000).

17) '전자정부 서비스 수준을 분석하고 이를 통하여 전자정부 성숙도'를 평가하는 데 크게 다음과 같은 두 가지 한계점이 있었다. 첫째는 평가 간여 시기 문제이고, 둘째는, 실험집단(민원실 출입 민간인)과 통제집단(기타 시민)의 설정 문제이다. 그러나 평가 간여시기와 관련하여서는 사업활성화 1차 시기와 2차 시기 설정이 가능하다면 이 문제점은 해결될 수 있으리라고 보며 이 경우 둘째의 한계점은 자연히 해소되리라고 본다. 이 연구를 진행하면서 관련 자료의 분석 결과와 관계자들과의 면담 결과를 통해서 볼 때 사업활성화 시기 선정계획(2002년 10월 이후)이 당초 사업계획에 포함되어 있음을 알 수 있었

2) 가설 설정

이상에서 언급한 변인들 간의 관계를 알아보기 위하여 다음과 같은 가설을 설정하고자 한다. 이들 가설 검증을 사용하여 전자정부 서비스 수준분석을 함으로써 전자정부 성숙도를 측정할 수 있을 것이며, 또한 전자정부 평가방법론에 대한 대안도 제시하게 될 것이다.

가설 1: 전자정부 서비스 측정지표와 사업성과 측정지표를 구성하는 변인들 간에 평균값 차이 검증에 유의미한 차이를 보일 것이다.

가설 2: 서비스 수준 측정지표와 사업성과 측정지표 구성하는 개별 변인들은 전자정부 성숙도평가에 미치는 영향력 정도에서 유의미한 차이를 보일 것이다.

3) 측정지표와 전자정부 성숙도(전자정부 목표)간 관련성 분석모형

[그림 7-1] 측정지표와 사업목표 간의 관련성 분석모형

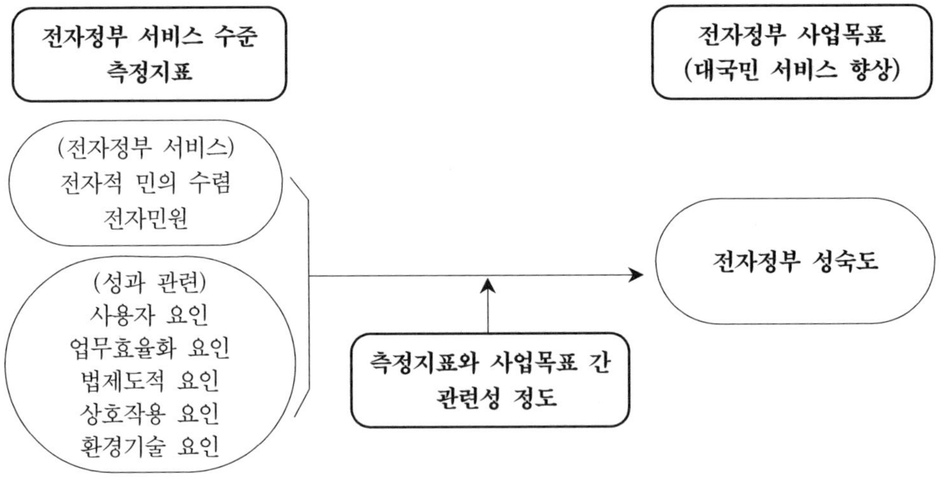

기 때문이다. 제한적이기는 하지만 활성화 시기의 시점이 당초 계획대로만 진행된다면 언급한 두 가지 문제점은 해소될 것이며, 따라서 이번 연구가 후속연구에 기여할 수 있을 것이라는 연구자의 소견으로 이 방법을 적용하게 된 것이다.

Ⅳ. 연구설계 및 조사 방법

1. 조사 실시 및 자료분석 방법

1) 조사 대상집단의 선정 및 자료 수집

전자정부 성숙도평가에 영향을 미치는 측정지표를 분석하기 위하여 필요한 자료 수집은 측정지표 항목에 따라 관련 지역을 대상으로 설문조사를 통하여 얻어졌다. 설문 구성은 각 문항에 등간격을 부여한 리커트(Likert) 5점 척도(매우 낮다(1)에서 매우 높다(5)의 5 구간)로 구성하였다. 자료처리 과정을 거쳐 최종적으로 분석이 이루어진 매수는 97부이다.

설문지의 신뢰도를 검사하기 위하여 크론바흐 알파(Cronbach Alpha) 분석을 실시하였다. 알파 계수가 0.845로 비교적 높은 수치를 보여 설문지는 신뢰할 만하다고 할 수 있다.

2) 변수 측정

사업 성과를 측정하기 위한 변수 및 외생변수들을 구성하는 측정지표들은 사업의 성격에 따라서는 계량적인 방법에 의하여 구성하는 것이 정성적인 방법에 의한 것보다는 결과의 타당성을 보장받을 것이다.[18] 그러나 앞에서도 잠시 언급한 바와 같이 이 연구는 몇 가지 제약으로 인하여 준실험적 평가설계접근법에 의하여 사업성과를 측정하는 것으로 전제하고 있기 때문에 측정지표 구성을 설문식 문항으로 하였다. 각 측정지표는 지표의 유형에 따라 1~3개의 항목을 설문에 포함시켜 구성하였다. 가설 검증을 위한 최종적인 측정치는 각 지표를 구성하는 변수들의 평균값으로 하였다.

18) 특히 사업성과의 효과성이나 효율성을 측정하고자 할 때 이를 구성하는 비용, 편익, 효과 각 항목에 대한 통계적 수치의 표집이 가능한 경우 평가 결과의 타당성을 보장받기가 수월할 수도 있다.

2. 조작화[19)]

이상의 논의를 바탕으로 사업목표와 측정지표에 대한 조작적 정의를 정리하면 <표 7-2>와 같다.[20)]

〈표 7-2〉 사업목표와 측정지표의 조작적 정의

구 분	요인 변수	측정지표	조작적 정의
전자정부 (사업목표, 서비스) 관련 항목	성숙도 요인	사용자 만족도 경쟁력 확보	전자민원 서비스 만족도 서비스 이용시 경쟁력 확보 가능성 정도
	민의 수렴	고객소리의 전자적 수렴	고객민원 사항의 서비스를 통한 수렴 정도
	민원 처리	전자민원	민원정보의 전자적 제공 전자민원 처리
성과측정 관련 항목	사용자	이용자 활용도 이용자 편리성	서비스 활용도 정도 서비스 편리성 정도
	업무효율성	업무생산성 업무 수행시 비용 절감	서비스 전과 후 업무생산성 향상 기여 정도 서비스 전과 후 업수 수행시 비용 절감 정도
	법제도적 요인	법제도 개선 관계 기관과의 협조	법, 제도 구비 및 개선 효과 정도 서비스 전후 민원 관련 기관과의 협조 편의 정도
	상호작용 요인	의사소통 문제 발생시 해결	민원인과 관련자 간의 의사소통의 원활성 정도 문제 발생시 신속한 처리 정도
	환경기술적 요인	HW/SW 지원 HW/SW 지원상 지역적 한계	서비스 관련 기술상 지원 정도 서비스 관련 기술상 지원의 지역적 한계 정도

19) 복수의 목표를 가지는 경우에 조직의 상대적 성과를 단일의 측정치로 표시하여 평가할 수 있는 측정 방법으로 자료포괄분석(DEA: data envelopment analysis)이 있다(김용, 1992; 곽영진, 1993). 그러나 이 연구에서는 전통적인 방법인 회귀분석 방법에 의하여 인과 관계를 측정하고자 하기 때문에 단일 변수로 조작화를 하고자 한다.

20) 지표의 조작화 과정에서 가장 큰 어려움은 평가 시기와 관련하여 통제집단(외생변수 통제는 가능)을 확보하는 문제였다. 이러한 문제점의 해결이 어려운 경우 'cross-sectional'이나 'comparative post-test' 등의 접근법으로 대체하여야 한다는 전제가 따른다. 그러나 이 역시 인과적 추론의 타당성을 위협하는 성숙 요인, 역사 요인, 선발 요인, 상실 요인(남궁근, 1998: 264; 김렬, 1999: 151) 등의 효과를 배제할 수 없다는 점, 그리고 외생변수의 통제 문제 발생과 정성적인 접근에 의존하여야 한다는 단점이 있다.

V. 평가 결과 및 논의

1. 실태분석

전자정부 성숙도 평가를 위한 측정지표를 구성하는 각 변수들의 평균값이 어떻게 나타났는가를 알아보기 위하여 이들 변수들의 실태분석을 실시하였다. 요인들의 실태를 살펴봄으로써 가설 검증시 기초자료로 하기 위함이다.

<표 7-3>에서는 전자정부 성숙도 평가를 위한 각 요인들이 자료조사 결과 어떻게 나타났는지를 보여 주고 있다. 요인에 따라서는 약간씩 차이가 있지만, 8개 요인 가운데 민의 수렴 정도와 환경기술적 요인을 제외하고는 모두 평균값을

〈표 7-3〉 전자정부 성숙도 평가지표 요인 실태분석

요인 변수	빈도 및 통계량		측정지표	빈도 및 통계량	
	평균	표준편차		평균	표준편차
성숙도 요인	3.03	1.02	사용자 만족도	3.12	.74
			경쟁력 확보	2.95	1.01
민의 수렴 요인	2.19	1.46	고객 소리 전자 수렴	2.19	1.46
민원 처리 요인	3.27	0.38	전자민원 처리	3.27	0.38
사용자 요인	3.19	1.29	이용자 활용도	3.24	1.23
			이용자 편리성	3.59	1.07
업무효율성 요인	4.04	1.47	업무생산성	3.99	1.18
			업무 수행시 비용 절감	4.02	.91
법제도적 요인	3.91	.83	법제도	3.87	1.20
			관련 기관의 편의	4.03	.56
상호작용 요인	3.38	.76	의사소통	4.05	1.28
			문제 발생시 해결	2.63	1.04
환경기술적 요인	2.16	1.72	지원	3.01	1.07
			지원의 지역적 한계	1.99	2.14

상회하고 있는 것으로 나타났다. 평균을 기준으로 보면 업무효율성 요인이 제일 높으며, 정도의 차이는 있지만 사용자 요인과 성숙도 요인이 낮게 나타나고 있음을 알 수 있다. 전반적으로 정부에서 실시하고 있는 전자정부 사업은 일단 그 시작은 성공적이라고 볼 수 있을 것이다.[21)]

그러나 여기에서 조사된 자료만을 가지고 전자정부 사업이 성공을 거두고 있다고 속단하는 것은 금물이라고 여겨진다. 왜냐면 이번 조사 대상은 일부 지역들만을 대상으로 하고 있으며, 좀더 광범위한 조사 대상이 아니기 때문이다. 따라서 더욱 정확한 평가를 위하여 향후 이들을 대상으로 한 평가가 이루어져야 할 것이다.

2. 가설 검증

1) 사업목표와 측정지표 구성 요인 간 평균값 차이 검증(가설 1의 검증)

<표 7-3>에서 보인 분석 결과 성숙도 요인들에 대하여 각 요인들의 평균값

〈표 7-4〉 사업목표와 요인 간 평균값 차이 검증

요인 변수	사업목표	
	총평균	F값
민의 수렴 요인	2.19	4.07*
민원 처리 요인	3.27	62.25**
사용자 요인	3.19	19.04**
업무효율성 요인	4.04	102.65**
법제도적 요인	3.91	13.90**
상호작용 요인	3.38	84.10**
환경기술 요인	2.16	0.53

* $p < .05$ ** $p < .01$

21) 이러한 조사 결과는 정통부가 2000과 2001년에 실시한 결과보다는 민의면에서 조금은 높은 점수를 나타내고 있다.

에서 유의미한 차이를 보이는지를 알아보기 위하여 분산분석을 실시하였다. 결과는 <표 7-4>에 나타난 바와 같다.[22]

분석 결과 업무효율성 요인이 사업목표(대국민 서비스 향상)에 대하여 가장 높은 값을 보이고 있는 것으로 나타났다. 가장 낮은 값을 보이고 있는 요인은 환경기술적 요인임을 알 수 있다.

전반적으로 볼 때 사업목표에 대하여 일부 요인들을 제외하고는 평균값에서 유의미한 차이를 보이고 있는 것으로 나타나 가설 1은 채택됨을 알 수 있다.

〈표 7-5〉 사업목표와 평가 요인과의 상관 관계

	X1	X2	X3	X4	X5	X6	X7	X8
사업목표 요인(X1)	1.00							
민의 수렴 요인(X2)	0.09	1.00						
민원 처리 요인(X3)	0.42**	0.87**	1.00					
사용자 요인(X4)	0.14*	0.31**	0.78**	1.00				
업무효율성 요인(X5)	0.62**	0.49*	0.51**	0.76**	1.00			
법제도적 요인(X6)	0.57**	0.72**	0.23**	0.24**	0.43**	1.00		
상호작용 요인(X7)	0.51**	0.36**	0.04	0.51**	0.17*	0.69**	1.00	
환경기술적 요인(X8)	0.01	0.13*	0.01	0.89**	0.52**	0.07	0.10*	1.00

* $p < .05$ ** $p < .01$

2) 사업목표와 측정지표 구성 요인들 간 영향력 정도(가설 2의 검증)

사업목표에 평가 요인들이 미치는 영향력 정도를 알아보기 위하여 상관 관계분석을 실시하였다. 결과는 <표 7-5>에 제시한 바와 같이 일부 요인들을 제외하고는 사업목표와 측정 요인들 간의 상관 관계는 정도의 차이는 있지만 유의미한 관계를 보이고 있어 가설 2는 채택됨을 알 수 있다.

22) 분석 결과 제시한 F값은 일정 시점에서 사업에 참여한 대상집단 간 평균값 차이 검정의 결과를 나타낸 것이다.

3. 가설 검증 결과 나타난 논의

지금까지 실시한 가설 검증 결과 나타난 전체적인 내용 중에서 몇 가지 중요한 특징들을 요약하면 다음과 같다.

1) 새로운 평가 방법에 대한 시사

이 연구는 전자정부 성숙도 수준을 평가할 보편적인 모델이 없었기 때문에 전자정부 사업평가의 객관성과 공정성을 확보하는 데 존재하게 되는 한계를 극복할 방안을 강구하고자 시작하였다.

중앙정부 차원에서 추진해 온 정보화 수준평가는 평가 대상이 주로 기관 대상이라는 점과 앞서 잠시 지적한대로 몇몇 문제점이 존재하고 있다는 지금까지의 연구 결과를 바탕으로 새로운 평가모형을 제시함으로써 전자정부 사업평가에 적절한 평가모형과 측정지표를 제시하고자 하였다.

지금까지 두 차례에 걸쳐 실시되었고 2002년 11월 평가된 정보화 수준평가(전자정부평가 포함)는 대상이 기관에 국한되었다는 점을 감안할 때 이 연구에서는 대상이 직접 민원인이었다는 점에서 의미가 있다.

분석 결과 설정한 연구모형과 모형 구성을 위하여 구성한 지표들, 그리고 지표들을 조작화 한 설문 내용이 이 연구를 진행하는 데 큰 무리가 없음이 입증되었으며, 따라서 몇 가지 연구 제약으로 지적된 내용의 보완만 선행된다면 향후 연구에 대한 적용도 가능하리라고 여겨진다.

2) 실증분석 결과 나타난 특징

연구 지역과 대상이 일부 지역에 국한되었다는 점을 감안한다 하더라도 다음과 같은 몇 가지 시사점을 발견할 수 있었다.

첫째, <표 7-4>에 나타난 바와 같이 전자정부 사업에 대한 성숙도평가는 대체적으로 긍정적인 평가를 보인 것으로 나타났다. 우선 사업목표인 대국민 서비스 향상이라는 요인에 나타난 응답자들의 반응은 평균값을 상회하고 있는 점으로 미루어 사업 초기라는 점을 감안할 때 전자정부사업은 성공적이라고 할 수 있으며, 이러한 분석 결과는 UN-ASPA(2002)에서 밝힌 바와 같이 한국의 전자정부 구현 수준이 상위 단계에 이르렀음을 입증하는 결과라 유추할 수 있을 것이다.

또한 업무효율성 요인이 높은 수치를 나타내는 것은 전자정부 서비스 제공으로 인하여 업무생산성이 향상되고(평균값 3.99), 업무 수행시 비용이 절감됨(평균값 4.02)을 입증하고 있으며, 법제도적 요인 가운데 관련 기관의 편의 정도를 묻는 항목에서 높은 점수(4.03)를 보이고 있어 이 또한 서비스 제공으로 인하여 서비스 제공 전보다 관련 기관에 대한 친숙함이 향상되었음을 입증하고 있다. 다른 요인들에 대하여도 같은 맥락에서 분석 결과를 전개할 수 있으며, 이는 전자정부 사업 전망을 밝게 해주고 있다.

둘째, <표 7-4>에 나타난 바는 응답자들이 전자정부 사업목표에 대하여 환경기술적 측면에서의 응답 결과를 제외하고는 통계적으로 의미 있는 결과를 시사하고 있음을 알 수 있다.

셋째, <표 7-5>에 나타난 결과를 보면 전자정부 성숙도를 평가하기 위하여 지표로 선정한 요인들이 사업목표와의 관계에서 일부 항목을 제외하고는 상관계수에서 다소 차이를 보이고는 있지만 유의미한 상관 관계를 보임으로써 응답자들이 정부에서 시행하고 있는 전자정부 서비스사업에 대하여 많은 관심을 보이고 있음을 직·간접으로 입증하고 있다는 것을 알 수 있다.

Ⅵ. 결 론

1. 연구 요약 및 결론

지금까지 효과적이고 생산적인 정보화 평가를 위한 모형의 구축 및 평가 방법에 관한 연구를 위하여 한 사례로 전자정부 성숙도 평가모형을 설정하여 사례연구를 실시하였다. 먼저 여기에서는 전자정부의 성숙도와 관련한 전자정부의 추진 성과에 관한 내용을 정리하면 다음과 같다.

전자정부의 비전은 단순히 더 많은 광케이블을 구축하여 행정기관을 연결하고 사무실에 더 많은 PC를 보급하는 것으로 끝나는 것이 아니다. 정보기술을 정부혁신과 접목시켜, 정부 생산성을 높이고 고객인 국민 위주의 질 높은 서비스를 제공함으로써 21세기 지식정보 입국을 구현하는 것이 전자정부가 그리는 궁극적인 목표라고 할 수 있다.

이를 위하여 위 분석 결과 나타난 시사점(8개 요인 중 비교적 낮은 점수를 보이고 있는 민의 수렴장치와 환경기술적 요인 극복)을 중심으로 전자정부 구현의 양대 목표 중 하나인 내부 업무 효율화를 위하여 향상행정 업무 처리 절차 재설계, 문서 위주의 업무 감축, 정부기관 간 정보 공동 이용 확대 등을 통하여 행정생산성을 향상시켜, 고객인 국민이 어떤 관청을 방문하더라도 한 곳에서 민원을 처리할 수 있도록 하고, 더 나아가서는 관청을 방문하지 않고도 국민이 안방에서 원하는 서비스를 받을 수 있도록 하여야 할 것이다. 또한 각종 행정정보 및 업무처리 과정을 인터넷을 통하여 공개함으로써 행정의 투명성을 높이고, 정부와 용이한 상호작용을 통하여 민주적인 의사 결정을 촉진하여야 할 것이다(전자적 민의 수렴 평균 점수는 8개 요인 가운데 2번째인 2.19).

전자정부 발전은 사회·정치·경제적 요인과 직결되므로 인적 자원과 사용자 능력 등을 고려한 프로그램 개발에 우선순위를 둘 필요가 있다는 UN분석이 시사하는 바는 이 연구에서도 제기되었다(환경기술적 요인 점수가 최하위인 2.16). 이를 극복하기 위하여 효율적인 전자정부 구축을 위하여 집중형 관리체제를 도입하고 행정기관과 조정 능력도 강화하여야 할 것이며, 주로 공급자의 관점에서 시스템을 구축하던 관행을 탈피하여 프로젝트 기획시부터 수요자의 요구를 반영하여야 할 것이다.

아울러 전자정부 서비스를 상호 통합하거나 연계할 필요성이 있으며, 전자정부 사업간 상호 운용성을 확보하여야 할 것이다.

우리나라가 최상위 전자정부 서비스 수준인 일괄처리 단계에 도달하기 위해서는 현행 정부기관별로 구분된 조직 기능적 관할 영역을 조화시킬 수 있는 새로운 행정문화 정착과 함께 국가행정 프로세스 혁신을 강력히 추진할 정책적 비전 수립부터 선행되어야 할 것이다.

2. 방법론적 시사점

이 글은 우리나라 정보화 사업을 평가하는 데 분석적 틀이 되는 평가 모형을 사후적으로 검증함으로써 평가모형의 일반화가 가능한지를 알아보고자 하는 데 목적이 있었다. 이를 위하여 정보화사업을 평가할 때 가장 적합하다고 생각되는 한 설계접근법(준실험설계접근법 중 간여전후설계접근법)을 선정하여 전자정부 성숙도 평가에 적용하였다.

정보화사업 평가의 모형 및 방법은 현실적으로 여러 가지 제약이 있을 수 있으나 정보화사업을 과학적으로 평가하는 데 비교적 적합하다고 판단되는 모형 및 방법론이 다루어져야 할 것이다. 정보사회의 시대적 요구에 부응하고 정보화의 장단기 정책에 부응하고자 추진하고 있는 정보화사업의 특성상 정부부처별·광역자치단체별로 여타 평가 모형 및 방법을 활용할 수 있으나 평가 결과의 비교분석과 그에 따른 포괄적인 정책 지원(각 계층의 함의와 재정적 지원)을 이끌어 내기 위해서는 가능한 일관된 평가접근법이 원용되어야 할 것이다.

이런 측면에서 볼 때 정보화 평가의 일반화된 평가모델 및 방법론의 정립을 위해서는 사업목표, 사업 내용, 그리고 사업 주체의 각각의 측면에서 이루어진 내용을 일반화하는 연구가 진행되어야 하며, 이를 위하여 다시 사업목표의 적절성 분석, 사업의 실현 가능성과 소망성 분석, 그리고 사업 주체의 수행관리 능력 분석 측면에서 평가 모델과 방법이 설계되어야 할 것이다.

또한 이러한 평가모형의 설계 및 평가 방법은 여러 차례에 걸쳐 그 타당성/적실성이 검증되어야 하는데, 이는 관련 전문가와 실무자의 의견 수렴을 통하여 평가모형의 적절성 여부가 판단되어야 할 것이며, GKMS의 기본이 되는 IRM(정보자원관리)의 체계적인 추진을 위하여 정보화 평가모형 및 방법의 체계적인 관리가 동시에 논의되어야 할 것이다.

참고 문헌

권오상. (1992). 컴퓨터 정보시스템의 성공요인 분석. 「한국정책분석평가학회보」 3(1).

김동현. (2000). 행정기관 정보화 수준 평가사례. 한국전산원 주관 제2회(2000년) 정보화 평가 심포지엄: 정보화평가와 성과관리 심포지엄 발표자료집.

김명수. (2000). 「공공정책평가론」. 서울: 박영사.

김석주・오강탁. (2001). 전자정부 평가방법론 및 지표 개발에 관한 시론적 연구. 한국정책분석평가학회 2001년 추계학술대회(국가정보화평가의 과제와 발전 방향) 발표논문집.

김성태. (2000). 공공부문 정보화 평가사례. 한국전산원 주관 제2회(2000년) 정보화 평가 심포지엄: 정보화평가와 성과관리 심포지엄 발표자료집.

김영미. (1997). 정보화시대 지방자치단체의 정보화전략. 지방행정연수, 40. 지방행정연수원.

김윤종. (1998). 서울시 도시정보시스템 구축을 위한 현안 과제. 서울시정포럼. 6(3).

김용훈. (1997). 공공기관 정보화의 성공요인 분석. 「한국정책분석평가학회보」 8(1).

김현성. (2005). 공공부문 정보화의 개념 재정립 및 정보화사업의 범위 설정에 관한 고찰. 「한국행정학회 동계학술대회 발표논문」.

나승식. (2002). 2003년 정보화촉진시행계획(안). 전자신문사, 한국데이터베이스진흥센터 공동 주관, 2002 전자정부 그랜드 컨퍼런스 및 전시회 발표자료집.

남궁민. (2001). 국가정보화 추진 현황과 정보화평가의 과제. 한국정책분석평가학회 2001년 추계학술대회(국가정보화평가의 과제와 발전 방향) 발표논문집.

류광택. (2002). 부처 간 전자정부 서비스 통합 및 연계 방안. 전자신문사, 한국데이터베이스진흥센터 공동 주관, 2002 전자정부 그랜드 컨퍼런스 및 전시회 발표자료집.

문명수. (1999). 지역정보화 추진 과정상의 문제점과 개선 방향. 한국지역정보화학회 지역정보화 전략세미나(1999. 10).

서울시립대학교 전자정부연구소. (2002). 「주요 국가의 전자정부 구축 현황과 쟁점」. 2002 e-Government International Conference Proceeding.

서진완. (2001). 정보화 수준 평가 방법의 문제점과 개선 방안. 한국정책분석평가학회 2001년 추계학술대회(국가정보화평가의 과제와 발전 방향) 발표논문집.
소영진. (2001). 지역정보화사업의 평가방법론과 지표 개발. 한국정책분석평가학회 2001년 추계학술대회(국가정보화평가의 과제와 발전 방향) 발표논문집.
———. (2004). 전자정부 구축사업 추진 체계의 딜레마와 극복 방안: 전자정부특별위원회의 사례를 중심으로. 정보화정책.
송희준·박기식. (2000). 지식정보사회의 정부 역할. 한국행정학회 2000년(2000. 11. 17-18) 기획세미나.
신순식. (2000). 우리나라 정보화평가제도 및 추진 동향. 한국전산원 주관 제2회(2000년) 정보화 평가 심포지엄: 정보화평가와 성과관리 심포지엄 발표자료집.
신영진. (2005). 한국형 전자정부 주도의 IT 정책 방향 재설계. 한국행정학회 동계학술대회 발표 논문.
오강탁. (2002). 고객가치 중심 서비스를 위한 차세대 전자정부 모델. 전자신문사, 한국데이터베이스진흥센터 공동 주관, 2002 전자정부 그랜드 컨퍼런스 및 전시회 발표자료집.
유평준. (1999). 지방자치단체 지역정보화 활성화 방안. 한국지역정보화학회 지역정보화 전략세미나(1999. 10).
이정섭. (2004). 조직에서 사용자의 정보시스템 수용: 지식경영 시스템의 경우.「한국경영과학회지」29(4).
이준호. (2004). 국가 지식정보자원관리사업 추진현황과 향후 과제. 한국정책분석평가학회 춘계학술대회 발표 논문.
유홍림·윤상오. (2005). 전자정부 추진 과정에서의 부처간 갈등. 한국행정학회 동계학술대회 발표 논문.
윤상오. (2002). 정보화 수준평가 개선 방안 연구. 한국정책분석평가학회 추계학술대회 발표논문집.
윤재철 .(2000). 정보기술 활용이 지방행정 조직구조에 미치는 영향. 전남대 대학원 박사학위 논문.
이윤식. (2000. 2). 정보화평가방법론의 개선에 관한 일고. 한국정책평가학회 1999학년도 동계학술대회 proceedings.
이윤식·오철호. (2000. 8). 광역지방자치단체 정보화사업에 관한 평가모형 및 방법의 탐색. unpublished paper.
임광현. (2000). 전라북도 정보화사업의 평가.「한국정책분석평가학회보」10(2).
______. (2001). 전자정부와 지식관리 시스템. 한국정책분석평가학회 2001년 동계

학술대회 발표 논문.

전라북도. (1999).「전라북도 2000년도 정보화촉진 시행계획」.

정국환. (2001). 전자정부의 비전: 정책 이슈와 추진과제.「한국경영정보학회」. *Information Systems Review* 3(2).

정명주. (2005. 12). 우리나라 정보화평가 제도변화 과정에 관한 역사적 고찰. 한국행정학회 동계학술대회 발표 논문.

정부연 · 신일순. (2001). XML을 통한 B2B 비즈니스 모델의 변화 및 시사점.「정보통신정책 ISSUE」13(6).

정익재. (2002). 정보화정책 실패사례분석과 정책교훈: 반면교사의 6가지 이야기.「한국정책학보」11(4).

정충식. (2001). 정보화사업 평가방법의 문제점과 개선 방안. 한국정책분석평가학회 2001년 추계학술대회(국가정보화평가의 과제와 발전 방향) 발표논문집.

제갈돈 · 이환범. (2000. 8). 정부성과와 평가방법론. 한국정책분석평가학회 2000년 하계학술대회 proceedings.

조만형 · 이창기. (1997). 정보시스템의 성공지표와 성공모형에 관한 실증적 연구.「한국행정학보」31-1.

최홍석. (2000). 정보화사업 성공/실패 사례 연구. 우리나라 광역지방자치단체 정보화사업 평가와 과제. 한국정책분석평가학회 추계학술대회 발표논문집.

기획예산처. (2005. 7. 18 보도자료). 2006년 정보화예산, 중복투자 방지. 민간과의 역할 분담을 통한 효율극대화에 중점.

정보화추진위원회. (2002. 2003). 국가정보화평가보고서: 제1편 정보화사업평가.

———. (2002. 2003). 정보화촉진시행계획-산업정보화촉진시행계획.

정부혁신 지방분권위원회(2003. 5). 참여정부의 전자정부 비전과 추진 원칙.

———(2003. 8). 참여정부의 전자정부 로드맵

정보통신부. (2005. 7). 국가정보화 기획 조정기능 강화 방안.

한국전산원. (1998).「정보화사업 평가편람」.

———, (1999.12).「국가정보화평가 발전 방안」. 연구보고서.

행정자치부. (1998).「전자정부의 비젼과 전략: 21세기 전자정부로 가는 길」.

_____. (2005). 전자정부사업연차보고서.

Boulmetis, John, & Phyllis Dutwin. (2000). The ABCs of Evaluation: Timeless Techniques for Program and Project Managers. Jossey-Bass Business and Management Series. Jossey-Bass Publications.

deLeon, William H. & Ephraim MeLeon R. (1992). Information Systems Success: The Quest for the Dependent Variables. *Information Systems Research* 3(1).

Dholakia, A. (1997). The Webs and the Web-Nots: Access Issues in the Information Age. *Telematics and Informatics* 14(2).

EIU. (2004). The 2004 e_Readiness Rankings http://www.eiu.com

Garson, David.(ed.). (2000). *Handbook of Public Information Systems*. New York: Marcel Dekker, Inc.

Grizzle, G. A. (1987). "Performance Measures for Budget Justification: Developing a Selection Strategy," *Public Productivity Review*. 9.

Hatry, H., R. Winnie & D. Fisk. (1973). *Practical Program Evaluation for State and Local Government Officials*. Washington, D.C.: The Urban Institute.

Heeks, Richard. (1999). (ed.). *Reinventing Government in the Information Age*. New York: Routledge.

Hobart, M. E. & Z. S. Schiffman. (1998). *Information Ages: Literacy, Mumeracy and the Computer Revolution*. The John Hopkins University Press.

Hoffman, D. L. & T. P. Novak. (1999). The Evolution of the Digital Divide: Examining the Relationship of Race to Access and Usage over Time. Presentation at the May 25-26, 1999 on the Seminar of 'Understanding the Digital Economy' Organized by US Department of Commerce.

Kerlinger, F. N. (1986). *Foundations of Behavioral Research*(3rd ed.). New York: Holt, Rinehart and Winston.

Layne, K. J. Lee. (2001). Developing Fully Functional e_Government: A Four Stage Model. *Government Information Quarterly* 18(1).

Liebowitz, Jay. (ed.) (1999). *Knowledge Management*. New York: CRC Press.

Maio, A. Di & C. Baum. (2000). *Gatner's Four Phases of E-Government Model*.

Milner, Eileen M. (2000). *Managing Information and Knowledge in the Public Sector*. New York: Routledge.

Moon, M. Jae. (200). The Evolution of e_Government among Municipalities: Rhetoric or Reality?. *Public Administration Review* 56(3).

O'Looney, John A. (2004). *Wiring Governance: Challenges and Possibilities for Public Managers*. Westpot, Conn.: Quron Books.

Reddicick, Christopher G. (2000). A Two-Stage Model of e_Government Growth: Theories and Empirical Evidence for US Cities. *Government Information Quarterly* 21(1).

Taylor, John A. (1998). *Governing in the Information Age*. Buckingham: Open University Press.

Tsagarousianou, Roza, Damian Tamnibi & Cathy Bryan. (eds.). (1998). *Cyberdemocracy: Technology, Cities and Civic Networks*. London and New York: Routledge.

UN. (2004). Global e_Government Readiness Report. http://www.unpan.org.

WEF. (2005). Global Competitiveness Report 2005-2006. http://www.wefforum.org

West, Darrell M. (2004). e_Government and Transformation of Service Deliverly and Citizen Attitudes. *Public Administration Review* 64(1).

Wholey, Joseph S., John W. Scanlon, Hugh Duffy, James S. Fukumoto, & Leona Vogt. (1973). *Federal Evaluation Policy*. Washington, D.C.: The Urban Institute.

Wielinga, B., J. Sandberg & G. Schreiber. (1997). Methods and Techniques for Knowledge Management: What Has Knowledge Engineering to Offer?. *Expert Systems with Applications* 13(1).

제 08 장

우리나라의 전자참여 현황 분석과 평가 -온라인 국민 참여 포털 운영 사례 중심-

I. 서 론

오늘날 정보통신 기술은 공공 부문과 민간 부문 모두를 근본적으로 변환시키는 수단으로 작용하고 있다. 특히, 공공 부문에서 정부가 시민과 기업에게 제공하는 서비스의 질과 속도 그리고 신뢰성을 개선하고, 아울러 행정과 정치적 의사결정 과정에 국민 참여를 촉진하는 수단이 되었다. 즉 정보통신 기술이 전자정부의 지평을 정부의 정보와 서비스의 효과적인 전달에서 정부와 국민 간의 의사소통을 촉진으로 확대하는 핵심 수단으로 인식되고 있다. 이에 따라 정보통신 기술을 활용한 정책결정 과정에서의 시민참여(e-participation) 수준이 전자정부의 수준을 결정하는 주요 지표로 활용되고 있다.

우리나라는 1980년대 중·후반 국가기간전산망사업(1987~1996), 90년대 중반의 초고속정보통신 기반구축사업(1995~2005) 등의 추진을 통하여 전자정부의 초석을 마련하였다. 새로운 세기에 들어서도 2000년도에는 「행정업무 등의 전자화를 촉진하기 위한 전자정부구현특별법」의 제정과 11대 중점과제 추진하는 등 전자정부 구현을 위한 지속적인 노력을 기울여 왔다. 그 결과 행정 업무를 효율화하고 대국민 서비스를 좀더 편리하게 제공하는 데 상당한 성과를 거둔 것으로 평가되고 있다. 전자정부 준비 지수나 서비스 제공 수준에 대한 UN 등 글로벌 평가 이를 잘 대변해 주고 있다.[1] 그러나 행정정보를 공개하고 행정 및 정치 과정에 시민의 참여를 활성화하여 행정의 투명성·신뢰성·책임성·민주성을 제공하는 데에는 상대적으로 미흡하였다.

그러나 이러한 문제 인식하에 2003년 출범한 참여정부는 전자정부 비전으로 '세계 최고 수준의 열린(open) 정부 구현'을 제시하면서 행정정보 공개와 정치 행정 과정에 대한 시민참여를 활성화하기 위한 과제를 적극 추진하고 있다. 먼저 정부 및 공공기관의 보유 정보에 대한 국민의 알 권리를 충족시키기 위하여 '통합행정정보 공개 시스템 구축' 사업을 추진하고 있다. 또한 정부에 고충민원을 제기하고, 정부의 각종 시책이나 제도에 대한 개선 의견을 전달할 수 있는 인터넷 기반의 정부 단일 창구 구축을 위하여 '온라인 국민참여 포털 구축' 사업을 추진하고 있다. 아울러 '전자투개표 시스템 구축' 사업 추진을 통하여 국가 또는 지역 단위 선거나 행정 과정에 자신의 의사나 선호를 표명하고 집계하는 투개표 과정을 온라인하기 위한 기반을 구축하였다.

이에 이 연구의 목적은 전자정부 사업으로 구축되어 서비스 중에 있는 '온라인 국민참여 포털' 시스템의 운영사례 분석을 통하여 우리나라의 시민참여 현황과 수준을 분석하고, 이를 토대로 온라인 시민참여를 활성화하기 위한 기술적·제도적 방안을 제시하는 데 있다.

1) UN의 2005년도 전자정부 준비지수 평가에서 2004년도와 동일하게 우리나라는 5위(0.8727점)로 평가되었으며, UN이 설정한 전자정부 발전 5단계에서도 모든 단계에서 80% 이상을 달성한 것으로 평가되었다. 특히 4·5단계인 전자거래와 통합처리 단계에서는 2004년에 비하여 각각 20%, 10% 상승되었다.

단계 / 연도	1단계 착수	2단계 발전	3단계 상호작용	4단계 전자거래	5단계 통합처리	평균
2004	100%	100%	100%	70.7%	68.5%	89.4%
2005	100%	98%	96%	90%	80%	93%

한편 매년 정부의 인터넷 서비스 수준을 측정하여 발표하는 미국 브라운대학의 2006년도 평가(Global e-Govenrment 2006)에서 우리나라는 60.3점으로 198개 조사 대상국 중에서 1위를 차지하였다.

Ⅱ. 전자참여에 대한 이론적 논의

1. 전자정부와 전자민주주의

오늘날 정보통신 기술은 공사 부문에서 고객에게 제공하는 서비스의 질과 속도 및 신뢰성을 획기적으로 개선하는 수단이 되고 있다. 그뿐만 아니라 행정과 정치 과정에서 시민의 참여를 촉진하는 수단으로 활용되고 있다. 즉 정보통신 기술은 정부의 효율성은 물론 투명성·신뢰성·민주성을 동시에 혁신하는 전자정부(e-Government)와 전자 민주주의(e-Democracy)를 촉진하는 핵심 수단(enabler)으로 작용하고 있다.

일반적으로 전자정부는 정보통신 기술을 활용하여 정부가 보유하고 있는 정보와 제공하는 서비스에 대한 시민의 접근성과 활용성을 제고하고자 오늘날 대부분의 정부가 채택하고 있는 새로운 정부혁신 전략으로 정의할 수 있다. 전자정부는 기존의 자기 통치적이고 권위적인 정부 조직모형이 정부 서비스 이용자와의 협의(協議, consent)와 협치(協治, governance), 그리고 그들의 참여(參與, participation)에 기반을 둔 고객 중심의 모형으로 대체될 때 구현될 수 있다.

따라서 지식정보 사회의 새로운 정부 모형으로서 전자정부는 정부 각 부처의 상·하위 조직과 그들로부터 분화된 조직(예: 외청, 산하·소속기관 등) 모두가 내·외부 고객(정부 내 타부처 및 기관 외 시민, 기업, 파트너 등)과 원활할 의사소통을 할 수 있는 수평적인 서비스 중심의 조직모형으로 전환되어야 한다. 새로운 정부모형에서 국민은 정부 서비스의 단순한 수동적 수혜자가 아니라 새로운 서비스를 요구하고 궁극적으로는 정보와 서비스에 대한 선택권을 갖는 능동적 존재로 간주되어야 한다. 그러므로 전자정부가 지향하는 궁극적인 목표는 행정의 단순한 디지털화를 넘어 행정·정치적 의사결정 과정에서 국민의 참여를 확대하는 전자 민주주의의 구현에 있다.

결과적으로 전자민주주의는 전자정부 기반 위에서만 실현될 가능성이 높다. 따라서 전자정부와 전자민주주의 간의 관계에서 전자정부는 전자민주주의 달성을 위한 필요 충분 조건으로 이해될 수 있다.

2. 전자참여의 개념과 발전 단계

전자참여는 국민과 정부가 정부정책을 결정하는 데 커뮤니케이션을 원활하게 하기 위하여 정보통신 기술을 활용하는 것을 의미한다. 일반적으로 전자참여의 목적은 다음 네 가지로 요약될 수 있다:

1) 좀더 폭넓은 시민들의 정치·행정 과정에 대한 광범위한 참여 유도
2) 다양한 기술적·의사소통 능력을 가진 시민의 참여 지원, 즉 디지털 또는 의사소통 능력 격차에 따른 참여 기회 차이 해소
3) 시민이 정치행정 과정에서 좀더 기여할 수 있도록 접근적(accessible)이고 이해 가능한(understandable) 형태의 적절한 정보 제공
4) 정책에 대한 좀더 심도 있는 기여와 신중한 토론 지원

그렇다면 한 국가의 전자참여 수준(level)은 어떻게 측정될 수 있는가? 이와 관련하여 OECD(2001)는 전자참여의 수준을 정의하기에 앞서 민주적 정치참여의 세 가지 개념적 구성 요소를 제시하고 있다: 1) 정보를 제공하는 수단, 2) 의사결정 과정에 대한 참여 구조, 3) 정책 어젠다에 기여하고 영향력 행사 능력. 이는 다시 정보(information), 토론(consultation), 적극적 참여(active participation)로 정의될 수 있다.

〈표 8-1〉 전자참여의 개념적 구성 요소

구 분	내 용	특 성
information	정부가 정보를 생산하여 시민에게 전달하는 일방향(one way) 관계	일방향 (정부→국민)
consultation	-정부가 제공한 정보에 대해서 시민이 정부에 피드백하는 양방향(two-way) 관계 -정부가 토론 이슈를 정의하고 문제를 제시하고 시민의 토론 과정을 주도	양방향 (정부↔국민)
participation	-시민이 의사결정 과정과 내용을 정의하는 데 적극적으로 참여하는 정부와 시민 간의 파트너십 관계 -최종 의사결정에 대한 책임은 정부에게 있지만, 정책 의제를 설정하는 데 정부와 시민은 동등한 지위 -단순한 정책 소비자가 아닌 생산자로서의 시민 부각	파트너십 관계 (정부↔국민)

전자참여의 목적과 개념적 구성 요소에 대한 논의를 토대로 할 때, 전자참여는 1) 전자적 참여 수단 제공(E-enabling) 단계, 2) 전자적 참여(E-engaging) 단계, 3) 조직적 권한 강화(e-Empowering) 단계로 구분된다.

먼저, 1단계는 인터넷에 접근하려 하지 않고 엄청나게 많은 유용한 정부 정보를 이용하고 있지 않은 시민들을 지원하는 단계이다. 따라서 이 단계의 목적은 기술적·의사소통 능력이 다른 시민들에게 다양한 정보 기술을 제공하여 이들의 폭넓은 참여를 촉진하는 데 있다. 아울러 정보 기술은 좀더 접근하기 용이하고 이해하기 쉬운 형태로 적절한 정보를 제공할 필요가 있다. 따라서 이 단계는 정보의 접근성(接近性, accessibility)과 가해성(可解性, understandability)으로 특징지어질 수 있다. 다음으로 2단계는 1단계에서 제공된 정보 기술을 이용하여 실제적으로 참여가 이루어지는 단계이다. 따라서 이 단계에서는 참여를 통하여 좀더 광범위한 시민들이 얼마나 정책 이슈에 대하여 기여할 수 있고 심도 있는 토론을 할 수 있도록 지원하는가의 문제가 주요 관심사이다. 끝으로 3단계는 시민의 권한을 강화하는 데 정보 기술이 활용되는 단계이다. 이 단계에서 시민은 적극적인 참여와 하의상달 관점(bottom-up idea)을 통하여 정책형성 과정에 영향을 미치고 참여하게 된다. 상의하달 관점(top-downi dea)의 민주주의는 정보에 대한 사용의 접근성과 정부 정책에 대한 반응성으로 특징지어진다. 그러나 하의상달 관점에서 시민은 단순한 정책 소비라기보다는 생산자

[그림 8-1] 전자참여의 발전 단계

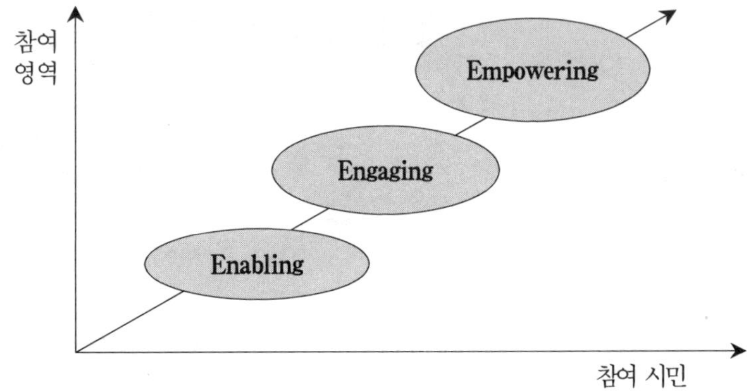

로 부상되고 있다(Macintosh, Davenport, Maliana, & Whyte, 2002). 이상에서 설명한 전자참여의 발전 단계를 참여 영역과 참여하는 시민의 폭을 기준으로 도식화하면 [그림 8-1]과 같다.

3. 정책결정 과정과 전자참여

일반적으로 정책결정 과정이란 인지된 정책 문제를 해결함으로써 달성하고자 하는 정책목표를 설정하고, 설정된 목표를 달성하기 위한 대안을 탐색 비교 평가하여 그 중에서 가장 바람직한 대안을 정책을 채택하여 집행하고 결과를 지속적으로 모니터링하는 것이라 할 수 있다. 따라서 정책결정 과정은 [그림 8-2]에서 보는 바와 같이 안건 설정, 정책대안 분석, 정책형성, 정책집행, 모니터링의 순환구조를 가진다.

먼저 의제 설정(agenda setting)은 정책 수립 또는 기존 정책의 변경 소요를 정의하고 정책으로 해결될 필요가 있는 문제를 정의하는 것을 의미한다. 정책대안 분석(analysis)은 정책대안(draft policy)을 형성하기 위해서 안건이 가지고 있는 도전과 기회를 좀더 명확하게 분석하는 것을 의미한다. 이를테면 안건에 관련된 다양한 정보와 증거 자료를 수집하고 안건이 가지고 있는 정치·사

[그림 8-2] 정책결정 과정의 순환구조

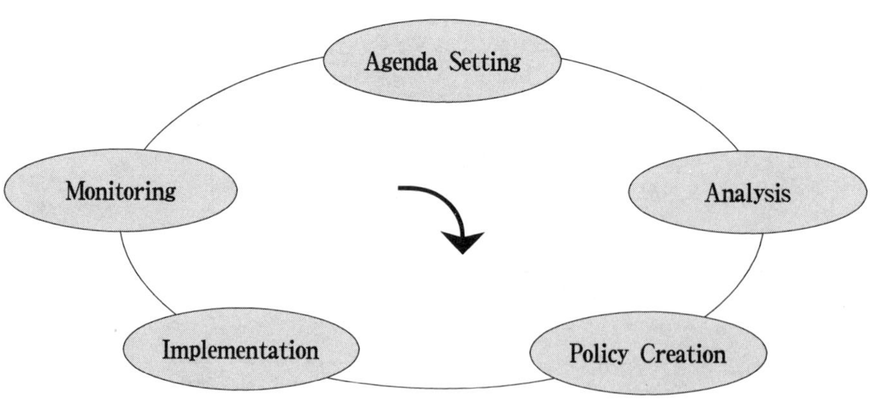

회적 맥락을 종합적으로 분석한다. 정책형성(creating the policy)은 분석 활동을 통하여 최적의 정책을 형성하는 것이다. 정책 수립을 위해서는 정책으로서의 타당성을 분석하는 위험분석, 시험연구, 실행계획을 수립한다. 끝으로 정책이 형성되면 정책이 집행되고 그 결과에 대한 지속적인 모니터링과 통제 활동이 수행된다. 이와같이 정책은 안건 설정→분석→정책형성→정책집행→모니터링의 주기로 순환되며, 정책의 특성에 따라 이러한 순환주기는 상이할 수 있다.

이러한 정책 과정에서 정보통신 기술은 정책결정자들이 서비스 이용자들은 물론 정책이 목표하고 있는 대상 집단에 직접적으로 다가가게 할 수 있다. 시민이 정책결정 초기 단계에서 컨설팅(e-consultation)을 통하여 정책의 내용에 더 많은 영향을 미칠 수 있을 것이라는 주장이다.

4. 해외 유사 사례 분석

영국의 경우 온라인상에서 국가의 정책에 대한 국민 관심을 유도하기 위하여 대표 포털인 www.directgov.uk에 '시민공간'이라는 온라인 정책토론 사이트를 개설하여 운영하고 있다. 이 공간은 정책을 결정하고 개발하는 사람들에게 시민의 의견을 알리고 전달하는 통로이다. 영국 정부는 이 사이트를 통하여 정부와 관련된 온라인 시민토론이 이루어지고 가능한 많은 이해관계자가 참여하도록 유도하고 있다. 시민토론 결과는 투명성 제고를 위한 온라인으로 공개하고 있다. 또한 토론을 촉진하고 관심을 유도하기 위하여 고위 당국자와 책임부서 장관 간의 온라인 토론 서비스를 제공하고, 책임 있는 관련 공무원이 세부적인 사항을 설명하게 하고 직접 접촉할 수 있도록 하고 있다.

스코틀랜드는 온라인 정책포럼(e-Forum)의 일환으로 각종 국가 사회적인 이슈에 대하여 직·간접적인 이해관계자 모두 참여하는 온라인 정책공청회 사이트를 운영하고 있다. 온라인 정책공청회는 이슈 기반 포럼과 정책 기반 포럼으로 이원화하여 운영하고 있고, 주관 행정기관이 직접 운영하기보다는 조정위원회 방식으로 운영하고 있다.

싱가포르의 경우는 정부 대표 포털 사이트와 독립적인 형태로 행정에 대한 국민 참여를 유도하고 있다.

〈표 8-2〉 싱가포르의 온라인 국민참여 서비스 내용

구 분	내 용
The Feedback Unit	다양한 계층의 국민들의 견해와 아이디어 표명
Supervisor session	국회의원과 일반인 등 20명으로 구성된 패널
Tea session	정책 실행 전후 과정을 협의하는 정기모임
Straw polls	신속한 의견이 필요한 사안에 대하여 투표
Feed Back Groups	민간 부문 대표가 의장을 맡은 순수한 독립 토론 그룹
People's forum	일반인이 상시적으로 활동하고자 할 때 우선 참여하게 되는 포럼

이 밖에 핀란드, 네덜란드 등 다른 국가들도 전자참여를 유도하고 있다. 핀란드는 2000년 2월 핀란드 재무부 공공관리국이 다양한 이슈에 대한 국민들의 의견을 수렴하기 위하여 온라인 공공서비스 포털사이트를 구축하였다. 특히 정부가 국민과의 정책 협의 및 참여를 이끌기 위하여 만든 'hear the citizen'이라는 온라인 정책포럼이 잘 운영되어 있다. 네덜란드는 전자투표 시스템 도입을 통하여 온라인 국민참여를 제도화하는 데 가장 선도적이다. 또한 정부정책을 담당하고 있는 관료와의 인터넷 토론을 인터넷 생중계하는 프로그램으로 국민의 온라인 정책참여를 성공적으로 구현하고 있다. 끝으로 프랑스는 정부의 신규 법안을 상정하기에 앞서 이를 인터넷에 공개하여 온라인 토론 등의 방식으로 국민의 의견을 수렴하고 있으며, 의회 토론 과정을 인터넷을 생중계하거나 시민-의원 간의 질의/응답 섹션을 설치하여 국민들의 온라인 정책참여를 지원하고 있다.

이상의 해외 사례분석에서 얻을 수 있는 시사점은 다음 세 가지로 요약될 수 있다.

첫째, 전자적 시민참여의 활성화를 위하여 시민이 제시한 의견을 수렴하고 이를 정책화하는 명확한 절차를 마련하고 있다.

둘째, 정부가 정책 이슈에 대하여 온라인 토론을 주재하고 중재하는 역할을 수행하고 있다. 즉 온라인 토론을 촉진하고 참여 간의 이견을 유연하게 조정 중재하는 역할을 수행하고 있다.

끝으로, 온라인 참여의 결과를 인터넷으로 공개하는 등의 피드백 체계를 구축하고 있다.

Ⅲ. 우리나라의 전자참여 운영 사례분석: 온라인 국민참여 포털

1. 온라인 국민참여 포털의 개요

1) 구축 배경

대국민 서비스 혁신을 위한 정부의 지속적인 노력에도 불구하고 특히 비정형 민원이라 할 수 있는 고충민원을 처리하는 데 국민들은 여전히 번거로움을 겪고 있다. 이를테면 민원사무별 소관 부처/기관에 대한 일반 국민의 이해 부족과 정부기관의 처리 지연, 불성실한 답변 등의 이유로 동일한 민원을 여러 행정기관에 반복적으로 제기하고 있는 실정이다. 또한 정부기관도 기관 간 민원 접수 및 처리 시스템이 상호 연계되어 있지 않아 동일 민원을 중복 또는 반복하여 처리하는 등의 행정력을 낭비하고 있다.

이러한 문제점을 개선하고자 정부 개별 기관의 고충민원, 국민제안, 정책참여 창구를 하나의 시스템으로 통합하기 위하여 '온라인 국민참여 포털'[2] 사업을 추진하게 되었다. 이를 통하여 민원에 대한 접근성과 용이성을 높이고 중복/반복 민원의 문제점 해결하여 민원 업무의 효율성을 제고하고, 국민들의 의견을 효과적으로 국정에 반영하는 전기를 마련하게 되었다. 2004년 업무재설계 및 정보화전략계획(BPR/ISP)을 수립하여 이를 바탕으로 2005년도 4월에 청와대와 국민고충처리위원회, 그리고 중앙행정기관 중에 건설교통부 등 5개 시범기관을 대상으로 고충민원, 국민제안, 정책참여 분야 관련 시스템을 하나로 통합하는 시범시스템(www.epeople.go.kr)을 구축하였다. 그리고 2006년도 6월에는 중앙부처 49개 기관의 관련 시스템을 통합하여 서비스 중에 있으며, 현재는 지자체(부산광역시와 구청) 및 공공기관의 관련 시스템 연계를 위한 사업을 추진중에 있다.

2) 온라인 국민참여 포털(www.epeople.go.kr) 구축 사업은 지자체 및 공공기관 20개 기관을 대상으로 고충민원, 국민제안, 정책참여에 대하여 2007년 4월까지 통합·연계하고, 2007년 말까지 모든 지자체 및 공공기관에 대하여 연계 통합할 계획이다.

온라인 참여포털 시스템의 개념적 모델을 도식화하면 [그림 8-3]과 같다.

[그림 8-3] 온라인 국민참여 포털의 개념적 모델

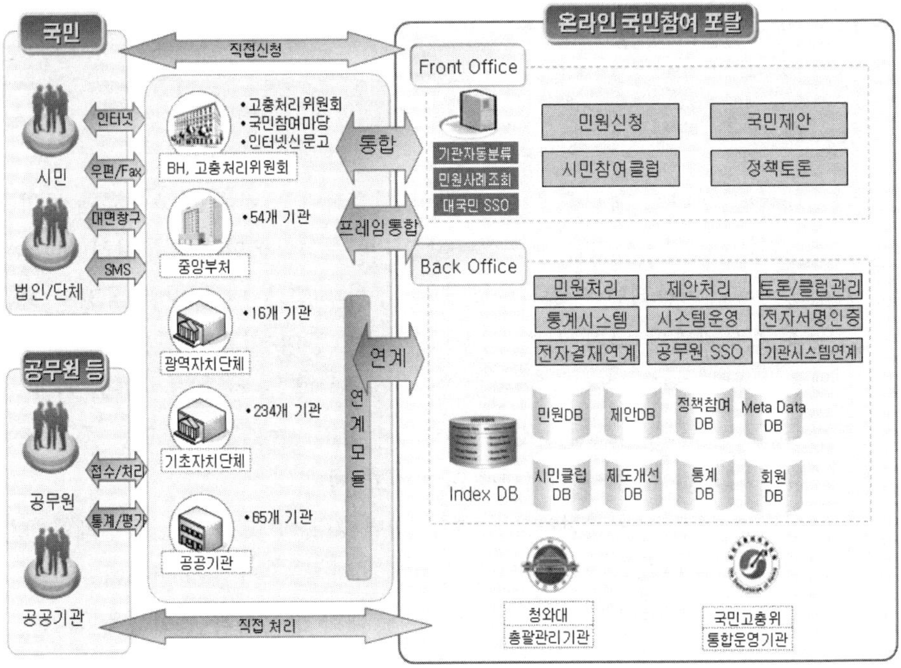

온라인 국민참여 포털 구축을 통하여 국민들은 비정형 민원(고충민원) 및 국민제안을 단일 창구를 통해서 접수·신청하고 처리 결과를 조회할 수 있게 되었다. 아울러 정부 각 부처는 민원과 국민제안의 통합으로 중복·반복되는 민원 및 제안을 병합적으로 처리할 수 있게 되어 업무 처리의 효율화를 도모할 수 있게 되었다.

2) 주요 서비스별 처리 절차

온라인 국민참여 포털의 주요 서비스는 고충민원, 국민제안, 정책참여 등으로 구성되어 있으며, 이들은 상호 연계되어 운영되고 있다. 각 서비스별 이용 및 처리 절차를 상세히 설명하면 다음과 같다.

먼저 고충민원[3]은 '신청→기관 선택→접수→처리'의 절차에 따라 이행되며, 서비스 종료 후에는 민원인의 만족도 조사가 뒤따른다. 민원처리가 완료되기 전까지 민원인은 민원 내용 외에는 민원신청 정보를 수정하거나 민원신청 자체를 취하할 수 있다.

다음으로 국민제안[4]은 '신청서 작성→제안 처리기관 선정→접수 채택심사 및 처리→자체 우수제안 선정→중앙 우수제안 심사 및 포상'의 절차에 따라 시행된다. 고충민원과 마찬가지로 제안을 접수시킨 후에는 제안 신청인은 언제든지 자신의 개인 정보를 수정하거나 제안을 취할 수 있다. 그러나 다음에 해당하는 제안은 제안으로 간주되지 않는다: 1)일반인에게 이미 공지되었거나 이용되고 있는 제안, 2) 타인이 취득한 특허권, 실용신안권, 디자인권, 저작권에 속하는 제안, 3) 「공무원 직무 발명의 처분·관리 및 보상 등에 관한 규정」에 의하여 보상이 확정된 제안, 4) 이미 채택된 제안이거나 그 기본 구상이 이와 유사한 제안 등.

끝으로 정책토론[5]은 전자공청회,[6] 참여포럼,[7] 설문조사로 구성되어 있고, 이 서비스를 통하여 정부를 비롯한 모든 공공기관은 정책홍보는 물론 정책 과정에서 시민의 의견을 수렴할 수 있다. 온라인 국민참여 포털의 핵심 서비스인 고충민원, 국민제안, 정책참여 서비스별 이용 및 업무 처리 절차를 도식화하면 [그림 8-4]와 같다.

---

3) 고충민원은 행정기관의 위법, 부당하거나 소극적인 처분 및 불합리한 행정제도로 인한 권리, 이익의 침해, 불편 부담되는 사항의 해결 요구 등에 대한 내용을 제기하는 민원을 의미한다.

4) 국민제안은 정부시책 또는 행정제도·운영의 개선을 목적으로 행정기관의 장에게 제출하는 창의적인 의견이나 고안을 의미하며, 개인 정보 유출, 타인에 대한 비방과 허위 사실 적시, 욕설 등의 공개제안은 「정보통신망 이용 촉진 및 정보 보호 등에 관한 법률」에 의거 처벌받을 수 있으며, 관리자에 의하여 비공개로 전환될 수 있다.

5) 전자공청회는 인터넷 홈페이지 등에서 행정절차법에 규정된 공청회에 준하여 정부 또는 지방자치단체의 입법, 제도, 정책안 등에 대하여 이해관계자, 전문지식과 경험을 가진 자, 기타 일반인으로부터 토론 등을 통하여 널리 의견을 수렴하는 것을 말한다.

6) 참여포럼은 온라인 국민참여 포털 안에서 공공정책 또는 사회 문제 등에 대하여 의견의 제시, 토론 및 건의 등을 하는 것을 말한다.

7) 시민참여클럽은 온라인 참여포털 회원들이 관심이 있는 정책 등이나 사회 여론, 그 밖에 이와 유사한 의제에 관하여 의견을 교환하기 위하여 구성한 모임을 말한다.

[그림 8-4] 주요 서비스별 이용 및 처리 절차

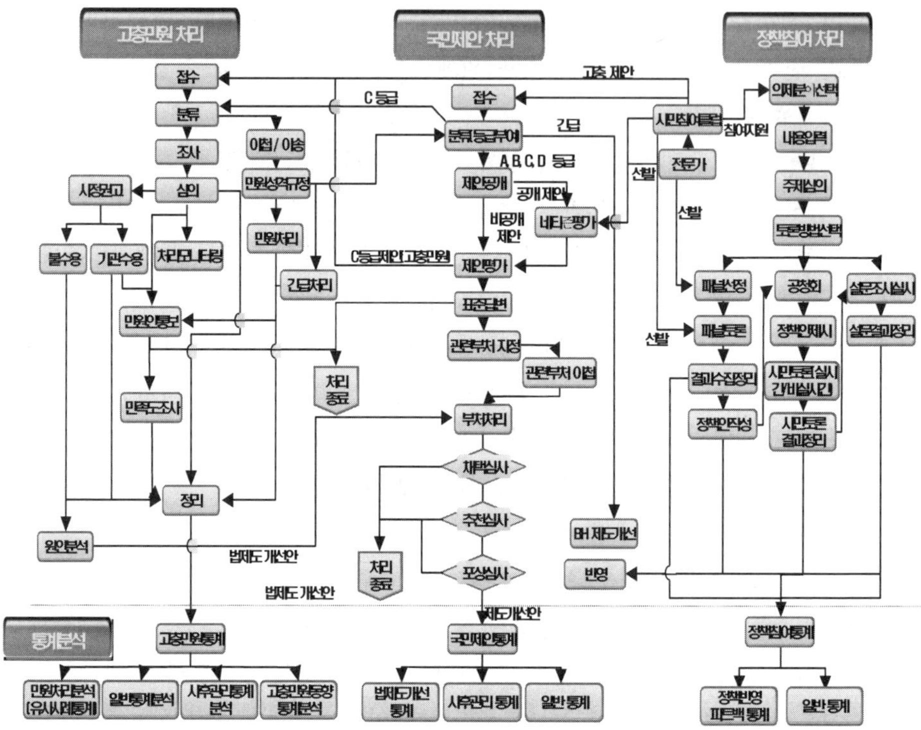

2. 주요 서비스별 운영 현황 분석(2006년 상반기 기준)

1) 고충민원

2006년도 상반기 접수 민원은 총 47,418건으로, 1/4분기에는 24,013건, 2/4분기에는 23,405건이 접수되었으며, 1/4분기 대비 2/4분기에는 2.6% 감소하였다. 고충민원 접수 방법은 온라인 접수 민원이 88%(41,718건), 서신민원이 12%(5,700건)를 차지하고 있어 대부분의 민원이 온라인으로 접수되고 있음을 알 수 있다.

월평균 민원 접수 건수 추이를 분석해 보면, 고충민원의 경우 1/4분기는

〈표 8-3〉 2006년도 상반기 고충민원 접수 및 처리 현황

구분	접수 현황			처리 현황		
	소계	온라인	서신	소계	완료	처리중
건수	47,418 (100%)	41,718 (88.0%)	5,700 (12.0%)	47,418 (100%)	44,643 (94.1%)	2,775 (5.9%)

7,943건, 2/4분기는 7,864건으로, 2006년도 2/4분기의 월평균 접수민원은 1/4분기와 거의 비슷하나, 2005년 월평균에 비하여 800여건 감소하였다. 특히 서신민원에 대한 접수민원이 점차 감소하는 추세를 보이고 있으며, 접수 경로에서는 2006년 상반기의 온라인 접수 비율이 2005년에 비하여 다소 상승하였다(81%⇒88%). 부처별로는 건설교통부(4,517건), 경찰청(3,499), 보건복지부(2,734) 순이며, 민원 다발 부서에 접수된 민원이 전체의 51%를 차지하고 있다. 제기되고 있는 주요 내용은 주택·건축 분야, 민·형사 분야, 보건·보지 분야 등 생활민원이 대다수를 차지하고 있다. 특정 부처(정보통신부, 보건복지부)의 민원이 급증하고 있는 추세로 각각 26%, 19% 증가율을 보이고 있다. 정보통신부의 경우 휴대폰 구입 후 요금 과다 부과 시정 및 휴대폰 명의 도용 관련 민원이 증가하고 있고, 보건복지부 민원의 경우 저출산·고령화 대책 마련 등 현재 사회적인 이슈에 대한 민원이 증가하고 있는 추세이다.

〈표 8-4〉 2006년도 상반기 고충민원 서신 및 온라인 접수 현황

구 분	2005년 월평균	2006년	
		1/4분기 월평균	2/4분기 월평균
합 계	8,746	7,943	7,864
서 신	1,661	1,011	889
온라인	7,085	6,932	6,975

한편 고충민원 서비스를 이용한 후 만족도 조사에 참여(평균 응답률이 14%)한 사용자들의 서비스 만족도 수준은 여전히 매우 낮은 수준을 보이고 있다. [그림 8-5]에서 보는 바와 같이 2006년도 상반기의 서비스 만족률은 2005년도에 비하여 소폭 증가(20.5%→22.0%)하였으나, 서비스 불만족률이 여전히 60%

이상으로 매우 높은 수준이다.

기타 고충민원 처리와 관련해서는 대부분의 기관들이 법정 기일(7일) 이내 민원처리를 하고 있으나, 일부 기관의 경우 민원처리가 다소 지연되고 있다. 또한 좀더 신속하고 공정한 민원 처리를 위하여 노력으로 기관장 주재의 민원조정위원회를 운영하는 기관도 지속적으로 증가(2005년 4/4분기: 14개→2006년 2/4분기: 27개)하고 있다.

[그림 8-5] 2006년도 상반기 고충민원 만족도 변화 추이

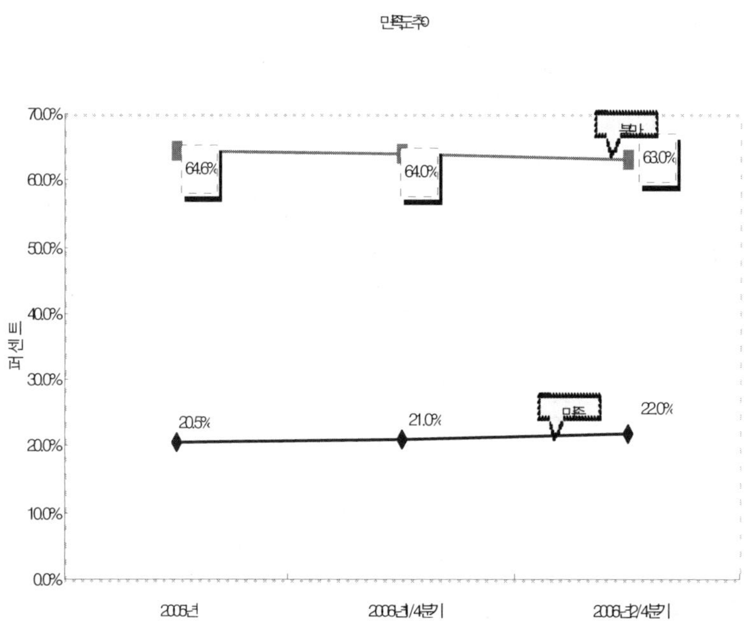

2) 국민제안

2006년도 상반기의 국민제안의 경우 월평균 2,300여건이 접수되었으며, 2006년 6월~8월 초 중앙행정기관 홈페이지 통합 작업(확대 1단계 사업 완료) 후 국민제안 신청이 계속적으로 증가(2006년 상반기 일평균 77건→2006년 3/4분기 일평균 166건)하고 있다.

〈표 8-5〉 2006년도 상반기 국민제안 신청 현황

구분(월)	합 계	1월	2월	3월	4월	5월	6월
신청(건) (일평균)	13,850 (77)	1,951 (63)	2,169 (77)	2,618 (84)	2,671 (89)	2,417 (78)	2,024 (67)

2006년도 심사 완료 건은 신청 13,850건 중 13,204건으로(심사중 448건, 미처리 198건 제외) 처리율 95%를 기록(2006. 9. 15 기준)하고 있다. 이 중 국민제안으로 분류할 수 있는 건 전체 신청 건 중 36%인 4,959건이며 실제 국민제안으로 채택되어 실시된 정책은 많지 않다.

한편 국민제안 출처별 현황은 온라인 접수 13,811건(온라인 접수율 99.7%)으로 인터넷 신청이 대부분을 차지하고 있다. 이 중에서 온라인 국민참여 포털(www.epeople.go.kr)을 직접 방문하여 신청한 건은 8,917건으로 64.3%를 차지하고 있다. 그러나 중앙행정기관 홈페이지 통합(2006년 8월)이 마무리됨에 따라 향후에는 기관 홈페이지를 통한 접수율이 증가할 것으로 예상된다.

3) 정책참여

아래의 <표 8-6>에서 보는 바와 같이 2006년도 상반기의 정책참여의 등록건수는 지속적으로 상승하는 추세이다.

〈표 8-6〉 2006년도 정책참여 분야별 등록 현황

구분/분기	1/4분기	2/4분기	3/4분기
전자공청회	32	49	112
참여포럼	16	22	48
설문조사	2	6	78

각 하위 서비스별 세부적인 내용을 살펴보면, 전자공청회의 경우 토론이 완료된 의제에 대하여 의제 1건당 평균 의견 제시는 3.3건에 불과하고, 일부 주요사안을 제외하고는 의견 제시가 거의 없거나 1~2건에 불과하였으며 반영 결과 등록 비율도 37% 정도에 그쳤다. 참여포럼은 포럼 신청 86건에 대하여 심사를 실시한 건수는 48건으로 56% 정도이며, 토론 승인 실적은 48건 중 18건

(38%)으로 승인 비율은 비교적 낮게 나타났다. 그리고 의견 제출은 의제당 23건으로 전자공청회보다는 높은 편이나 의제별 편차가 크게 나타났다. 설문조사의 경우는 행정기관의 홈페이지 연계 후 꾸준히 증가하고 있어 향후 활용도가 기대되고 있으나 참여자 수는 건당 평균 23명에 불과하였다.

종합적으로 평가해 볼 때, 정책참여 분야는 의제 등록 건수가 지속적으로 증가하고 있고, 주요 정책에 대한 취지, 토론 의견, 반영 결과 등을 지속적으로 게시함으로써 정부의 주요 정책에 대하여 홍보 효과가 어느 정도는 있는 것으로 볼 수 있다. 또한 토론참여 대상을 회원제로 운영[8]하여 토론의제와 관계 없는 내용이나 제3자를 비방하는 극단적인 내용을 게시하는 사례가 거의 없어 건전하고 투명한 온라인 정책토론의 가능성을 확인할 수 있다.

Ⅳ. 온라인 국민참여 포털에 대한 평가

1. 운영 실적 관점

첫째, 온라인 국민참여 포털의 사용 기능에 대한 홍보 및 개선이 필요하다. 2006년도 상반기 국민제안으로 신청된 건수 중 제안의 성격에 맞게 제안한 건수는 전체의 36% 정도이고, 나머지는 제안 성격과 맞지 않는 내용이었다. 이는 제안의 성격이나 규정에 대하여 인식이 부족과 시스템 사용상의 오류에 기인

〈표 8-7〉 2006년도 상반기 국민제안 분류 및 처리 내역

구 분 (합계%)	처리 내역			
	제안/채택	비제안	민원	미처리(미접수)
13,850 (100%)	4,959/334 (36%/6.7)	5,205 (38%)	3,488 (25%)	198 (1%)

8) 토론참여 대상을 익명성이 보장되는 불특정 다수로 하지 않고 회원제로 운영하는 것에 대해서는 관점에 따라서 찬·반 논쟁이 있을 수 있다.

하는 것으로 판단된다. 따라서 좀더 적극적인 시스템 사용 안내, 사용자 인터페이스(UI) 개선 및 홍보가 필요하다.

둘째, 참여포털에 대한 실제적인 평가를 위한 정확한 통계 데이터가 필요하다. 예를 들어 2006년도 상반기 국민제안 4,959건 중에 334건이 제안으로 채택된 것으로 되었으나, 실제로 국민제안을 채택되어 정책이나 정책집행 과정에 반영된 사례는 전무한 실정이다.[9] 이러한 통계적 오류는 시스템적 오류이거나 또는 단순히 담당 공무원이 제안인의 제안에 동의하거나 이미 유사 제안이 채택되어 승인된 것으로 판단하여 제안을 채택한 것으로 간주한데서 비롯된 것으로 추정된다. 결과적으로 현행 시스템으로는 국민제안과 정책토론이 정부의 어떤 정책에 어떻게 반영되었는지에 대한 피드백 관리 또는 추적관리가 곤란하다는 것이다.

셋째, 고충민원과 국민제안 등에 대한 담당 공무원의 좀더 적극적이고 책임감 있는 처리가 필요하다. 대부분의 기관이 국민제안 처리 규정을 준수하고 있다. 그러나 상대적으로 민원이 많이 제기되지 않은 기관의 경우에는 민원제안의 접수 및 처리가 지연되고 있다. 이는 아마도 국민제안 처리 기간의 단축(120일에서 90일도)에 따른 담당 공무원의 업무 증가 또는 타부처/기관 복합민원 처리를 위한 관계 기관 간의 업무 협조 지연에 따른 것이라 할 수 있다.

끝으로, 참여포털 서비스에 대한 사용자 만족도 제고를 위한 노력이 시급하다. 국민제안의 경우 전체 참여자의 15% 정도만이 만족도 조사에 참여하였고, 대부분은 보통 이하의 만족도 점수를 부여하였다. 따라서 담당 공무원들은 제안인의 관점에서 제안 내용을 좀더 적극적으로 이해하는 태도가 필요하고 제안에 대한 답변도 제안자가 이해하기 쉽게 평이한 용어로 구체적으로 작성하여야 한다.

2. 정책결정 과정 관점

이하에서는 정책결정 과정 관점에서 온라인 국민참여 포털에서 이루어지고 있는 참여의 양상을 살펴보고자 한다. 앞서 논의한 바와 같이 국민의 전자참여는 정보 제공(e-Information) → 사이버 토론(e-Consultation) → 정책참여(e-

9) 국민제안의 경우 행정기관의 장이 행하며, 특별한 사유가 없는 한 지체없이 행정에 바로 적용·실시하는 것을 의미한다.

Participation)의 수준으로 발전하고, 정책은 Agenda Setting→Analysis → Policy Creation→Implementation→Monitoring의 순환 과정을 거친다.

따라서 정책참여 모델의 경우에는 정보 제공 및 사이버 토론를 통하여 국민의 의견을 수렴한 후에 정책참여 단계에서 안건을 제기하고 정책으로 반영하기 위한 계층제적 수순을 밟게 된다([그림 8-6]의 ①번). 그러나 온라인 국민참여 포털에서는 국민의 의견이 정책참여 단계뿐만 아니라 사이버 토론 단계에서도 국민의 의견이 정책 의제 형성 과정에 반영될 수 있도록 운영되고 있다([그림 8-6]의 ①, ②번). 다만, 온라인 참여포털에서는 정책 의제 등록 후 국민의 의견이 실제 정책형성과 모니터링 단계에서 어떻게 반영되었는지를 추적 관리하는 데 어려움이 있다. 따라서 Agenda Setting→Analysis→Policy Creation→Implementation→Monitoring의 순환주기 중 정책 의제설정, 정책 대안분석 단계에서의 참여는 어느 정도 실현되고 있지만, 이후 정책형성, 정책 집행 및 모니터링 단계에는 명확하지 않은 실정이다.

또한 온라인 참여포털에서는 국민들이 국민제안을 통하여 정책 대안분석 단계에서도 자신의 의견이 반영될 수 있다([그림 8-6]의 ③번). 즉 국민이나 행정기관에서 제기한 정책 의제 외에도 자유롭게 정치·사회적인 이슈에 대하여 자유롭게 제안하고 이를 정책에 반영시킬 수 있는 프로세스가 마련되어 있다.

[그림 8-6] 정책결정 과정과 온라인 국민 참여

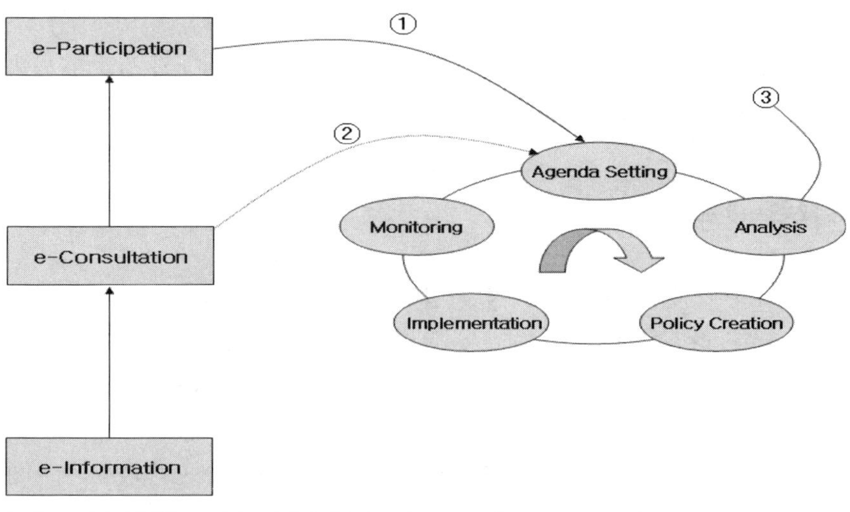

V. 결 론

온라인 참여포털은 중앙부처 56개 기관의 고충민원, 국민제안, 정책제안에 대한 창구를 통합하여 범정부적인 전자 시민참여의 기반을 구축하였다. 이를 통하여 그동안 개별 부처나 기관별로 홈페이지를 통하여 민원에 대한 통합 접수 및 처리 체계를 구축하여 국민의 접근성과 편의성을 개선하고 중복되거나 반복되는 민원처리에 따른 행정의 비효율을 상당 부분 해소하는 성과를 거두었다. 2007년 말까지 250여개 지방자치단체와 50여개 공공기관의 관련 시스템도 모두 온라인 참여포털로 연계 또는 통합되면 그 파급 효과는 매우 클 것으로 예상된다.

그러나 온라인 국민참여 포털의 운영 성과에 대한 분석 결과에서 얻은 정책적 함의(含意)를 토대로 온라인 참여포털의 이용 활성화를 위해서는 다음과 같은 제도적·기술적 조치가 마련될 필요가 있다.

첫째, 온라인 참여포털을 운영하는 기관과 연계되어 있는 각 기관의 최고관리자의 리더십과 적극적인 지원이 필요하다. 아울러 최고관리자의 리더십과 지원을 구체적으로 실행에 옮길 수 있는 전문적인 전담조직과 인력이 확보되어야 한다.

둘째, 온라인 참여포털의 활성화를 위해서는 시민들의 참여를 유도할 수 있는 인센티브 장치를 마련할 필요가 있다. 이러한 보상을 통하여 시민들이 좀더 적극적으로 정치 및 행정 과정에 자신의 의견을 제시하도록 유도할 있다. 이를 위해서는 참여 시민들이 제시한 의견이나 정책제안을 공정하게 평가할 수 있는 평가 체계가 함께 마련되어야 한다.

셋째, 장애인 등 정보 취약 계층뿐만 아니라 리눅스, Firefox 등 공개 기반 소프트웨어(OS, 브라우저 등) 사용자(정보 소수자) 등이 자유롭게 시스템에 접근할 수 있도록 지속적인 웹 접근성 개선 노력이 필요하다. 이를테면, OS, 브라우저 등 플랫폼 독립적 서비스 환경 구축뿐만 아니라 좀더 능동적이고 역동적인 시민참여를 유도하기 위해서는 웹 2.0[10]이 지향을 하는 개념을 적극적으로 시스템에 반영할 필요가 있다.

넷째, 온라인 국민참여 포털이 우리나라의 참여 민주주의를 한 단계 업그레이드하는 데 기여하기 위해서는 일부 이해 당사자자 전문가들만이 아니라 다양한 계층의 시민들이 참여할 수 있도록 하는 제도적 방안을 강구하여야 한다. 이를테면 영국과 마찬가지로 다양한 계층의 이해를 대변할 수 있는 시민 패널을 구성하여 운영하는 방안도 검토해 볼 필요가 있다.

끝으로, 방송, 광고, 홈페이지 등 다양한 매체를 이용하여 온라인 참여포털 시스템을 홍보하여 시스템에 대한 인지도를 제고할 필요가 있다.

참고 문헌

국민고충처리위원회. (206). 「'06년 상반기 참여마당신문고 민원처리 분석보고」, 2006. 10.

———. (2006). 「'06년 상반기 참여마당 신문고 국민제안 분석보고」, 2006. 10.

한국전산원. (2002). 「전자정부 추진 방향 및 주요 이슈」.

———. (2005). 「2005년도 전자정부 해외사례 선집」.

———. (2006). 「2006년도 국가정보화백서」.

행정자치부. (2004).「온라인 국민 참여포털 시스템 구축사업 중장기사업계획서」.

———. (2005). 「2005년도 전자정부사업 연차보고서」.

———. (2006). 「온라인 국민참여 포털의 정책토론 활성화 추진지침」.

———. (2006). 「온라인 국민참여 포털 확대 2단계 사업계획서」.

Biasiotti, Maria Angela & Roberta Nannucci. (2003). E-Government and E-Democracy: The Italian Prospect. Monica Palmirani, Tom van Engers, Maria A. Wimmer(eds.).

Brown University. (2006). *Global E-government 2006.*

10) Web 2.0에 대한 명확한 정의는 없지만, 성공한 닷컴 기업들에게서 발견되는 공통적인 요소를 포함하는 것을 말한다(Gartner, 2005). Web 2.0을 이해하기 위해서는 Web 2.0이 가져야 할 특성을 이해하는 것이 중요하며 이를 나열하면 다음과 같다: ① 웹은 플랫폼이다. ② 집단 지성을 활용한다. ③ 데이터가 차별화의 열쇠이다. ④ 소프트웨어 배포주기란 없다. ⑤ 가볍고 단순하게 프로그래밍한다. ⑥ 웹은 단일 디바이스(PC)를 넘어선 소프트웨어이다. ⑦ 사용자들에게 풍부한 사용자 경험을 제공한다.

Cliff S., e-Democracy, e-Governance and Public Net-Work. (http://www.publicus.net/articles/edempublicnetwork.html)

Cohen, Steven & William Eimicke. (2001). The Use of the Internet in Government Service Delivery. E-Government Series February 2001. The Pricewater Coopers Endowment of The Business of Government.

Deloitt Research. (2000). *Through the Portal: Enterprise Transformation for e-Government.*

Demchak, Chris C., C. Friis, & T. M. LaPorte.(2000). Webbing Governance: National differences in constructing the face of public organizations. In G. David Garson, ed. *Handbook of Public Information Systems,* New York, N.Y.: Marcel Dekker Publishers.

Heeks, Richard. (2000). *Reinventing Government in the Information Age.* London, England: Roultedge Press.

Hilwatch, Com.(2003). White Paper: Hilwatch E-Impact Benchmark and Visitor Pattern Analytics Aligment With Government Web Asset Performance Measurement.

IBM.(2001). Creating and Implementing an E-government Portal Solution: Requirements, solution options, and business model considerations. IBM Global Industries. (http://ibm.com/solutions/government)

Macintosh, A., E. Davenport, A. Malina, & A. Whyte.(2002). Technology to Support Participatory Democarcy. In Ake Gronlund(ed). *Electronic Government: Design, Applications, and Management*; Idea Group Publishing, January 2002; 223-245.

OECD.(2001), *Citizens as Partners: Information, consultation and public participation in policy making.*

———.(2003), *Policy Brief 2003.* Engaging Citizens Online for Better Policy-Making. Proceedings of the 37th Hawaii international conference on systems science, 2004 Charaterizing E-Participation in Policy-Making.

UN.(2005). UN Global E-Government Readiness Report.

제 09 장 혁신정책의 등장 배경 및 성패 요인에 관한 분석평가 모형

I. 서 론

혁신정책(innovative policy; 이하에서는 개혁정책, 혁신사업 등으로도 표기함)은 어떠한 배경과 연유로 등장하는가? 예컨대, 노태우 정부의 토지공개념 입법, 김영삼 정부의 금융실명제, 노무현 정부의 8·31 부동산 대책, 1970년대 미국 공해방지법(Clean Air Act Amendments)의 등장 배경은 어떻게 같거나 다른가? 이들 혁신정책을 구체적으로 형성케 한 요인은 무엇이고, 집행 과정에서의 능률성 정도를 결정짓는 기준은 무엇인가? 또한 사업 시행으로 나타난 효과는 해당 정책의 수정, 보완, 확대, 축소, 종결 등 내용적 변화에 어떻게 반영되는가? 이와 같은 물음에 답하는 차원에서 혁신정책의 등장 배경과 성패 요인을 하나의 분석모형으로 체계화해 보려는 것이 이 연구의 목적이다.

여기에서는 우선 혁신정책의 등장을 객관적으로 설명할 수 있는 일정한 배경적 요인이 있을 것으로 보았다. 또한 혁신정책을 주도하는 정치인 혹은 전문가(혹은 특정 세력이나 집단)가 해당 이슈에 집착하는 분명한 이유가 있을 것인 바 사업 관련 비용·편익의 내용분석을 통해서 일관성 있는 설명이 가능할 것으로 보았다. 특히, 혁신정책의 형성 및 집행 과정을 거치면서 혁신성이 훨씬 약화된 기왕의 점증적(incremental)인 사업 내용이 변화 및 침잠하는 사례가 허다하다는 점에 주목하였다. 즉 상황 변화에 조응하여 혁신성을 상실하면서 혁신정책으로서의 일생을 마감하는 경우가 오히려 일반화된 경향이라는 것이다.

이에 등장 배경, 형성 과정 그리고 점증주의에로의 회귀 과정 등 혁신정책의 단계별 변화를 해석해 보기로 한다. 과정적 해석에 관한 학자들의 다양한 논점과 기준을 정리하고 나아가 혁신정책의 성패를 사전(事前)적으로 예측해 볼 수 있는 분석평가모형을 제안해 보고자 한다.

Ⅱ. 혁신정책의 등장 배경과 형성·집행 과정, 점증주의로의 회귀

1. 등장 배경: 과거에 대한 사회학습 결과

혁신정책은 대체로 과거 해당 문제의 심각성에도 불구하고 이에 대처하는 정부 역할이 미흡하였거나 연속적으로 대책이 실패한 경우에 등장하는 것이 일반적이다(Ingram, 1985: 12-15). 주기적으로 부동산 가격이 급등하는데 이를 막아내지 못한 정부실패는 노무현 정부로 하여금 '3·30 부동산에 관한 조치'와 '8·31 부동산 대책'을 결단하게 만든 요인이다. 극적인 위기나 사건에 뒤이어 매스컴에서 문제를 관심 있게 다루면 대중들의 인식에도 변화가 생기게 되고 결과적으로 혁신정책이 등장하기 마련이다. 대규모 암시장이 국가경제를 어지럽히고, 공직사회의 부정부패가 재벌 도산을 야기하는 가운데 정경유착 문제로 전직 대통령의 구속된다면 공정한 국정관리와 투명한 기업 운영에 대한 국민적 공감대가 형성될 수밖에 없다. 그러한 기대에 부응하여 김영삼 대통령이 금융실명제라는 혁신적 금융정책을 전격적으로 발표한 것이다. 미국의 공해방지법(Clean Air Act Amendments)도 급속한 대도시의 환경오염이 공중보건을 위협하고 있다는 인식이 팽배해지면서 등장한다. 연방정부가 강력한 규제를 담은 환경정책을 발의하고 의회가 이를 전격적으로 가결시킨 혁신사업이었던 것이다(Ingram, 1985: 15-23). 요컨대 혁신정책에 대한 이해는 이슈나 문제에 대한 과거의 실상을 분석하는 데서 출발하여야 한다. 혁신성이 등장 배경과 정책 내용의 구체적인 형성 연유는 과거에 대한 사회학습 과정을 통하여 살펴보아야 한다는 것이다.

2. 형성 및 집행 동력: 비용편익의 분포

혁신적 정책이 형성되고 집행되는 데 필요한 동력을 분석하기 위해서는 사업과 관련된 비용/편익의 분포와 내용을 따져보아야 한다. 비용편익 개념은 관계 집단의 집중-분산(focused-diffused) 정도, 구조적-상징적(structural-symbolic) 성격 등으로 다시 구별된다.

<표 9-1>과 같이 편익비용의 범위나 성격 차이를 기준으로 여덟 가지 유형으로 비교·분석할 수 있을 것이다. 비용과 편익의 집중-분산 정도는 정책의 시행을 통하여 구체적으로 혜택을 얻거나 부담을 지는(손해나 피해를 입는) 집단이나 기관의 범주(coverage)를 말한다. 집중적이라면 관계 집단의 범위가 상대적으로 좁다는 것을, 분산적이라면 넓다는 것을 의미한다. 예를 들어 미국의 공해방지법의 시행으로 연방정부의 사업보조비나 지원금을 받게 된 정유사업체는 집중된 혜택(focused benefit)을 누리는 기관에 해당된다. 대신, 혁신적 환경규제법의 시행에 따라 오염 정화시설을 설치할 수밖에 없게 된 오수 방출 공장은 집중적 비용(focused cost)을 부담하는 단체가 될 것이다. 공해방지법 덕택으로 맑은 공기를 마시게 됨은 물론 깨끗한 대기로 인하여 주택 외벽 도색을 오래도록 원상태로 유지할 수 있게 된 지역 주민들은 규제정책의 분산된 혜택(diffused benefit)을 누리는 집단이 된다. 대신 이들 일반 주민은 정유회사가 새 규정대로 유류 정화 수준을 높이는 데 사용된 추가비용을 연료비나 난방비 인상분으로 대신 부담하여야 하는 이른바 분산된 비용(diffused cost)을 짊어지는 집단이기도 하다.

한편, 해당 이슈에 대한 행정책임과 정책의 관할·권능이 변화됨으로써 구조적인 비용과 편익에도 희비가 엇갈린다. 환경규제 전담기구 EPA(Environmental Protection Agency)와 국가 차원의 환경구제를 담당하는 연방정부 관련 부서는 그 권능이 과거에 비하여 강화되었을 것이므로 구조적 혜택(structural benefit)을 받게 된 기관이 되었다. 반면 새로운 환경규제법으로 감독을 받게 된 관련 행정기관이나 연방정부의 지시를 받는 주정부의 환경 관련 기관은 상대적으로 권한은 줄고 책임이 늘어났으므로 구조적인 비용(structural cost)을 부담하는 기관이 될 것이다. 끝으로 깨끗한 공기와 정화된 수질로 몸과 마음이 건강해질

것으로 느끼게 된 모든 국민은 상징적인 혜택(symbolic benefit)을 입게 된다. 반대로 환경규제 강화로 소비자 물가가 상승하고 소비가 위축됨으로써 사업수익이 감소될 것으로 우려하는 대부분의 비즈니스 종사자들은 상징적인 비용(symbolic cost)을 부담하는 대상이 된다는 것이다.

〈표 9-1〉 혁신의 동력: 편익과 비용의 분포

분류 \ 구분		편 익	비 용	혁신 동인의 강도와 크기
범위	집중	강도 클수록	강도 작을수록	조건 1) 집중된 비용에 비하여 분산된 편익이 규모면에서 절대적으로 클수록
	분산	범위 클수록	범위 작을수록	
성격	행정구조	호평 동기 클수록	회피 동기 작을수록	조건 2) 관료의 저항과 회피 동기가 극복될수록
	상징	범위 클수록	범위 작을수록	조건 3) 편익이 비용보다 크거나 앞설수록
종 합		총체적 혜택 > 총체적 비용		조건 4) 총체적 혜택이 총체적 비용보다 클수록

그런데 혁신정책의 동력은 다음 몇 가지 조건이 충족되어야 확보될 수 있다(<표 9-1> 참조). 우선 총제적으로 비용보다는 혜택이 커야 혁신 동인이 생성된다(조건 4). 특히, 집중된 비용(피해)을 부담하는 대상자의 규모에 비하여 분산된 혜택을 누리는 집단의 범위가 크면 클수록 동인은 강력한 것이 될 것이다(조건 1). 나아가 행정구조적인 비용과 편익이 해당 관료들의 저항과 회피 동기를 극복할 수 있는 경우라면 좀더 수월하게 혁신 정책의 동력과 에너지를 축적할 수 있을 것이다(조건 2). 또한 상징적인 분산편익이 상징적인 분산비용에 월등히 크거나 순서적으로 앞서 나갈 때 혁신성은 더 큰 힘을 받으며 진행될 수 있는 것이다(조건 3).

이와 같은 혁신의 조건은 노무현 정부의 혁신적 부동산 정책에도 그대로 적용된다. 이른바 8·31 부동산 대책은 소수 수도권 중심지의 부유층에 집중적 부담을 안기는 대신 대다수의 비수도권 중산층과 무주택자들에게 집값이 안정되거나 하락할 것이라는 상징적·심리적 혜택을 전할 수 있다(조건 1과 3 충족). 또한 청와대를 중심으로 한 권력 엘리트들의 강력한 의지와 부동산 가격 안정이라는 사회적 명분으로 해당 담당 부서의 저항과 회피 동기를 극복할 수 있었기 때문에 시행에 필요한 기본적인 동력을 확보할 수 있었다고 보아야 한다(조건 2 충족). 요컨대, 혁신정책의 등장 배경과 동력의 강도와 크기를 설명하는 기준으로서의 비용·편익분석의 분포와 관련된 몇 가지 조건은 비단 부동산 정책뿐 아니라 다양한 형태의 혁신사업 분석에 정확히 부합될 것으로 보인다.

3. 주도적 역할: fixer의 존재와 가용자원

혁신정책을 주도하는 정치인 또는 전문가를 'fixer'라고 부른다. 'fixer'의 활동성은 목표 동기와 가용자원으로 측정해 볼 수 있는데 이들 두 측면은 곧 해당 이슈를 다루는 활동가(political entrepreneurs)의 정치적 가능성을 타진하는 기준이 된다. 목적 동기면에서 보면 해당 주제에 집착하는 'fixer'는 관련 기관에의 영향력 확대나 유권자의 지지도 상승, 동료 의원과의 이슈를 통한 교분 강화 등이 담보되어야 한다. 'fixer'가 활용할 수 있는 자원은 유명세, 담당기관의 정보와 기술적 지원, 보좌진의 전문지식과 정치적 조작 능력 등을 총괄적으로 판단하여야 한다. 특히, 동일한 문제를 놓고 두 사람 이상의 'fixer'들이 경쟁하는 상태라면 더욱 혁신적인 정책대안을 앞다투어 제안할 가능성이 크다. 이때, 앞에서 분류한 비용편익의 분포 기준을 적용해 보면 fixer 활동의 목적 동기와 가용자원에 대한 대체적인 윤곽까지도 확인해 볼 수 있다. 즉 비용편익의 분포와 네 가지 동력 확보 조건을 가지고 fixer의 목적 동기와 가용자원을 계산해 낼 수 있게 된다. 이는 fixer의 입장에서 보면 향후 정치적인 입신 가능성을 좌우하는 기준으로 간주하게 될 것이다. 김영삼 정부의 금융실명제와 노무현 정부의 부동산 대책도 정책을 주도한 fixer에게는 목표 성취에 대한 동기부여와 그 실현에 필요한 가용자원이 제공될 것으로 믿었기 때문일 것이며, 그러한 계산은 비용과 편익 분석에 기초한 인식에서 출발하였다고 해도 무리가 없을 것이다.

4. 혁신성의 소멸: 점증주의로의 회귀

혁신성은 곧 혁신적 결과(innovative impact)를 가져오는가? 왜 혁신성은 일정한 기간이 경과한 후에 점증적 사업으로 대체되는 경우가 많은가? 혁신정책으로 기대하는 성과를 확보하는 것은 실현 가능성이 매우 희박하다는 주장에 귀기울여야 한다(March & Olson, 1989). 잉그램(H. Ingram)의 표현대로 비용편익의 분포가 처음에 기대하고 예상하였던 것과 달리 나타나고 사업 성과가 크게 밑돌게 되면 당장 혁신성에 의구심이 생기고 저항과 불응의 그림자가 드리워진다는 것이다(Ingram, 1985: 39-43).

우리나라에서도 쉽게 사례를 찾을 수 있다. 금융실명제의 시행으로 음성시장이 다소 위축되기는 하였지만 정작 공직사회의 부정부패는 기대만큼 수그러들지 않았다. 또한 금융거래 과정에서 실명 확인을 이유로 절차가 까다롭고 복잡해져 애꿎은 일반 서민에게 예상치 못한 불편과 피해가 속출하였던 것이다. 비난과 불만이 쏟아지는 가운데 급기야 김영삼 정부 말기 외환 위기 상황에 처하자 당국에서는 금융실명제의 실질적인 추진은 현실적으로 불가능하다고 결론짓고 주요 강제 조항의 시행을 유보하기에 이른다.

노태우 정부의 토지 공개념 입법도 전국 토지가격을 장기간 정체시키고, 부동산 거래를 위축시키는 등 분산비용과 상징적 비용이 과다하게 확대되는 결과를 초래하게 되자 관계 부서에서 개념 자체의 사용을 스스로 자제하기에 이른다.

주택 소유자층의 분산 비용 및 상징적(심리적) 부담 가중 현상으로 사회적 논쟁이 가열되고 있는 노무현 정부의 8·31 부동산 대책도 정권 말기에는 정치적 동인이 함몰되고 가용자원의 감소 현상이 나타나는 등 이슈 자체가 배태한 정치적 가능성이 위축될 것으로 보인다. 부동산 정책의 혁신성이 점증주의적 기저로 환원될 것이라는 예측의 목소리가 점차 커져 가고 있다. 개혁정책의 근간이 되는 핵심 요소를 점진적인 성격의 것으로 수정·보완 혹은 변경함으로써 혁신성의 일생을 마감한(또는 마감할 가능성이 있는) 사례들이라 할 것이다.

Ⅲ. 단계별 개혁정책의 유형: 과정적 해석

개혁은 필요성에서 출발한다. 개혁의 필요성을 집권자의 의도와 연계시키는가 하면, 정부 내의 집합적 선택으로 해석하기도 한다. 더 크게는 행정 내외부의 변화된 환경과 연관시켜 보기도 한다. 이른바 의도모형(purposive model: Peters, 1992) 집합선택모형(collective choice model: March & Olson, 1989), 그리고 환경대응모형(environmental defensive model: Hannan & Freeman, 1983) 등 세 가지 접근 방식으로 설명하는 것이 일반적이다. 우선, 권력 엘리트가 지향하는 목표 가치를 재빨리 구현해 보이기 위하여 강제적인 수단이나 방법으로 쇄신정책을 단행할 때는 의도모형의 설명력이 높아진다. 정치・경제・사회 제반 여건의 변화에 부응하여 정부 운용의 방향을 전환하기 위하여 단행하는 개혁은 환경모형에 의해서 그 타당성을 인정받을 수 있을 것이다. 한편, 개혁사업이 다수 공무원의 저항 등으로 환경 변화에 따른 요구나 정권 엘리트의 의중과 동떨어진 방향으로 변형되는 경우도 있는데 여기에는 집합선택모형이 적용되면 그만큼 설명력이 높아진다.

위 모형을 두 가지 이상의 조합으로 혼합하면 어떠한 혁신정책도 더욱 적합하게 해설할 수 있게 된다. 이러한 관점에서 세 가지 모형을 투입 단계-전환단계-집행 단계 등 혁신 과정을 순차적으로 적용하면 설명력이 가장 높아진다는 것이 본 연구자의 입장이다. 또한 이 '단계모형'은 곧 혁신정책의 범위와 폭, 내용의 차이를 비교 설명하는 과정적 분석틀로서의 역할까지 잘 소화해 낼 것으로 생각하였다.

1. 투입 단계: 환경대응형

환경대응 단계에서는 혁신정책을 환경의 도전적 변화 등과 같은 투입 요인과의 함수 관계로 이해한다. 이 때 혁신적 fixer는 환경적 요인을 확인하고 수용하는 역할을 맡게 된다. 다만 fixer들의 의도와 필요에 따라 결정된다고 보는 의도모형과는 출발 단계가 다르다는 점에서 차이가 있다. 이 모형에 속하는 시각으로는 '정책과학적 접근'이 있는데 사회경제와 기술적(social economy and technological: SET) 변화가 혁신의 중요한 촉매 작용을 한다고 본다. 외부의 불확실성과 복잡성 등도 반영되어 혁신의 내용이 정해진다는 것이다(Blyth, 2002). 혁신의 배경으로 전략적 선택과 계획적 조응을 강조하지만 어디까지나 그 출발선은 환경적 요인이 우선시되며 이를 취사선택하거나 수용·거부하는 개혁 주도자의 역할은 다분히 수동적이며 종적으로 보아야 한다는 것이다. 우연한 사건이나 생태적 진화까지를 포함하여 설명하는 조직 변화에 대한 생태적 모형(ecological approach)도 바로 여기에 포함된다(이창원·최창현, 1997).

2. 전환 단계: 의도 우선형

이 시각은 권력 엘리트들이 특정한 동기와 의도를 품고 정책대안을 자의적으로 결정한다고 본다. 기존 정책의 부적절함을 인지한 집권 엘리트들이 그들이 선정한 목표 상태(예컨대 노무현 정부의 양극화 해소)를 효율적으로 실현해 내는 데 장애가 되는 요소(일부 지역의 부동산 가격 폭등)를 제거하면서 가속도를 낼 수 있는 지렛대형 개혁(8·31 부동산 대책)을 단행한다는 것이다. 국정 과부화 모형(overload and governance model)에 따르면, 주로 1970년대 후반 행정 기능의 과부하로 인한 통치 불능 상태를 감지하고 감축관리나 민영화 등 개혁 조처들이 등장한다는 것이다(김인철, 1999: 110). 또한 경제 합리모형(economy rational model)도 정치적 리더들이 의도적으로 정책 합리성을 제고하는 차원의 정부 부서 수, 예산 규모, 인력 증감 등 행정개혁을 단행할 수 있다는 점을 지적하고 있다. 요컨대 환경 변화의 인지, 정부기관의 대내적 합의나 집단적 선택보다도 소수 권력 엘리트들의 의중이 우선적으로 작용하여 단행되는 개혁은 '의도 우선형'이라고 정의할 수 있다.

3. 집행 단계: 집단결정(저항)형

이 모형은 혁신정책이 환경대응적이고 또 권력 엘리트의 의도를 수반한 것이기는 하지만 집행 단계에 가면 정부 내 주요 관계 기관의 집단적 의지와 관련 공직자의 저항(또는 순응)에 더 크게 좌우될 수 있다는 점을 강조한다. 즉, 혁신은 통치권의 의도나 효용 극대화를 위한 처방으로 이해하기보다는 당면한 개혁에 대한 집합적 이해 관계나 해당 기관이나 조직(혹은 집단)의 역사적 연속과 변화 측면에서 더 많이 해석되어야 한다는 것이다(DiMaggio & Powell, 1983). 집행 단계에서 혁신은 외부환경 영향보다 내부의 저항이 더 클 경우 시행에 실패할 가능성이 크다. 반면, 변화의 필요성과 방향에 대한 합의가 이루어질 경우 쇄신 압력은 별다른 반대 없이 성공적인 결과를 이룩해 낼 가능성이 커진다. 다만 신(新)제도주의적 연구 정향을 띠고 있는 이 모형은 기존 사업의 지속성과 기관의 문화 연속성에 비추어 볼 때 급격한 혁신은 제한적으로 이루어질 수밖에 없다는 것을 인정한다(March & Olson, 1989). 단순히 정권 담당자의 자의적 의도나 환경적 요구에 대응한 조치로서의 개혁은 변화를 두려워하고 안정을 희구하는 거부 반응을 불러일으키면서 집행 단계에서 어려움을 겪게 된다는 것을 증명하고 있다. 관료에 의한 집단적 저항이 개혁실패의 주요한 이유가 될 수 있다는 것이 이 모형의 주된 관심사가 되고 있다.

그렇다면 위 단계모형의 세 가지 유형에서 혁신의 규모, 내용, 속도를 동시에 결정하는 요인, 즉 개혁의 성패를 가르는 기준은 무엇인가?

환경대응 단계에서는 정부의 개혁전략이 현실적인 사회적 수요와 요구에 어느 정도로 부합하는지의 정도가 성패의 주요 요인으로 작용할 것이다. 해당 정책에 대한 이론적 타당성이 수반되어 있는지와 다른 국가에서 유사한 개혁사업이 성공을 거둔 적이 있는지에 대한 경험 사례의 존재 여부 등도 주요 척도가 된다. 의도 우선형의 경우 기존 구도를 근원적으로 개편하는 작업을 성공적으로 수행하는 데 필요한 정치 권력이 충분한지, 개혁 내용이 정권적 이념과 국정 목표와 어떻게 연결되어 있는지, 그리고 이와 같은 의도의 시행을 통하여 정치적 지지를 어느 정도 확보할 수 있을지 등을 따져보아야 할 것이다.

한편, 집단 결정(저항) 단계에서의 주요 변인은 개혁에 반대하는 세력이 내세우는 반대 논리의 타당성, 그리고 개혁으로 인하여 발생하는 다양한 불이익과 비용분포 등 해당 집단의 반발 정도가 성패를 좌우하는 변인으로 작용할 수밖에 없다.

각 과정적 단계에서는 개혁의 주도・시행에 필요한 자원과 경험, 지식, 그리고 수용과 지지(혹은 반대와 저항) 등 요소들이 복잡한(collapsed and combined) 함수 관계를 띠며 다원적으로 작용하게 될 것이다. 이에 여기에서는 개혁안의 내용적 소망성과 이론적 타당성, 그리고 집행상의 용이성 등을 동시에 그것도 사전적으로 분석·평가할 수 있는 모형을 제안해 보고자 한다.

Ⅳ. 성패 요인: 사전평가를 위한 분석틀

개혁정책은 상정된 사업을 추진할 것인지의 여부를 정한 뒤 그 시기를 언제로 할 것이며, 기대하는 바 사업 효과는 거둘 수 있는지를 사전에 분석·평가하는 작업이 이루어져야 한다. 상정된 개혁 내용이 현실적인 사회적 요구에 부합되는지, 개혁 사업들이 이론적 타당성에 입각한 것인지를 따져보아야 한다. 나아가 기존의 관행과 구도를 근본적으로 변경하는 데 필요한 정치 권력 자원이 충분한지, 개혁의 반대 세력(기관 혹은 집단)이 제시하는 반대 논리가 무엇인지, 그리고 이에 대한 정치·사회적 반응들은 어떠한지를 널리 살펴야 할 것이다. 개혁의 성패에 대한 사전 평가 차원의 분석틀이 마련되어야 하는 이유가 바로 여기에 있다. 아래에서 제시되는 분석틀은 개혁정책의 추진 여부와 시기 산정을 좀더 합리적으로 선택하게 하는 척도들로 구성된다. 또한 주지하였던 바와 같이 개혁정책의 내용적 소망성과 이론적 타당성을 평가하고 사업집행성의 용이성까지 사전에 분석할 수 있는 기준을 제공하고 있는 것이다.[1)]

1. 세 개의 변수군

분석틀에서는 변수군을 세 가지 축으로 나누었다.

첫째 변수군은 이슈와 이에 동반된 의제(issues and agenda)의 성격을 따지

1) 이 분석모형은 김인철 외(1998), "정부개혁추진 전략" 김만기 편 『정부조직의 혁신』, pp. 96-102에서 제안한 내용을 개혁정책의 사전적 평가 기준을 적용하여 수정 보완한 것이다.

는 기준이 된다. 현안이 되고 문제의 성격을 판별하고 그것이 어느 정도 심각한 문제로 받아들여지고 있는지, 또 개혁의 범위(변화의 강도)와 이를 통하여 나타날 비용 및 편익을 받게 되는 대상 집단의 범주를 측정하는 기준이 된다. 마즈마니언과 사바티어(Mazmanian & Sabatier, 1980)는 그들의 논문 「A Conceptual Framework of the Implementation Process」에서 이 변수군을 "이슈와 의제에 대한 성격(tractability of issues and agenda)"으로 명명하였다.

둘째 변수군은 개혁정책이 기초하고 있는 이론적 배경과 관련 정보의 확보 수준을 따지는 기준이다. 개혁안에 대한 이론의 타당성, 기술의 가용 여부, 그리고 필요로 하는 정보와 자료의 획득 가능성 등을 따지게 될 것이다. 이들을 묶어 관련된 "지식, 정보, 경험의 가용성과 타당성(availability and validity of knowledge, information, and experience)"이라고 명명하고 있다(Ingram, 1985: 15-18).

셋째 변수군은 개혁정책을 둘러싼 권력과 자원을 측정하는 기준이 된다. 정치 세력의 권력 관계, 반대 세력 및 관료 세력의 반발·불응 등 개혁안이 권력의 정글을 헤집고 전진할 수 있는지를 평가하는 변수들로 구성된다. 이른바 "정치 권력과 집단적 지원/저항(political power & collective support/opposition)" 변수로 개념화한다(Peters, 1977: 191-218; Backstorm, 1977: 411-435).

이들 세 가지 변수군의 구성 요소를 구체적으로 정리하면 아래와 같다.

1) 제1변수군: 이슈와 의제의 성격(tractability of issues and agenda)

(1) 현안의 부상(이슈의 심각성) 정도와 여론의 향배: 환경 요구 혹은 엘리트의 의중과 문제의 심각성 등과의 연관성 정도와 이를 처리하고자 대두된 개혁안에 대한 여론의 지지 정도

(2) 개혁 내용의 명확한 내용과 일관된 이념(clear goals and ideologies): 개혁안이 지향하는 개혁의 성격이 어떠한 가치 정향과 사회 이념에 기초하고 있는지, 얼마나 명확하고 일관된 것인지를 파악하는 기준

(3) 의제의 경쟁적 호평과 정치적 활용 가능성(competition for credit and political prospect): 개혁 주도 세력이나 정치 리더들이 개혁정책 의제를 주도함으로써 얻거나 잃게 될 정치적 실리와 이미지 개선 정도를 측정하는 기준

(Ingram, 1985: 30-31)

(4) 변혁의 범위와 대상 집단의 범주(extent of change and diversity of target group): 개혁이 지향하는 제도나 행태의 범위 폭이 얼마나 넓으며 대상이 되는 집단이 어느 정도 다양하게 분포되어 있는지를 분석하는 변수

2) 제2변수군: 지식, 정보, 경험의 가용성과 타당성(availability and validity of knowledge, information, and experience)

(1) 이론적 타당성과 기술 수준(incorporation of theory and technology): 혁신정책이 목표하고 있는 성과를 얻어낼 것이라는 논리(상관 관계)가 타당한 이론에 입각하고 있는지, 또 이 정책의 시행에 필요한 공학적·사회적 기술이 충실히 개발되어 있는지를 분석하는 기준

(2) 외국 사례에 대한 경험(reference case and bench-marking): 유사한 외국 사례가 성공하거나 실패한 경우가 존재하는지, 성패 요인들은 정확하게 파악되고 있는지를 밝히는 기준

(3) 기존 정책의 장점/폐해에 대한 합일: 기존 정책이 개혁되어야 할 이유에 대한 대체적인 합의가 해당 분야에서 이루어지고 있는지를 계산하는 척도

(4) 비용 편익에 관한 정보(information on cost-benefit): 개혁을 통하여 나타날 사회 총체적 편익(혜택)과 비용(폐해)을 비교 분석할 수 있는 정보와 자료가 충실한지를 판단하는 변수(Ingram, 1985: 16).

3) 제3변수군: 정치 권력과 집단적 지원 / 저항(political power & collective support / opposition)

(1) 대통령 및 권력 엘리트의 자원 정도: 개혁을 주도하는 정치집단이 해당 혁신정책에 대하여 가지는 애착과 추진 과정에서 필요한 권력자원의 정도를 따지는 기준(Mazmanian & Sabatier, 1980: 551-555)

(2) 의회 여야 분포 및 시민단체의 입장(confrontation and opposition in congress and NGOs' activities): 개혁안이 국회에서 논의될 때 나타날 여야 대결 구도와 야당의 반대, 그리고 시민단체의 입장을 파악하는 기준

(3) 관료집단과 대상 주민의 집단 반발 / 순응(collective support/opposition

[그림 9-1] 개혁정책의 사전평가를 위한 분석모형: 여덟 가지 공간

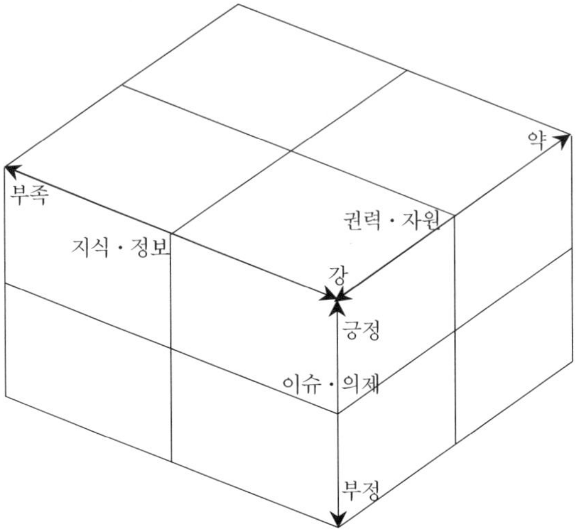

of bureaucracy and client groups): 이해 관계가 걸려 있는 정부부처의 공무원, 개혁의 영향권에 있는 대상 집단이나 유권자의 지원, 반발 및 순응을 측정하는 기준

위의 분석틀에 대한 논의는 [그림 9-1]과 같이 개혁정책의 사전적 평가를 위한 분석틀로 도식화할 수 있다. 육각형의 모형이 권력자원면, 지식・정보면, 이슈・의제면 등 세 가지 축에 의하여 여덟 가지 공간(cell)으로 나뉜다. 모든 개혁정책은 세 가지 변수들에 의하여 각각 강점과 한계를 가지는 것으로 측정 평가되고 여덟 개의 공간 중 어느 한 곳에 해당되는 것이다.

2. 유형화: 여덟 개 조합(공간)

분석틀이 담고 있는 의미는 대체로 다음과 같이 정리할 수 있다.

첫째, 세 가지 변수군을 두루 만족시킬 경우 개혁은 추진될 가능성이 그만큼 높아지고 그 시기도 앞당겨질 것이다. 개혁정책의 집행능률성을 높이고 효과를 거두는 것도 그만큼 용이해질 것으로 판단된다.

둘째, 세 가지 요건 중, '권력과 자원'의 강약이 추진 여부를 결정하는 주요

관건이 될 것이나 세 가지 요건이 고루 충족되지 않는 상태에서 실시될 경우 집행 과정에서 능률성이 저하되고 효과 획득의 미진함이 불가피하며, 때에 따라서는 정치사회적 혼란이 초래될 수 있다.

셋째, 세 가지 변수군을 긍정・부정(이슈와 의제의 성격면), 충분・부족(지식・정보・경험의 축적면), 강약(권력과 자원면)으로 구분하여 여덟 개의 조합으로 분류한 뒤 그 유형을 해석하면 <표 9-2>와 같다.

〈표 9-2〉 세 가지 변수군 조합에 의한 여덟 개 유형

조합	이슈·의제	지식·경험	권력·자원	유 형	특 징
1	긍정	충분	강	즉각 실시형	집행 용이 효과 획득
2	긍정	충분	약	부상형	자원 획득 기간 필요
3	긍정	부족	강	시범형: 부분 시범사업 실시	연구 및 준비 기간 존치
4	긍정	부족	약	대기형	사회적 논의의 대상
5	부정	충분	강	숙성형	이슈로 숙성할 기간 필요
6	부정	충분	약	잠재형	학술적 논의의 대상
7	부정	부족	강	소진형	효과 미진 혹은 혼란 야기
8	부정	부족	약	탈락형	혁신사업 등장 자체 불가

〈조합 1〉 즉각 실시형

이슈가 긍정적이고 관련 지식과 경험이 충분하며 강력한 정치적 권력을 얻을 수 있는 경우이다. 언제라도 개혁정책의 추진이 가능하며 사업 집행이 순조롭고 효과나 성과도 충실히 획득할 수 있을 것으로 판단된다. 예컨대, 김영삼 행정부 말기에 논의된 교육개혁 등이 정권 말기가 아닌 정부 출범 직후에 실시되었다면 이와 같은 <조합 1>의 유형에 해당하는 개혁정책으로 등장하였을 가능성이 컸을 것으로 유추해 볼 수 있다.

〈조합 2〉 부상형

긍정적인 의제에 대한 지식과 경험이 충분한 반면 이를 뒷받침할 수 있는 호의적인 추진기관이 취약한 경우에 해당된다. 개혁 추진에 필요한 권력과 자원의 확보에 상당 시간이 소요될 것이다. 그러한 숙성 기간 동안 개혁안에 대한 논의가 활성화될 수 있을 것으로 보인다. 우리나라 통치 구조상 대통령의 권력

분산에 대한 논의(내각책임제 등 권력구조의 개편 의제)가 권력・자원 변수의 취약으로 인하여 활성화되지 못한 것이 좋은 예가 될 것이다. 또한 1989년 지방자치선거가 시행되기 전 지방자치제의 시행 여부를 놓고 수년간 우여곡절을 겪었던 경험도 여기에 해당된다.

〈조합 3〉 시범사업형

긍정적인 이슈를 시행할 만한 지지 분위기가 마련되어 있으나 시행에 따르는 비용/편익 등 그 영향력을 산정할 지식과 경험이 부족한 형태이다. 개혁 추진에 필요한 이론과 기술, 그리고 정보의 확보를 위하여 그 시행이 일시적으로 유보될 수 있다. 그러나 개혁 세력의 판단에 의하여 언제라도 추진될 소지가 충분하며 부분적인 시범사업(pilot project)을 시행하여 보는 것도 좋은 방법이다. 의료보험증과 주민등록증, 자동차면허증을 하나의 카드로 통합하는 전자주민증의 시범사업이 이에 해당된다.

〈조합 4〉 대기형

의제 자체는 소망성을 가지고 있으나 이에 대한 이론적 배경이 취약하며 개혁안에 대한 권력 핵심의 지지도 얻지 못하는 형편을 가상할 수 있다. 소수의 의견으로 대두된 혁신정책이 사회 전반적 논의의 대상으로 부상할 수는 있으되 이를 뒷받침할 만한 타당한 이론과 정보, 그리고 충실한 권력을 확보할 수 없어 소멸되지는 않아도 지속적으로 대기 상태에 있을 가능성이 높다. 1994년 지방선거 직전, 서울특별시를 몇 개의 작은 시로 분할하고자 하는 수도 분리안에 대한 논의가 있었던 것을 그 예로 지적할 수 있다.

〈조합 5〉 숙성형

개혁 과제에 대한 이론이 타당하고 개혁 세력의 의지가 강한데 반하여 중요 이슈나 의제로서는 아직 성숙하지 못한 상태를 말한다. 이슈가 사회의 관심을 불러일으킬 만한 현안으로 부상하는 기간이 필요하다. 이 때 학계의 활발한 학술적 논의가 현안을 성숙시키는 데 도움을 줄 것이다. 과거 쉽게 운전 면허를 획득함으로써 교통사고가 빈번하게 발생하는 폐해가 지적되자 주요 의제로 합의하는 과정을 거치지 않은 상태에서 학계의 논의와 관련 기관의 결단에 의하여 면허 절차를 대폭 까다롭게 변경하려는 시도가 바로 이 유형에 해당된다.

〈조합 6〉 잠재형

개혁사업에 대한 학술적 취지나 외국의 사례에 대한 연구가 충실한 편인데도 불구하고 의제로서의 합의에 이르지 못하거나 권력기관의 지원을 받지 못하여 학술적 논의의 대상으로 머물러 있는 형태를 말한다. 의제로서의 긍정적 조건에도 불구하고 권력 차원의 미약함으로 인하여 소멸될 가능성이 높다. 소수 학자들에 의하여 활발히 논의되던 공무원 교육훈련을 전담하는 특수대학원의 설립 아이디어가 미약한 권력자원의 동원과 개혁 의제로서의 저변 지지를 확보하지 못한 채 소멸된 사례가 있다. 그러나 이와 같은 사업은 그 소망성으로 인하여 언젠가 기회가 주어지면 다시 부상할 수 있는 잠재형으로 평가되어야 한다.

〈조합 7〉 소진형

이슈의 소망스러움이나 이론적 타당성에 대한 합리적인 논의 과정도 없이 소수 권력 핵심집단에 의하여 개혁정책으로 시도되는 사례가 있다. 강력한 권력과 자원의 존재에도 불구하고 지식과 경험의 부족과 의제로서의 부적절함으로 인하여 추진이 지연되는 것이 일반적이다. 권력과 자원의 힘에 의하여 비록 실시된다 하더라도 집행능률성이 저하되고 효과도 그만큼 미진할 것이다. 선거직전 정부 여당에 유리한 방식으로 선거구를 개편하려는 시도가 명분 부족과 주민 설득의 실패로 결국 소진되는 사례가 이 경우에 부합된다.

〈조합 8〉 탈락형

소망스럽지 못한 이슈에 대한 이론적 배경과 권력집단의 관심이 동시에 취약한 상태를 말한다. 모든 조건의 미비로 개혁안으로 부상되지도 않겠지만 설혹 등장하더라도 개혁정책으로 시행되지 못하고 탈락하고 말 것이다.

요약컨대, 이슈·의제의 긍정-부정, 지식·경험의 충분-부족, 그리고 권력·자원의 강-약 정도는 모든 개혁정책의 성패 여부와 가능성을 여덟 가지로 유형화하는 직접적인 기준이 된다는 것이다. 개혁사업의 성격과 내용에 따라서 이들 세 가지 변수군의 비중을 달리 적용할 필요성이 있겠으나 이와 관련한 구체적인 논술은 이 연구의 범위를 벗어난다고 보았다.

종합해서 표현하면, 이 연구가 제안한 사전적 분석모형은 세 가지로 구성된다. 1차로 비용편익의 분포를 가지고 개혁정책의 등장 배경을 이해하고, 2차로 단계별 과정 해석을 통하여 개혁성의 일생을 예측하며, 마지막으로 세 개의 변수군을 적용하여 유형화해 보면 해당 사업의 성패를 사전적으로 평가할 수 있을 것으로 판단하였다.

V. 결 론

김명수 교수는 저서 『정책평가와 정부개혁』의 머리말에서 새 정권이 들어서면 예외 없이 많은 개혁정책들을 추진하는데, 그 등장 배경과 시업 공과를 체계적으로 검토할 분석틀이 마련되어 있지 않다는 점을 지적한 바 있다. 그의 표현대로 잠재적 정책실패의 가능성을 우리 스스로 간과하고 있는 것이다. 이러한 지적에 부응하여 이 연구는 혁신정책의 등장 배경 및 성패 요인에 대한 사전평가 차원의 분석모형을 제안하는 데 초점을 두었다.

혁신정책은 환경 변화에 조응한 권력 엘리트의 선택으로 등장하게 된다. 등장한 문제나 이슈를 잘 활용하면 정치사회적인 지지와 문제점 치유라는 두 마리 토끼를 동시에 잡을 수 있을 것으로 보고 혁신사업의 관여자들은 경쟁적으로 쇄신의 강도를 더한 아이디어를 개진하게 된다. 이러한 개혁적 정책은 사업의 시행이 수반하는 비용과 편익의 분포를 파악해 보면 대체로 사업의 실제적인 등장 배경과 향후 성패 가능성을 일차적으로 예측해 볼 수 있다. 또한, 단계별로 혁신사업의 진행 과정을 분석해 볼 필요성도 있다. 일반적으로 3단계의 과정을 거치는데, 생태적인 요인이 크게 작용하는 투입 단계로서의 환경대응 상태, 엘리트의 의도가 주도적으로 작동하는 전환 단계의 의도 우선 상태, 그리고 관계 기관 및 해당 집단의 조직적 저항과 반대 현상에 부딪치는 집행 단계의 집단적 결정 상태를 말한다. 두 번째 단계별 모형을 적용해 보면 대부분의 혁신정책이 다단계를 거치면서 점증주의에로 귀환하여 혁신성의 일생을 마감하는 과정을 설명할 수 있다는 것이다.

한편 이와 같은 등장 배경 및 혁신의 성패 요인과 과정적 해석에 사용되는 기준(요소)들을 횡단적으로 재구성해 보면 혁신과업의 사전적 분석평가를 위한 세 번째 모형을 구축해 볼 수 있다. 분석의 틀에 포함된 세 가지 변수군을 적용하여 혁신정책을 해석해 보면 여덟 가지 중 어떤 유형에 해당하는지를 어렵지 않게 밝혀낼 수 있게 된다. 이른바 특정한 혁신정책의 등장과 형성, 그리고 집행의 능률성과 효과 획득의 용이성 등을 사전에 예측해 볼 수 있는 것이다. 또한 개혁사업이 아무리 내용적으로 합리적이고 또 소망스럽다 하더라도 사업의 존속과 성공적 수행 여부는 또 다른 성격의 변인들에 의하여 좌우될 수 있다는 것을 확인하게 된다. 달리 표현하면 개혁의 동인과 내용적 혁신성이 풍족한 아이디어에 바탕을 두고 있다 하더라도 그것이 곧 혁신적 결과를 동반하는 것을 의미하는 것이 아니라는 사실에 주목하게 된다.

주지하였던 바와 같이 이 글에서는 개혁정책의 혁신성이 왜 성공하거나 실패하는지, 그리고 혁신성의 내용과 강도가 어떠한 과정을 거치면서 소멸 또는 존속하는지를 사전적으로 분석 평가할 수 있는 기초적인 이론모형을 제시하였다. 이 분석모형을 적용하여 구체적인 개혁사업의 등장 및 시행 가능성을 설명하고 향후 효과성을 실제로 예측하는 사례연구야말로 본 연구자 스스로가 앞으로 감당하여야 할 후속 연구 과제인 것이다.

참고 문헌

김만기 편.(1998).「정부조직의 혁신」. 서울: 대영문화사.

김명수. (2002).「정책평가와 정부개혁」. 서울: 외대오피스.

______. (2003).「공공정책평가론」 서울: 박영사.

김인철. (1999). 우리나라 행정조직의 개혁에 관한 연구.「사회과학논집(한국외대)」 17(1): 109-136.

______. (2006). 우리나라 중앙부처 개편의 연속과 변화. 강문희 외(공저),「한국정부와 민주행정」, 9-30. 서울: 다산출판사.

______ 외. (1998). 정부개혁 추진전략. 김만기(편),「정부조직의 혁신」, 88-119. 서울: 대영문화사.

박용치. (1999).「한국 행정의 쇄신」. 서울: 법문사.

안병만. (2002).「한국정부론」(4판). 서울: 다산출판사.

이창원・최창현. (1997).「새조직론」. 서울: 대영문화사.

Backstrom, C. (1977). Congress and the Public. *American Politics Quarterly* 4(October): 411-435.

Blyth, M.(2002). *Great Transformation*. Cambridge: Cambridge University Press.

Caiden, G. (1994). Administrative Reform-American Style. *Public Administration Review* 54(2).

Downs, A. (1972). Up and Down with Ecology: The Issue Attention Cycle. *Public Interest*. Summer: 38-50.

Dunn, W. (2004). *Public Policy Analysis*(3rd ed.). New Jersey: Pearson Education, Inc.

Ingram, H. (1985). Rationality of Innovation. Unpublished paper: 13-51.

March, J. & J. Olsen. (1989). *Rediscovering Institutions: The Organizational Basis of Politics*. New York: Free Press.

Mazmanian, D. & P. Sabatier. (1980). Conceptual Framework: Implementation of Public Policy, *Policy Studies Journal* 8(4): 538-560.

Peters, G. (1977). Insiders and Outsider: The Politics if Pressure Group Influence in Bureaucracy, *Administration and Society* 9(August): 191-218.

제10장 뉴거버넌스 시대와 사회적 자본 형성 -신뢰 구축을 위한 반부패 전략 평가-

Ⅰ. 지방분권 시대, 왜 투명성 확보가 절실한가?

우리의 미래를 가리는 불확실성은 외부에 있는 것이 아니라 내부의 부패가 바로 희망을 덮는 먹구름이며 암적 존재인 것이다. 오늘날 자본 및 무역의 자유화, 정보화, 세계화로 세계 경제의 네트워크화가 확산되면서 반부패 이슈는 국내 차원을 넘어 국제적 이슈로 부상하였다. 지역적 이슈에 머물렀던 부패 문제가 이제 전 세계가 주목하게 되는 글로벌 이슈(global issue)로 전환되는 중요한 전환기를 맞이한 동시에 각국의 법제도로 견고하게 정립되어 나가고 있는 것이다.

오늘날 국제사회의 신뢰받는 파트너가 되기 위해서는 무엇보다 청렴도가 중시되고 있다. 정부 및 국가 신뢰의 상실은 곧 국가 발전 및 국가경쟁력의 추락을 의미하게 되었으며, 정부에 대한 신뢰 확보는 21세기 국가 발전을 이끄는 원동력이자 핵심적 자본이다. 이 때 국가 신뢰 확보의 핵심에 바로 국가 청렴성(national integrity)이 있다(이상수, 2005).

이제 청렴은 국가적 차원에 그치는 것이 아니라 한 지방의 생존과 발전을 위해서도 똑같이 요구되는 덕목이 되었다. 그러나 2006년 초 감사원의 지방자치단체에 대한 특별감사 결과 다양한 형태의 비리가 적발되었다. 줄세우기식 인사와 사업타당성과 재원 조달 방안이 결여된 사업에 대해 '묻지 마 식 예산집행'으로 인한 혈세 낭비와 더욱 교묘해진 공금 횡령, 건설·건축 등 관급공사 입찰과 계약 과정에서의 지역업체와의 커넥션을 통한 비리, 전체 계약 대비 76%가 넘는 과도한 수의계약률, 여전히 낮은 전자 입찰률 등으로 인하여 인허가 및 계약 업무의 부정 비리는 정부의 강력한 부패통제에도 불구하고 여전한 것으로 드러났다.

특히 수의계약률의 경우, 그 비율이 높다는 그 자체가 문제가 아니라 수의계약 과정에서 다분히 부패 개연성이 증가할 수 있다는 점에서 우려되는 것이다. 왜냐하면 수의계약 사유가 분명치 않고, 계약 과정의 투명성과 감시·관리 체계가 상대적으로 미흡하여 적지 않은 위법 부당 사례가 감사 결과 지적되고 있는 현실이고, 특히 지방 토착 업체와 공무원 간 유착, 지방정치인의 이권 개입 등 부정부패 빈발 가능성을 높이기 때문이다. 이는 수의계약을 최소화하고자 하는 건교부 등의 정부 방침에도 아랑곳없이 역행하고 있는 것이다.

물론 감사원의 지자체 특감에 대하여 정치권의 기획감사 주장이 정치적으로 해석할 때 오해의 소지가 아주 없는 것은 아니다. 그러나 솔직히 지방행정의 주체들 스스로 자신이 소속한 자치단체의 현실을 돌아보았을 때 지방부패의 심각성을 부정할 수만은 없을 것이다. 이러한 지방부패는 지방자치의 선봉에서 자치권 확대를 위하여 헌신하여야 할 사람들에 의하여 오히려 지방분권 확대에 대하여 일반 국민의 부정적 인식을 확산할 수 있기에 반성의 강도만큼 개선의 여지도 크다.

더구나 각 지방자치단체별로 감사담당관실이 다 있고 비리 공무원에 대한 적발과 처벌을 비롯한 자체감사 기능이 수행되고 있음에도 불구하고 지방 비리에 대한 자기통제 장치를 확립하는 데는 비교적 실패하였다고 하지 않을 수 없다. 이는 자체감사 기능의 부실을 그대로 드러내는 것으로 내가 상관할 일이 아니라는 뜻의 오불관언(吾不關焉)이란 사자성어가 딱 들어맞는 경우라 할 것이다.

따라서 지방자치제 실시 11년을 넘겨 이제 5기 민선지방자치 시대를 맞이하고 있는 현 시점에서 지방의 투명성 확보는 그 어떤 지방의제(local agenda)보다 중요한 우선순위를 갖지 않을 수 없다. 청렴하고 투명한, 신뢰받는 자치단체를 구현하는 것만이 희망찬 미래를 만드는 가장 확실한 방법으로 떠오르고 있다.

이를 위하여 이 글에서는 서울특별시 사례를 중심으로 투명성 확보와 신뢰체계 구축을 위한 공공 부문의 역할과 과제에 대하여 논의하고자 한다.

Ⅱ. 서울특별시 부패방지 시책 및 투명성 수준 진단

서울시는 1999년부터 시민들이 직접 체감하는 서울시 부조리 취약 분야에 대한 기관별 및 분야별 반부패지수(Anti Corruptiom Index: ACI)의 조사·발표를 실시하는 등 맑고 깨끗한 시정을 구현하고자 전국 16개 광역자치단체 중 가장 앞선 부패 방지 개선 노력을 기울이고 있는 것으로 판단된다.

구체적으로 비리의 원인이 되는 제도와 환경 개선, 부조리 취약 분야에 대한 테마별 상시 감사 시스템 구축, 그리고 행정의 투명성과 자정(自淨) 노력 유도를 위한 부패 방지 시스템 보완·개선을 기본 방향으로 자치구에 대한 감사의 효율성을 제고하기 위하여 기존 3년 주기의 정기감사에서 테마별(분야별 취약 업무 선정) 상시감사 체제로 전환하는 등 취약 분야의 구조적 비리 근절 대책을 비교적 꾸준히 추진해 온 것으로 평가된다.

예컨대, OPEN 시스템 공개 업무 확대 및 공개 내용을 분석하여 비리의 소지를 차단할 수 있는 사항을 발굴·보완하는 등 부패 방지 시스템의 지속적인 보완·개선을 추진하고 있다. 한편, 시민감사관제도·청렴계약 옴부즈만제도 등 시민참여를 통한 부패 방지 제도를 지방자치단체 중 가장 앞서 도입·시행하고 있어 사실 반부패 청렴 시정 구현을 위한 제도적 수준은 상당히 앞서 있는 것으로 평가된다.

특히, 서울시의 투명성 확보를 위한 제도 중 다른 자치단체와 확연히 구분되는 차별화된 제도는 서울시 산하 25개 자치구를 대상으로 1999년부터 시행되고 있는 청렴지수(기존 반부패지수) 조사와 2004년부터 시행되고 있는 부패방지 시책평가라고 판단된다.

청렴지수 조사는 1999년 국내 최초로 민원처리 경험이 있는 시민과 업체를 대상으로 시민들이 직접 체감하는 반부패지수를 조사·발표한 이래 매년 조사 발표하여 왔으며, 2006년에는 보조금 지원 업무를 조사 대상에 추가하여 부패 취약 9개 업무 분야(위생, 세무, 주택·건축, 건설, 소방, 교통행정, 공원녹지, 환경 분야, 보조금 지원 업무)에 대하여 평가를 실시하였다.

청렴지수 조사의 목적은 부조리 취약 분야에 대한 기관별·분야별 청렴지수 조사·발표를 통하여 시정청렴도를 측정하고 이를 시민에게 공표함으로써 각 구청이나 피평가기관의 자정 노력을 유도하고, 공직사회의 청렴도를 제고하여 맑고 깨끗한 시정을 구축하는 데 있다. 이를 구체적으로 제시하면 다음과 같다.

첫째, ACI의 측정을 실시함으로써 공직 부패의 원인 분석과 예방 차원에서 중요한 정책대안을 제시한다.

둘째, 매년 정기적으로 ACI를 측정함으로써 분야별·기관별로 공직 부패의 시계열적 추세를 제시하고, 그 결과에 따라 공직자의 인식과 경쟁심을 유인할 수 있다.

셋째, 매년 정기적으로 ACI를 측정함으로써 시민의 공무원 부패에 대한 관심을 제고하고, 시정에 대한 참여도와 신뢰성을 제고한다.

넷째, ACI의 측정 결과로부터 시정과 시정개혁의 방향을 제시받는다.

다섯째, 매년 지속적인 ACI에 대한 모형 개선과 측정은 공직 부패의 개념 규정을 명확히 하여 평가의 일반 법칙으로서 기여하고, 이를 중앙정부나 다른 지방자치단체에 확산·전파시킨다(이상수, 2004).

이에 비하여 2004년부터 시행된 부패방지 시책평가의 경우 깨끗하고 투명한 시정을 구현하고, 성공적인 지방자치의 정착을 위해서는 부패 문제에 좀더 적극적이고 효과적으로 대응할 필요가 있다는 인식 아래 추진되었다. 즉, 자치구의 종합적이고 체계적인 반부패 노력 정도를 분석 및 점검함으로써 자치구 스스로의 진단 및 대책 마련을 위하여 서울시 25개 자치구에서 한 해 동안 시행된 반부패 시책(10개 항목의 공통 과제) 및 제도 개선 과제(자율 과제)에 대하여 평가를 실시하고 있다.

지난 여덟 차례 실시된 청렴지수 조사 결과 시정청렴도가 지속적으로 상승되고 있는 것으로 나타났다. 1999년 64.0점, 2000년 68.3점, 2001년 70.4점, 2002년 71.5점, 2003년 77.1점, 2004~05년 82.9점, 2006년 84.9점 전년 대비 2.0점이 상승한 것으로 나타났다.

서울시는 이 같은 조사 결과에 나타난 사항을 검토하여 익년도 부패 방지 시책에 반영하고, 부패를 유발할 수 있는 제도와 환경을 적극 발굴, 개선하는 한편, 청렴지수가 낮은 분야에 대한 특별감사 등 집중적인 감사 활동을 실시하고, 금품 수수 등 비위 행위에 대해서는 징계 수위를 높여 강력히 처벌하고, 기관(부서)장에 대하여도 감독 책임을 물어 엄중 문책하는 등 깨끗하고 투명한 시정을 구현하기 위하여 활용하고 있다.

그럼에도 불구하고 국가청렴위원회의 공공기관 청렴도 조사 결과에서는 저조한 청렴도 수준을 보이고 있다는 점이다. 2006년도의 경우 8.29점(0.05 개선)으로 16개 광역자치단체 중 15위, 2005년 8.24점으로 12위를 차지하는 등 중하위권 수준을 면치 못하고 있다.

이는 그간의 지속적인 부패 방지 노력에도 불구하고 시민들의 기대 수준에 부합하는 서울시의 청렴도 개선의 여지가 아직도 적지 않음을 시사한다. 이 점에서 서울시의 부패통제와 투명성 확보를 위한 한 단계 업그레이드된 역할이 요구된다.

Ⅲ. 공공 부문 청렴도 향상을 위한 기본 방향

1. 행정혁신과 기관 신뢰

앞서 지적하였다시피 이제 청렴은 국가적 차원에 그치는 것이 아니라 한 기관의 생존과 발전을 위해서도 똑같이 요구되는 덕목이 되었다. 특히, 참여정부 출범 이후 중앙행정기관뿐만 아니라 지방자치단체에서도 정책목표 달성을 위해 혁신 역량 강화 및 지속 가능한 혁신 시스템 구축으로 행정혁신을 통한 고객만족도 제고에 박차를 가하고 있는 상황이며, 기관장의 혁신 역량 평가에서 그 기관의 청렴도 수준은 중요한 평가 잣대로 비중이 높아지고 있다.

행정환경의 급변으로 행정 수요의 복잡·다양성과 행정 서비스에 대한 기대 수준이 높아지면서 행정에 대한 불신과 불만이 고조되고 있는 실정을 감안하여 고객 만족을 극대화하기 위하여 고객 만족(Customer Satisfaction: CS) 행정의 도입을 추진하는 데 역점을 두고 있다. 이는 행정의 패러다임을 고객 관점으로 전환하고자 하는 것으로 고객의 니즈(needs)를 적극 수렴하여 고객의

[그림 10-1] 행정혁신의 필요성과 의의

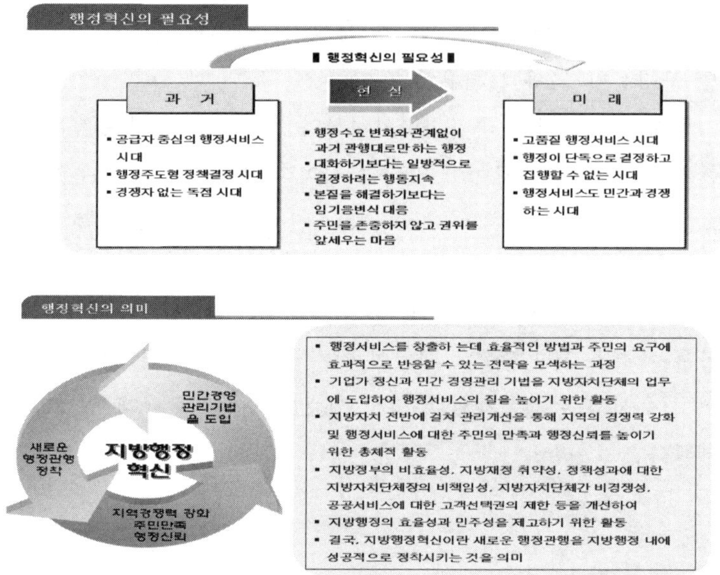

기대 수준을 충족시켜 줄 수 있도록 고객 관점에서 행정 서비스를 획기적으로 개선하는 총체적 혁신 활동을 의미한다.

고객만족행정은 성과와 고객 중심 행정을 위한 정부혁신의 틀을 마련하고자 정부조직·인력 운영을 통제·계층제 중심에서 자율·성과·고객 지향으로 전환하는 것으로 대표적으로 본부와 팀제 확산을 들 수 있다. 또한 성과에 대한 진단·평가를 통하여 경쟁을 유도하고 혁신 수준의 향상을 목표로 한다.

이는 공공 서비스에 대한 고객의 기대와 요구가 커지고, 고객 중심적인 행정의 모습으로 행정 패러다임이 변화하고 있는 상황에서 조직관리가 예측 가능하고 신속·공정하게 처리될 수 있도록 행정환경과 고객의 변화에 중점을 두고 공공 서비스의 추진 방향을 제시하고자 하는 것으로 요약할 수 있다.

2. 행정혁신 방향의 재설정

그러나 이는 지나치게 신공공관리론(New Public Management)적 입장에서

[그림 10-2] 행정혁신의 추진 절차

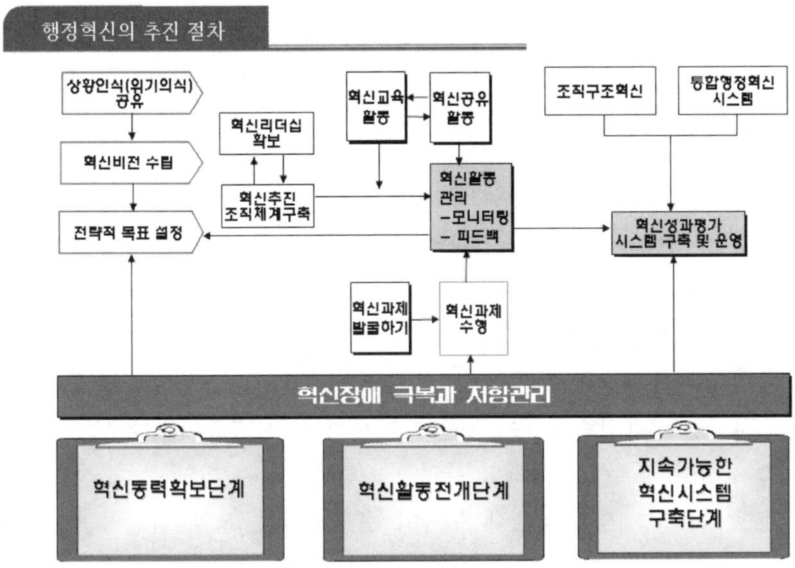

행정혁신을 추구하고 있다는 감을 떨칠 수 없다. 행정성과 향상을 위하여 경쟁원리와 시장주의 접근을 통하여 가시적인 성과 창출에 지나치게 기대하고 있는 게 아닌지 돌아볼 필요가 있다.

물론 국민을 고객으로 보고, 그들의 니즈 실현을 극대화할 경우 국민의 신뢰를 확보할 수 있게 될 것이나 현재 추진되고 있는 고객만족행정은 다분히 행정혁신에 초점을 맞춘 것으로 결국 혁신 성과를 창출하고자 하는 것이다. 다만 일하는 프로세스의 혁신을 고객인 주민 관점에서 추진하고, 주민 중심의 만족도 측정을 정기적으로 진단·분석하여 이 결과를 다시 행정 프로세스에 환류시켜 실제로 주민이 체감할 수 있는 혁신 성과를 창출코자 하는 것으로 이를 위한 수단으로 균형성과표(Balanced Score Card)와 6시그마 등 행정에 경영관리 기법의 도입, 그리고 정보전략계획과 행정업무 처리절차의 재설계(ISP/BPR) 등에 중앙행정기관·지방자치단체 구분 없이 박차를 가하고 있는 상황이다.

하지만 이들 도구들은 단지 행정처리 절차의 개선과 그 결과의 향상에 주로 기여할 뿐 지방행정에 대한 주민들의 신뢰 확보를 보장해 주지는 못한다고 할 수 있다. 따라서 차제에 현 단계 행정의 좌표와 지향점이 제대로 설정되어 있는 것인지 곰곰이 진단해 볼 필요가 있다(이상수, 2006).

3. 행정혁신 패러다임의 전환

그렇다면 혁신의 끝은 어디인가? 행정혁신의 추진 결과, 고객만족행정이 온전하게 달성 가능할 것인가? 도식적으로 보면 주민만족도 점검・평가 결과를 반영하여 혁신 추진에 반영한다는 측면에서 행정의 대응성・적실성 향상에는 기여할 가능성이 높다.

하지만 고객만족행정은 다분히 가시적 성과 창출에 일차 목표가 있다. 특히 그 추진 과정에서 공정하고 합리적인 인력관리 체제의 부족, 성과와 보상의 연계 부족, 또는 혁신 공감대 부족이 존재할 경우 고객 접점이 주로 이루어지는 일선 민원 부서에서는 단순히 성과평가를 통한 인센티브제나 페널티제(incentive or penalty system) 이상의 효과를 기대하기 힘든 경우가 현실적으로 왕왕 발생하기 쉽다.

설사 고객만족행정 구현이란 정책목표가 어느 정도 실현 가능하다 할지라도 개별 정책이나 사업 추진 과정에서는 담당 공무원의 가시적 실적과 성과를 높이기 위하여 행정이 추구하는 궁극적 가치인 공익(public interest)은 부차적인 목표로 전락하거나 다양한 차원과 내용의 갈등관리・해소를 하는 과정에서 우선순위가 뒤처질 가능성이 없지 않다. 예를 들어 중앙과 지방 간・지방정부 간 갈등과, 지역이기주의로 인한 혐오 갈등인 님비즘(NIMBYISM)과 선호 갈등인 핌비증(PIMBYISM) 등의 사례에서 어렵잖게 찾아볼 수 있다.

요컨대, 공공재(public goods)를 지나치게 민간재(private goods)화하는 현재의 정부혁신은 궁극적으로 국민의 신뢰를 확보하는 데 소홀해질 수 있다는 점을 경계하여야 할 것이다.

따라서 고객만족행정보다는 '신뢰행정' 구현이 행정이 추구하여야 할 더욱 바람직한 지향점이라고 평가한다. 신뢰행정이란 정부의 투명성(transparency)과 책무성(accountability)이 중시되면서 이를 담보하기 위하여 정부 불신을 제거하고 정부 정책과 제도, 공무원에 대한 신뢰성 확보가 중요한 관건으로 대두

하고 있는 시대적 배경과 무관하지 않다. 요컨대 신뢰행정은 행정행위나 법제도뿐만 아니라 일반 국민들이 정부가 어떻게 운영되어야 하는가의 규범적 기대에 따라 운영되고 있다고 생각하는 신념을 의미한다고 할 수 있다.

또한 새로운 거버넌스(new governance)의 확산으로 인하여 정부의 역할과 운영 체제, 서비스 생산과 공급 방식, 사회 문제 해결 방식 등에서 근본적인 시각의 변화를 중심으로 한 새로운 패러다임의 대두와도 연계된다.

다시 말해, 신뢰행정 구현은 행정정보 공개의 확대와 행정의 투명성 · 공정성 강화, 정책의 일관성 증대, 행정책임성 강화, 행정통제의 실효성 확보와 그 일환으로 자체감사의 역량 강화 등이 요청된다. 물론 이들 요소는 고객만족행정을 구현하기 위한 선결 조건이 되기도 할 것이다.

하지만 양자가 구성 내용의 모든 부분에서 반드시 일치하는 것은 아니다. 즉, 행정혁신의 미래상은 단순히 국민들로부터 만족을 얻는 수준에 머물러서는 안 되고 한 걸음 더 도약하여 정책 이해관계자들과 국민들의 신뢰를 받을 수 있는 신뢰행정이 궁극적으로 지향하여야 될 행정의 미래상이 되어야 할 것이다.

이 점에서 고객만족행정이 신뢰행정 구현과 현실적으로 얼마나 부합하는지 면밀한 검토를 거쳐 고객만족행정으로부터 기관 청렴도 향상을 통한 신뢰행정 구현으로 정책목표와 주요 정책 추진계획의 방향 수정이 요구된다(이상수, 2006).

Ⅳ. 투명성 향상을 위한 공공 부문의 역할 : 정부 신뢰 제고

1. 뉴거버넌스 시대 투명성 제고를 위한 추진 체계

부패 문제에 대한 국제사회의 조직적 · 체계적 접근 경향은 기존 정부 주도의 독점적 · 폐쇄적 · 일방적 국정 운영 방식에서 시민사회가 정부와 대등한 관계에서 참여하는 뉴거버넌스 시대의 도래에 발맞춘 필연적 변화라고 할 수 있다.

즉, 정부와 시민 간 파트너십 형성 및 네트워크의 기능 제고를 위하여 정책

[그림 10-3] 파트너십 형성을 통한 협력적 거버넌스 추진 체계

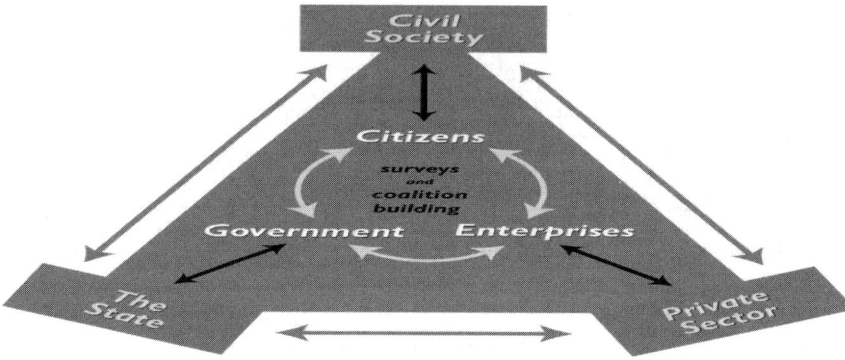

결정 및 집행 과정에 대한 정보 공개와 시민 참여를 중심으로 한 협력적 동반자 관계(cooperative partnership relation)를 기초로 한 네트워크 주체 간 조정 메커니즘(coordination mechanism)이 새로운 거버넌스의 핵심이라고 볼 때(Peters, 2000; Pierre, 2000), [그림 10-3]에서 보듯이 정부·시민사회·민간부문 3주체의 파트너십 형성을 통한 부패 접근 패러다임의 전환이 새로운 거버넌스 시대에 요청되는 것이다.

이는 쿠이먼(Kooiman, 2000)의 공동 거버넌스(co-governing), 계층제 거버넌스(hierarchical governing), 자기 거버넌스(self-governing)의 거버넌스 유형 분류 중 네트워크·파트너십 등 자발적인 상호 작용에 의하여 이루어지는 공동 거버넌스를 의미하며, 부패 방지 접근에서 각 네트워크 주체간 상호 조정을 통한 부패 문제 해결을 지향하는 것을 의미한다(이명석, 2002). 아울러 그레이(Gray, 1989)의 “어느 당사자도 혼자서 해결할 수 없는 문제를 해결하기 위하여 둘 이상의 이해당사자의 협의에 의하여 이루어가는 통치 과정”인 협동 거버넌스와 유사한 의미라고 할 수 있다.

이를 새로운 거버넌스에서의 부패 방지에 적용하면 정부·기업·시민단체 등 사회 각 부문의 유기적 협력과 조정을 통한 범국민적 협력 체제 구축 확대를 통하여 부패에 대한 체계적·전방위적 접근을 시도함으로써, 정부에 대한 국민의 신뢰를 확보하고 사회 내의 사회적 자본을 축적하는 데 기여하여야 함을 의미한다.

2. 사회적 자본으로서의 부패 방지를 통한 기관 신뢰 제고

'좋은 거버넌스'는 국가 발전을 위한 기본적 요구 사항이다. 부패는 일반적으로 '나쁜 거버넌스(poor governance)'의 증상(symptom)이자 결과이다(Commonwealth Secretariat, 2000).[1] '나쁜 거버넌스'와 부패는 경제적 발전을 추구하는 데 주요 제약 요소로 작용하여 정부에 대한 불신을 증대시키게 된다. 즉, 정치와 관료 부문에서의 부정부패와 정책실패 등으로 인한 정책 불신이 정부불신을 증대시키는 요인이며, 신뢰와 일정한 상관 관계가 있는 것이다(서문기, 2001).

구체적으로 부패는 정부 정책의 비용 증대, 세수 감소와 재정 악화 및 거시경제를 취약하게 한다. 아울러 높은 부패 수준에 대한 인식과 비정상적인 지대추구(rent-seeking) 행위로 인한 외국인 투자자의 투자 의욕 저해 및 기업의 회계 부정 등에 대한 유혹 증가, 정책형성의 왜곡에 기인한 재원의 유용, 규제행정의 부실, 정책 불신 등의 부정적 결과를 양산한다(Commonwealth Secretariat, 2000: 25).

이에 비하여 신뢰는 통제의 중요한 메커니즘으로 인식되고 있으며, 주인-대리인이론(principal-agent theory)과 거래비용이론에 대한 대응책으로 기능하기도 하며, 관리적 믿음과 조직관리 철학의 중요 요소로서 인식되기도 한다(김양호, 2003).

조직에서의 신뢰는 조직이라는 공동체(community)를 유지하고 성장시키는 기초가 되는 것으로서 조직의 성과(organizational performance)를 촉진하는 역할을 수행한다. 또한 조직구성원 간의 신뢰적 수준(trust level)이 높을수록

1) 1999년 남아프리카공화국 더반(Durban)에서 개최된 반부패국제회의(International Anti-Corruption Conference) 각국 정상회담에서 좋은 거버넌스 증진과 부패 척결의 원칙(Principles on romoting good governance and combating corruption)에 서명하고, 모든 유형의 국가적·세계적 수준의 부패에 인내 제로(zero tolerance)에 기초한 전략을 제시한 더반선언을 하였다. 이를 기초로 영국의 Commonwealth Secretariat는 전문가 집단이 작성한 보고서 「Fighting Corruption: Promoting Good Governance」를 발간하여 나쁜 거버넌스와 부패의 원인과 중요성을 요약하고, 좋은 거버넌스 증진과 부패에 대한 효과적인 국가적 대응전략, 그리고 국제적 협력 방안에 대하여 기술하고 있다.

조직의 목표를 달성하기 위해서 행사하는 권한을 자발적이고 적극적으로 수용함으로써 자율적으로 직무를 수행하게 된다(김양호, 2003). 즉, 조직 차원의 신뢰는 조직효율성과 장기적 생존 능력을 위한 필수 요건이며, 또한 신뢰는 조직과 그들 구성원에게 아주 많은 이점을 제공한다(Kramer, 1999).

예컨대, 루소 등(Rousseau et al., 1998)은 조직 내에서의 신뢰의 중요성을 구성원 및 집단 간 협력적 행동을 가능하게 하며, 네트워크 조직과 같은 새로운 조직구조에의 적응을 촉진하며, 조직 내 갈등과 거래비용을 감소시키며, 유동적 조직의 형성을 신속하게 하고, 위기에 효율적으로 대처할 수 있게 한다고 주장하였다(Rousseau, 1998) 아울러, 오늘날 정부 불신에 대한 위기 고조를 극복하고 정부 신뢰 회복(restore trust in government)을 위하여 정부 사업에 대한 성과측정과 평가를 통하여 정부 책임성(accountability) 확보가 필요하다는 주장이 제기되기도 한다(Halachmi, 2002).

결국, 새로운 거버넌스 시대에 정부 신뢰 회복을 위하여 정부 생산성 제고를 비롯한 투명성 및 책임성 확보는 가장 중요한 최우선 정책순위를 갖는다고 할 수 있다. 특히, 정부의 투명성은 시민들이 공정하게 대우받고 있다는 것을 신뢰하는 데 도움을 주며, 책임성은 정부실패를 바로잡고 공공 서비스가 국민의 기대에 충족된다는 것을 확신시킨다(김태룡, 2003). 즉, 높은 투명성은 부패나 부정한 행위(wrong doing)의 포착 가능성을 증대시켜 사회적 신뢰를 증진시킬 수 있는 것이다(Bac, 2001: 87-95).

요컨대, 나쁜 거버넌스와 부패는 경제적·사회적 발전을 좀먹게 한다. 따라서 부패로 인한 사회·경제적 폐해를 극복하기 위해서는 좋은 거버넌스의 증진과 부패와의 전쟁을 통하여 가능하며, 결과적으로 정부 신뢰 구축을 통하여 효과적으로 달성할 수 있다는 것을 알 수 있다.

이런 의미에서 투명성을 통한 신뢰라는 사회적 자본은 좋은 거버넌스를 구축하는 데 필수적이다(Rhodes, 2000; 김태룡; 2003: 14). 사회자본은 한 마디로 정의하기는 쉽지 않으나 인간 간의 관계 또는 사회구성원들에게 어딘가에 속해 있다는 감정과 공유된 행동규범 및 공통적인 문화적 정체성을 부여함으로써 사회 질서를 가능하게 하는 역할을 하기 때문에 사회자본이 성장, 형평성, 빈곤 탈출 등을 포함하는 발전 결과에 영향을 준다(Seragedin & Grootaert, 2000). 왜냐하면 사회자본은 정보 공유의 역할을 하여 공식·비공식 제도가 정확한 정보를 제공하도록 함으로써 시장실패를 최소화하며, 개인의 상호 작용으로 인하여 구성원들 간의 신뢰를 회복하게 하는 조정 역할을 하고, 집단적 의사결정을 통하여 외부 효과를 창출하는 역할을 하기 때문이다(Serageldin & Grootaert, 2000, 48-49; 박희봉 · 김명환, 2000).

사회자본은 사회 신뢰 수준과 시민참여 간 밀접한 상호 작용이 이루어질 때 형성이 증진된다(Brewer, 2003: 10). 퍼트남(Putnam, 1993)에 의하면, 도덕적 행위(moral behavior)가 사회적 자본 형성에 토대가 된다고 한다. 아울러 사회적 자본은 안정적인 민주주의와 경제적 발전과 밀접하게 연계되어 있다(Inglehart, 1999).

따라서, 일반 국민들이 정부를 신뢰할수록 그에 따른 불필요한 경비를 삭감할 수 있기 때문에 신뢰는 경제 성장, 사회 발전을 촉진시킨다고 주장하고 있다. 나아가 사회에서 구성원들 간의 신뢰가 구축되어 있느냐에 따라 정책 성공과 실패의 관건이 형성된다. 이 때 정부 신뢰의 결정 요인은 부패 수준이라고 할 수 있다.

부패는 사회적 불신을 증폭시킴으로써 거래비용을 증대시켜 정상적인 시장교환 관계를 교란시킨다. 아울러 사회 갈등을 야기하고 사회적 거래비용을 증대시킴으로써 정부의 사회안전망(social safety-net) 구축에 따른 경제적 · 사회적 비용 증대, 정부세입의 감소, 자원 배분의 왜곡, 투자와 경제적 성장의 지체, 그리고 법규의 약화 초래 및 정책실패를 유발하기도 한다(Commonwealth Secretariat, 2000: 5-6).

또한, 부패로 인한 사회적 불신 증대는 정부 신뢰의 손실을 야기하여 통치비용을 증가시킨다. 정부에 대한 국민의 신뢰가 결여되었을 때 나타나는 사회적 손실은 분명하다. 정부에 대한 신뢰가 부족해지면 더 많은 협상과 검증 · 조정이 필요하게 되므로 공공거래 및 정책결정 비용이 증가한다(김태룡, 2003). 이는 홉스(T. Hobbes)의 자기 이익의 강요된 동기에 의하여 유발된 복종은 신뢰가 아니고, 로크(J. Locke)의 공익에 봉사하고자 하는 동기에 의하여 정부기관의 적절한 결정이 이루어지는 것은 신뢰라고 할 수 있다는 관점을 추구한다(Hardin, 1998: 9).[2] 즉, 시민과 정부와의 관계가 계약에 기초한 것이 아니라

2) 로크는 홉스의 전체주의(專制主義)를 자연 상태보다도 더 나쁘다고 생각하고, 주권재민(主權在民)과 국민의 저항권을 인정하여 대표제에 의한 민주주의, 3권 분립, 이성적인 법

신뢰 관계에 기초한 자발적 복종이라는 것이 로크 정치철학의 핵심이다(Dunn, 1988).

즉, 부패 척결은 정부에 대한 불신을 감소시키고, 정부기관과 법제도, 정책, 그리고 행정행위에 대한 신뢰가치(trustworthiness)의 가능성을 증진시켜 준다(Hardin, 1998: 17-24). 그러나 정부에 대한 신뢰가치는 신뢰자(truster)인 국민이 피신뢰자(trustee)인 정부에 대하여 신뢰할 만한 가치를 갖고 있을 때 신뢰 형성이 이루어질 수 있다.

메이어(Mayer, 1995: 718) 등은 여러 학자들의 신뢰가치 결정 요인들을 분석한 결과, 공통적인 신뢰가치 요인으로 전문성(능력), 개방성, 성실성, 일관성, 배려 등이 포함된 것으로 나타났다. 전문성(ability)이란 어느 특정 영역 내에서 한 집단으로 하여금 영향력을 가지도록 할 수 있는 기술과 역량, 그리고 특성들의 집합체이다. 성실성(integrity)은 정직하고 진실함을 의미하는 것으로 규범 준수, 원칙 수용 등을 포함하는 요인이다. 배려(benevolence)는 어떠한 호의적인 일을 하기 원한다고 하는 것으로 피신뢰자가 신뢰자에 대해서 가지고 있는 애착을 의미한다. 개방성(openness)은 상대에게 진실한 정보를 제공하는 것을 의미하며, 상호 비밀을 소유하지 않고 대화하는 것을 의미한다. 일관성(reliability)은 시종일관 변함이 없음을 의미하는 것으로 예측가능성과도 관련되며 명시적이든 묵시적이든 약속을 이행하는 것과 관련된다(김양호, 2003: 23-24). 따라서 정부 신뢰를 증진시키기 위해서는 위의 신뢰가치를 정부 차원에서 실현하여 국민들의 기대와 믿음을 획득할 때 구현 가능한 것이라 할 수 있다.

이 점에서 정부 신뢰는 정부 성공의 핵심적인 결정 요인이 된다고 할 수 있으며, 이는 새로운 거버넌스 시대에 정부 신뢰 구축을 위한 다양한 사회적 자본 형성을 통하여 가능한 것이다.

에 따른 통치와 개인의 자유·인권과의 양립 등을 강조하여 종교적 관용을 역설하였다. 이 점에서 오늘날 정부 신뢰에 대한 철학적 기초를 제공해 준다고 할 수 있다.

V. 정부 신뢰 제고를 위한 공공 부문의 역할

1. 기존 반부패 정책에 대한 평가

부패방지 정책의 패러다임 전환을 위해서는 기존 정부의 반부패 정책에 대한 비판적 검토가 선행되어야 한다.

첫째, 부패 통제 차원에서 그간 우리나라의 부패 방지 정책은 체제 유지라는 시각에서 운영되어 온 결과, 저효율성에 직면할 수밖에 없게 되었고, 신뢰적자(confidence deficit)라는 부산물만을 남겨놓게 되었다. 즉, 한국의 부패방지 정책은 체제의 정통성 부족을 보완하기 위한 정치적 도구화나 정쟁의 부산물 정도로 간주되어 온 결과, 정책에 따른 비효율성은 물론 극단적인 신뢰의 위기에 직면하였던 것이다(김태룡, 2003; 윤태범, 2000).

둘째, 기존 우리나라의 반부패 정책은 공급자 위주로 이루어져 왔다. 앞서 지적한 바와 같이 체제와 정권의 정당성을 확보하는 차원에서 정부 중심의 부패통제가 이루어짐으로써 사회 현실과 공직문화와는 거리가 있는 이상적인 구호에 그친 경우가 적지 않았다. 이 과정에서 시민과 민간 부문, NGO 등의 참여는 배제되었으며, 그 결과 부패방지 정책의 실행 가능성과 적실성이란 측면에서 적지 않은 한계를 드러냈다고 할 수 있다.

셋째, 부패통제와 관련한 법제도의 적실성 및 실효성의 취약을 들지 않을 수 없다. 공직자윤리법, 부패방지법, 공무원행동강령 등 부패 방지 관련 법제도의 실효성을 약화시키는 다양한 취약 요인이 잠재되어 있어 제대로 된 부패통제 메커니즘으로 작용하지 못했던 것이다. 즉, 제도의 실효성을 약화시키는 조항 또는 구체성이 결여된 추상적 법조문, 그리고 미비되거나 불비된 기존 부패통제 법제로 인하여 한계에 직면할 수밖에 없었다.

넷째, 부패통제 정책의 지속성 결여로 인한 문제이다. 기존 부패통제 정책은 임시방편적·대증적 요법으로 이루어진 경우가 적지 않았으며, 이에 따라 조직문화 내지는 관행의 개선으로까지 연결되지 못하였다.

다섯째, 부패방지 정책과 관련 사정기구 간의 전체적 정합성(consistence)

부재를 지적할 수 있다. 해당 기관의 엄정한 집행 의지의 부족도 하나의 이유가 되지만 중앙정부와 지방자치단체 간의 부패통제 정책의 일관성 결여와 사정기구 간의 부패정책 전반에 대한 조정과 통합이 부족하였다.

이상과 같은 문제점들로 인하여 기존 우리나라의 부패방지 정책은 뚜렷한 성과를 거두지 못한 채 실패로 점철되었다고 할 수 있다. 이하에서는 정부 신뢰 체계 구축을 위한 부패방지 방향을 진단하고, 구체적 실천 방안으로서 2005년 3월 체결되어 추진중인 투명사회협약을 중심으로 살펴보고자 한다.

2. 정부 신뢰 구축을 위한 공공 부문의 역할과 기능

앞서 살펴본 바와 같이 행정환경의 변화와 새로운 거버넌스 시대의 부패통제 대응 역시 과거의 소극적·부정적 접근으로부터 적극적·긍정적 접근 전략을 모색하고, 수직적·폐쇄적 부패통제 접근에서 수평적·개방적 접근전략으로 전환하여야 하는 것이다. 이를 위하여 중장기적으로 공공 부문 신뢰 수준을 제고할 수 있도록 정부 신뢰 체계(trust system)의 구축을 통한 전방위적·체계적 부패 방지 접근 방안으로의 전환이 필요한 것이다. 정부 신뢰 체계 구축을 위한 부패 방지 패러다임의 변화 방향은 다음과 같다.

첫째, 부패 방지의 최근 경향은 민주화(democratization)를 통하여 정부의 책임성과 투명성 제고의 압력을 가중시킴으로써 정부의 임무 수행을 올바르게 하는 것이다. 국가 청렴 시스템(national integrity system)은 공공 부문의 반부패 전략과 감시기구의 엄정한 집행, 국민의 인식과 참여, 사법부의 책임성 확보, 매스미디어 매체와 민간 부문의 감시자 역할, 그리고 국제적 협력이 균형있게 한 축을 구성할 때 국가 신뢰 체계를 구축할 수 있고, 이에 기초하여 지속가능한 발전 또한 좌우된다(Stapenhurst et al., 1997: 327). 또한 각 기관별 윤리강령 제정과 내실화 및 법제도의 개선, 자체감사 기능의 보완적 장치로서 옴부즈만 제도의 활성화, 감사원 및 반부패 사정기구의 감시 기능이 효율적으로 작동되어야 한다.

둘째, 부패 감소를 위해서는 정보의 흐름을 가로막는 비효율적인 대리인 구조를 발생시키는 불필요한 규제개혁과 행정정보 공개의 강화, 정보통신 기술을 이용한 행정 처리의 제고, NGO의 감시 기능 강화, 강력한 반부패 정책 추진 등의 투명성 제고 노력이 요구된다.

셋째, 시민사회와 언론매체의 적극적 지지와 감시를 통하여 공무원의 윤리적 행위를 요구할 수 있는 국민의 권한과 부패의 부정적 영향에 대한 인식의 고조 등이 국가 청렴 시스템 확립에 필요한 요소이다.

넷째, 특히 부패통제 및 국가 청렴 시스템 구축 과정에서 시민의 참여가 개방되고 우호적인 분위기 조성이 성공의 관건으로 작용한다. 이 때 정부는 시민연대의 강화를 통하여 사회적 자본 구축을 적극적으로 견인해 줄 필요가 있다. 예컨대, 자원봉사나 NGO의 감시 활동 활성화를 통한 부패 방지 활동의 유도도 요청된다.

다섯째, 이와 함께 공무원의 적극적인 참여와 공공 서비스 제공 과정에서 시민들의 신뢰를 이끌어내는 데 헌신적이어야 한다. 이미 브루어(Brewer, 2003)에 의하면, 공무원이 일반 시민보다 높은 시민 의식을 갖고 있고 자원봉사 등 다양한 시민사회 활동에 참여하고 있는 것으로 조사되었다. 따라서 우리나라에서도 공무원이 앞장서 부패 방지와 국가 투명성 제고에 모범을 보이는 것이 필요하다. 이를 통하여 공직자가 부패방지 정책 대상으로서의 객체가 아닌 주체로서 거듭나야 하는 것이다.

마지막으로, 성과측정과 점검 체계를 활용하여 부패통제에 접목시킬 필요가 있는 바, 성과평가의 목표는 부패 저감을 위한 방향으로 측정이 이루어져야 한다는 것이다. 정부 신뢰 회복을 위한 단계적 조치는 첫째, 서비스 수혜자인 시민들이 원하는 바가 무엇인지 정확하게 파악한 후 둘째, 이 정보를 공공 서비스의 생산과 전달 과정의 개선에 적극 활용하는 것이다. 셋째, 정부의 성과에 대한 측정과 평가 결과에 대한 보고서를 작성하고, 마지막 4단계는 최종 성과 보고와 환류를 통하여 신뢰를 구축하는 것이다(Campbell, 2003: 45).

이 같은 결과 중심적 공공관리(results-oriented public sector management)는 공공 서비스 개혁 목표를 공공 서비스 결과의 질에 대한 인센티브 구조와 경쟁환경을 조성하는 것이다. 이 때 그 결과 정보는 국민들에게 공개되어 정부의 투명성과 책임성을 한 단계 고양시킬 수 있어야만 하는 것이다(Stapenhurst et al., 1997: 328). 즉 성과측정은 더 나은 생산성과 책임성에 기여할 수 있는 방향으로 평가 결과 환류가 이루어져야 한다(Halachmi, 2000: 90).

이러한 제반 요소들은 동시에 강조되거나 수행될 필요는 없다. 특정 부패 취약 분야부터 우선적으로 접근하는 전략적 접근이 요청되며, 이 과정에서 기관 최고지도자의 적극적 리더십이 부패와의 전쟁에서 중요한 변수로 작용한다.

위와 같은 공공 부문 신뢰 회복의 기본 골격과 방향은 서울시의 대내외적 신뢰 제고를 위해서도 동일하게 적용될 수 있을 것이다. 즉, 서울시 투명성과 시정 청렴도 향상을 위한 기본 방향 역시 시민과 공직사회로부터 기관 신뢰를 점진적으로 제고하기 위한 제반 대책 수립과 노력을 기울여 나가는 것이 근본적이고 실질적인 대안이 될 것이다.

Ⅵ. 신뢰 구축을 위한 투명사회협약 추진 방안

앞서 논의한 바와 같이 오늘날 시민사회의 힘과 역할이 커지고 있고, 깨어 있는 시민사회야말로 제도 권력 안팎의 부패와 오·남용에 대한 감시·견제 기능은 물론 각종 갈등의 조정 기능 등을 통하여 공동체의 건강성과 공동선을 지켜낼 수 있는 중요한 한 축인 것이다.

나아가 신뢰 체계 형성은 지속 가능한 발전(sustainable development)과 안정적인 민주주의를 유지하는 데 유용하며, 이는 '좋은 거버넌스'의 지속적 증진을 통하여 구축 가능하다(Putnam, 1993, Hope, 2005). 이미 서구 선진국은 좋은 거버넌스의 구축과 부패 척결을 동의어(synonymy)로 간주하고 정부의 민주적 책임성(democratic accountability)을 강화하고자 시민사회의 자발적 참여에 기초한 국정관리를 지향하고 있다(Commonwealth Secretariat, 2000).

따라서 사회적 자본으로서 국가 신뢰 체계 구축과 투명성 제고를 위해서는 NGO와 시민, 시장 등 민간 부문의 적극적인 참여와, 참여 주체 간 네트워크 형성을 통하여 협력적 동반자 관계에 기초한 부패방지 정책의 전환이 절실히 요청된다. 물론 이 중 시민단체에 의한 부패통제의 성과와 한계에 대한 비판적 인식 제기가 일정 부분(전영평, 2003: 95-116) 인정되나, 중장기적으로 부패 방지 거버넌스 증진이란 관점에서 볼 때 정부 신뢰 구축에 긍정적으로 기여한다고 판단된다. 단, 네트워크 주체들 간의 신뢰가치(trustworthiness)에 기초한 상호 신뢰(reciprocal trust) 관계 형성이 반드시 전제되어야 한다.[3]

이 같은 시대적 흐름에 부응하여 우리 사회에서도 시민사회 · 정치 · 행정 · 경제 분야 등 모든 영역의 자발적 참여에 기초하여 반부패를 사회적 합의로 삼고 실천하여 선진 사회로 나아갈 수 있는 지속 가능한 투명 시스템을 구축하기 위한 운동인 '투명사회협약'이 체결 · 시행되고 있다. '투명사회협약'은 사회 세력들 간의 참여와 협력에 기초하여 기존 구조 하에서 불가피하게 양산되었던 부패와 관행, 관성을 극복하고, 이념적 · 계급적 · 의제적 갈등을 넘어 협력에 기초한 협약을 체결하여 선진 사회로 나아갈 수 있는 지속 가능한 투명 시스템을 구축하는 것이다.

그 주요 의제와 내용은 다음과 같다.

첫째, 공공 부문은 부패통제기관의 역할 조정, 지방자치단체의 투명성 제고, 민간 참여의 확대, 군수 조달을 포함한 정부 조달 체계의 투명성 개선, 정보공개법 개정, 공기업 투명성 개선 등을 주요 의제로 제시하였다.

둘째, 정치 부문에서는 불체포 특권 제한, 국회윤리위원회 강화, 백지신탁제 도입, 불법 정치자금의 근절과 로비스트 등록제 추진 등이 주요 내용으로 포함되어 있다.

셋째, 기업 부문은 기업 윤리의 강화, 하도급 비리 개선, 감사위원회 강화, 내부 고발자 보호, 정보공시 강화, 사외이사 전문성 강화를 주요 내용으로 제시하였다.

넷째, 시민사회는 반부패교육 강화, 시민 옴부즈만, 주민투표제, 주민소환제의 도입 등 시민참여를 주요 내용으로 제안하고 있다.

이상에서 살펴본 투명사회협약 체결이 갖는 장점은 새로운 거버넌스 시대에 국가적 의제인 국가 투명성 확보와 부패 방지를 위하여 시민사회 · 정치 · 행정 · 경제 분야 각 주체들 간의 협력적 네트워크를 기반으로 한 '한국형 부패방지 협력모델'이라 할 수 있다. 투명사회협약은 다자간 자발적 합의를 통한 미래지향적 협약으로 국가 투명성 제고를 위한 비활성화된 협력의 망을 활성화하고, 비활동적인 참여의 의지를 역동화시킴으로써 신뢰라는 사회적 자본을 배가할 수 있다.

---

3) 로스-애커만(Rose-Ackerman, 2001)은 특정 국가의 문화적 · 역사적 뿌리에 따라 약간씩 상이하지만 기본적으로 신뢰는 개인 간, 개인과 제도 간, 그리고 공사(公私) 상호간 신뢰 관계 형성이 신뢰 구축의 필요 조건이라고 주장한다.

[그림 10-4] 지방자치단체의 주요 부패 유발 구조

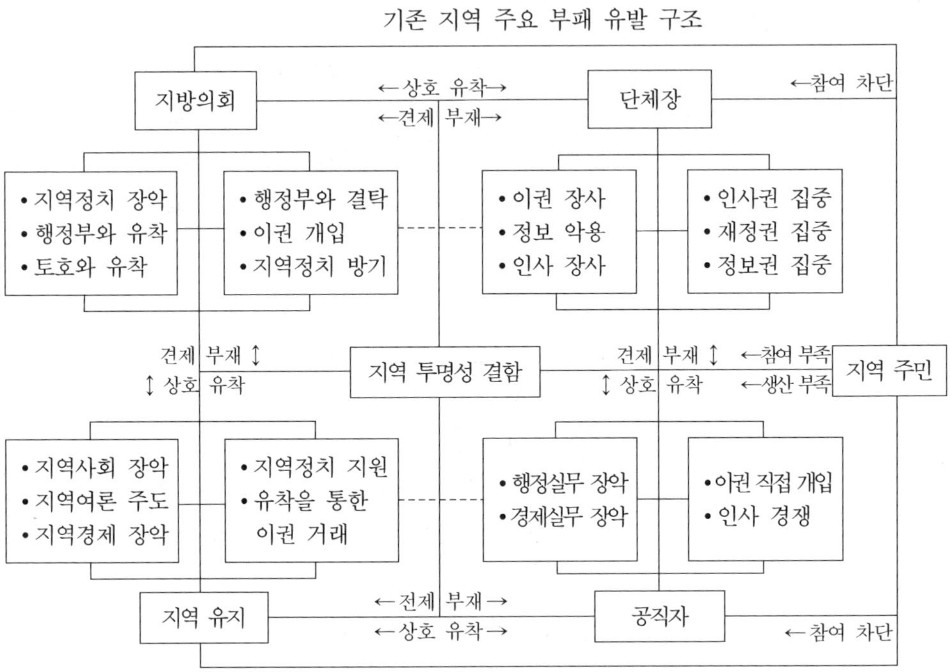

출처: 김정수(2007).

요컨대, 투명사회협약은 로드스(Rhodes, 1996)의 '자기조직화 네트워크(self-organizing networks)'를 보여 주는 대표적인 사례라 할 수 있다. 즉, 협약은 부패 방지를 위한 거버넌스 형성 주체들 간의 상호 작용 네트워크(interactive network)를 향상시켜 부패 척결을 위한 공동의 노력을 통하여 지속 가능한 투명 시스템(sustainable transparence system) 구축에 크게 기여하리라고 기대한다.

한국의 지방자치단체 또한 투명사회협약 체결을 통하여 투명성을 지속적으로 강화시켜 나갈 필요가 있다. 지역의 주요한 부패는 지역 정치인과 토호 세력, 그리고 지역공무원 간의 유착 관계에 의하여 발생한다. 민선 이후 인사, 재정, 정보 등의 막강한 권력을 독점한 지방자치단체장과 지역 토호 세력의 결합은 종종 막대한 예산과 행정력 낭비, 그리고 난개발과 환경 파괴 등으로 이어져 지역 주민의 삶에 커다란 피해를 초래해 왔다.

따라서 지역의 주요한 부패를 재생산하는 구조적 커넥션을 끊기 위해서는 다자적 부패 방지 체계 구축, 지방자치단체 내부와 외부의 참여틀과 감시망 확대가 필수적이다. 지역 차원에서 참여와 협력에 기초한 다자적 부패 방지 체계로서 투명사회협약을 체결하고 이행함으로써 지역 부패에 대한 포괄적·구체적인 대안을 실천하여 지속 가능한 투명성 시스템이 생성될 수 있다.

지자체 차원의 투명사회협약은 지역의 주요 부패를 야기하였던 부패 유발망과 부패 친화적 환경 극복을 위한 의제 도출, 이해당사자 간 협력과 실천을 통하여 지속 가능한 지역 투명 시스템을 구축할 수 있다. 투명사회협약 과정에서 각 이해당사자들은 자발적인 투명사회 실천의 주체가 되며 협약의 실천 과정은 건강한 지역 사회 건설 과정이 된다. 투명사회협약을 통하여 행정의 청렴성이 제고되고 재정과 정치 부문의 투명화가 강화되며, 경제 부문 효율성이 높아져 전반적인 지역사회 선진화의 기반이 조성될 수 있다. 또한 투명사회협약의 과정들을 통하여 지역 발전을 위한 지역사회 주요 성원들 간의 파트너십이 강화되어 새로운 지역 발전의 동력이 생성될 수 있다(김정수, 2007).

하지만 자발적 협력에 기초한 협약 추진 과정에서 적지 않은 난관에 봉착할 수 있다. 이를 극복하기 위하여 메이어(Mayer, 1995) 등이 제시한 신뢰가치 결정 요인들을 중심으로 지자체 투명사회협약이 성공하기 위하여 유의하여야 할 사항을 지적하면 다음과 같다.

첫째, 각 부문별 협약 추진 주체가 실질적인 실천 능력을 담보할 수 있어야 한다. 이를 위해서는 각 부문별 전담기구를 설치하고, 구체적인 실천 프로그램을 설정하여 추진하는 한편, 지역별 투명사회협약실천협의회의 이행·점검을 통하여 지속적인 수정과 보완이 수반되어야 한다.

둘째, 추진 주체 각 부문별로 협약에 명시된 개선 사항을 성실하게 실천하고, 윤리 사항을 준수하여야 한다. 만약 평가를 통하여 협약의 개선 사항 중 미실천된 사항에 대해서는 이행을 강제할 수 있어야 하나 실질적으로 강제력을 행사할 수는 없기에 다분히 부문별 추진 주체의 성실성(integrity)에 기대할 수밖에 없는 것이다.

셋째, 각 부문별 협약 실천을 통하여 이해관계자들뿐만 아니라 궁극적으로 국민의 기대와 믿음을 획득하여야 할 것이다.

넷째, 협약의 실천 정도를 담보하기 위해서는 이해관계자 및 시민의 참여가 개방되어야 하며, 이를 위하여 정보 공개가 적극적으로 실천되어야 한다. 정치·행정·기업 부문별로 정보공개 목록을 작성하고 적극적으로 홍보하는 한편 투명성이 담보될 수 있는 구체적인 제도적 장치가 강구되어야 한다.

다섯째, 각 부문별로 구체적인 개선 사항을 일관성(reliability) 있게 추진하고, 개선 사항별 일정과 시한을 설정하여 지속적으로 실천한 후 그 이행 정도를 공고함으로써 내부적인 추진 동력과 외부 국민들의 이해와 지지를 획득할 수 있어야 할 것이다.

마지막으로 협약이 실패로 점철된 과거 정권의 반부패정책 선례를 따르지 않고, 부패 방지를 위한 협력적 거버넌스로 자리잡기 위해서는 정권 변동이나 자치단체장 교체와 상관없이 지속적으로 추진될 수 있어야 할 것이다.

참고 문헌

김양호. (2003). 신뢰가 조직시민행동과 공유학습에 미치는 영향에 관한 연구. 경희대학교 경영학 박사학위 논문.

김정수. (2007). 투명사회협약의 의미와 시민사회의 역할. 「서울투명사회협약 시민사회추진준비위원회 토론회 발표논문집」.

김태룡. (2003). 역대 정부의 부패방지정책의 평가와 과제: 거버넌스적인 관점에서. 「2003년 행정학회 학술세미나 발표논문집」. 한국행정학회.

박희봉·김명환. (2000). 우리나라 지역사회의 사회자본 증진에 관한 연구: 사회자본 측정과 분석을 위한 시도. 「한국정치학회보」 34(4). 한국정치학회.

윤태범. (2000). 효율적인 반부패를 위한 윤리적 정부의 구축 방안: 신뢰 시스템의 형성을 중심으로. 「서울시립대 반부패행정시스템 연구소 개원 기념 발표논문」.

이명석. (2002). 거버넌스의 개념화: 사회적 조정으로서의 거버넌스. 「한국행정학보」 36(4). 한국행정학회.

이상수. (2004). 「서울시 반부패지수(ACI) 개선 방안」. 서울특별시 감사관실.

———. (2005). 2004년도 국제사회 반부패 동향. 「2004 부패방지백서」, 509-555. 부패방지위원회.

———. (2005). 「2005 자치구 반부패시책 평가」. 서울특별시.

———. (2005). 「지방자치단체 제도 개선 시범사업 평가」. 국가청렴위원회.

———. (2006). 거버넌스 시대의 정부신뢰 체계 구축과 부패방지 연구. 한국유럽행정학회, 「한국유럽행정학회보」 3(1).

———. (2006). 「행정자치부 중장기 청렴도 제고 방안」. 행정자치부.

———. (2007). 서울시 투명성 확보를 위한 공공부문의 역할과 과제. 서울투명사회협약 시민사회추진준비위원회 토론회 발표논문집.

이시원. (1993). 정부신뢰의 개념적 논의. 「경상대학교 논문집」 32(1).

전영평. (2003). 시민단체에 의한 부패통제: 논리, 유형, 분석. 「한국행정학보」 37(3).

주성수. (2003). 정부의 신뢰 위기와 NGO와의 파트너십 대안. 「한국행정연구」 12(2).

투명사회협약, 투명사회 실현을 위한 시민참여 헌장.

Brewer, Gene A. (2003). Building Social Capital: Civic Attitudes and Behavior of Public Servants. *Journal of Public Administration Research and Theory* 13(1): 5-26.

Bac, Mehmet. (2001). Corruption, Connection and Transparency: Does a Better Screen Imply a Better Scene?. *Public Choice* 107: 87-96. Netherlands: Kluwer Academic Publishers.

Campbell, Mary. (2003). Restoring Trust in Government: A Cost-Effective Approach to the Cry for "Accountability". *Association for Quality & Participation.*

Commonwealth Secretariat. (2000). *Fighting Corruption: Promoting Good Governance*. U.K.: Commonwealth Secretariat.

Dunn, John. (1984). The Concept of Trust in the Politics of John Locke. In R. Rorty, J. B.·Schneewind, & Q. Skinner. *Philosophy in History*, (eds.). Cambridge University. Press.

Fukuyama, F. (1995). *Trust: The Social Virtues and the Creation of Prosperity*. New York: The Free Press.

Gray, Barbara. (1989). *Collaborating: Finding Common Ground for Multiparty Problems*. San Francisco: Jossey-Bass.

Halachmi, A. (2000). Franchising in Government: Can a Principal-Agent Perspective be the First Step Toward the Development of a Theory?. In V. R. Johnston (ed.). *Entrepreneurial Management and Public Policy*. Huntington, NY: Nova Science Publisher, Inc.

———. (2002). Who Gets What, When, And How: Performance Measures for Accountability? For Improved Performance?. *International Review of Public Administration* 7(1).

Hardin, Russell. (1998). Trust in Government. In V. Braithwaite & M. Levi. (eds.). *Trust & Governance.* Russell Sage Foundation.

Hope, K. R. (2005). Toward Good Governance and Sustainable Development: The African Peer Review Mechanism. In *Governance: An International Journal of Policy, Administration, and Institutions* 18(2): 283-311. USA: Blackwell Publishing.

Inglehart, R. (1999). Trust, Well-Being, and Democracy. In M. Warren (ed.). *Democracy and Trust.* New York: Cambridge University Press.

Kooiman, J. (2000). Societal Governance: Levels, Mods, and Orders of Social-Political Interaction. in Pierre, J.(ed.), *Debating Governance,* Oxford University Press.

Kramer, R. M.(1999). Trust and Distrust in Organizations: Emerging Perspectives, Enduring Questions, *Annual Review of Psychology,* Vol. 50.

Mayer, R. C., J. H. Davis & F. D. Schoorman. (1995). An Integrative Model of Organizational Trust. *Academy of Management Review* 709-734.

OECD. (2001). Civil Society and the OECD-November 2002 update. Paris.

______. (2002). Good Governance and Best Practices for Investment Policy and Promotion. Paris.

______. (2003). Fighting Corruption: What Role For Civil Society? The Experience of The OECD. Paris.

Peters, G. (2000). Contracts as a Tool for Public Management: Their Strange Absence in North America. In Y. Fortin & H. Van Hassel(eds.). *Contracting in the New Public Management: From Economics to Law and Citizenship.* Amsterdam: IOS Press.

Pierre, J. (2000), *Debating Governance,* Oxford University Press.

Putnam, R. D. (1993). *Making Democracy Work: Civic Tradition in Modern Italy,* Princeton University Press.

Rhodes, R. (1996). The New Governance: Governing without Government. *Political Studies* 44: 652-667.

———. (2000). The Governance Narrative: Key Findings and Lessons from the ESRC's Whitehall Programme. *Public Administration* 78(2): 345-363.

Rose-Ackerman, Susan. (2001). Trust, Honesty and Corruption: Reflection on the State-Building Process. *European Journal of Sociology* 42(3).

Rousseau, D. M., S. B. Sitkin, R. S. Burt & C. Camerer. (1998). Not so Different After All: A Cross-Discipline View of Trust. *Academy of Management Review* 393-404.

Serageldin, Ismail & Christriaann Grootart. (2000). Defining Social Capital: An Integrating View. In Partha Dasgupta & Ismail Seragedin, (eds.). *Social Capital: A Multifaceted Perspective* 40-58. Washington, D.C.: The World Bank.

Stapenhurst, Frederick., & Petter Langseth. (1997). The Role of the Public Administration in Fighting Corruption. *International Journal of Public Sector Management* 10(5): 311-330.

Thomas, Craig W. (1998). Maintaining and Restoring Public Trust in Government Agencies and Their Employees. *Administration & Society* 30(2): 166-182.

제11장 지역사회복지계획 수립사업의 지역성 평가 방안

I. 서 론

국가의 복지 서비스는 복지국가가 갖는 비효율적이고 고비용의 구조, 정치적 변화에도 변하지 않는 복지정책, 그리고 표준화된 공공 서비스가 시민들의 개인적인 선호를 만족시키지 못한다는 비판(김승현 · 이교헌, 2003: 520)으로 지방정부를 중심으로 한 지역사회복지에 대한 관심으로 전환되었다. 이러한 관심은 세계적 추세로 영국의 경우 1990년에 국민보건 서비스와 지역사회보호법(NHS and Community Care Act)을 제정하여 지역사회 보호를 강조하고 있고, 미국은 1971년부터 주 · 지역 단위 사회복지 관련 서비스를 통합 · 연계하는 시범사업 결과를 바탕으로 지역 단위 사회복지 서비스를 대대적으로 시행하고 있으며, 일본은 2000년 6월에 사회복지사업법을 사회복지법으로 개정하였는데, 이를 '지역복지추진법'이라 할 정도로 지역복지를 강조하고 있다(김홍주, 2005).

우리 정부도 지역사회복지 관심에 대한 세계적 추세에 맞게 지역 중심의 사회복지 체계를 추진하고 있다. 이는 2003년 7월 사회복지사업이 개정 · 공포됨에 따라 그 제도적 틀이 마련되었다. 정부의 지역 중심 사회복지는 지방분권화 정책과 그 궤를 같이하고 있다. 사회복지의 지방분권화는 사회복지의 중심축이 '국가'에서 '지역사회 단위'로 이동하고 있음을 의미하며, 이러한 지역 중심 복지 체계의 정책은 지역사회의 사회복지 주체성 고양, 지역사회의 특성과 조건에 맞는 복지 서비스의 개발, 민간 지역사회복지 운동 역량의 강화 가능성 담지와 같은 측면에서 긍정적인 평가를 받는다(이태수, 2005; 강혜규, 2005; 박병헌, 2004; 조영훈, 2001; 강윤호, 2000).

분권화된 지역사회복지의 출발은 중앙정부의 기획에 따른 지방정부의 집행 형태를 벗어나 지역 특성에 따라 복지 수요를 전망하고 이에 따른 복지자원의 조달·관리 및 사회복지 전달 체계를 지역 단위로 설계하고 추진하는 지역복지에 대한 자체적인 계획 수립에 있다. 따라서 각 지방자치단체는 2006년에 개정된 사회복지사업법에 입각하여 지역사회복지계획 수립사업을 실시하였으나 많은 지역에서 계획을 수립하는 데 지역적 특성이라는 지역성의 확보에는 실패한 것으로 논의된다(내일신문, 2006. 12. 1). 이러한 논의는 지역복지계획의 지역성에 대한 체계적인 논의를 통한 평가이기보다는 주로 복지계획의 수립 과정에서 연구자들이 지역에 대한 관련 전문성이 부족하고 또 이들이 상이한 여러 지역의 계획을 수립하는 과정에 동시에 투입됨으로써 지역성 확보에 대한 의문을 제기한 것이다. 여기서 구체적으로 지역성에 대한 평가 방안이 논의될 필요가 있다.

이 글에서는 지역사회복지계획사업에 대한 지역성 평가 방안을 지역성의 구성 요소를 중심으로 살펴보고자 한다. 먼저 지역 중심의 복지 체제에서 지역사회복지계획사업의 내용이 무엇이고, 지역사회복지계획에서 지역성이 의미하는 것이 무엇인지를 살펴보고, 구체적으로 지역복지에 영향을 주는 지역 환경적 요인들을 중심으로 지역성의 구성 요소를 살펴봄으로써 지역사회복지계획의 수립시에 지역성을 평가하는 방안을 제시하고자 한다. 이러한 지역성 평가 방안의 논의는 궁극적으로 지역복지계획을 수립하는 과정에서 지역성을 확보할 수 있는 방안에 대한 실마리를 제공할 것이다.

Ⅱ. 지역복지로의 전환과 지역사회복지계획 수립

1. 지역사회복지로의 전환

사람들이 일상생활을 영위하는 지역사회는 다양한 생활상의 어려움이 발생하는 장이기도 하다. 이 지역사회의 존재 양식이나 환경적인 조건이 사회복지의 대응을 필요로 하는 생활 문제나 복지 욕구의 출현에도 크게 영향을 미친다. 실제 생활 문제나 욕구를 불러일으킨다든지 심각화시키기 쉬운 지역도 있는가 하면, 지역 주민이나 환경의 결집이 좋아서 복지 문제의 발생을 억지·완화하는 역량이 강한 지역도 존재한다.

생활 문제의 해결이나 예방에 도움이 되는 사회자원, 서비스나 시설의 많고 적음이나 정비 충실의 정도에 의해서도 지역이 갖는 문제 해결의 능력이나 복지력이 다른 것은 오히려 당연한 것이라 말할 수 있을 것이다. 이처럼 지역사회는 주민 생활의 기반, 혹은 사회복지 전개의 전제 조건으로서 극히 중요한 위치를 점하고 있는 것이다.

이러한 지역사회를 기반으로 여기에서 발생하는 다양한 생활 문제의 해결이나 원조, 지원이나 예방을 민관 협동으로 추진하고자 하는 사회복지의 방향이나 방식을 일반적으로 '지역복지'라고 부르고 있다(稻葉一洋, 2003).

지역을 기반으로 한 복지 형성에는 시민 생활을 지탱해 주는 종합적인 복지 서비스, 시스템이 정비 충실과 함께 주민 참여를 지원할 수 있는 복지공동체의 존재가 불가결하다. 바꾸어 말하면, 지역복지의 구축에는 지역사회 보호(community care)를 실시하기 위해서 대인 서비스 장치의 창출과 사람들의 연대나 공동성을 배양하기 위한 복지공동체의 형성을 주요한 달성 과제로 하고 있다. 따라서 稻葉一洋(2003)은 1970년대 이후의 지역복지의 이론적·정책적·실천적 전개를 따라서 지역복지 구축에 필요한 조건을 분권화, 공사협동화, 참가화, 종합화, 재택화, 계획화로 제시한다.

먼저 분권화는 지역 중심의 복지 체제로의 개혁에서 핵심이다. 현대 사회복지 업무 처리에서 기초자치단체의 역할이나 책임이 중시되지고 지역의 개성이나 실태에 따라서 창의나 연구를 하는 것이 중요하다.

둘째로 공사협동화에서 일반적으로 공=행정, 사=민간, 지역 주민을 의미하고 있다. 이 공사(公私)의 역할 분담과 협동화는 지역복지의 핵심이라고 말하여도 좋고 각 지역마다의 컨센서스 만들기와 협동 활동의 축적이 불가결하다. 이른바 행정 노력과 주민참가가 지역복지에서 중요하며 쌍방의 협동화의 수법과 지혜가 무엇보다도 필요하게 된다. 지역보호(care)에도 공공 부문의 정비, 충실 위에 비공공이나 자원봉사 부문의 서비스와 활동이 중시되고 각각의 장점을 살린 유기적인 업무 처리가 요구되고 있다.

셋째, 복지 대상자를 포함한 지역 주민은 지역복지의 본원적인 주체라고 말하여도 좋고 이 범위에서 다양한 참가의 필요성이 지적되어 왔다. 지역에 맞는 창의와 연구와 함께 지역 주민의 이해와 협력을 얻기 위한 노력을 넘어서 지역 주민을 지역복지의 추진 주체로 하여야 한다. 주민 참가나 주민에 의한 협동적인 문제 해결 행동은 지역이나 복지 서비스를 시민적인 것으로 변화시키고, 지역의 복지력을 높이는 것이 복지공동체 형성에 필요불가결한 조건이다.

넷째, 지역복지의 형성에는 총합적인 시책・서비스의 전개와 함께 다양한 주민의 참가를 필수 조건으로 하고 있다. 좁게는 복지행정 부문만으로는 새로운 복지 시스템의 형성은 불가능하고 의료・보건을 비롯해 주택 개량, 교통 수단, 교육, 지역계획 등의 정책이나 서비스의 총합화가 요구되고 있다. 서비스 이용자의 자립이나 사회 참가의 촉진, 개호하기 쉬운 지역・생활환경의 조성, 상담이나 정보 제공 시스템의 정비 개선 등에 더하여 지역 주민의 참가나 활동과도 연계한 지역복지의 총합적 전개를 필요로 하고 있다.

다섯째, 재택 서비스의 충실 없이는 지역복지의 실현은 없다. 다원화된 공급 주체에 의한 재택 서비스의 확충과 정비, 담당자의 확보 및 양성, 케어시스템 형성의 과제가 추진된 것은 사실이나 아직 불충분한 내용이나 수준뿐만이 아니고 최종적으로는 '병원이나 시설'이라는 단계에 있다. 재택보호의 실천에는 공공 부문과 함께 비공공 부문의 중요성이 재인식되고 있다. 또 개별의 이용자에 대해서도 다양한 기관, 단체, 지연의 연대나 네트워크에 의한 서비스의 제공, 이용자 본위의 보호관리의 존재 방식이 요구된다.

마지막으로, 지역복지 추진의 최적의 방법으로서 계획 수법이 사용되어야 한다. 지방자치의 활성화와 중앙정부 권한의 지방이양 등에 따라 지방의 자율성과 책임성이 강화되고 있으며, 민간 부문의 복지 참여가 확대되는 경향 가운데 사회복지 서비스의 수용에 부응하는 전달 체계의 확립과 공급자원의 확보 등 주민복지 체감도 향상을 위한 복지정책의 방향과 전략을 시・도 또는 시・군・구의 지역 단위로 수립하여 추진하는 것이 바람직하게 판단되었다. 따라서 사회복지사업에 2003년 개정으로 지역사회복지계획의 수립・실천에 대한 내용이 포함되었으며, 시・군・구 지역사회복지협의체는 2005년 7월부터 지역사회복지계획을 수립하도록 되었다.

2. 지역사회복지계획 수립사업

1) 지역사회복지계획의 의의

지역사회복지계획은 그 의미가 계획의 목표, 수립 주체, 그리고 수립 방법에 대한 학자들의 견해에 따라 약간 다르게 제시되고 있으며, 용어 역시 지역사회복지계획과 지역복지계획이 혼용되어 사용되고 있으나(김정숙, 2006), 일반적으로 지역사회복지계획은 일정 지역을 단위로 지역사회에서 거주하는 주민의 사회복지 증진을 위하여 목표를 설정하고, 이를 달성하기 위한 과제를 모색하려는 것이다. 이는 해당 주민의 욕구와 지역사회의 문제를 파악하고, 지역복지 관련 서비스 공급의 실태와 관련 자원의 활용 가능성을 점검하여 사회복지 발전을 위한 각종 방안, 특히 사회복지 관련 서비스의 공급 체계를 설계하고 자원 배분의 우선순위 등을 제시하려는 것이다.

사회복지사업법의 개정으로 실시되는 자치단체의 지역사회복지계획 수립사업을 위한 보건복지부의 지침에 따르면(보건복지부, 2004), 지역사회복지계획은 첫째, 그 목표가 지역사회복지 증진, 즉 지역사회 문제 및 주민들의 생활 문제들을 예방・해결・개선・향상하는 데 있다.

둘째, 계획의 주체는 지방자치단체가 되는 지방계획이지만, 계획 수립 과정에 반드시 공・사의 민주적 협력과 적극적 참가가 전제된 조직적・체계적・종합적 계획이다.

셋째, 지역사회복지의 방법은 지역성과 접근성의 시점에서, 지역사회의 특성・환경・복지자원・주민들의 욕구 및 문제 진단, 기존 관련 계획 등의 과학적・객관적인 조사와 분석을 통해서 수렴한다.

2) 지역사회복지계획 수립 주체와 방법

지역사회복지계획은 계획 수준에 따라서 지역사회복지계획과 연차별 시행계획으로 나뉘는데, 전자는 4단위 중기계획으로서 지역을 단위로 한 복지 분야 종합계획으로서 지역복지의 비전과 방향, 전략을 제시한다. 후자는 지역사회복지계획의 세부 실행계획으로서 세부사업별 추진계획을 제시한다. 지역사회복지계획은 또한 계획 수립의 주체에 따라서 시군구 지역 내 복지욕구조사 및 자원조사를 근거로 한 시군구 단위 종합계획인 시군구 지역사회복지계획과 제출된 시군구 계획의 종합 조정을 통하여 수립되는 시도 단위 종합계획으로서 시도 지역사회복지계획으로 분류된다.

시 · 군 · 구 지역사회복지계획의 수립은 시장 · 군수 · 구청장 등이 지역 주민의 이해 관계의 의견들을 들은 후에 지역사회복지협의체의 심의를 거쳐 당해 시군구의 지역복지계획을 수립하고 이를 시 · 도지사에게 제출한다. 이 경우 지역보건 · 의료 계획과 연계되도록 한다. 시 · 도 지역사회복지계획은 시 · 군 · 구에서 제출받은 시 · 군 · 구 지역사회복지계획을 종합 · 조정하여 사회복지위원회의 심의를 거쳐 시 · 도 지역복지계획을 수립하고 이를 보건복지부 장관에게 제출한다. 이 경우에도 지역보건 · 의료 계획과 연계되도록 하고 있다.

시 · 도지사 또는 시장 · 군수 · 구청장 등은 지역사회복지계획을 수립하는 데 필요하다고 인정하는 경우에는 사회복지 관련 기관 · 단체 등에 대하여 자료 제공 및 협력을 요청할 수 있으며, 계획 수립 과정에 관련된 공무원, 지역사회복지활동가, 지역 주민, 복지전문가 집단 등 지역사회복지협의체 구성원이 참여하여 주민참여도를 제고할 수 있도록 한다. 구체적으로 계획안을 마련하는 것은 지방자치단체 및 지역사회, 전문가가 함께 참여하여 계획 팀을 구성하여 이를 중심으로 계획을 수립해 가거나, 해당 지방자치단체 내에 계획 과정에 참여할 지역사회 관계자가 없거나 지방자치단체가 계획 과정을 관리하기 어려운 경우에는 계획의 모든 과정을 전문연구기관에 의뢰하여 수립하는 방식을 사용할 수 있다. 이러한 경우에도 여러 참여 주체들의 의견을 반영되도록 하게 되어 있다.

지역사회복지계획을 수립하기 방법은 수립 전에는 지역 주민의 복지 욕구 및 지역 내 복지자원 등에 대한 자료를 수집하고 이에 필요한 조사를 실시하고, 계획을 수립하는 경우에는 복지 욕구 및 복지자원 실태조사 결과에 따라 당해 지역에 필요한 사업 내용을 종합적으로 수립하되 국가 또는 시 · 도의 사회복지 시책과 부합되게 수립한다.

3) 지역사회복지계획의 수립 과정

계획의 과정은 개략적으로 준비 단계, 기초 분석 단계, 계획 수립 단계, 제출 및 시행 단계로 구분된다.

준비 단계에서는 지역사회복지계획을 수립하기 위한 일정 등을 포함한 업무 계획을 작성하고 이에 소요되는 예산을 확보하는 일과 실제 계획에 참여할 계획 팀을 구성하는 등의 준비 작업이 진행되어야 한다. 적절한 예산 확보와 계획이 마련되지 않으면 이후 단계의 내실화가 어렵다.

기초분석 단계에서는 각종 지역사회 현황조사, 복지욕구조사, 지역자원조사 등 조사 및 분석 과정과 이전 계획에 대한 평가가 수행된다.

계획 수립 단계에서는 향후 4년간 해당 지방자치단체에서 수행할 사업, 우선순위, 목표 등을 설정하는 사업계획과 이를 실천하기 위한 추진전략 계획, 그리고 행·재정계획이 수립된다. 계획안이 수립되면 20일 이상 공고(법정 절차) 또는 공청회 등을 통하여 지역 주민 및 관계자 의견 수렴을 하고, 지역사회복지협의체의 심의를 통하여 시장·군수·구청장이 확정한다.

계획의 제출은 시·도 또는 시장·군수·구청장이 지역사회복지계획 및 연차별 시행계획을 확정한 때에는 시장·군수·구청장은 시행 연도의 전년도 6월 말까지 시·도지사는 시행 연도 전년도 11월 말까지 보건복지부 장관에게 제출하여야 한다. 이 때 보건복지부 장관은 시군구 복지계획에 대하여 조정 권유의 사유[1]가 있는 경우 조정을 권고할 수 있고, 조정 권고시 지역사회복지협의체의 재심의가 필요하다.

시·군·구의 복지계획은 시작 연차별 시행계획에 의하여 계획 연도의 1월부터 시행된다(사회복지사업법 제15조의5). 시·도지사 또는 시장·군수·구청장은 지역사회복지계획을 시행하는 데 필요한 인력과 재정의 확보·지원에 노력하여야 하며, 필요하다고 인정하는 경우에는 민간 사회복지 관련 단체 등에 대하여 인력·기술 및 재정 지원을 할 수 있고, 필요하다고 인정되는 때에는

---

1) 보건복지부 장관 또는 시·도지사는 지역복지계획의 내용이 다음에 해당되는 경우 그 조정을 권고할 수 있다(사회복지사업법 제15조의3 제4항 및 시행규칙 제6조의2). i) 지역사회복지계획의 내용이 관계 법령에 위한된 경우, ii) 지역사회복지계획의 내용이 국가 또는 시·도의 사회복지 시책에 부합되지 아니한 경우, iii) 지방자치단체의 생활권역과 행정구역이 상이함에도 불구하고 당해 지방자치단체에서 이를 고려하지 아니한 경우, iv) 2개 이상의 지방자치단체에 걸친 광역복지행정에 대하여 당해 지방자치단체에서 이를 고려하지 아니한 경우, v) 지방자치단체 간 지역사회복지계획의 내용에 현저한 불균형이 있는 경우.

사회복지 및 보건의료·관련 기관·단체로 하여금 그 일부를 시행하게 할 수 있다(사회복지사업법시행규칙 제6조의3).

보건복지부 장관 또는 시·도지사는 시·군·구 및 시·도의 지역사회복지계획 또는 그 연차별 시행계획의 시행 결과를 보건복지부 장관이 정하는 평가기준에 따라 평가할 수 있으며, 그 결과를 공표할 수 있다. 보건복지부 장관 또는 시·도지사는 필요한 경우 평가 결과를 보조금 보조에 반영할 수 있다(사회복지사업법 제15조의6 및 사회복지사업법시행령 제7조의5).

4) 지역사회복지계획의 내용

지역사회복지계획에는 다음의 사항들이 포함되어야 한다(사회복지사업법 제15조의4). 즉 1) 복지 수요의 측정 및 전망에 관한 사항, 2) 사회복지시설 및 재가복지에 대한 장·단기 공급 대책에 관한 사항, 3) 인력·조직 및 재정 등 복지자원의 조달 및 관리에 관한 사항, 4) 사회복지 전달 체계에 관한 사항, 5) 사회복지 서비스 및 보건의료 서비스의 연계 제공 방안에 관한 사항, 6) 지역사회복지에 관련된 통계의 수집 및 정리에 관한 사항, 7) 그 밖에 대통령령(령 제7조의4)으로 지역사회복지 및 보건·의료 분야 현안 문제 해결을 위한 사업개발계획, 사회복지 및 보건·의료 기관·단체 간 협력 체계 운영 방안, 지역사회복지계획 추진 과정에 대한 주민참여 촉진 방안, 기타 지역사회 특성상 계획 수립의 필요성이 인정되는 사항 등이다.

Ⅲ. 지역사회복지계획과 평가에 대한 선행 연구

지역사회복지계획에 대한 선행 연구는 2003년 사회복지사업법 개정 이전에는 주로 지방자치제 실시에 따른 지역복지계획에 관한 연구(정복란, 1989)와 지방자치와 사회복지계획의 과제(김영호, 1997)처럼 지역복지계획의 필요성에 중점을 두거나 지역복지계획의 지역 연계 방안에 관한 연구(조기용, 2001), 지역복지계획 수립 방안(이영철, 2001), 시도광역자치단체 지역복지계획의 과제와 방향(박태영, 2002), 시군구 기초자치단체 지역복지계획 수립의 과제와 방향

(류만희, 2002)처럼 복지계획의 과제와 방향을 중점을 두었다. 법의 개정을 전후해서는 지역복지계획에 대한 좀더 구체적인 방안들이 연구되었는데 지역복지계획 수립 및 실시에서 복지시설의 역할(김창기, 2003), 지방분권화 시대의 지역사회복지계획 실천 과제(이영철, 2005), 인구학적 요인과 복지 서비스 공급량의 관계분석을 통한 지역사회복지계획 수립 방안(김정숙, 2006), 한국지역사회복지계획의 발전전략연구(송정부, 2006), 지역복지환경 변화에 따른 지역사회복지

〈표 11-1〉 지역사회복지계획에 대한 선행 연구와 자료들

연구 분야	선행 연구 및 자료
지방자치제 관련	-정복란(1989). 지방자치제 실시에 따른 지역복지계획에 관한 연구 -김영호(1997). 지방자치와 사회복지계획의 과제
계획 방향 및 수립 방안	-이영철(2001). 지역복지계획 수립 방안 -조기용(2001). 지역복지계획의 지역 연계 방안에 관한 연구 -류만희(2002). 시군구 기초자치단체 지역복지계획 수립의 과제와 방향 -박태영(2002). 시도광역자치단체 지역복지계획의 과제와 방향 -김창기(2003). 지역복지계획 수립 및 실시에 대한 복지시설의 역할 -이영철(2005). 지방분권화 시대의 지역사회복지계획 실천 과제 -김정숙(2006). 인구학적 요인과 복지 서비스 공급량의 관계분석을 통한 지역사회복지계획 수립 방안 -송정부(2006). 한국지역사회복지계획의 발전전략 연구 -이재완(2006). 지역복지 환경 변화에 따른 지역사회복지계획 수립의 과제
매뉴얼 개발	-한국보건사회연구원(2002). 지역사회복지계획사업의 분석 -서울시정개발연구원(2003). 자치구 단위지역 사회복지계획 매뉴얼 개발 연구
계획 수립 사례	-조남호(2004). 도시중산층 지역 사회복지계획 수립 사례연구: 서울시 서초구 사례를 중심으로 -박정란(2004). 지역사회복지계획 수립 방법에 관한 연구: K시를 중심으로 -김현수(2006). 지역복지계획 수립에 관한 사례연구: 평택시사회복지종합계획을 통해
국제 및 비교 연구	-일본사회복지학회, 일본지역사회복지학회, 서울시사회복지관협회(2001). 한일지역사회복지 국제학술대회자료집. 지역복지발전에 있어 공사파트너십의 구축. -한국지역사회복지학회, 일본지역복지학회, 일본지역복지연구소(2004). 제6회 한일지역복지국제학술대회 자료집. 한일지역복지계획책정의 방향에 관한 연구
계획 평가	-보건복지부(2006). 2006년 지방자치단체 복지 종합평가 실시계획

계획 수립의 과제(이재완, 2006) 등이 있다.

복지계획을 수립하기 위한 매뉴얼 성격의 연구가 이루어졌는데 한국보건사회연구원(2002)이 지역사회복지협의체 모델사업으로 지역사회복지계획사업을 분석하였으며, 서울시정개발연구원(2003)은 자치구 단위지역사회복지계획 매뉴얼 개발 연구를 하였다. 복지계획 수립에 대한 사례연구도 특히 2004년 이후부터 많이 이루어지고 있는데, 도시 중산층 지역 사회복지계획 수립 사례연구: 서울시 서초구 사례를 중심으로(조남호, 2004), 지역사회복지계획 수립 방법에 관한 연구: K시를 중심으로(박정란, 2004), 지역복지계획 수립에 관한 사례연구: 평택시사회복지종합계획을 통해(김현수, 2006) 등이 있다. 국제 비교연구로는 일본사회복지학회, 일본지역사회복지학회, 서울시사회복지관협회가 공동 주최한 한일지역사회복지 국제학술대회(2001)와 한일지역사회복지학회, 일본지역복지학회, 일본지역복지연구소가 공동 주최한 제6회 한일지역복지국제학술대회(2004)에서의 연구 성과가 있다.

위와 같은 선행 연구들은 지역사회복지계획이 법의 개정으로 법정 사업이 되어 집행되기 이전에 이루어진 것으로 주로 복지계획의 수립을 위한 방안을 제시하는 데에 치중되어 있으며, 기존에 일부 자치단체에서 이루어진 복지계획에 대한 체계적인 평가 연구는 전무한 상태이다. 지역사회복지에 대한 평가 연구는 주로 지역사회의 복지 수준을 측정하거나 평가하는 데에 그치지 않았다.

지역복지계획에 대한 평가가 보건복지부에 의해서 전국 231개 시군구 기초자치단체를 대상으로 2006년 8월 처음으로 실시되었는데, 이는 지역복지 수준 전반에 대한 전국 기초자치단체에 대한 종합평가시에 처음으로 시범평가로 포함되어 매우 일반적이고 개괄적으로 실시되었다. 이 평가는 기초자치단체에서 2005년도 추진한 복지사업 실적 위주로 진행되었으며, 복지계획에 대한 평가는 시범사업지역의 복지계획에 대해서 평가지표를 개발하여 시군구의 자체평가와 중앙평가단의 현장평가 등으로 실시하였다. 사용된 평가지표는 복지계획의 적정성, 주민 욕구 파악 및 주민 참여 영역으로 구분하여 사용하였다. 복지계획의 적정성 영역은 수립된 계획에 대한 평가로서 복지계획의 지역 특성 고려, 복지계획의 실현 가능성, 복지계획의 구체성을, 주민 욕구 파악 및 주민 참여 영역은 복지계획의 수립 과정에 대한 평가로서 실태 및 욕구조사, 전문가 및 지역주민 참여를 평가지표로 하고 있다. 평가지표에 비록 지역성 평가지표가 포함되어 있으나 하나의 지표로만 지역복지계획의 핵심인 지역성을 적절하게 평가하기에는 역부족이다. 따라서 다음에서 지역성에 대한 좀더 구체적인 논의를 통하여 지역복지계획에 대한 지역성 평가 방안을 모색해 보고자 한다.

Ⅳ. 지역사회복지계획의 지역성 평가 방안

1. 지역성의 의의

지역성(地域性)은 사전적으로는 '한 지역의 특별한 성격'으로 정의되며 크게 두 가지 의미가 있다. 하나는 가까운 곳에 거주하는 지역 주민들의 공통 특성을 의미하는 지리적·공간적 개념이고, 다른 하나는 사회적 유사성이나 공통적인 사회적 문화, 관념, 전통 등을 중시하는 사회적·문화적 개념이 그것이다.

지역사회복지에서 지역성의 개념은 포괄성을 가진다. 지리적 지역성은 자치권으로 인한 분권형적 서비스 체계가 이루어짐으로써 어느 정도 확보될 수 있으나(이인희, 2004), 지리적 특성이 자연환경이나 교통환경과 결합하여 지역복지에 대한 접근성에서 지역 간의 차이를 유발할 수 있다(김병록·류정욱, 2006). 사회적·문화적 지역성은 한 집단의 공유된 문화적 취향과 가치, 관심을 중심으로 구성된다. 좀더 포괄적인 의미의 '지역성'으로 지역에 기초한 공동 의식 또는 생활 양식으로 개념화할 수 있다. 이러한 사회·문화적 지역성은 주민의 문화, 생활 양식 등이 지역사회마다 다양하므로 지역성에 적합한 서비스를 제공할 필요가 있다.

지역사회복지에서 지역성을 확보하면 지역 주민의 공동 이익의 증대와 연대성의 강화에도 기여한다(Lindeman, 1980).

2. 지역성의 구성 요소

지역성의 형성은 각 지역에서의 자연·인문에 관한 많은 사상(事象)의 상호 작용에 의한 총화라고 해석되고 있다. 지역성을 이루고 있는 인자(因子)들 중에서 자연적 인자는 단기간에 변화되지 않는 것에 비하여 사회적 인자는 극단적인 표현을 하면 시시각각으로 변화되어 지역 내에서 생활하고 있는 인간 집단에 커다란 영향을 미친다.

지역성을 자연과 사회의 상호 작용에 바탕을 둔 총화라고 생각하는 경우 자연환경의 영향이 강대하다고 주장하는 환경결정론과 사회환경의 영향력을 중요하게 생각하여 자연환경이 허용하는 한도 내에서 인간 사회가 자유로이 선택하여 생활 양식을 결정하는 것이라고 주장하는 환경가능론이 있다. 역사적으로는 환경결정론이 독일의 라첼(Ratzel, 1882) 등에 의하여 먼저 주장되었으나 약간 늦게 프랑스의 블라시(Blache, 1903)가 환경가능론을 제창하였다. 블라시(P. Vidal de la Blache)가 주장한 환경 가능론이 오늘날 지역성 논의의 핵심이 되고 있다.

지역사회복지에 영향을 주는 지역성의 구성 요소는 기존의 연구를 통해서 볼 때, 정치적 · 경제적 · 인구사회적 접근 그리고 공동체 의식 특성으로 나누어 볼 수 있다.

사회복지에 대하여 영향을 미치는 지역적 특성 요인에 대한 논의는 선행 연구들에서 주로 정치적 요인과 경제적 요인을 중심으로 시대적 상황이나 복지환경의 변화에 따라서 각각의 특징을 가지고 접근되고 검토되어 왔다(김병록 · 류정욱, 2006).

정치적 요인으로는 지방의회의 정치성, 복지행정조직과 인력의 특성, 그리고 지역 주민의 정치 및 참여 의식을 중심으로 논의되고, 경제적 요인은 지역의 재정과 경제 수준 등이 주요 요소이다. 구체적으로 김태진(1992)은 지역의 사회복지에 영향을 미치는 주요 요인으로 복지행정을 주관하는 조직 · 구조적 체계, 전문성을 갖춘 복지 인력, 재원의 규모, 당해 지역 단위의 사회 문제, 지방의회의 정치성 등을 제시한다. 신재주(1996)는 지방정부 중심의 그리고 수혜자 중심의 사회복지 서비스를 강조하면서, 정부 부문의 복지재정 확충과 민간재원의 적극적인 참여 유도, 복지행정 인력의 개편, 당해 지방자치단체의 지역경제 규모와 수준이 지역사회복지에 영향을 미친다고 주장한다. 김만두 · 김범수(1997)는 당해 지방정부의 재정자립도 수준과 당해 지역의 사회 문제, 복지행정 관련 조직 및 인력, 그리고 지역 주민의 참여도가 지역복지 수준을 결정하는 주요 요인이라고 한다. 그리고 김익균 외(2002)는 복지 관련 관-민간 조직·구조적 연계, 복지 인력의 전문성, 당해 지역 주민의 적극적·자율적인 참여 의식의 정도, 그리고 당해 지역사회 문제 및 재정자립도 수준, 지역 주민의 교육 수준 등이 지역복지에 영향을 미친다고 한다.

인구사회적 요인은 인구학적 요인과 사회 문제 등이 주로 논점인데, 김정숙(2006)은 지역별 인구학적 요인, 복지 대상자 및 서비스 공급량, 사회복지 관련 분야와의 연계, 지역 주민의 욕구 등이 지역복지계획에 고려되어야 한다고 한다. 접근성 요인은 교통 수단의 발달에도 불구하고 지역 간에는 교통 수단에 의한 지역복지 접근성의 정도가 차이를 발생함으로 인한 지역성을 나타낸다. 김병록·류정욱(2006)은 도서 지역은 동일 행정구역 내에서도 교통 수단과 지리적 여건으로 인하여 복지 서비스의 전달과 접근에 장애가 발생함으로 인하여 상이한 전달 체계가 요구된다고 한다. 공동체 의식 요소는 현재의 지역사회복지계획의 지역사회 단위가 기초자치 행정구역을 중심으로 수립되는 점에서 발생될 수 있는 요인이다. 행정구역의 편성이 의식이나 문화를 중심으로 이루어지지 않았기 때문에 상이한 의식과 문화를 갖는 지역들이 존재한다. 도서 지역의 경우는 인근 도서이지만 오랜 세월 동안 교류가 없이 독립적인 생활을 영위한 결과로 서로가 지역의 동질 의식보다는 배타적 의식이 팽배하여 이에 따른 상이한 복지계획이 요구된다(김병록·류정욱, 2006).

3. 지역성 평가 방안

지역사회복지계획의 지역성 평가는 계획의 수립 과정과 계획안에서 지역성을 얼마나 고려하였는가의 문제이다. 즉 지역사회복지계획의 수립 과정에서의 지역성을 반영하려는 노력의 정도와 지역사회복지계획이 지역성을 반영한 정도를 평가하는 것이라고 볼 수 있다.

1) 계획 수립과정에 대한 지역성 평가

지역사회복지계획을 수립하는 과정에서 지역성을 반영하려는 노력은 지역계획의 수립 주체가 지역성을 반영할 수 있는 지와 지역성을 반영하려는 노력에 대한 평가로 나누어 볼 수 있다.

지역복지계획 수립 주체는 우선적으로 지방자치단체이지만 지역사회복지와 복지계획의 기본적인 원칙인 지역 문제의 이해 및 해결과 지역 주민의 참여를 가능하게 하기 위해서는 지역복지에 대한 전문적인 지식뿐만 아니라 지역에 대한 전문지식이 갖추어져야 하며 모든 계층의 지역 주민에 대응할 수 있어야 한다. 따라서 지역사회, 지역복지 전문가 등의 참여가 격려되며 경우에 따라서 전문 연구기관의 참여가 요구된다. 이 측면에서는 다음과 같은 평가 질문이 가능할 것이다.

-계획의 수립 주체는 지역성을 잘 파악하고 있는 전문가로 구성되어 있는가?
-계획의 수립 주체의 규모는 지역 규모에 적절한가?
-계획의 수립 주체는 지역의 모든 계층의 의견을 반영할 수 있도록 구성되었는가?
-계획의 수립 주체는 계획 수립 활동을 적극적으로 할 수 있는 구성원으로 이루어졌는가?

복지계획 수립 주체의 지역성 반영 노력은 수립 과정별로 지역성을 반영하려고 충분한 노력을 경주하였는가를 평가하는 것이다. 먼저 준비 단계에서의 예산 확보, 기초분석 단계에서의 조사의 충실성, 계획 확정 단계에서의 주민 의견 수렴 정도 등을 평가한다. 구체적으로 다음과 같은 평가 질문이 가능하다.

-계획 수립을 위한 적절한 예산과 계획이 확보되었는가?
-각종 지역사회 현황은 충실하게 조사되고 분석되었는가?
-지역 주민의 복지 욕구는 충실하게 조사되고 분석되었는가?
-지역의 자원은 충실하게 조사되고 분석되었는가?
-수립될 계획에 대한 정보를 주민들에게 충분하게 전달하였는가?
-수립될 계획을 위한 주민의 의견 수렴 과정은 충분하였는가?

2) 계획 내용에 대한 지역성 평가

복지계획 내용에 대한 지역성 평가는 수립된 계획의 내용이 지역성 구성 요소들을 얼마나 반영하고 있는가를 평가하는 것이다. 주민들의 정치적 참여 의식, 지역의 재정 및 경제적 수준, 사회 문제 및 인구 변화, 접근성, 그리고 공동체 의식 등이 충분히 반영되어 있는가를 평가라는 것이 핵심이다. 구체적으로 다음과 같은 평가 질문들이 사용될 수 있을 것이다.

-지역복지계획에는 주민의 참여 의식과 참여 정도를 어느 정도 고려하고 있는가?

-지역복지계획은 주민의 조직화를 어느 정도 고려하고 있는가?

-지역복지계획은 지역정치의 권력구조를 고려하여 어느 정도 실행 가능한가?

-지역복지계획은 지방행정구조와 인력을 어느 정도 고려하고 있는가?

-지역복지계획은 지역의 경제적 수준을 어느 정도 고려하고 있는가?

-지역복지계획은 지역의 복지자원 실태를 어느 정도 고려하고 있는가?

-지역복지계획은 지역 재정을 고려하여 어느 정도 실행 가능한가?

-지역복지계획은 지역의 사회 문제를 파악하고 해결책을 어느 정도 고려하고 있는가?

-지역복지계획은 지역복지 대상자의 인구 변화를 어느 정도 고려하고 있는가?

-지역복지계획은 서비스의 전달을 위한 접근 체계를 어느 정도 고려하고 있는가?

-지역복지계획은 지역 내 공동체 의식을 어느 정도 고려하고 있는가?

V. 결 론

복지 서비스가 국가 중심에서 지방 중심으로 전환되고 있다. 지방자치제의 실시와 더불어 2003년 사회복지사업법의 개정은 지방자치단체에게 지역사회복지계획을 수립하여 이를 시행하고 집행하게 함에 따라 지역 중심의 복지 체제가 본격적으로 시행되어 간다 하겠다.

지역 중심 복지 체계의 지역사회복지계획은 지역사회 주민의 사회복지 증진을 위하여 목표를 설정하고 이를 달성하기 위한 과제를 모색하는 것으로, 계획안에 지역의 특성을 담아내는 것이 핵심이며, 계획에 대한 평가는 계획이 지역의 특성, 즉 지역성을 충분히 담아내었는가를 평가하는 것이다. 이 글에서는 지역복지계획의 지역성 평가를 계획 수립 과정에서의 지역성을 수립 주체의 지역성과 계획 수립 활동의 지역성 반영 노력 정도를 중심으로 평가하는 방안과 지역복지계획의 지역성을 지역성 구성 요소별로 평가하는 방안을 제시하였다.

지역성 평가 방안은 사업 실시 이전으로 돌아가서 보면, 계획 수립사업을 실시하는 데 사업의 지역성을 확보하는 방안에 대한 실용적 함의를 제공한다. 즉 계획 수립사업이 지역성을 확보하기 위해서는 첫째, 복지계획 수립 주체의 지역성 확보를 위한 노력이 필요하다. 지역전문가나 전문연구기관의 참여도 중요하고, 지역사회복지협의체나 복지위원회제도의 개선을 통한 방안도 모색될 필요가 있다. 특히 지역사회복지협의체나 복지위원회가 특정 복지 대상 집단이나 계층에 대한 대표성이 아니라 전체 주민의 대표성을 갖도록 구성되고 역할을 할 수 있게 하여야 한다.

둘째, 주민들의 적극적인 참여를 유도하여야 한다. 이를 위해서는 무엇보다도 주민들에게 충분한 정보를 제공하는 것은 물론, 주민의 의식조사, 공청회, 공고 등 의견 수렴의 통로를 다양화할 필요가 있다.

마지막으로 지역 주민의 역량을 강화하는 것이 필요하다. 지역 주민들의 욕구나 문제를 해결하여 지역 주민들의 삶의 질을 개선하고 지역의 문제를 지역 주민들이 중심이 되어 해결할 수 있는 건강한 지역사회로의 전환을 추구하는 데 지역사회의 역량을 강화하는 것이 가장 기본적인 출발점이다. 따라서 지역사회에서 활용 가능한 또는 축적 가능한 자본으로는 크게 인적 자원의 개발과 확대를 통한 역량 강화와 사회적 자본의 고취를 통한 지역사회의 역량 강화, 그리고 경제적 자본의 확충 및 개발을 통한 역량 강화 등의 방안을 모색하여야 한다.

참고 문헌

강윤호.(2000). 지방자치의 실시가 지방정부의 사회복지 지출에 미친 영향. 한국행정학회 200년도 하계학술대회논문집.

강혜규.(2005). 지방분권과 사회복지정책 동향. 「사회복지회보」 24: 9-34.

김만두.(1997). 사회복지서비스에 있어서 정부와 민간기관의 역할. 「사회복지」. 한국사회복지협의회.

김병록・류정욱.(2006). 도서 지역사회복지의 환경, 자원, 욕구 분석을 통한 지역복지 증진 방안. 한국지역사회학회. 「한국지역연구」 14(4): 31-54.

김승현 · 이교헌.(2003). 복지서비스의 재정 축소와 지방정부의 대응: 신공공관리개혁의 원인과 효과.
김영호.(1997). 지방자치와 사회복지계획의 과제. 「한국지역사회복지운동」 4.
김익균 외.(2002). 「한국지역사회복지론」. 서울: 대학출판사.
김정숙.(2006). 인구학적 요인과 복지서비스 공급량의 관계분석을 통한 지역사회복지계획 수립 방안. 한국지역사회복지학회. 「한국지역사회복지학」 18: 63-86.
김창기.(2003). 지역복지계획 수립 및 실시에 있어서 복지시설의 역할. 한국사회복지협의회. 「사회복지」 봄호. 통권 제156호.
김태진.(1992). 사회복지 전달체계의 확립과 전문인력의 활용 방안. 「사회복지연구」. 대구대학교 사회복지연구소.
김현수.(2006). 지역복지계획 수립에 관한 사례연구: 평택시사회복지종합계획을 통해. 「복지행정논총」 16(1): 165-192.
김홍주.(2005). 지역중심 사회복지체계의 비판적 검토. 「농촌사회」 15(1) 257-288.
류만희.(2002). 시군구 기초자치단체 지역복지계획 수립의 과제와 방향. 한국지역사회복지학회 2002년 추계 학술대회 논문.
박정란.(2004). 지역사회복지계획 수립 방법에 관한 연구: K시를 중심으로. 한국지역사회학회. 「한국지역사회복지학」 15: 23-44.
백정현.(2004). 지역복지재정의 현황 및 실태에 관한 연구: 충청남도를 중심으로. 인하대학교 산업경제연구소. 「경상논집」 18(2): 85-110.
보건복지부.(2004. 9). 지역사회복지계획 수립 안내.
송정부.(2006). 한국 지역사회복지계획의 발전전략연구. 한국지역사회학회. 「한국지역사회복지학」 19: 77-96.
신재주.(1996). 지방정부의 지역복지행정에 관한 연구: 강원도 사례를 중심으로. 동국대학교 박사학위 논문.
이영철.(2005). 지방분권화 시대의 지역사회복지계획 실천과제. 한국지역사회학회. 「한국지역사회복지학」 17: 231-260.
이인희.(2004). 지역사회복지의 인식체계 연구. 「지역연구」 20(3): 37-59.
이재완.(2006). 지역복지환경 변화에 따른 지역사회복지계획 수립의 과제. 한국지역사회학회. 「한국지역사회복지학」 19: 97-116.
이태수.(2005). 지방분권화 시대와 가톨릭 사회복지계의 대응. 「사회복지회보」 24: 36-58.
정복란.(1989). 지방자치제 실시에 따른 지역복지계획에 관한 연구. 「건국대학교 행정대학원 연구논집」.
조기용.(2001). 지역복지계획의 지역 연계 방안에 관한 연구. 한국지역학회. 「지역사회개발연구」 26(2).

조남호.(2004). 도시중산층 지역 사회복지계획 수립 사례연구: 서울시 서초구 사례를 중심으로. 「사회복지리뷰」. 제9집.

조영훈.(2001). 지방분권화와 복지 수준의 지역간 격차: 지방자치제도 도입 이후 서울시와 4대 광역시를 중심으로. 한국사회보장학회. 「사회보장연구」 17(2): 1-19.

한국지역사회복지학회・일본지역사회복지학회・일본지역복지연구소.(2004). 한일 지역복지계획책정의 방향에 관한 비교연구. 제6회 한일지역복지국제학술대회.

稻葉一洋.(2003). 福祉コミュニティ形成の技術. 學文社.

Lindeman, E. C.(1980). *The Community*. New York: Association Press.

Ratzel, Friedrich.(2000). *Anthropo-Geographie*. Adamant Media Corporation. 1882년 출판본을 재인쇄한 것임.

Vidal de la Blache, Paul.(1994). *Tableau de la geographie de la France*. Table ronde. 원본은 1903년 출판됨.

제12장 우리나라 공공기금의 효율적인 운용을 위한 정책감사의 역할에 관한 연구 -중소기업 진흥 및 산업기반기금을 중심으로-

I. 서 론

1. 연구 목적 및 배경

현대 행정의 공적 영역이 확대되고 전문화되는 경향에 따라 제반 문제를 해결하는 데 행정 체제에 의존하게 되는 경향이 높아져 가고 있는 것이 현실이다. 그리고 이를 해결하기 위한 재원인 조세수입으로부터 확보되는 정부 예산을 통하여 정책을 수행하고 있다. 이러한 맥락에서 정부의 활동을 통제하고 평가하는 감사의 역할은 그 어느 때보다 중요한 위치를 차지하게 되었다. 특히, 행정부의 예산 운용에서 기금은 미래의 재정 수요에 대비하여 필요한 재원을 미리 마련해 놓은 것이다. 이러한 미래 준비의 좋은 목적이 있지만, 기금은 현재의 정부가 미래 국가 일부 자원의 지출 방향을 미리 정하는 것이므로 미래의 신축적 재정 변화를 구속하게 된다. 이처럼 국가의 재정 활동은 행정부의 편성과 국회의 심의를 거쳐 성립되는 예산에 의하여 수행되고 있는 것이 원칙이다.

예산회계법은 국가의 예산을 일반회계와 특별회계로 구분하고 있다. 일반회계는 조세수입을 주된 재원으로 하여 국민의 복지 증진을 위하여 운영하는 예산을 말한다. 이에 비하여 특별회계는 특정한 목적을 달성하기 위하여 특정한 세입으로 특정한 세출에 충당하는 예산이다. 그러나, 이러한 원칙에만 집착할 경우 정부는 복잡하고 다양한 행정 수요를 충족시키기 어렵고, 또한 경제적·사회적 여건 변화에 탄력적으로 대응하기 어렵다 할 것이다. 따라서 국가의 특수한 정책 목적을 실현하기 위해서는 예산 원칙의 일반적인 제약에서 벗어나 좀더 탄력적으로 운용할 수 있도록 특정 자금의 보유 필요성이 요구된다. 이러한 문제에 대처하고자 정부는 특정 부문의 육성과 개발을 촉진하기 위하여 원활한 자금 지원이 필요하다. 국가가 직접 수행하는 사업에 수반되는 재원의 효율적 운용을 위하여 필요한 경우에는 법률로써 예산 외에 별도의 기금을 설치할 수 있도록 제도화하고 있다. 우리나라 「예산회계법」은 국가가 사업 운영상 필요할 때 법률에 의하여 기금을 설치하고, 설치된 기금은 세입세출예산에 의하지 아니하고, 별도로 운영할 수 있도록 규정하고 있다.[1)]

이처럼 행정부에서 별도로 운영하고 있는 기금에 대한 실효성 문제에 대해서 기획예산처 및 감사원 등에서 그 문제점과 효율적인 운영 방안에 대하여 지적한 바 있다. 그리고 최근 기획예산처의 기금평가단에 의한 평가를 통하여 기금의 통합 및 단계적인 축소, 폐지를 추진하고 있는 실정이다. 그러나, 흔히 예산과 결산은 동일 부처에서 심의·집행할 수 있으나, 그에 대한 시정과 평가는 분리하는 것이 상호 견제와 행정부의 예산 편성 및 집행에 대한 감시라 할 수 있다. 즉, 현재 기획예산처에서 각종 기금에 대한 평가와 기금 존치에 대한 평가는 이 원칙을 따르지 않고 있다 할 것이다. 이를 효과적으로 감시·평가할 수 있는 역할을 수행하여야 할 주체는 바로 감사원이며, 감사원이 항상 표방하고 있으나 현실적으로 성과분석에만 치우치는 정책감사에 대한 획기적인 역할 수행 방안 마련이 필요하다. 이러한 필요성에도 불구하고, 정책감사의 개념이나 대상 범위 등에 대한 기본적인 이론이 정리조차 학자들이나 감사실무자 간에 합의되고 있지 않은 실정이고, 감사원 내부의 정책감사 수행을 조직의 개편이나 인력의 보강과 직원의 정책감사 능력 개발도 안 된 상황에서 종래의 감사절차와 방법에 따라 정책감사를 수행하고 있어 그 실효성 면에서 문제를 제기하고 있다. 정책감사는 효율적인 행정을 지원하는 합법성 감사와는 그 목적이

1) 「예산회계법」 제7조(기금의 설치) ① 국가는 특정한 목적을 위하여 특정한 자금을 운용할 필요가 있을 때에 한하여 법률로써 특별한 기금을 설치할 수 있다. ② 제1항의 규정에 의한 기금은 세입세출예산에 의하지 아니하고 운용할 수 있다.

다르며, 행정 체제의 변화를 적극적으로 추진할 수 있는 촉매제의 역할을 할 수 있다.

한편, 21세기 지식경제 시대에 접어들어 세계 경제질서는 국가 간 경계를 뛰어넘는 무한경쟁을 추구하는 방향으로 나아가고 있으며, 이에 따라 경쟁 단위인 기업은 경영의 공간적 영역이 확대된 반면, 자국 내에서 외국 기업과의 무차별적 경쟁에 직면하게 되었다. 이는 우리 중소기업도 예외가 아니며, 이런 중소기업을 둘러싼 경영환경의 변화 속에서 기업경쟁력을 가질 수 있도록 지원하기 위해서 1978년부터 중소기업 지원정책의 재원으로 쓰이고 있는 중소기업 진흥 및 산업기반기금은 중소기업의 설비 투자 촉진, 기술력 및 경영 능력 향상을 위하여 각종 지원사업과 지도, 연수, 정보 제공 사업을 지속적으로 추진하여 왔다. 특히, 구조 고도화사업을 비롯한 자금지원사업은 경제환경 변화에 따른 정책목표의 변화에 부응하고자 지원 방향과 지원 방식에 대한 지속적인 개선 노력을 기울였다. 이 같은 기금 지원을 통하여 기존의 대기업 의존 경제구조를 타파하고, 전천후적 경쟁력 구조를 창출하는 핵심적인 역할을 이 기금이 수행하고 있다.

이에 이 글에서는 우선, 현행 우리나라의 기금정책 및 정책감사에 대한 이론적 고찰로서 그 실태와 문제점을 살펴보고자 한다. 특히, 기금의 효율적인 운영을 위한 기획예산처의 기금평가상의 문제점을 살펴보고, 기금의 효율적인 운영을 위한 감사원의 정책감사 수행을 위한 역할 방안을 모색해 보고자 한다. 특히, 막대한 규모로 운영되고 있는 공공기금 중에서 중소기업의 진흥과 발전을 위해서 일반사업성 기금의 하나인 중소기업 진흥 및 산업기반기금의 경우 일반사업성 기금으로서 다른 특수기금의 평가 기준을 가지고 기금을 평가하기보다는 감사원의 중소기업 정책적인 측면에서 접근할 수 있는 방안을 살펴보고자 한다.

2. 연구 방법 및 논문의 구성

이 연구는 크게 세 부분으로 구성된다. 하나는 기금 및 정책감사에 관한 이론적 고찰에 관한 것이고, 둘째, 중소기업 진흥 및 산업기반기금의 운용 실태 분석과 그 효율화 방안에 관한 것이며, 마지막으로 중소기업 진흥 및 산업기반기금의 효율적 운용을 극대화하는 방안을 모색하기 위한 기금에 대한 정책적 감사의 역할과 방향에 관한 것이다.

이 논문의 연구 방법으로는, 우선 이론적 고찰에 있어 기금에 관한 국내외 문헌을 고찰함으로써 문헌적 접근을 하였다. 중소기업 진흥 및 산업기반기금의 운용 실태를 분석하는 데 이용한 자료는 기금 관련 논문, 단행본 및 국회 예산결산위원회, 재정경제부, 기획예산처, 감사원 등 정부기관에서 발간한 재정 및 기금에 관한 문헌 자료로서 주로 1990년부터 2003년까지의 예산개요, 예산개요 참고자료, 기금백서, 기금결산보고서, 공공기금운용계획서, 기금 현황자료, 관련 신문 기사, 기타 통계자료 등이다. 다음으로, 정책감사에 대한 국내외 문헌을 고찰하면서 정책감사에 대한 각종 연구보고서, 감사원의 자료, 기타 정책감사의 운용 사례 등을 참고자료로 하였다.

Ⅱ. 중소기업 진흥 및 산업기반기금 및 정책감사에 대한 이론적 고찰

1. 우리나라의 공공기금에 대한 이론적 고찰

1) 공공기금(Public Fund)의 개념 및 기능

정부의 재정 활동은 주로 일반회계, 특별회계 등 세입세출예산에 의하여 운용된다. 허나 통제 위주의 경직된 예산 제도만으로는 복잡다기한 행정 수요에 능동적·탄력적으로 대응하기 어렵기 때문에 예산 외로 운영되는 기금 제도를 두고 있다. 그럼에도 불구하고 기금이 무엇인가에 대한 개념적으로는 통일적으로 정의된 것이 없으며, 관련 법규도 그 개념을 분명하게 규정하지 못하고 있다. 다만, 포괄적이나마 기금은 “특정한 사업 목적을 위하여 특정한 자금을 운용할 필요가 있을 경우 법률에 의하여 설치하는 것”이라고 말하기도 한다. 이처럼, 기금이란 법률이 정하는 바에 의하여 사업 운용상 필요할 때 설치하는 자금으로서 세입세출에 의하지 아니하고 운용할 수 있다는 데 그 의의를 찾아 볼 수 있다. 또한, 기금은 정부가 특정 부문의 육성과 개발을 촉진하기 위하여 원활한 자금 지원을 하거나, 정부가 직접 수행하는 사업에 수반되는 자금의 효율적인 운영과 관리를 위하여 주로 설치되어 왔다.

반면에, 기금의 규모가 증가함에 따라 문제점도 많이 나타나고 있는데, 재정의 효율성과 탄력성을 제공한다는 본래의 취지와는 달리 사업부제에 의한 방만한 기금 운영과 정부예산의 다중구조화, 그리고 재정정책과의 연계성 미흡 등 효율성 측면에서 많은 문제점을 드러냈다. 이처럼, 비단 효율성 차원에서의 문제뿐만 아니라, 기금의 재원이 정부출연금이나 차입금 또는 강제부담금 등 국민의 부담으로 형성되고 있지만, 국회의 심의 없이 운용계획이 결정되기 때문에 재정민주주의 측면에서도 문제가 심각하다.[2] 이러한 기금은 재원 조성이나 운용이 세입세출예산 외로 취급되므로 사업 추진시에 탄력성을 부여할 수 있는 이점이 있는 반면에 여러 가지 문제점을 지적하고 있다. 이처럼 공공기금에 대하여 1999년 이전에는 각 기금의 운영을 기금 소관 행정부처의 자율에 맡김으로써 기금의 본래 목적을 실현하기보다는 정치인 및 관료들이 자신들의 목적을 실현하는 데 활용되는 일이 적지 않았다. 이러한 비효율적 운용으로 인하여 기금의 운영이 낭비적으로, 그 성과도 좋지 않았다. 따라서 기금은 그 설치 목적[3]에 충실한지도 누군가가 평가할 필요가 있다. 설치된 기금은 그 기금

---

2) 기금은 예산과 구별되는 다음의 특징 때문에 존속될 수 있다. 첫째, 기금을 통하여 사업을 지속적으로 할 수 있는 재원을 마련하는 것이다. 대부분의 경우 안정적인 재원이 없으면 변동하는 정치·경제 상황에서 지속적인 사업을 유지하는 것은 쉽지 않다. 둘째, 부담금이나 목적세의 경우, 공공재의 사용자가 공공재의 공급을 부담한다는 논리이다. 각자 개인이 부담하여야 할 한계비용을 계산하기 어렵지만, 목적세나 부담금을 통하여 수혜자가 공급비용을 부담하는 것이 차선책을 될 수 있다. 셋째, 기금은 예산 극대화 노력의 일환으로도 사용되어 왔다. 기존의 일반예산에서 지출 확대가 어려워지자, 그 대안으로 기금을 통하여 지출하였다.

3) 전택승(2003)은 기금 설치의 논리를 기존 논리와 신뢰받은 공약으로서의 기금으로서 나누어 설명하고 있다. 후자는 기존 논리에서 간과되어 온 기금을 통하여 지출과 수입에 대한 국민이나 이해집단의 정치적인 불확실성을 줄일 수 있다는 점이 강조된다. 왜냐하면, 정부가 일반예산의 재원을 통해 사업을 하는 경우, 가장 어려운 점 중의 하나는 예산의 지출과 수입의 '시간적 불일치성' 속에서 이익집단 간의 이해를 조정하는 것이기 때문이다. 따라서 국민적 합의를 이끌어 낼 수 있는 기간간 자원 배분에 기금을 활용함으로써 사회 전체의 후생 증대 목적을 실현할 수 있다.

의 행정 업무를 관장하는 기관에 속하게 되므로, 기금 설치의 역선택 문제 및 기금의 운용에서 발생되는 도덕적 해이를 감시하는 것이 쉽지 않다. 기금에 대한 일관성이 있는 평가를 통하여, 기금의 성과를 상호 비교하고 평가 결과에 따라서 인센티브와 벌칙을 가할 수 있다. 이를 통하여 기금 설치 및 운용에서 발생되는 주인 및 대리인 문제, 정보의 비대칭성 등이 완화될 수 있다.

그러나 기금이 미래 지출에 효율적으로 대처하고 있는가를 누가 감시할 것인가의 문제에 대하여 크게 두 가지 감시 방법이 있는데, 하나는 기금의 예산 및 결산에 대하여 국회의 심의, 의결을 거치게 하여 자료를 공개하게 하는 것이며, 또 하나는 하나의 기준으로 각 부처에 흩어져 있는 기금의 성과를 평가하여 비효율적인 부분을 개선해 나가고 성과 개선을 경쟁하도록 유도하는 것이다. 정부는 현재 기금관리기본법을 통하여 두 가지 방법을 모두 활용하고 있다. 그러나 기획예산처가 과거의 기금 운용 평가보고서를 발간해 오고 있지만, 평가 이후 기금 운용 성과가 개선되고 있는가에 대한 분석적 연구는 거의 없는 상태이다(이종유, 2003). 특히, 각 부처에서 기금을 방만하게 설치·운영함으로써 재정의 칸막이식 운영이 심화되어 재정 운영의 효율성이 저하될 뿐만 아니라, 기금·회계 및 기금·기금 간에 재정자원의 복잡한 전출입으로 인하여 재정 운영의 투명성을 저해하고 있다. 또한 부담금이나 사행성 수입금을 재원으로 하고 있는 일부 기금에서는 여유재원이 남아돌아 계속 적립해 가고 있는 반면, 중산기금과 같이 일부 기금은 예산에서의 출연이나 차입에 계속 의존하고 있어 국가 재정 운영의 형평성 면에서 비율적인 측면이 나타나고 있다.

한편, 공공기금의 기능을 살펴보면, 정부의 재정 활동은 소요 재원을 강제력에 의한 조세 징수에 주로 의존한다는 점에서 가계 및 기업 등 여타 경제 주체의 경제 활동과는 다른 특징을 가지고 있는데, 재정지출 및 세입 규모는 국민경제의 총수요에 직접적인 영향을 미치며, 재정지출의 구조와 조세 체계는 자원배분과 소득분배에 영향을 줌으로써 국민경제의 간접적인 영향을 미친다(김성순, 1990: 21). 정부는 자원의 효율적인 배분을 위하여 적절한 조정과 이에 따라 발생한 비용을 누가 부담할 것인가를 결정하고, 이에 적합한 조치를 실시하여야 한다. 따라서 오늘날의 주된 재정 기능은 자원배분·소득분배·경제 안정 등의 몇 가지로 집약될 수 있는데 기금의 기능 역시 재정 기능 수단의 일종으로 파악할 수 있다. 또한 기금의 경우에는 개별적인 설치 근거법에 입각하여 각기 특수한 기능을 수행하고 있어 그 기능을 일률적으로 정하기 어려우나 다음 세 가지로 정리할 수 있다.

첫째, 국민경제의 활동에 대한 적정한 수준을 유지하기 위하여 어떤 경기 국면에 대해서 정부가 적극적으로 개입할 필요가 있다. 우리나라의 경우 경기를 조정하기 위하여 재정정책을 적극적으로 활용하여 그 정책의 일환인 기금 역시 공공성과 자율성·탄력성을 지니고 있으므로 예산 제도인 일반회계, 특별회계와는 다르게 재정정책에 적극적으로 경기 조정 기능을 수행할 수 있다.

둘째, 자본주의 경제는 시장 기능을 통한 자원배분이 이루어져야 하나, 시장기구에 맡기는 것만으로는 충분히 공급할 수 없는 재화 및 서비스가 있으며, 더 나아가 시장 기능에 맡기는 것이 사회적으로 바람직하지 않은 농수산, 중소기업 지원, 보훈사업, 환경오염 방지, 산재 예방 등은 정부가 자원배분에 직접적으로 관여하여야 한다.

셋째, 기금은 민간 금융에 대해서 양적·질적으로 보완하는 재정 기능으로 금융적 기능을 수행하기도 한다. 기금의 금융적 기능으로서 물적 보완은 민간부문에 자금의 일부를 저리로 공급해 줌으로써 민간자금을 양적으로 확대·보완하여 충족시키는 것을 말하여, 또한 사회 체제를 유지하고 발전시키기 위하여 필요불가결한 분야에 대해서 기금을 통한 자금을 공급해 주는 것이 질적 보

〈표 12-1〉 2005년도 기금 운용 규모 요구액

(단위: 억 원)

구 분	2004계획(A)	2005요구(B)	증 감	
			(B-A)	%
전체(57개)	2,849,848	3,046,333	196,485	6.9
• 사업성(39개)	595,043	626,336	31,293	5.3
• 경제·산업·과학(16개)	360,311	371,382	11,071	3.1
• 복지·노동(10개)	193,705	208,416	14,710	7.6
• 사회·문화(13개)	41,027	46,538	5,511	13.4
• 연금성(4개)	748,840	767,067	18,227	2.4
• 계정성(5개)	1,061,617	1,253,360	191,743	18.1
• 금융성(9개)	444,349	399,571	△44,778	△10.1

출처: 기획예산처, 보도자료. 2004. 6. 14.

완에 해당된다.

2) 공공기금의 설치 · 운영의 필요성

정부는 행정 수요에 탄력적으로 대응하기 위하여 일관성 있는 자금 지원과 자금의 효율적 관리 · 운용이 필요한 경우가 있다. 특정한 목적을 위하여 재산을 유지하고 자금을 적립한다든지 또는 일정액의 자금을 운용할 필요가 있다. 즉, 복잡한 행정 수요에 신축성 있게 대응하고 특정 부문의 육성 · 개발을 촉진하며 원활한 자금 지원과 효율적인 자금 운용을 위해서는 예산일년주의 원칙을 따르는 것이 오히려 재정의 효율적 운용 요구에 배치된다. 그 이유는 당해 연도 국회가 예산안을 심의 · 의결할 때 정치적 상황, 특히 여야 간의 대립 · 갈등 양상에 따라 예산의 의결 내용이 크게 영향을 받을 것이므로 지속적으로 추진되어야 할 사업에 대한 자금 지원이 자칫 정치적 타협의 영향에 따라 저해될 우려가 있기 때문이다. 또한, 기금은 미래의 재정 수요에 대비하여 필요한 재원을 미리 마련해 놓는 것이다. 이러한 미래 준비의 좋은 목적이 있지만, 기금은 현재의 정부가 미래 국가 일부 자원의 지출 방향을 미리 정하는 것이므로, 미래의 신축적 재정 변화를 구속하게 된다. 그러나 현재 마련된 기금이 비효율적으로 운영되면 미래 재원이 필요할 때, 국민은 미리 대비한 보람도 없이 예산을 통하여 지출을 보완해 주어야 한다. 현재를 희생하려 미래 수요에 대비하는 기금의 성과는 현재보다 미래에 훨씬 더 중요한 역할을 하게 된다. 그리고 이러한 기금이 일반회계나 특별회계보다는 국회나 행정부 내에서도 통제가 미약하였으나, 2001년 12월 31일 개정된 기금관리기본법에 의하여 기금도 일반회계 예산과 마찬가지로 국회에서 심의 · 의결을 받도록 되었다. 기금은 중앙정부가 일반회계, 특별회계와 별도로 사업 운영상 필요한 경우 법률로써 특별기금을 설치하고, 이를 세입세출예산 외로 운용할 수 있다. 이 때 운용되는 기금의 재원은 일반회계 지원, 한국은행, 국채 발행에 의하여 조달된다. 기금의 존재는 회계적인 측면과 관계 없이 예산에서 할 수 없는 기능을 할 수 있기 때문이다. 기금의 중요한 기능은 수입과 지출을 하나의 흐름으로 연결하는 것이다. 따라서 기금은 예산에서 정치적 · 경제적 합의를 이끌어 낼 수 없는 사업에는 아주 유용한 수단이다.

그로 인하여 기금 운영에서 주요 쟁점인 기금의 통제와 자율권 간의 대립은 기금이 설립되면서부터 지속될 수밖에 없다. 기금의 지출이 상대적으로 늘어나면 일반회계나 기타 국가 재원에 의존도가 높아질 수 있으므로 그런 기금에 대해서는 자금 조달에 통제의 목소리가 커지게 된다. 반면 기금의 지출과 수입이 안정적인 수준으로 균형을 이루어 나가면 그 기금은 자율권을 얻으려는 목소리를 높이게 된다.

2. 중소기업 진흥 및 산업기반기금의 특성 및 운용 실태 분석

1) 중소기업 진흥 및 산업기반기금의 특성

중소기업 진흥 및 산업기반기금은 「중소기업 진흥 및 제품구매 촉진에 관한 법률」 제42조(기금의 조성)에 근거하여 정부로부터 출연받은 자금으로 기금의 목적을 달성하고자 추진되는 일반사업성기금의 성격을 지닌다. 중소기업 진흥 및 산업기반기금이 출연금의 형태로 지원되는 궁극적인 이유는 국가가 수행할 사업을 효율성 제고를 위하여 법령에 의하여 민간에 맡기면서 반대 급부 없이 재정자금을 지원하는 행위로서 정부산하기관에 대해 일반회계 출연금이 지원됨에 따라 정부 방침이 당해 기관의 운영 방침에 반영될 수밖에 없는 경우 자금 운용의 자율성이 저해되고 재정구조가 취약해지는 상황이 발생하는 것을 막기 위해서 기금 형태로 지원하고 있다.

중소기업 진흥 및 산업기반기금의 특성으로서, 첫째, 재원면에서는 대부분의 재원을 채권 발행을 통하여 조달하여 결국 차입성 재원 위주로 구성되어 있음에 따라 지원산업의 안정성과 지속성이 상대적으로 취약한 것으로 파악된다.

둘째, 중소기업 진흥 및 산업기반기금은 구조 고도화, 구조 조정, 기술 개발, 벤처 출자, 창업, 수출 및 판로, 경영 안정, 입지 등 여덟 개 분야에 걸쳐 지원이 이루어지고 있다.

셋째, 중소기업 진흥 및 산업기반기금은 시설 및 운전 자금 위주로 자금 지원 기능을 수행한다는 점이 특징적이다.

이처럼 동 기금에서 기술개발자금 지원이 상대적으로 작은 비중을 차지하는 것은 동 기금이 거의 모든 중소기업 지원 분야를 포괄하고 있기 때문이기도 하지만, 기술개발자금의 경우 일반회계 예산을 통하여 중소기업청이 지원 기능을 수행하기 때문인 것과 관련된다. 중소기업 진흥 및 산업기반기금은 고도성장 과정에서 확대된 대·중소기업 간의 격차를 시정하고, 격차 시정을 위한 중소기업의 체질 개선의 필요성에 따라 중소기업 정책을 종합적으로 추진하기 위한 제도적 장치로서 「중소기업진흥법」 제정과 함께 제반 정책사업의 구체적 추진을 위한 재원 조성을 위하여 1978년 12월에 설치되었다. 중소기업 진흥 및 산업기반기금은 원래 '중소기업진흥기금', '중소기업창업지원기금'(1986년 5월, 「중소기업창업지원법」), '지방중소기업육성자금'(1994년 1월, 「지역균형 개발 및 지방중소기업 육성에 관한 법률」), '산업기반기금(1986년 7월, 「공업발전법」)' 등으로 다기화되어 있던 중소기업 지원 관련 4개의 기금·자금을 재원의 탄력적 운용을 통한 효율성을 제고하고자 기금관리기본법 개정을 통하여 2002년 3월 1일부로 통합한 것이다. 중소기업 진흥 및 산업기반기금을 통하여 추진하는 대표적인 사업으로는 중소기업 창업지원사업, 중소기업 구조고도화지원사업, 지방중소기업 육성지원사업, 산업기반지원사업 등이 있다.

2) 중소기업 진흥 및 산업기반기금의 운용 실태 분석

최근 3년간(1999년~2001년) 중소기업 진흥 및 산업기반기금의 자금지원사업 추진 실적을 살펴보면 <표 12-2>와 같다. 중소기업 진흥 및 산업기반기금은 1999년에 자금지원사업(자금 융자·출자·출연 및 입지사업 등)에 3조 3,315억 원을 집행하였는데, 그 중에서 구조고도화자금은 1조 6,595억 원, 창업지원자금은 1조 1,957억 원, 지방중소기업 육성자금으로는 4,762억 원을 각각 집행하였다. 2000년에는 2조 7,255억 원을 자금지원사업(자금 융자·출자·출연 및 입지사업 등)에 집행하였는데, 그 중에서 구조고도화자금으로 1조 5,123억 원, 창업지원자금으로는 7,840억 원, 지방중소기업 육성자금으로는 4,292억 원을 각각 집행하였다. 2001년에는 2조 9,334억 원을 자금지원사업(자금융자·출자 등)에 집행하였는데, 그 중에서 구조고도화자금으로 약 1조 7,236억 원, 창업지원자금으로는 약 7,906억 원, 지방중소기업 육성자금으로는 약 4,192억 원을 각각 집행하였다.

이처럼, 중소기업 진흥 및 산업기반기금은 우리나라의 대표적인 중소기업 지원재원으로 자금지원사업과 비자금지원사업을 망라하여 중소기업에 대한 종합지원 기능을 담당하고 있다. 주요 재원 조성 현황을 보면, 2002년 말 기준으로

〈표 12-2〉 중소기업 진흥 및 산업기반기금의 자금지원사업 추진 실적

(단위: 백만 원)

구분 \ 연도	1999년		2000년		2001년	
	사업량	금액	사업량	금액	사업량	금액
구조고도화자금		**1,659,542**		**1,512,286**		**1,723,608**
구조개선사업	1,926업체	649,993	1,691업체	700,000	2,081업체	782,980
경영안정사업	2,912업체	715,997	1,575업체	360,000	1857업체	480,150
기업개선기금 출자	1개 조합	15,000	-	-	-	-
협동화사업	136사업장	229,376	-	-	100사업장	180,000
입지지원사업	9사업장	49,176	7사업장	77,014	7사업장	45,775
구조조정대상기업 지원	-	-	8조합	21,800	6조합	22,800
유통센터	-	-	-	293,786	-	-
개발기술사업화 지원	-	-	204업체	31,915	379업체	56,991
자산유동화증권(ABS) 인수	-	-	-	27,501	111업체	104,912
국민체육진흥기금 대여	-	-	-	270	-	-
수출금융 지원	-	-	-	-	112업체	50,000
창업지원자금		**1,195,675**		**784,041**		**790,633**
중소·벤처창업 지원	1,866업체	75,000	1,032업체	211,485	1,274업체	260,000
소상공인 지원	12,445업체	300,000	10,518업체	240,000	14,313업체	370,000
창업투자조합 출자	6조합	77,100	76조합	274,600	48조합	122,000
창업투자회사 융자	1개사	900	-	-	-	-
창업투자회사 투자	1개사	2,734	2개사	3,975	-	-
벤처기업창업 지원	76업체	7,543	-	-	-	-
창업보육사업	108사업장	54,486	98개소	48,797	49개소	28,813
창업 분위기 조성	950건	2,912	-	5,184	-	9,820
지방중기육성자금		**476,243**		**429,175**		**419,163**
지방자치단체 예탁금	15시·도	379,794	14시·도	350,781	13시·도	366,200
시장재개발 지원	4시·도	16,450	4시·도	15,463	-	-
종합지원센터	3시·도	15,000	-	-	-	-
농공단지기업 지원	240업체	64,999	213업체	62,931	214업체	52,963
합 계		**3,331,460**		**2,725,502**		**2,933,404**

출처: 중소기업청, 「평가자료: 경영개선부문(중소기업 진흥 및 산업기반기금)」, 2002, pp. 181-186 재구성.

주: 연도별로 자금을 집행한 사업명이 각각 다른 경우가 있기 때문에 '-'표시하고 별도로 사업명을 기입해 계산하였다.

조성된 기금 누계는 12조 1,141억 원이며, 재정 지원(일반, 재특회계)이 45.2%, 채권 발행, 외화차입금 등이 54.8%를 차지하고 있다. 기금 조성 규모는 2000년 10조 339억 원, 2001년 10조 2,820억 원 등으로 매년 증가 추이를 보이고 있다. 최근 기금 재원에서 정부의 직접적인 재정 지원은 줄어들고 채권 발행을 통한 조달분이 늘어나고 있다. 이는 재특회계 차입분도 채권 발행으로 조달하도록 한다는 예산 편성 방침에 따른 것이다. 민간출연금, 기금운용 수입 등 고유 수입에 의하여 안정적으로 재원이 확보되는 형태가 아니라는 점에서 다른 기금과 재원 조달 구조 측면에서 중요한 차이를 나타내고 있다. 또한, 2002년부터 산업기반기금과의 통합에 따라 예산이 통합 편성되어 운영하고 있다.

중소기업 진흥 및 산업기반기금은 과거에는 기금의 조성 재원이나 공공성의 정도, 기금관리 주체가 중앙관서의 장인지 여부에 따라 공공기금과 기타 기금으로 분류하였으나, 2003년 12월「기금관리기본법」개정으로 모든 기금이 통합 관리되고 있으며, 2004년 5월 현재 57개 기금이 운영되고 있다.

〈표 12-3〉 중소기업 진흥 및 산업기반기금의 재원 조성 현황

(단위: 억 원)

항 목	2000년까지	2001년	2002년(A)	2003년(계획B)	계(A+B)
정부재정 지원	45,673	39,951	54,772	-5,281	49,491
-일반회계 출연	8,867	10,690	14,544	1,635	16,179
-재특회계 차입	36,806	29,261	40,228	-6,916	33,312
민간출연금 등	181	181	948	522	1,470
채권 발행	51,010	58,000	61,040	10,982	72,022
외화 차입 등	3,419	4,716	4,274	-277	3,997
기금운용 수입	· 53	-28	107	-372	-265
기금 조성 계	100,336	102,820	121,141	5,574	126,715

출처: 중소기업진흥공단.

주: 1) 기금 조성 실적은 각 연도 회계결산서를 기준으로 작성하였다.
2) 2003년 계획은 예산 기준으로 작성하였으며, 재특회계 차입 감소는 신규 조달보다 상환 금액이 많기 때문이다.
3) 지도·연수 등 사업 수행에 따라 발생하는 수입 부족액은 재정의 일반회계에서 출연받고 있어 적자 발생 요인은 없으나, 재정 출연은 대차대조표상 자본금으로 처리(공단 회계규정)하고 이에 대응되는 비용은 손익계산서상 원가로 산입함에 따라 수익과 비용의 적정한 대응이 이루어지지 않아 기금운용 수입이 음(-)으로 나타난다.

3. 정책감사의 의미, 특성 및 우리나라 감사원의 정책감사 운용 실태 분석

과거부터 정부 활동에 관한 감사는 비용효과 및 성과 제고의 차원에서 이루어지는 합법성 여부에 관한 점검 활동으로 인식되어 오고 있다. 그로 인하여 감사는 대체로 회계검사와 직무감찰을 주요 기능으로 여겨져 왔지만, 시대적 상황 변화에 따라 정책 내용이나 집행 활동 과정에 관한 효율성을 점검하거나 정부 활동의 성과를 평가하는 기능까지도 포괄하여 성과감사, 더 나아가 궁극적으로 정책감사를 지향하고 있다(김명수 · 박준, 1995).

1) 정책감사의 의미 및 특성

일반적으로, 전통적으로 합리적인 객관성과 합법성에 초점을 둔 재무제표감사 및 합법성감사로부터 정부 프로그램의 효율성과 효과성에 초점을 둔 감사로 감사의 기능과 범위가 팽창되고 있는 가운데 정책감사는 지출의 규칙성을 강조한 책임성으로부터 정책 프로그램과 지출의 경제성, 효율성 및 효과성이 판단되는 포괄적인 환류 능력 정도까지 범위가 확대되고 있다. 실제로, 정책감사는 기존의 국가의 기능이 다양화되고 변화됨에 따라 정부가 수행하여야 할 역할들이 대폭 증가하였다. 이에 따라 정부가 수행하는 각종 역할들이 과연 바람직하고 적합하게 이루어지고 있는지에 대한 적절한 평가가 요구되게 시작하였다. 즉, 복잡하고 다양한 문제들을 다루고 전문성을 띠고 있는 정책에 대한 감사가 요구되기 시작한 것이다. 특히, 우리나라의 경우 1990년대에 들어서면서 국민의 민주화 및 사회적 효율성에 대한 요구가 분출되었고, 이들의 의사가 정책에 반영됨으로써 행정편의주의 발상에서의 정책집행이 어려워지게 되었다. 특히, 산업정책의 경우는 기존의 정부 일방적인 정책집행에서 벗어나 국민이나 정책 대상들이 요구하는 부분을 정책에 반영하는 추세가 점차 늘어나게 되었다. 이러한 사회와 산업의 고도화와 개방화의 진전됨에 따라 감사 대상 업무는 양적으로 확장되고, 질적으로 복잡하고, 전문화되어 감사에 대한 정책 대상 집단의 관심이 높아지게 된 것이다. 이처럼 정부의 역할이 증가함에 따라 정책은 정책 대상 집단에 직 · 간접으로 큰 영향을 미치게 되었으며, 특히 엄청난 규모의 예산이 소진되는 정책집행에 대해서는 실질적이면서 효율적인 정책감사 체계를 요구하게 되었다.

그리고 정책감사는 기존의 소극적인 합법성감사와 효율성감사에 대한 한계에서 출발한 것이다. 즉 전통적인 의미의 감사는 "재정적 · 비재정적 유인으로 활용하기보다 처벌을 위한 수단인 경우가 많다. 오히려 재정 · 합법성 위주의 감사는 수감기관으로 하여금 감사 활동으로 인한 처벌의 위험을 회피하고자 하며, 소극적인 행정 활동으로 일관하게 하는 측면이 강했다. 실제 헌법이나 감사원법에 근거하여 재정적 · 비재정적 활동을 할 수 있음에도 불구하고 소극적인 재정 · 합법성 위주의 감사에 초점을 맞춘 감사을 의미한다(윤두수, 1992: 28-34) 또한, 효율성감사란,[4] "사업이 효과적이고 능률적으로 집행되었는지를 사후적으로 검토하고 비효율적인 면이 발견되면 시정 조치를 강구하는 감사 활동"이라고 정의할 수 있다(감사원 1986: 244). 그러나, 정부의 모든 활동이 합법성과 효율성이라는 평가 기준을 가지고 감사 대상에 적용할 수는 없다. 이와 같은 지적에서 출발한 것이 정책감사이기는 하나, 아직까지 개념조차도 명확하게 확립되어 있지 않은 상태이므로 정책감사의 대두 배경을 살펴보고, 정책감사가 최근 들어 중요한 의미를 가지는 요인들을 살펴보고자 한다.

감사가 전통적인 의미의 통제 · 징벌 기능에서 더 나아가서 현재 행정국가에서 담당하여야 할 또 하나의 핵심적인 기능인 행정의 환류 · 개선 기능을 다하기 위해서는 적발 · 처벌 위주의 감사 활동은 가급적 지양하고, 행정의 개선 · 향상을 촉진, 지원하는 정책 지원적 감사 활동을 정책감사라 할 수 있다. 정책감사의 의미에 대하여 정책의 잘 · 잘못을 종합적으로 검토하고 시정을 촉구, 유인, 강제하는 활동이라고 보는 학자도 있다. 이는 감사원이 감사의 차원에서 담당하는 정책평가에 속한다(정정길, 1986: 34). 즉, 감사의 차원에서 담당하는 정책평가라고 정의하는 것으로서 광의의 정책감사이다. 이러한 관점에서 보면 정책감사란, 감사 차원에서 파악된 정책평가(policy evaluation)이기 때문에 그

4) 이와 같은 효율성감사의 필요성과 유용성에도 불구하고, 몇 가지 약점을 내포하고 있다. 우선, 효율성감사가 업무 추진의 효율성 여부를 판단하므로 행정책임자나 기관책임자의 정책결정권과 충돌할 가능성이 있다는 것이고, 둘째는 효율성 감사의 방법이 아직도 뚜렷하고 납득할 만큼 개발되어 있지 못하다는 점이며, 셋째로는 감사자가 지닌 능력상의 제약에서 나오는 약점이다.

본질적 내용은 정책평가의 원리와 동일한 것이다. 즉, 어떤 특정한 정책 및 사업이 형성되고 집행되어 그 결과가 나타나는 일련의 정책 과정에 대해서 그 정책 및 사업에 적합한 감사 기준을 적용하여 감사 차원에서 평가하는 것이 정책감사라고 하는 것이다. 다음으로, 정책감사의 의미를 "특정한 정부사업이 집행되고 난 후, 사후적으로 그 잘·잘못을 종합적으로 분석·검토하고, 개선 대안을 제시하며, 권고·유도하는 일종의 정책분석 또는 평가 기능으로서 정부의 활동이 국가의 기본 이념이나 정책목표에 비추어 사후에 바르게 결정·집행되었는지를 감사하는 것" 등으로 정의되기도 한다(성용락, 1990: 18-19).

한편 정책감사에 대한 이론적인 정의는 행정이 추구하는 여러 이념들 가운데 어느 것을 포함시키느냐에 따라 그 내용과 초점이 달라진다고 보는 입장이 있다. 이는 정책감사와 정책평가는 완전히 일치하지는 않지만 중첩되는 부분을 어느 정도 인정하는 입장이다. 이러한 의미의 정책감사 추구하는 행정 이념으로는 합목적성, 합법성, 능률성, 효과성, 합리성, 형평성, 민주성 등을 들 수 있다(노화준, 1985: 30-31).

그러나 기금에 대한 효율성 부문은 이러한 부문들이 종합된 정책감사가 이루어져야 하는 감사라 할 수 있다. 감사 방법에 관한 한 정책감사는 성과감사의 경제성과 효과성과 능률성의 평가 기준을 포함한 적절성, 적합성, 형평성 등 여타의 수많은 평가 기준에 의하여 평가할 수 있기 때문에 훨씬 넓은 의미로 이해된다. 이는 정책감사가 감사의 준거로 삼은 평가 기준을 다양화함에 따라 성과감사보다 많은 측면에서 감사될 수 있음을 시사한다. 아울러 정책감사는 평가 기준에 따라 다른 평가 방법을 활용하여야 하기 때문에 그만큼 어렵고 힘든 활동임을 암시한다. 그래서 성과감사의 경우에도 국내외를 막론하고 엄격한 의미의 성과감사를 충실히 수행하고 있는 나라는 많지 않다. 특히, 우리나라의 경우 통계에 의하면 감사원이 1994년 성과감사 개념을 도입한 이래 이른바 성과감사라는 이름으로 수행된 실적을 보면 2000년 말 전체 감사의 35%밖에 안 되고 그 내용도 엄밀한 의미의 성과감사라기보다 성과 점검에 지나지 않은 사실로만 비추어 보아도 성과감사 자체가 얼마나 어려운 감사 활동인가를 나타내는 결과라 할 수 있다.

한편, 정책감사의 특성을 간략히 살펴보면, 첫째 효율성감사는 주어진 정책의 집행이 능률적으로 이루어졌으며, 기대하였던 성과가 확보되었는가를 감사영

〈표 12-4〉 통제 중심의 감사와 정책감사 간의 비교

구분 \ 개념	통제 중심의 감사 (통제 중심의 평가 + 피드백)	정책감사 (지원 중심의 평가 + 피드백)
목 적	법규 순응적 행정책임성의 확보	효율적인 행정과 성과의 보장
대 상	회계 및 재무 활동	정책, 사업 및 행정 개선
시 기	집행 종결 이후	집행 과정 중간 및 종결 이후
평 가	총괄평가	형성평가 및 총괄평가
피 드 백	관리행동 강화 피드백	목표 및 행정 수정 환류
관 점	단절적, 단편적, 단기적, 미시적	맥락적, 종합적, 장기적, 거시적
감 사 초 점	합법성	합법성, 경제성, 능률성, 효과성
기 능	① 행정질서의 감시 ② 행정책임의 규명, 징벌 ③ 행정오류 실패의 사후 시정	① 행정의 규범적 척도 제시 ② 행정의 정당성 조기 제공 ③ 국민을 위한 재심법원적 역할
효 과	① 법규 순응성의 보장 ② 회계책임성의 확보 ③ 공직 부정의 방지	① 행정실패의 조기경보 및 사전 방지 ② 행정오류의 상시 추적, 적기 개선 ③ 의사결정 지원, 행정개혁 유도

출처: 송건섭, “감사원 감사판단 기준의 변화 과정과 방향”, 경북대 박사학위 논문, 1997. 6., p. 18.

역으로 하지만, 정책감사에서는 특정의 정책 문제를 왜 방치하고 있는가도 감사의 대상으로 하고 있는 점과 정책 수단의 채택에 따른 의사결정의 합리성도 감사의 대상이 되고, 정책평가 결과를 정책결정이나 정책집행 과정에 적정하게 피드백시키고 있는가도 정책감사 대상으로 한다. 즉, 정책 과정 모든 단계에 걸친 감사로서 정책 내용뿐만 아니라 정책의 내용이 어떤 절차에 의해서 이루어졌는가도 감사 대상으로 한다.

둘째, 정책감사는 기존의 회계감사식 감사와 직무감찰, 정책제안 등이 통합된 형태의 감사라는 것이다. 합법성 위주의 감사는 회계감사와 직무감찰을 구분할 수 있으나, 정책감사는 정책 단위로 회계 · 직무를 모두 감사하고, 더 나아가 정책평가를 통한 정책 개선 방안을 제시하는 것이다.

셋째, 정책감사는 종합적인 감사 기준을 채택하고 있다는 것이다. 합법성 및 효율성 감사에서는 감사 기준이 합법성·효율성에 국한되어 있으나, 정책감사는 국민의 정책요구를 어느 정도 충족하고 있는가 하는 적극적인 정책대응성과 각 이해집단들에게 정책 과정에의 참여 기회를 충분히 부여하고 있는가 또는 민주적인 절차는 물론 정책 결과가 정책 대상자에게 평등하게 돌아가거나 부담되고 있는가 하는 형평성 등도 감사 기준으로 적용하고 있다(김명수, 1996: 28-30).[5)]

넷째, 정책감사는 단편적인 감사가 아니라, 종합적이고 체계적인 감사라 할 수 있다. 정책감사라는 공식적인 명칭을 사용하기 이전에도 단편적인 적발 위주의 합법성감사에 대한 반성으로 종합감사, 계통감사(감사원, 1988: 700-702)[6)]에서 채택한 감사이지만, 정책감사는 반드시 이 방법만을 채택하고 있지는 않다.

다섯째, 정책감사는 과학적인 분석 및 평가 기법을 활용하고 있다. 정부가 어떠한 정책을 개발하여야 하는가에 대한 정책수요 분석과 정책 수단을 선택하기 위한 대안분석은 물론 정책효과 판단을 위해서는 정책평가 기법을 활용하지 아니하고는 정책감사의 속성상 성공적인 감사를 수행할 수 없다. 정책감사 결과의 판단 기준이 객관화되어 있지 못하기 때문에 과학적 분석과 평가 기법을 활용함으로써 감사 결과의 신뢰성을 확보할 수 있다. 전통적인 회계감사나 직무감찰에서 관계 법령이나 지침 등에 따라 정책이 집행되고 있는지를 확인하였던 것과는 그 질적인 측면에서 차이가 난다.

마지막으로, 정책감사는 위법 부당 사항의 적출보다는 문제점에 대한 과학적인 평가 기법을 통하여 개선 방향의 제시에 역점을 두고 있다. 그렇다고 위법 부당 사항의 적발을 배제하는 것이 아니라, 좀더 과학적인 분석 및 평가 기법을 통하여 새로운 개선 방안을 제시하는 데 그 무게 중심이 더 있다. 즉, 과거의 소극적·통제적 감사에서 발전된 적극적·지원적 감사로서 정책감사는 정부의 합리적인 정책결정 능력을 제고하고, 자원의 효율적 이용을 유도하며, 책

---

5) 정책결정 과정에서 적용되는 감사 기준을 보면, 정책형성 과정에서는 합리성·대응성·형평성을, 정책집행 과정에서는 합법성·경제성·운영상의 능률성을, 정책효과 측정 기준으로는 효과성과 종합적인 능률성을, 평가 과정에서는 기술적인 적절성을, 피드백 과정에서는 활용성을 감사 기준으로 제시하고 있다.

6) 계통감사란, 감사 대상 업무 중에서 특정 업무를 선정하여 그의 개선·향상을 기할 목적으로 업무의 계통에 따라 실시하는 감사이다.

임행정을 구현하는 기능을 다하여야 하는 것이다.

결국, 이 논문에서는 이와 같은 여러 가지 의미를 종합적으로 고려하여, 특히 정책의 사전적인 측면과 정책이 어떻게 선정되고 집행되며, 어떤 결과들이 나타났는가가 초점인 감사가 정책감사라 할 수 있다. 다만, 정책감사라고 해서 정부의 모든 부문을 감사할 수는 현실적으로 불가능하다. 그러므로 감사의 수행 여부가 중요한 것이 아니라, 어떻게 정책이 효율적으로 집행되었으며, 그 결과는 정책이 의도한 결과를 산출하였는가에 초점을 맞추고, 그와 더불어 정책평가적인 기능으로서 새로운 정책대안을 제시하는 것이 정책감사라 할 것이다.

이 논문에서 의미하는 정책감사의 범위는 여러 정책대안 중에서 정책선택 과정과 정책집행 과정, 정책평가 과정이라는 정책 과정의 모든 단계를 통하여 이루어져야 한다. 그러나, 정책부서의 정책입안이라는 고유 기능과 정책감사 도입의 일천함을 고려한다면 특별한 경우를 제외하고는 감사 대상으로서 정책의제 선택 과정이라든지 정책결정과 같은 형성 단계는 가급적 유보하고 집행 과정 및 결과에 한정하고 있다. 반면에, 정책감사는 정책의제 선정 과정 및 정책집행 과정에서의 합법성, 효율성, 사회적 형평성 등을 고려하는 것을 의미한다(김인중, 1994: 89).[7] 즉, 사후적인 정책감사로 인하여 잘못을 지적하고, 비리를 적발하는 수준이 아니라 좀더 적극적으로 정책대안을 제시하고 이를 정책에 반영하는 것이 정책감사의 진정한 의미이다. 행정부에서 예산편성하여 운영하는 각종 기금의 사전·사후적으로 초래되는 예산 낭비 및 정책실패를 사전에 차단하기 위해서이다.[8]

행정부의 행정 프로세스에서 정책감사라는 것은 일종의 정책평가에 해당한다 할 것이다. 그리고 그 평가의 결과를 차후 정책기획 단계로 피드백(feedback)시킴으로써 정책목표의 효율적인 달성과 지속적인 정책 수행을 유도해 나가는 것이다. 따라서 정책감사가 환경 변화를 수용하지 못하고, 이에 적

7) 이 논문의 저자는 정책감사 대상별로 감사 기준을 제시하고 있는데, 정책형성 과정에서는 합리성·대응성·형평성을, 정책집행 과정에서는 합법성·경제성·운영상의 능률성을, 정책효과 측정 기준으로는 효과성·종합적인 능률성을, 평가 과정에서는 기술적인 적절성을, 환류 과정에서는 활용성을 감사 기준으로 제시하고 있다.

8) 최근의 건강보험 제도나 고속철도사업의 경우에는 사업집행 이후에 관계자들을 문책할 것이 아니라 사전에 선택된 대안들의 정확한 정책평가, 즉 정책감사를 통하여 엄청난 규모의 예산 낭비와 국민들의 불편을 사전에 차단할 수 있었던 사례일 것이다.

응하지 못할 때에는 부작용과 실효성에 대한 의문이 제기된다. 그러므로 정책 감사는 변화하는 감사환경에 적절하게 적응하고, 정책의 효율성과 사회적 형평, 합법성이라는 행정 이념을 효과적으로 수행할 수 있는 모습으로 변해 갈 필요가 있다(김홍률, 1998: 65-66).[9)]

[그림 12-1] 정책 과정상에서 정책감사의 영역

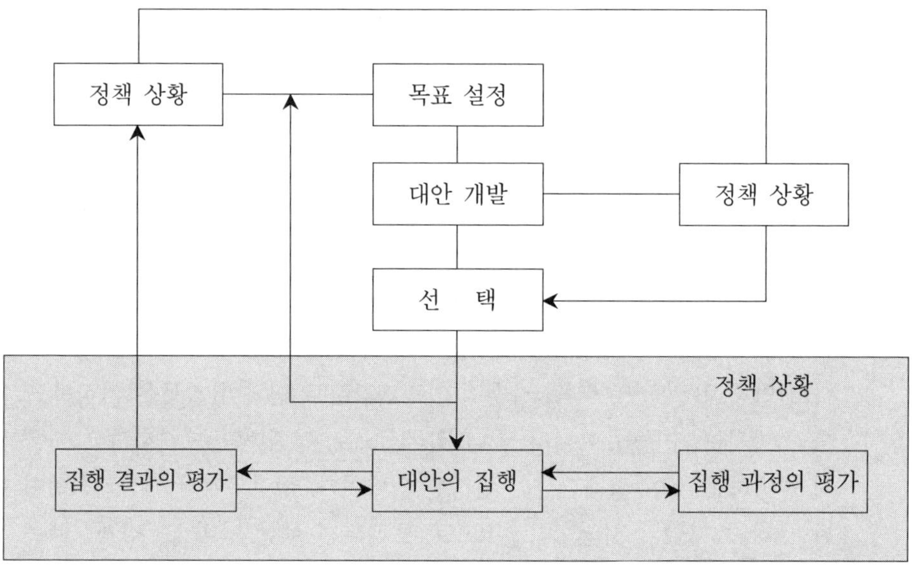

9) 이 논문에서 의미하는 정책감사를 학자들에 따라 성과감사, 정책감사, 기관평가 등 여러 가지 의미로 언급하고 있다. 특히, 이 중에서 성과감사는 감사기구가 성과감사를 통하여 정부의 생산성을 극대화하는 신공공관리주의 개혁 조치와 그 결과를 분석하고 검토하는 데에 일정한 역할을 수행하여야 한다는 데에는 부정할 사람이 없으나, 이를 회의적으로 보는 이들의 견해도 있다는 데 유의할 필요가 있다. 첫째, 감사자의 규정과 절차에 대한 피감사기관이 성과 개선을 노력하는 데에 도움이 되기보다는 장애가 될 수 있다. 둘째, 감사자의 허물찾기식(fault-finding) 접근법은 지나치게 편협한 관점을 갖게 한다. 셋째, 감사자가 건설적인 대안을 형성하고 제시하기 위해서 감사자가 갖추어야 할 전문성과 훈련이 충분하지 못하다는 점 등이다. 그러나 이 논문에서의 적극적인 감사는 이 같은 약간씩은 다른 의미의 감사에 대한 정의를 포괄적으로 수용하고, 여기에 정책평가적인 측면을 더욱 강조한 개념이라 할 것이다.

2) 우리나라 감사원의 정책감사 실태분석

우리나라 감사원은 외국의 유사 기관에 비하여 제도적으로나 행정 관례적으로 상당히 강력한 위상을 갖고 있다. 많은 행정기관의 형태와 단체가 감사원의 감사철학, 감사 방향, 기본지침, 감사 업무 집행 형태에 따라 광범위하고 깊은 영향을 받고 있는 것이 사실이다. 특히, 정책감사는 수감기관의 의사결정에 구조적이며, 장기적인 영향을 미칠 수 있다는 측면에서 1980년대 이래 특별한 관심 대상이 되고 있다(김태윤, 1998). 우리나라의 공공감사는 크게 감사원감사, 국회국정감사, 상급기관감사, 자체기관감사, 지방의회감사로 구분할 수 있으며, 중앙정부의 감사 중 가장 권위 있고 그 효과가 큰 감사는 감사원감사라고 할 수 있다. 그러나, 감사원은 정부감사의 주도적인 역할을 해야 함에도 불구하고, 행정부에 소속되어 독립성이 많이 저해되어 왔고, 감사환경에 적절히 대처할 전문 인력을 확보하지 못함으로써 요구되는 정책감사를 효과적으로 이행하지 못하였다. 또 다른 정부감사 체계, 즉 국회 국정감사, 지방의회감사, 자체감사, 상급기관감사 등과 적절히 감사 업무가 배분되지 못해 중복감사 등 많은 부작용을 낳고 있다. 실제로, 중소기업 진흥 및 산업기반기금에 대하여 기획예산처 기금평가단에서 평가하고, 국회의 국정감사, 감사원 감사, 중기청 감사 등이 중복되어 시행되고 있다.

〈표 12-5〉 감사원의 감사 대상 기관수와 인원 현황

(2003. 12. 31. 현재)

구 분		합 계	국가기관	지방자치단체	투자기관	기타 단체
대상기관(개)	합 계	63,436	9,619	22,815	1,355	29,647
	필요적 감사 대상	33,893	9,619	22,815	1,355	104
	선택적 감사 대상	29,543	-	-	-	29,543
필요적 감사대상기관 인원(명)		1,018,488	304,834	617,254	85,763	10,637

출처: 감사원, 2003년 감사연보.

주: 국가기관과 지방자치단체에는 경찰서 지·파출소, 학교, 읍·면·동이 포함되어 있고, 투자기관에는 지방자치단체 투자기관과 지사 등 산하기관이 포함된다.

감사원이 그 동안 어떤 목적에 역점을 두어 감사를 실시해 왔는지 살펴보기 위해서 감사 대상기관의 증가 추이, 감사 활동의 실태, 감사 결과를 살펴보고자 한다. 감사원 감사 대상기관의 범위는 모든 중앙정부기관 및 지방자치단체의 집행기관, 그리고 중앙정부 및 지방자치단체의 투자기관과 그 소속원, 그 밖에도 각종 관련 단체에 이르기까지 광범위하다.

결국, 감사원의 정책감사란, 궁극적으로 "정부의 정책(시책, 사업, 단위 과제 등)을 직·간접적으로 평가하여 정책 담당 정부기관에 대하여 합규성 또는 합법성에 준거한 문제점의 사후 확인 적출 중심의 소극적 감사보다 성과평가에 기초한 문제점 시정 중심의 적극적 감사"를 의미한다.[10]

Ⅲ. 주요 선진국의 기금 운영 및 정책감사의 운영 실태 분석

미국이나 영국 등 대부분의 주요 국가들은 의회예산주의를 지키기 때문에 예산 이외에 예외적으로 운영되는 우리나라의 기금 제도 같은 운용 사례를 찾기 힘들다. 미국의 경우 재정 제도는 연방자금(Federal Fund)과 연방신탁자금(Federal Trust Fund)으로 구성되는데, 연방자금 중 특별자금(Special Funds)은 우리나라의 특별회계와 유사하고, 특정 목적 수행을 위하여 법률이나 신탁계약에 따라 징수된 자금을 관리하기 위한 연방신탁자금이 우리의 기금과 유사하나 의회에 의한 통제가 제도화되어 있다는 점에서 차이가 있다. 영국의 경우는 국민보험기금과 외국환평형기금 등의 기금이 의회의 사전 승인 없이 지출이 결정된다는 점에서 우리의 기금과 유사하지만 이 경우에도 지출 요건이 법률에서 확정되거나, 의회로부터 위임받아 이루어지며 모든 부채를 의회에 보고하도록 의무화하는 등 엄격한 통제를 하고 있다는 점에서 차이가 있다. 이처럼 미국과 영국 등의 공공기금 운영 실태와 정책감사 실태에 대하여 좀더 세부

10) 과거 감사원은 1980년대에 정책감사를 수행하려는 의욕을 보인 바 있다. 그러나, ① 정책감사에 대한 중앙행정기관들의 거부감, ② 감사인의 정책감사 이행능력 미흡 등 문제점이 표출되고, ③ 1987년 헌법 개정으로 국회의 국정감사가 부활된데 이어 지방의회마저 구성되어 감사원 정책감사의 의의가 퇴색되자 문민정부 출범 후 성과감사로 방향을 선회하였다.

적으로 살펴보면 다음과 같다(성용락, 2004: 132-145).

1. 미국의 공공기금 및 정책감사의 운영 실태 분석

1) 미국의 공공기금의 운영 실태 분석(전택승, 2003: 71-106)

미국에서는 목적성 예산인 공공기금(Governmental Funds)으로 주로 일반기금, 특별세입기금, 자본시설기금, 채무변제기금 등이 활용된다. 일반기금(general fund)이란 일반행정 서비스에 소요되는 경비를 위한 기금이며, 특별세입기금(special revenue fund)은 특정 목적을 위한 특정세입으로 조성되어 사용이 제한되어 있는 기금을 말한다. 예를 들면, 휘발유세로 조성된 기금은 반드시 교통시설 지출에만 지정되어 지출되고, 복권세입기금은 교육 지출에만 지정되어 지출되는 특별세입기금이다. 자본시설기금은 특수한 자본시설을 건설하기 위하여 조성된 기금이다. 미국의 공공기금들은 일반행정, 방위, 경제 개발 등 정부의 고유 기능을 수행하기 위하여 조달되고 사용되는 기금으로서 일반회계예산에 해당된다.

다음으로, 사업기금(proprietary fund)은 정부가 민간기업과 유사한 활동을 할 수 있는 융통성을 위한 기금으로서 서비스 수혜자가 명백히 알려질 수 있는 경우에 사용되는 공기업기금(enterprise fund)과 정부 내 하부기관에서 측정 가능한 서비스를 제공할 수 있는 경우에 사용되는 내부서비스기금(internal service fund)으로 구분된다. 미국의 기금은 우리나라의 특별회계에 해당된다고 할 수 있다.

마지막으로, 수탁기금에는 대상이 누구이든지 수탁관리를 위하여 마련된 기금이며, 여기에는 소모성 수탁기금과 비소모성 수탁기금, 연금기금, 대리인기금이 있다. 소모성 수탁기금(expendable trust fund)은 소모 경비에 소요되는 자금이며, 비소모성 기금(nonexpendable service fund)은 원금 사용이 금지되어 관리되며, 이자 수입과 같은 수익 활동을 통하여 사업을 할 수 있게 만든 기금으로서 기부장학금기금 등이 있다. 이 수탁기금이 바로 우리나라의 기금에 해당된다고 할 수 있다.

한편, 미국의 기금 제도의 대표적인 것으로서(권오열, 2002: 24-30), 미국의 관리예산국(Office of Management of Budget: OMB)에 따르면, 예산국은 재무부와의 협의를 통해서 사업의 재원을 기금(Trust Fund)의 설치를 통해서 관리할지를 결정하게 되어 있다. 물론 이 때의 기금은 사적인 기금과는 달리 연방정부가 이행에 대한 책임을 지지는 않는다. 미국에서의 기금은 일반적으로 장기적인 목표를 달성하기 위한 사업을 지원하기 위해서 만들어진 것도 많다. 또한, 일부의 기금은 정부가 국민의 부담이 직접적으로 특정한 목적에 이용되어야 한다는 것을 전제로 하여 이를 재정적으로 뒷받침하기 위해서 만들어졌다. 어떤 기금들은 국민의 부담은 전혀 없이 정부가 특정한 목적을 달성하기 위해서 만들어진 경우도 있다. 물론, 기타 다수를 차지하는 기금은 일반 국민의 부담과 정부의 부담이 혼재되어 있다. 그리고 어떤 기금은 긴급한 상황을 대비하기 위해서 지출권이 부여된 기금들도 있다. 2003년 말 현재 미국의 기금은 164개로, 물론 하나의 기금 안에 여러 가지 작은 기금들이 있는 우산(雨傘) 계정들로 되어 있으므로, 실제로 기금의 수는 더 많을 수 있다. 미국의 기금의 수적인 분포면에서 보면, 일반재정성 기금이 28%로 가장 큰 비중을 차지한다.[11] 다음에는, 우리나라에는 없는 기부기금이 비록 금액적인 측면에서는 큰 비중을 차지하지 않지만, 수적인 측면에서는 전체 164개 기금 중 22% 정도를 차지한다. 이는 많은 부처들이 1~2개 정도의 기부기금을 운영하고 있기 때문이다. 우리나라 기금의 수적인 분포의 가장 큰 특징은 일반재정성 기금의 비중이 매우 높다는 사실이다. 다만, 중소기업과 관련된 기금으로서 미국 중소기업청(SBA)의 공기업기금이 있다.

2) **미국의 정책감사 운영 실태 분석**(김두호, 2003: 133-140)

미국의 정책감사는 감사원(Government Accountability Office: GAO)을 중심으로 정부정책에 대한 회계 및 감사를 실시하고 있다(권진성, 1998: 36). 미국의 감사원(GAO)은 1921년 예산회계법에[12] 의하여 법적 임부를 부여받고 입

11) 기금의 분포를 수적인 측면뿐만 아니라, 지출이나 수입의 규모면에서 파악하는 것도 중요하지만, 미국 기금의 경우 모든 기금에 대해서 지출이나 수입의 규모를 파악하는 것이 어려운 실정임.

12) "……정부기관 또는 어느 기관에서든 공공자금의 수입, 지출 및 활용에 관련된 모든 일을 조사하는"

법부 안에 창설된 이래의 영수증 위주의 감사에서 전환·발전기의 공인회계사식 감사를 거쳐 성숙기의 정책분석 및 사업평가 위주의 정책감사로 진화하면서 미국 국정 각 분야에 대한 비위 척결·예방과 행정 운영의 개선 향상에 지대한 공헌을 함으로써 그 자리를 공고히 하고 있다. 그리고 미국의 감사원은 감사를 재무감사, 성과감사로 나누고, 성과감사는 다시 경제성·능률성 감사와 사업감사로 구분하여 정의하고 있다. 미국의 감사원은 감사 사항과 영역을 관리하는 전략적 차원의 감사기획, 관리를 위한 개념 체제를 마련하여 운용하고 있다.

우선, 의회 소속의 GAO는 회계감사 및 정책평가 기능을 통하여 행정부처의 업무 수행에 대한 결과를 분석하고 그 결과를 의회에 보고함으로써 역할을 수행하고 있다. 이러한 과정에서 회계감사 및 정책평가에 관한 자료는 의회에 의한 예산심의 과정에서 충분히 반영됨으로써 성과와 예산의 연계성이 마련되고 있는 것이다. GAO는 1921년 예산회계법(The Budget and Accounting Act)에 의하여 설립된 의회 소속의 감시기구로 공공재원의 수입 및 지출과 관련된 모든 사항을 감시하는 책임을 통하여 의회를 지원하는 역할을 수행하고 있다. GAO의 임무와 주요 기능은 크게 "회계감사 및 평가, 회계 및 정보관리 기준 제시, 그리고 다양한 법률 서비스를 제공"하는 등 세 가지이다. GAO는 이러한 활동을 통해서 의회에 대하여 행정부처의 업무 수행 결과에 대한 분석자료를 증언, 구두 보고, 보고서 등 다양한 형태의 의사소통을 통하여 수행하고 있다. GAO가 수행한 업무보고서는 의회 관계자 및 관계 부서 외에 원칙적으로 대외적으로 공개하고 있다.

둘째, 회계감사 및 평가 기능에서 GAO는 의회를 지원하기 위하여 행정기관에 대한 회계감사와 기관의 활동 및 정책에 대한 평가를 핵심 업무로 수행하고 있다. GAO의 구체적인 수행 업무는 법에 의하여 규정된 사항, 법의 취지를 충족하기 위한 자발적인 활동, 그리고 의회 각 위원회 위원장 및 야당 간사의 주문을 기본적인 대상으로 하며, 가능한 한 개인 위원들의 주문도 수용하고 있다. 그리고 여러 분야에 걸친 전문가들로 구성되어 있으며, 이들은 특수한 사업 분야에 지정되어 전문적으로 업무를 수행하고, 필요시 외부 전문가의 협조를 통하여 주어진 임무를 수행하고 있다.

셋째, 회계 및 정보관리 기준 제시 기능으로서 의회로 하여금 최신의 정확하고 완전한 재정관리 정보가 활용되도록 여러 가지 활동을 수행하고 있다.[13]

넷째, 법률 서비스 기능으로서는 의회에 설치된 위원회 및 구성 위원의 질문에 대한 응답을 통하여, 의회에 대하여 다양한 법률 서비스를 제공하고 있다.[14]

한편, 미국의 감사원이 수행하는 정책감사의 형태는 크게 두 가지로 구분될 수 있다. 하나는 의회가 요청한 문제에 대한 해답을 제공하기 위한 직접 정책평가를 수행하는 경우이고, 다른 하나는 상위평가(meta-evaluation)이다. 즉, 상위평가는 주로 기존 평가들의 내용을 종합하는 형태로서, 평가 대상정책이나 사업에 대한 평가가 여러 평가기관에 의하여 수 차례에 걸쳐 이루어지며, 그 결과를 토대로 그 정책이나 성패에 관한 결론을 도출하는 형태이다. 또한, 미국의 감사원은 주로 의회가 요청한 연구과제를 수행하지만, 의회에 도움이 되고 또 정부행정에서 개선의 여지가 있다고 생각하는 영역에 대하여는 스스로 문제를 선정하여 연구를 진행시키고 있다. 현재 이 기관은 사후적 연구(ex post)인 심사평가와 사전적 연구(ex ante)인 정책분석을 수행하고 있다. 그러나 실제로 수행하는 과업의 많은 부분은 전자에 해당되는 것들이다. 또한 후자는 최근에 들어와서야 수행되고 있는 기능이기도 하다. 미국 감사원에 의한 정책감사 활동은 의원들이 이를 통하여 행정을 개선하고 통제하려는 시도를 반영하고 있다(김명수, 1996: 9-10).

미국의 감사원 운용 실태에서 시사하는 바는 미국의 감사원이 이미 1940년~1960년도에 걸쳐 공인회계사식 재무제표 감사를 적극적으로 도입하지 않은 이유는 우리나라에서는 정부기관의 재무제표(예산서, 결산서)의 중요성이 별로 인식되고 있지 않고 활용도도 미미하기 때문이었다. 반면에 정책분석과 정책평가를 통하여 정책대안을 제시하는 정책감사 또한 그 도입이 완벽하지 않은데 그 이유 중에 하나는 미국의 경우 의회가 감사원에게 적극적으로 정책분석 또는 정책평가를 요청하는 등 외부 자극이 상존하는 데 반해서, 우리의 경우 정

13) ① 행정기관을 위한 회계 원리 및 기준을 제시, ② 연방기관에 대하여 재정, 관련 정책 및 과정에 대한 자문, ③ 정부정책에 대한 회계감사와 평가에 대한 기준 제시 등이 있으며, 이 밖에도 Comptroller General은 재무장관 및 예산관리국장과 함께 표준 용어, 정의, 분류, 재정규정, 예산 및 정책 관련 자료 및 정보를 포함하는 정보 및 자료 처리 체제를 표준화하고 있다.

14) ① 정부정책 및 활동과 관계된 법적 이슈에 대한 자문을 제공, ② 의회에 계류중인 법안에 대한 조언, ③ 제안된 정부재정의 취소나 지불 유예에 관한 검토 의견, ④ 정부 입찰 과정에 대한 관리, ⑤ 불법 활동과 관련된 사안에 대한 특수 수사 등의 업무를 수행하고 있다.

책감사 수요를 스스로 인지하고 개발하는 한계가 있다. 실제, 미국의 중소기업 정책을 다루고 있는 중소기업청(SBA) 산하에는 감사국(Office of the Inspector General)이 있는데, 이 조직의 역할을 보면, SBA의 조직이나 지원 프로그램이 공정하고 적정하게 운영되고 있는지의 여부를 조사하여 의회에 보고하는 기능을 수행하고 있다. 또한, 미국의 감사원은 감사 수행 준비 단계에서는 GAO는 감사를 수행하기 전에 먼저 사업의 성과를 측정할 수 있는 기본적인 측정 도구를 결정한다. 즉, EER의 경우 비용(Cost), 자원(Resources), 성과(Performance), 적시성(Timeliness) 등이 기본적인 평가 도구가 된다. 그 후 감사를 수행하기 위하여 주요 감사 중점이나 방법 등 감사계획을 작성한다.

둘째, 분석평가 제도의 도입으로서 계속적·체계적으로 프로그램을 평가하기 위하여 의회는 회계감사원에 '입법평가국'을 설치하여 전문가로 하여금 '평가자를 평가'하는 기능을 수행할 것을 1960년대에 권고한 바 있다. 이처럼 회계감사원은 '투자에 대한 더 나은 성과'와 프로그램 평가를 시도하여 종래의 방법을 재검토하는 노력이 많아지고 있다. 즉, 조직 내에 '프로그램평가실'을 설치하고 좀더 개선된 대안의 보고서를 의회의 각 상임위원회에 매 2년마다 제출하도록 되어 있다. 이것은 정부 프로그램과 활동의 결과를 평가하고 분석하는 권한을 부여하고 있는 것과 감사원 전 직원의 약 3분의 1이 결과에 대한 평가 업무에 종사하고 있는 것을 보면, 회계감사의 전통적인 회계감사식 감사에서 탈피해 가고 있음을 알 수 있다.

셋째, 문제 발생 원인의 도출로서 그 원인을 식별하기 위해서 우선 자료 수집 및 분석 과정, 업무처리 흐름도, 조직 도표 등 감사 과정을 통하여 획득한 정보를 바탕으로 문제 발생과 조금이라도 관련이 있는 원인이 무엇인지 규명한다. 그리고 규명된 원인들 중 문제 발생과 관련이 깊은 원인을 추려내어 목록을 작성하거나 도표로 그려 세밀하게 검토한다. 이 때 가장 기본적이고 변화 가능한 원인에 초점을 두어야 한다. 만약 발견한 원인의 발생이 불가항력적인 것이라면 감사 종료 후 이를 교정할 수 있는 어떤 방법도 제시할 수 없기 때문이다. 마지막으로 원인의 유효성을 검증하기 위하여 증거를 수집하고 논리적인 인과 관계를 분석한다. 원인들은 증거에 의하여 충분히 입증되어야 한다.

넷째, 파급 효과 분석과 결론 도출로서 문제 발생 원인이 도출된 후 감사팀은 브레인스토밍(brainstorming)이나 면담, 자료분석 등에 의하여 파급 효과를 논의하여야 한다. 그것은 바람직한 준거 규범을 충족시키지 못하여 나타나는 현재의 상황과 그로 인하여 나타날 수 있는 미래의 상황 등 크게 두 가지로 구분될 수 있다. 파급 효과는 비용, 시간, 목적 등 세 가지 관점에서 다양하게 검토되어야 한다. 과거나 현재의 상황에서 나타나는 부정적인 효과는 사업이 당초 의도한 대로 추진되지 못하고 있음을 증명해 줄 뿐만 아니라 정책의 변화가 필요하다는 가장 강력한 증거물이 된다. 잠재적인 효과는 합리적인 사람이라면 누구나 현재 나타나고 있는 부정적인 효과를 바탕으로 논리적으로 추론할 수 있는 미래의 상황이라야 한다. 이러한 효과들을 충분히 검토한 후 결론을 도출하여야 한다. 결론적으로 구체적인 증거물에 의하여 지지받아야 하고 독자로 하여금 변화에 대한 필요성을 확신하게 할 수 있도록 명료하여야 한다.

2. 영국의 공공기금 및 정책감사의 운영 실태 분석

1) 영국의 공공기금의 운영 실태 분석

영국의 재정구조는 우리나라의 일반회계에 해당하는 통합국고기금(consolited fund), 재정융자특별회계와 유사한 국가대부기금(national loans fund) 및 기타 기금 등으로 구분된다. 통합국고자금은 재무성이 중앙은행에 설치하고 있는 구좌로서 매일 결산이 이루어져 그 수지 차는 국가대부자금에 흡수된다. 공채수입을 제외한 조세수입 등의 모든 중앙정부수입은 통합 국고자금이 수입으로 들어가도록 제도화되어 있다. 국고지출은 의회에 의결을 필요로 하지 않는 기정비(旣定費, standing services)와 매년 의회의 의결을 요하는 의정비(議定費, supply services)로 구분된다(이필우 외, 1998: 98) 우선, 국가대부자금은 일반회계와 투융자회계를 구분 계리할 목적으로 1968년에 제정된 국가대부법에 의거하여 설립되었으며, ① 국유기업, 정부 관계 기관, 지방공공단체에 대한 재정투자 기능, ② 각 회계와 자금의 수지차 조정을 목적으로 한 자금 융통 기능, ③ 국공채, 차입 등의 자금 조달 기능을 주요한 기능으로 하고 있다. 국가대부자금의 조성 재원으로는 공채수입이 주종을 이루고 있고 그 밖에 대부회수금, 대부금 이자 등이 포함되며, 이들 재원은 주로 대부, 국채비로 지출되고 있다. 공채수입은 주로 시장성 국채의 발행으로 조달되며 대부 조건은 시장성 국채의 발행 조건과 연계되어 왔다.

다음으로, 영국의 기타 기금으로 중요한 것은 국민보험기금(national insurance fund), 과잉고용기금(redundance fund), 지역개발기금(national development fund) 등이 있다. 영국의 기금 제도는 중앙정부 재정의 일부를 구성하고 있으나, 우리나라와 같이 세입세출 예산 외로 운용되고 있어 의회의 의결 대상에서 제외된다. 그러나 각종 자금 가운데 통합국고자금 중의 의정비만 의회에 의결 대상으로 하고 있다. 또한, 기금의 전·출입면에서도 영국은 우리나라와 마찬가지로 일반회계와 특별회계에서는 기금에 대한 전출이 가능하나 기금에서는 특별회계에 한정하여 전출이 가능하도록 되어 있다.

한편, 영국 중앙정부의 자원예산시스템(Resource Budgeting System)은 종전의 예산 계정(Appropriation accounts) 대신에 자원 계정(Resource accounts), 즉 자원회계정보를 이용하여 공공지출의 계획과 통제의 기초를 삼는 것이다. 자원예산은 자원 소모액과 자본 투자를 구분 제공하고 각 부처의 서비스와 원가를 대응시키도록 하는 것이다. 영국의 정부회계 개혁은 기존의 현금주의 기준에 의한 예산편성 및 집행 결과를 계리하는 예산회계시스템(Budgetary Accounting System)과 발생주의에 의한 사업원가 산정과 자산·부채에 관한 재무보고회계(Proprietary Accounting System)를 하나의 자원예산·회계로 통합함으로써 기존의 현금회계에서 주는 정보의 제약성을 해소함과 아울러 더 나은 관리나 의사결정의 체제를 갖추게 되었다는 면에서 상당한 개혁으로 여겨진다. 물론 이러한 제도는 여러 해를 시행하여 보아야 가시적인 편익이 나타나겠지만 논리적으로도 실질적인 개혁이 기대되고 있다. 영국의 각 부처 및 독립기관 등은 1998~1999 회계연도부터 새로운 정부회계 기준에 의하여 시범적(dry-run accounts)으로 재무제표를 작성하였으며 1999~2000 및 2000~2001 회계연도에는 자원회계를 적용하게 되었는데 시범 기간 중에도 영국 감사원(NAO)의 회계감사를 받았다. 이후 2001~2002 회계연도에는 자원예산과 회계를 함께 채택하게 되었다. 영국의 재무제표 통합은 각 부처 내 통합, 중앙정부회계(Central Government Accounts)로 통합하는 것과 공공 부문 전체의 통합(Whole of Government Accounts) 등으로 구분된다. 부처 내의 회계는 부처 내의 회계와 부처 외의 기관으로 통합이 필요하다고 인정되는 기관 등이 여기에 해당된다. 그러나 의회 예산 승인 대상이 되지 않는 사업기금(Trading

Funds)이나 외국환평형기금, 우발채무기금, 국가대부기금, 국가보험기금, EC 계정, 감채기금, 국가가 부담하지 않는 사회보장기금 등이 제외된다.

한편, 영국은 19세기 후반에 설치되어 주로 정부 각 부처의 결산에 대한 회계검사 기능을 주로 하여 왔으나 전술한 바와 같이 1980년대 이후 업무의 중심이 예산사업에 대한 평가 및 분석으로 옮겨왔다. 영국 감사원은 원장 1인, 부원장 1인과 정부 기능별로 분류된 7개국으로 조직되어 있으며, 감사원장은 하원의 추천에 따라 여왕이 임명하고 있는데, 임기에는 제한이 없어 업무의 안정성과 독립성이 강하게 보장된다고 할 수 있다. 직원 수는 약 750명 수준으로 회계 관련 전문가 및 각종 정책 분야의 전문가들로 구성되며 원장이 임용권을 가진다. 영국의 예산 과정에서 특기할 점은 정부의 예산안에 대한 사전적인 지출통제보다는 예산지출의 효과성과 효율성의 분석평가를 통한 사후적인 통제에 중점이 놓임으로써 의회의 결산심사가 매우 중요한 위치를 차지하고 있다는 점이다. 즉, 의회의 예산심사 과정에서는 예산의 계수 조정은 하지 않는 것이 오랜 관행으로 성립되어 있는 대신 결산위원회와 의회 소속의 감사원(National Audit Office: NAO)을 통한 회계검사 기능과 주요 예산사업의 성과분석 및 평가를 통하여 정부재정 운영에 대한 적절한 견제와 균형을 이루고 있다는 점이다. 영국의 경우도 미국과 같이 정부 전체의 결산에 대한 의회의 의결 내지 승인 절차는 존재하지 않고 정부 각 부처가 자체적으로 결산을 처리하여 최종적인 회계 책임을 지는 시스템으로 운용되고 있다. 따라서 결산심사에서 의회의 중요한 역할은 예산집행에 대한 법적·회계적인 책임을 논하는 것이 아니라 주요한 예산사업의 성과 및 경제적 효과 등에 대한 분석과 평가를 행하여 이를 기초로 향후 예산 편성 및 사업 추진시에 개선 사항을 발굴하고 이를 정부에 촉구함으로써 재정의 효율성을 제고하는 데 그 초점이 있다고 할 수 있다. 영국 의회의 결산심사 과정에서는 특히 감사원의 역할에 주목할 필요가 있다. 사실 영국 의회의 결산심사의 본질은 감사원이 작성하는 'Value for Money'라고 하는 일종의 사업성과 분석보고서를 하원 결산위원회가 체택하고 이에 따르는 정부의 정책 변화를 확인하는 과정이라고 할 수 있다. 물론 결산심사 과정에서 회계검사를 통한 계수의 확인 및 예산집행의 위법, 부당 여부를 가리는 것도 중요하다고 할 수 있겠으나 1980년대 이후 공공지출의 생산성 내지 효율성이 강조되면서 종래의 회계검사 기능보다는 주요 예산사업의 성과분석 및 평가가 더욱 강조되고 있는 실정이다.

2) 영국의 정책감사의 운영 실태 분석

영국 정부에서는 미국, 캐나다, 그리고 독일과 마찬가지로 1960년대 중반 계획예산제도의 영향으로 평가 개념이 도입되었다. 그러나 1980년대까지도 본격적인 평가 활동은 가동되지 않았다. 영국은 1960년대 말과 1970년대 초에 걸쳐 부처 수준에서 지출 결정을 통제하고 이의 우선순위를 정하기 위하여 좀더 효과적인 장치를 마련해야겠다는 결의와 더불어 합리적인 집합적 의사결정을 하려는 정치적 요구가 있었으며 그 결과로 탄생된 것이 내각 수준의 전문가집단인 중앙정책평가단(Central Policy Staff)이다. 영국의 감사원(NAO)이 실시하는 VFM(The Value for Money)감사는 1983년 「감사원법(National Audit Act)」을 개정하면서 감사 대상기관이 그 고유의 기능을 수행하는 활동에서 경제적 · 능률적 · 효과적인 활동이 이루어지는가를 중점적으로 감사하고 있다.[15)]

특히 NAO는 경제성 · 능률성 · 효과성의 개념에 대하여 목표와 투입, 업무수행, 산출, 효과 등의 상호 작용에 의하여 이루어지는 것이므로 하나의 개별적인 속성에 따른 개념 정의나 측정 기준을 제시한다는 것은 상당히 모호할 뿐만 아니라 일종의 낭비라는 입장을 취하고 있다. 이러한 NAO의 입장과 더불어 VFM감사를 활성화시키기 위하여 감사 대상에 따른 감사 유형과 기준, 그리고 탄력적이며 구체화된 감사 진행 과정을 명확히 제시하여, 감사원장을 중심으로 한 감사원의 결정을 인정하고 있으며, 감사 결과의 보고와 관련된 사항에 관해서도 감사원의 재량을 최대한 인정하고 있다. 이러한 최대한의 재량권이 인정되는 영국의 감사원은 VFM감사를 통하여 정책의 장 · 단점이 평가되는 감사는 배제하고, 단지 정책의 경제성 · 능률성 · 효과성만을 평가하여 정책의 형성 및 집행과 관련된 기관에 대한 환류 기능을 통하여 국회와 국민에게는 정책을 평가하도록 유도하고 있다. 이를 위하여 VFM감사는 독립적인 위치에서 정부 및 공공기관의 세입과 세출, 그리고 자원의 관리에 대한 경제성 · 능률성 · 효과성 등에 관한 자료를 수집하고 확인하여 감사 대상기관의 비용과 효과면에서 요구되는 개선 조치를 제시하여 거시적인 국가의 재정관리를 개선하려는 것이

15) VFM감사를 위한 1983년의 감사원법은 경제성, 능률성, 효과성의 개념을 명확히 규정하지 않고 있다.

다.

영국의 감사원은 감사의 목적에 따라 VFM감사를 다섯 가지 유형으로 구분하고 있다.

제1유형은 자원의 낭비, 비효율적 이용 및 통제가 취약하다고 판단되는 업무에 대하여 1~2개의 문제점을 선택하여 집중적인 조사를 실시하는 것이다.

제2유형은 주요 업무 또는 계획사업 등을 대상으로 3~4개의 문제점을 우선순위를 두고 선정하여 폭넓은 조사를 실시하는 광범위한 관리감사(Management Audit)에 접근한 감사 유형이다.

제3유형은 업무의 성격상 공통적인 유형과 절차를 취하는 업무, 즉, 관리 업무, 물자 구매, 주택 건설, 열차 운행 등과 같이 기준이 일정한 업무를 감시한다

제4유형은 소규모 사업 또는 업무를 정밀하게 조사하여 업무가 좀더 경제성·능률성·효과성 있게 이루어지도록 개선할 수 있다고 인정되는 대상을 선정하여 감사한다.

제5유형은 감사계획에 필요한 전략과 우선순위를 정하여 필요한 감사전략을 수립하기 위한 조사를 의미한다.

Ⅳ. 중소기업 진흥 및 산업기반기금의 효율적 운영을 위한 정책감사의 역할 방안

오늘날 우리나라 중소기업은 대기업 위주의 산업정책에 따라 소외되어 왔고, 그 중요성 또한 부각되지 못하였던 것이 현실이다. 그러나 산업구조의 고도화에 따라 산업정책의 중요성은 줄어들고 있지만, 중소기업정책의 중요성은 오히려 증대하고 있으며, 중소기업 지원 기능이 정책 수요에 상응하여 양적·질적으로 확충될 필요가 있다고 주장하고 있다. 이러한 현실 속에서 지금까지 중소기업 진흥 및 발전을 위해서 지원되어 온 중소기업 진흥 및 산업기반기금은 그 규모가 지속적으로 성장하였을 뿐만 아니라, 다른 기금에 비하여 상대적으로 효율적이고 건전한 운영 실태를 보여 왔다.

그러나 최근에 기금 관련법의 개정을 통한 국가재정법으로 확대와 기획예산처에서 편성하는 예산에 대하여 국가재정운용계획·총액배분 자율편성(top-down)·성과관리 제도 등의 도입과 더불어 새로운 운영체계 수립에 직면해 있다. 이에 이 글에는 공공기금, 특히 중소기업 진흥 및 산업기반기금의 사업 목적성이나 예산 효율적인 운영에 대한 예산편성-예산결정-예산집행-예산평가 등의 일련에 과정 속에서 현재 기획예산처가 수행하고 있는 중소기업 진흥 및 산업기반기금을 비롯한 다른 기금에 대한 기금평가는 정책 논리상으로도 비합리적인 부문이 많다. 즉, 기금의 예산 수립을 기획예산처에서 사전에 수립 기준을 토대로 편성하는데, 이에 대한 예산평가를 수행하는 것이 아니라, 이를 통하여 기금의 효율성을 판단하고, 이를 통하여 기금의 존립 및 규모를 결정한다는 것은 자기가 한 일을 자기가 또 평가하는 것으로서, 기금의 효율적 운용과 불합리성을 배제하는 데에는 한계가 있다.

그러므로, 이 논문에서는 중소기업 진흥 및 산업기반기금을 비롯한 기금과 관련해서 비리감사 위주에서 감사정책을 지양하고, 그에 대한 보완을 통한 기금 부문에 대한 효과적인 정책감사가 이뤄지고, 궁극적으로 공공기금에 대한 효율적인 운영을 위한 토대를 마련하는 것이 시급하다 할 것이다.

1. 중소기업 진흥 및 산업기반기금에 대한 정책감사 운영 방향

일반적으로 감사원 공공감사의 가장 일반적인 형태는 합법성감사였으며, 그 주된 내용은 회계검사였다.[16] 회계검사는 정부예산이 당초에 목적한 사업에 지출되었는가, 지출시 제반 법규와 규정은 준수하였는가, 예산의 범위를 초과하지 않았는가 등을 살펴봄으로써 정부의 책임성을 확보하고자 하였다. 즉, 회계검사를 필두로 한 전통적인 합법성감사는 정부기관과 공무원들이 공공 업무를 수행할 때 공식적으로 정해진 규정과 절차를 제대로 준수하고 있는지를 확인하는 데 그 일차적인 목표를 두고 있으며, 그 배경에는 규정과 절차의 준수는 곧 바람직한 행정을 가져온다는 인식이 있었다.

16) 직무감찰도 합법성감사의 일종이라고 할 수 있으나 국가에 따라 직무감찰은 감사기구 이외의 기타 사정기관이나 법집행기관에서 담당하는 경우가 많다.

그러나 이와 같은 전통적인 합법성 감사는 성과와 결과를 중시하는 현재의 성과 지향적 감사환경에서 한계를 보이지 않을 수 없다. 즉, 비록 공공기금이 규정과 절차를 적법하게 준수하여 수행되었다 할지라도 소기의 성과나 결과를 산출하지 못하였을 때, 또 산출물들이 중소기업의 입장에서는 전혀 만족스럽지 못할 때, 기존의 합법성감사는 이를 지적하고 개선하는 데 한계를 보일 수밖에 없다. 즉, 이 경우에는 감사의 적실성(relevancy)이 상실되었다고 할 수 있다. 따라서 정책감사는 전통적인 합법성감사와는 별도로 정부행정의 정책의 효율성과 질에 초점을 맞추는 새로운 형태의 감사 패러다임을 필요로 한다.

그러나, 공공기금에 대한 감사, 즉 최근에 감사원이나 정부예산을 승인하고 있는 기획예산처의 감사 실태나 기금평가 실태 등을 보면, 지나친 성과 지향주의적인 감사 시스템으로 말미암아 모든 공공기금이 그 기금의 특성이나 차별성은 인정되지 않은 상태에서 획일적인 프로세스나 예산 대비 결과의 형태로 그 목적의 성취도만을 평가하는 등의 본래 목적이 왜곡되는 현상들이 일어나고 있다.

특히, 중소기업 진흥 및 산업기반기금의 경우에는 과거부터 중소기업 지원을 위하여 1960~1980년대 중반까지 정책에서 소외되었던 중소기업들을 적극적으로 지원하고자 조성된 일반사업성 기금으로서 그 운영의 성과를 단순히 숫자적인 논리에 빠져 감사나 평가를 시행하고 있다는 데 그 문제가 발생하고 있다. 그렇다면, 현재 막대한 손해를 보고 있으면서도 지속적으로 투입되고 있는 여타 다른 공적 자금 및 공공기금에 비하면 상대적으로 중소기업 진흥 및 산업기반기금 운영의 성과는 크게 괄목할 만한 성과를 거둔 것은 아니나, 기금 자체의 목적은 달성하였다는 것이다. 즉, 이처럼 본래의 목적이 외형적인 성과보다는 내실과 프로세스 운영에 맞추어 감사를 하는 정책감사의 시각에서 판단할 때는 기금 설치의 근본적인 목적을 이루었다고 해도 과언이 아니다.

1999년 이전에는 각 기금의 운영을 기금소관 행정부처의 자율에 맡김으로써, 기금의 본래 목적을 실현하기보다 정치인 및 관료들이 자신들의 목적을 실현하는 데 활용되는 일이 적지 않았다. 이러한 비효율적 운용으로 인하여 기금의 운영이 낭비적으로, 그 성과도 좋지 않았다. 이러한 비판 속에서도, 기금 운영 및 성과에 대한 외부감사 및 감독 체계가 미흡하고, 기금 내부에서의 기금의 운영 및 성과를 개선하려는 노력도 크게 발전하지 못해서 기금 운영에서 대한 평가 및 감사가 시작되었다(이종유, 2003). 그러나 정부가 우리나라 기금 제도에 대해서 학계나 언론으로부터 '정부 각 부처의 뒷주머니'라는 비판을 들으면서 나름대로 기금 제도의 정비를 위하여 노력해 왔으며, 일부 공공기금의 경우에는 기본적으로 관련 부처의 단계의 이해 관계가 매우 큰 문제로 얽혀 있기 때문에 기금 제도가 안고 있는 내재적인 문제점을 극복하고 기금 설치의 근본 취지에 맞게 효과적으로 운영되어 왔다. 특히, 중산기금의 경우 그 운영 주체부터 시작해서 기금의 효율적인 운영을 위한 노력을 통해서 기금의 본래 목적인 중소기업 진흥을 위하여 일조한 공공기금으로서 평가 위에서 정책감사가 시작되어야 할 것이다.

2. 공공기금에 대한 감사원의 정책감사 필요성 및 역할 방안

현재 기금에 대한 감사는 기획예산처의 기금평가, 국무조정실의 기관평가, 감사원의 감사 등이 혼재되어 있는 실정이다. 그러나 최근 감사원의 경우 대통령 직속기관이면서도 헌법기관으로서의 독립성을 유지하며 국정 전반에 대한 감사를 기존의 합법성 또는 합규성 중심의 감사에서 성과 중심의 감사로 전환하여 이른바 정책감사를 추구하려는 시도들이 나타나고 있다. 실제로, 감사원이 2003년 6월 30일 발표한 「감사원의 혁신 방안」에 의하면, 감사원의 주요 기능 중의 하나로 주요 정책·사업, 다수 부처 관련 시책 등에 대하여 직접 평가와 정부의 자체평가의 적정성에 대한 상위평가를 들고 있다.

이같은 감사원의 정책감사에 대한 의지와 한계 속에서 기금에 대한 부문은 감사원에서 정책감사를 수행하는 것이 당연한 것이고, 기획예산처에서 기금평가 및 기금존치평가를 수행하는 것은 자기가 한 일을 자기가 평가하는 꼴이 되며, 현재 기금평가의 대부분은 외부의 학자나 전문가들을 통한 정책감사로 이루어지고, 여기에 회계감사 등이 병행되는 실정이다. 그러므로, 감사원에서 예산편성과 평가 및 감사 기능의 분리를 통한 공공기금의 효율적인 관리를 위해서는 공공기금에 대한 정책감사가 우선적으로 이루어져야 할 것이다. 실제로, 감사원의 감사 운영 방향에 대한 감사원 및 감사 대상기관 직원들의 견해를 보면, 주로 잘못된 국가 예산 집행 및 공무원의 부정 부패 등을 미리 예방하는 데 중점을 두고 있는 것으로 조사되었는데, 향후 가장 중점을 두어야 할 방향을 국정 운영의 모니터링과 정부의 주요 정책 및 사업 성과를 평가하는 역할에 두어야 한다고 하고 있다(김광영, 2003: 11).

한편, 공공기금에 대한 평가는 기획예산처 기금관리기본법에 의하여 기획예산처에서 기금의 효율적 활용에 대한 평가 및 2004년부터 기금존치평가라는 것을 시행하고 있다. 여기의 기금평가단의 구성은 주로 대학교수와 전문연구원들이 주축이 되어 운영되고 있다. 이들을 통하여 기금관리 주체를 중심으로 하여 경영혁신 및 조직·인력관리의 적정성, 그리고 각 기금으로 추진되는 개별사업의 내용 및 선정 등에 관한 사항, 자산 운용에 따른 수익성 및 적정성 등을 평가하고 있다. 이러한 평가를 통하여 결과를 가지고 등급하고 이를 향후 예산편성시에 자료로 삼고 있는 실정이다. 그렇다면, 여기서 지적될 수 있는 것은 예산을 편성하고, 심의하고, 최종 국회에 제출하기 전까지의 정책들을 기획예산처에서 수행하고 있는데 그 기금에 대한 수행 실적 및 적정성에 대한 평가를 또 기획예산처에서 수행하는 것은 자기가 한 일을 자기가 또 평가하는 불합리·비합리성이 발생하고 있다는 것이다.

그러므로 공공기금의 효율적 운영과 방만한 경영의 방지, 필요 기금의 목적타당성 등을 효과적으로 반영하여 기금의 차별적 운영을 위해서는 기금의 편성, 심의 부문과 기금의 평가 부문을 분리 운용하여야 한다는 것이다. 그리고 이런 기금의 평가 부문은 결국, 회계검사나 비리, 직무감찰 수준의 감사가 아니라 정책적 감사로 접근하여야 한다는 논리이다. 즉, 기금에 대한 평가를 감사원에서 평가함으로써 일반회계와 구별된 행정부가 특별히 운영하는 기금 부문에 대한 효율성·합목적성·효과성 등을 종합적으로 제3자인 감사원에서 평가하는 것이 논리적으로도 타당하다. 당초 기획예산처는 기금 운용의 통제 수단으로서 기금 운용의 투명성과 효율성을 제고하기 위하여 기금운용 평가제도를 도입하였으며, 이를 외부 전문가들이 수행하고 있다. 그리고 평가에 의하여 우수한 성적을 거둔 기금에 대해서는 인건비를 추가 반영하는 등의 인센티브를 부여하고 있다. 이제 감사원의 감사는 적극적·지원적·유도적 역할을 강화하여야 하며, 과거 지향적인 비리 적발 위주의 감사에서 벗어나 컨설팅 위주의 대안 제시 감사로 나아가야 한다. 국가 감사 기능에 대하여 전통적인 '견제·감시자로서의 소극적 역할'에 추가하여 국가 자원의 배분과 국정 운영을 효율화하기 위한 '조언 · 지원자로서의 적극적 역할' 수행하여야 할 것이다.[17] 특히, 감사원의 공공기금에 대한 정책감사에 대하여 감사원의 역할은 당연히 중요하고, 기획예산처의 기금평가보다는 감사원의 정책감사가 활성화되어야 한다. 즉, 감사원의 정책감사는 앞에서도 언급하였지만, 기획예산처의 기금평가보다는 상위 개념으로서 이를 실시하는 데 아무런 제약을 받을 것은 없다. 다만, 정책감사가 감사원이 실시할 경우 기관 자체의 자체감사를 제약한다든지 위축시키는 방향으로 운영되어서는 안 된다는 것을 유념할 필요가 있다. 감사원의 정책감사는 감사원 자체의 여건으로 보아 감사원은 기금에 대한 집행기관이 담당하고 있는 정책이나 사업에 대한 직접평가보다는 상위평가에 역점을 두는 것이 적절하다고 판단된다는 견해도 있다. 즉, 정책감사의 책임은 제1차적으로 집행기관이 지고, 감사원은 집행기관이 수행한 평가 과정의 적절성 여부를 판단하는 데 역점을 두는 방식이다(김성수, 1987).

한편, 감사원이 기존의 합법성 또는 합규성의 통제 위주의 감사를 탈피한 명실상부한 정책감사를 성공적으로 수행하고, 특히 정부의 각종 공공기금정책에 대하여 정책감사를 효과적으로 수행하기 위해서 감사원은 다음의 역할을 하여야 할 것이다(이윤식, 2004: 28-29)

첫째, 정책기조에 대한 조정기관의 역할을 수행하여야 한다. 감사원이 정책감사를 추진하는 한 정책의 본질에 대한 이해가 전제되어야 하고, 정책감사 결과 나타난 기금정책의 목표와 내용상의 수정이 불가피한 경우 국정 방향을 기초 기금정책의 기조에 대하여 조정할 수 있어야 한다. 그렇지 못하면 감사원의 기금 정책에 대한 정책감사 결과가 합법성과 합규성 준수 여부에 따른 처벌에 그치고 말아 정책적 시정 조치에 대한 효과를 기대할 수 없게 된다.

둘째, 기금 정책에 대한 정책감사 방법에 대한 연구 · 개발과 교육 · 훈련기관

17) 이를 반영하여 감사원에서는 1995년 감사원법을 개정하면서 "관계 기관의 장으로 하여금 자율적으로 처리하게 할 필요가 인정되는 때 또는 행정 운영 등의 경제성 · 효율성 및 공정성 등을 위하여 필요하다고 인정되는 때에는 소속 장관 · 감독기관의 장 또는 당해 기관의 장에게 그 개선 등에 관한 사항을 권고 또는 통보할 수 있다"라는 내용을 신설함으로써 '조언 · 지원자로서의 적극적 역할' 수행의 방향을 명확히 하였다. 정부의 공공기금에 대한 정책감사는 개혁을 지향하는 모델(model organization) 역할을 수행하여야 하는데, 이 역할은 예산 · 회계관리, 물품 구매, 조직관리, 인적자원관리, 전략기획, 지식 공유, 정보 시스템 운영, 민원처리 등 여러 기관에 공통적으로 적용되는 기관 운영 분야에서 감사원이 먼저 솔선수범하는 것이다.

의 역할을 수행하여야 한다. 정책감사가 비록 성과감사에 한정한다고 하더라도 감사원은 과거에 전혀 경험해 보지 않은 각종 정책감사방법론에 관한 지속적인 연구·개발과 함께 교육·훈련을 제공할 수 있어야만 감사원은 물론 자체 감사기관들도 성공적으로 정책감사를 수행할 수 있다.

셋째, 정책평가기관들에 대하여 공조기관의 역할을 수행하여야 한다. 감사원의 정책감사는 전술한 바와 같이 기본적으로 정책평가와 중복되어 있기 때문에 기존의 평가기관들과의 협력 하에 실시하지 않는 한 피감사기관들에 대한 중복 감사 및 평가 문제가 제기되며 동시에 기존의 정책평가 기능의 무력화가 초래될 위험성이 크다. 따라서 평가기관들과의 연계 체계 구축이 반드시 요구된다.

넷째, 피감사기관들은 물론 자체감사기관들에 대하여 정책감사 컨설팅기관의 역할을 수행하여야 한다. 감사원의 정책감사는 자체감사기관들뿐만 아니라 피감사기관들에게는 매우 생소한 것이 될 것이므로 이들 기관에 대한 정책감사의 내용과 절차는 물론 방법에 대하여 사전에 안내하고 지도하여 거부감 없이 함께 수행할 수 있도록 하여야 한다. 그렇지 않는 한 정책감사 수행에 따른 매몰비용(sunk cost)이 클 수밖에 없다.

다섯째, 정책감사 결과에 대하여 우선적으로 시정 위주 역할을 수행하여야 한다. 감사원이 과거의 적발 위주의 소극적 감사에서 탈피하여 지원적·유도적·적극적 감사인 정책감사를 실시한다고 하더라도 피평가기관들의 입장에서는 여전히 정책감사 결과 위법성의 적발에 비중을 두고 처벌 위주의 감사를 실시할 것으로 생각할 소지가 크다. 그러므로 상당 기간 정책감사 결과에 대하여 문제점 시정을 우선적으로 요구하는 관행을 수리하여 피감사기관들의 신뢰를 확보하도록 하여야 한다.

그리고 현재 임의적으로 분류되고 있는 기금 구분을 지양하고 기금의 성격, 재원 조성 방법, 기금 운용의 효과 등을 종합적·객관적으로 측정·평가하여 공공기금을 정부의 공공자금으로서의 기능이 활성화되도록 하고, 기타 기금을 민간자금으로서의 특성을 살려 탄력적이고 자율적인 운용이 보장되도록 하여야 할 것이다. 감사원은 국가의 최고 책무성 확보기관(supreme accountability institution)으로서 시대적 요구에 좀더 적실성 있게 부응할 수 있다. 기금 운영에 대한 정책감사에 의한 감사 접근 방법의 변화 시도가 필요하다. 우선, 정책감사의 확대에 따라 감사의 범위가 확대됨으로써 종래 전통적인 감사 기법으로는 감사를 실시하기가 어려워졌다. 감사 대상의 다양화, 복잡화에 따라 감사 대상의 특성을 고려한 감사 기법들이 필요하게 되었고, 그에 따라 평가 활동에서 사용되는 기법들이 감사 기법으로서 많이 활용되기에 이르렀다. 이에 종래에 단순한 기술통계에 의존하던 방식에서 통계분석 및 경영과학, 사회조사방법, 마케팅 조사 방법 등을 적극적으로 활용하여야 한다. 둘째, 전통적인 재무감사에서는 개개의 회계 처리의 적법성, 지출항목의 적법성 등 하나의 거래 및 사건에 대한 미시적 시각에서의 접근을 통하여 감사가 이루어져야 한다.

〈표 12-6〉 중산기금정책에 대한 정책 시스템별 정책감사의 감사 기준 및 내용

단계	감사 기준	감사 내용
투입	중산기금정책 목표의 적합성	-중산기금정책의 목표 중소기업 육성에 부합하며 환경 변화에 대응하는가? -중산기금 정책목표가 명확하며, 하위목표 및 수단은 충실한가? -중소기업 육성을 위한 최적 대안 선정을 위한 과학적인 활동은 충분한가?
전환	중산기금 추진 체계의 적절성	-중소기업 지원정책 추진 과정에서 여론수렴, 관련 기관 및 이해당사와의 연계, 협조 등 관련 절차는 충분히 거쳤는가? -정책 추진을 위한 체계와 자원 확보 노력은 충분한가? -일정에 따라 중소기업 지원정책을 추진하는가?
산출	중산기금 산출의 효율성	-최소의 자원 투입으로 최대의 산출을 가져왔는가?
	중산기금 성과의 효과성	-당초 설정한 정책목표를 충분히 달성하는가?
피드백	중산기금 결과의 파급성	-중소기업정책이 중소기업에게 실질적으로 어떤 영향을 주는가? -중소기업정책이 중소기업 발전 방향으로 파급되는가?

그러나 정책감사의 확대에 따라 기금 운영을 통한 정부사업의 효과성, 시책 및 정책의 효과성 등 거시적인 차원에서의 정부 활동의 적합성 및 효율성, 효과성을 감사하여야 한다. 이러한 거시적 시각에 의한 접근은 미시적 시각에서 놓치기 쉬운 종합적 성과 및 효과에 대한 감사를 함으로써 국민 세금의 좀더

효율적이고 효과적인 사용을 관리하고 통제하는 역할을 수행하여야 할 것이다. 마지막으로 정책감사를 통하여 감사의 영역이 확대되면서 그리고 종합적 정책 중심의 감사가 실시되면서 적절한 감사 기준의 도출 및 분석의 합리성 등이 감사의 품질을 유지하는 중요한 요소가 되었다. 즉 정책감사 활동에 고도의 전문성이 필요하나, 감사원에서 감사 대상이 되는 기금 운용의 모든 영역에 대한 고도의 전문성을 확보하기가 현실적으로 어렵기 때문에 해당 분야의 전문가를 활용하여 그 전문적 지식을 활용함으로써 감사의 적합성 및 효율성, 효과성을 높일 필요가 있다. 캐나다의 경우는 감사 업무를 외부 컨설팅 기관에 외주 용역을 주는 사례도 있다.

3. 공공기금에 대한 감사원의 정책감사 역할 수행시 고려 사항

공공기금에 대한 정책감사는 말 그대로 정책적인 목적과 합리성, 효율성 부문을 고려하여야 한다. 즉, 성과 지향적인 행정모형을 추구하는 현 시대적 상황 속에서 이를 고려한 효율성과 합목적성, 공공성 부문을 총괄적으로 고려한 정책감사가 이루어져야 한다는 것이다. 적극적 지원 기능으로의 패러다임 변화 노력은 우리나라 감사 발전을 위하여 긍정적 측면이 많이 있음에도 불구하고 보고를 기본 요소로 하는 결산검사의 경시 현상은 성과감사 결과 보고 체계에도 영향을 미치게 된다. 기획예산처의 기금평가의 목적은 기금 운용의 실태를 평가하여 그 결과를 국민과 국회에 공개함으로써 기금 운용의 투명성과 효율성을 제고하고, 기금 운용에 대한 종합적이고 전문적인 분석을 통하여 기금정책 수립 및 개선에 기여하기 위함이다. 그러나 기금을 평가하는 일에 대해서 기금예산의 수립과 결정, 집행, 평가를 기금관리자와 기획예산처가 한다는 것은 자기가 정책을 수립 집행하고, 자기가 한 일을 자기가 판단하는 것에 지나지 않는다. 엄격히 말하자면, 예산 편성과 그에 따른 집행, 마지막으로 평가를 각각 분리 운영하여 기금 운영의 투명성을 확보하지 못하는 한계이다. 그러므로, 공공기금에 대한 정책감사의 효과적인 수행을 위해서 감사원은 다음과 같은 사항들을 고려하여야 할 것이다.

1) 공공기금에 대한 정책감사의 실효성 문제

종래 감사원의 감사는 주로 하향적인 방법을 채택하였고, 상향적인 방법은 극히 제한적으로 이용하여 왔다. 그런데 종래의 합법성 감사에서는 하향적인 방법만으로도 충분히 감사 결과의 실효성을 확보할 수 있었지만, 공공기금에 대한 정책감사의 경우 하향적인 방법으로는 감사 결과의 실효성을 충분히 확보할 수 없는 문제점이 발생한다. 다수 국민에게 광범위한 영향을 미치는 공공기금사업은 대부분 대통령에 의하여 결정되고 대통령이 직접 결정하지 않은 사항이라 하더라도 사전 또는 사후에 보고를 받는 것이 일반적이다. 또한, 각 부처 장관의 경우 이러한 경향은 더욱 심해진다. 우리의 경우 사실상 당해 부처 장관이 결정한 정책과 사업의 효과성·능률성에 대하여 의문을 제기하는 감사 결과를 감사원이 제시할 경우 대통령이나 장관이 이를 객관적으로 수용하리라는 것은 기대하기 어려울 수밖에 없다. 과거 감사원이 정책감사를 강화하기 위한 노력을 지속하였으나, 정책감사라는 이름으로 행해진 감사의 대부분이 종래의 합법성 감사의 범주에서 크게 벗어나지 못하고 있는 것은 감사원이 감사 결과의 실효성 확보를 주로 하향적인 방법에 의존하는 데에도 중요한 원인이 있는 것으로 판단된다.

2) 감사원 정책감사 운영상의 한계

현재 감사원 직원은 900여명인데 반하여 감사 대상기관인 공공기관은 6만 5천 여개로 모든 감사 대상을 모두 감사하는 것은 현실적으로 불가능할 뿐 아니라 바람직하지도 않다. 그리고 감사 결과가 정부의 예산 편성 과정에 반영되도록 하는 등 환류장치가 마련되어 있으면, 감사의 실효성이 더욱 제고된다. 그동안 일반감사 결과의 예산 과정 지적 사항을 기획예산처에 개별적으로 송부하기도 하였으나, 제도적인 틀을 갖추지 못하고 제한적으로 운영함에 따라 실질적인 효과를 거두었다고 보기는 어려운 실정이다.

과거 감사원이 적극적으로 추진하였던 정책감사가 제대로 뿌리를 내리지 못한 운영조직상의 한계는 다음과 같다.

첫째, 정책감사는 그 용어에서 해당 부처의 고유 업무나 재량권을 침해한다는 인상을 주어 감사에 대한 저항감을 불러일으킬 수 있다. 또한 전통적인 합법성감사에서 문제시되었던 것이 감사의 대상이 아닌 기준에 있었는데 이를 극복하기 위한 새로운 접근을 정책이라는 대상에 초점을 두고자 한 것 자체가 부적절한 대응 논리였다고 할 수 있다.

둘째, 정책감사의 내용이 너무나 포괄적이라 할 수 있다. 감사원이 규정한 정책감사는 일상적인 업무와 정책의 효율성·적합성·합리성·민주성·균형성 등의 검토까지도 포함하고 있으며, 심지어는 사회 안정과 관련된 특수 업무까지도 다룬다고 되어 있었다. 그러나 현실적으로 감사원의 기능상 이들 모두를 감당하기에는 벅찬 내용일 뿐만 아니라 이와 같은 포괄성이 정책감사의 초점을 흐리게 하고 개념상 혼란을 가져오게 만든 원인이 될 수 있었다.

3) 공공기금에 대한 정책감사의 실효성 고려

감사원에서 정책감사를 위하여 실제로 사용되는 감사 기법의 문제를 살펴보면, 우선, 기금의 집행시에 기존의 행정환경 여건과 정책감사의 실효성의 문제로서 공직사회의 부조리가 근절되지 않은 상태이므 그 척결에 좀더 높은 정책감사 우선순위를 부여할 필요가 있다. 또한 현황과 시스템 분석 위주의 정책감사를 수행한다 하더라도 문제점의 발생 요인이 제도보다 공직자의 청렴성 결여 등에 기인한 경우가 많다. 따라서 현실적으로 부정과 부패 척결에 더 높은 감사 우선순위를 부여할 필요가 있으며, 이를 도외시한 감사 활동과 대안 제시는 실익과 효과를 기대하기가 어렵다.

둘째, 객관성의 문제로서 미국과 영국의 경우 감사 결과의 최종 판단이 의회에서 이루어지나 우리나라의 경우 감사원 자체에서 일방적으로 결정하게 된다. 따라서, 조사기관에서 결론까지 내리고 있기 때문에 감사 대상기관으로부터 최종 판단의 객관성과 공정성을 인정받는 데는 한계가 있다. 특히 기금 집행시에 비위, 부조리 등 잘못된 측면까지 다룰 경우 전문성과 객관성을 이유로 한 반발과 저항을 예상할 수 있다. 행정부의 공공기금에 대한 정책감사를 실시할 경우 감사 결과의 실효성을 확보하기 위하여 기금 운용 주체는 물론이고, 행정부의 관리감독 기구와 기획예산처에 사업 중단이나 사업 수행 방법의 변경 등의 촉구를 통하여 기금정책에 대한 정책감사의 실효성을 확보하여야만 할 것이다.

셋째, 정책감사를 실시한 후에 정책적인 해결 대안들을 제시하는 감사 사후조치가 미약한 실정이다. 감사를 위하여 많은 인력과 노력을 투입하여 최적의 개선 방안을 제시하였다 하더라도, 해당 기관에서 수용하지 않는다면 감사원

정책감사는 무용한 것일 뿐이다. 따라서 합리적 사유가 제시되지 않는 한 감사원 감사에서 제시된 개선 방안이 구속력을 갖도록 하는 제도적인 장치가 마련되어야 한다. 특히, 정치적으로 민감하거나 복잡한 문제에 대하여 감사를 수행할 수밖에 없는 상황에서 만일 감사기구가 공정성·독립성·객관성을 확보하지 못하고 특정 정파의 이익을 대변하는 역할을 수행한다면 이는 정책감사의 기반마저 위태롭게 하는 결과를 초래할 것이다. 따라서, 공공기금에 대한 정책감사는 "기금이 가지고 있는 정책 목표 달성에 바람직한 효과가 존재하는가"와 관련하여 산출된 서비스의 질과 그 서비스가 제공된 시기에 따라 좌우된다. 따라서 이러한 효과성의 평가는 인간의 욕구를 합리적으로 충족시키려는 행정의 가장 원초적인 기준이라 할 것이다.

V. 결 론

오늘날 정부의 예산집행에 큰 비중을 차지하고 있는 공공기금에 대한 감사는 우리나라도 선진국 비하여 일정 수준 이루어지고 있는 실정이다. 그러나 과거와 같이 공공기금에 대한 미래 지향적인 방향성의 제시보다는 회계감사는 비리 및 불법감사 수준에 머무르고 있는 것이 현실이다.

미국과 영국을 비롯한 선진국의 감사원들은 효율성 감사를 비롯한 정책감사를 통하여 감사 방향을 국가 주요 사업을 지원하는 미래 지향적인 차원으로 발전시키고 좀더 논리적이며 객관적인 감사 활동을 통하여 감사원 감사의 권위와 국민의 신뢰를 동시에 확보하고 있다

참여정부가 들어서면서 감사원의 위상을 기존의 합법성 감사 위주의 기관에서 정책감사를 위주로 한 정책평가기관으로서 위상을 정립하고자 노력하고 있는 현 시점에서 감사원 내부에서도 정책감사로 성공적인 정착을 위하여 노력하여야 하며, 행정부에서 추진하는 공공기금정책 등에 대한 시행과 감사기관의 분리를 통하여 좀더 효과적인 기금정책이 될 수 있도록 감사원에서 직접 기금에 대한 평가와 정책감사가 이루어져야 할 것이다. 이를 통하여 기금의 존속여부는 물론이고, 기금의 목적과 기금 운용의 실태에 대한 체계적인 평가가 이

루어져야 할 것이다.

결국, 예산의 수립과 예산의 평가는 행정부 및 국회, 감사원 등으로 분리되어 실질적인 정책감사를 통하여 공공기금의 미래 지향적인 방향 설정과 효율적인 운영을 위한 토대를 마련하는 감사정책이 이루어져야 할 것이다. 이를 통하여 공공기금 중에서도 그 목적과 활용에 있어 합목적성과 효율성을 확보한 기금일 경우에는 규제와 감시 일변도의 감사보다는 우리가 지향하는 정책감사가 이루어지도록 감사원의 정책적 노력이 필요한 시점이 바로 지금이다.

참고 문헌

감사원.(1988).「감사 40년사」.

———.「직무교육교재(Ⅳ)」.

권오열.(2002). 정부기금의 운용 실태와 효율화 방안 연구, 연세대학교 경제대학원.

권진성.(1988). 한국 감사제도의 행정통제 활성화에 관한 연구: 감사업무를 중심으로, 한양대학교 대학원.

김광영.(2003). 감사원 감사의 고객 중심의 감사 실천 방안.「2003 감사논집」.

김두호.(2003). 감사제도의 문제점과 개선 방향.「감사논집」.

김명수.(2004). 상위감사에 관하여.「공공정책연구」 제12권. 한국외국어대학교.

———.(1987). 상위평가 기능으로서의 감사.「국가발전과 공공행정」,.노융희교수 회갑기념논문집. 서울: 박영사.

———.(1986). 정책감사제도의 발전 방향. 감사원.「계간감사」.

———.(1996) 현행 정부업무 심사평가제도의 개선 방안.「공공행정연구」 14(11). 공공정책연구소.

김명수・박준.(1995).「공공감사론」. 서울: 대영문화사.

김성순.(1990). 우리나라의 재정구조와 특징.「정책과학연구」 2. 단국대학교 정책과학연구소.

김인중.(1994). 한국 감사원의 정책평가 기능 강화에 관한 연구. 연대 행정대학원.

김태윤.(1998). 성과감사의 운영 방향과 원칙.「한국행정학보」 32(1). 한국행정학회.

김홍률.(1991). 신공공관리개혁과 성과감사.「한국행정연구」 7(3) 가을호. 한국행정연구원.

노화준.(1985, 12). 정책평가와 정책감사. 감사원.「계간감사」.

성용락.(1990, 12.). 감사의 현대적 의의 및 한계. 감사원.「계간감사」.

송건섭.(1997). 감사원 감사판단 기준의 변화 과정과 방향, 경북대 박사학위 논문.

윤두수.(1992). 회계검사와 직무감찰의 기능 및 상호 관련성. 감사원.「계간감사」 32, 겨울호.

이윤식.(2004). 정책감사 성공 수행을 위한 감사원의 역할. 감사원.「계간감사」. 신년호.

이종유.(2003). 기금의 평가와 성과 개선.「경제학연구」 51(4).

이필우 외.(1998).「주요국의 재정개혁」. 한국재정연구회.

전택승.(2003).「기금제도 분석 및 개선 방향 연구」. 한국조세연구원.

정정길.(1986). 정책감사의 개념. 감사원.「계간감사」 3월호.

제13장 한국 역대 정부의 주택정책 만족도 연구

Ⅰ. 서 론

주택 문제는 국민의 기본 생활 요건(basic needs)인 의·식·주의 하나로서 정치적·사회적·경제적 관심이 높은 분야이다. 더욱이 주택은 개인이 소비하는 가장 고가인 상품인 동시에 그 나라의 국가경제에서 차지하는 경제적 비중이 높아서 국민 경제 수준이 높거나 낮거나에 관계 없이 언제나 정책적 관심이 집중되는 분야이다.

우리나라는 1960년대부터 시작된 경제 개발을 통하여 압축 성장을 달성하여 경제적 기반을 조성하였고, 그 결과 1970년대 및 1980년대에는 중진국으로 도약하기 위한 발판을 만들었다. 하지만 그 과정에서 인구가 도시로 점차 집중하게 되었고, 이로 인하여 절대적인 양에서 주택 부족 문제가 정치적·경제적 문제로까지 확대되기 시작하였다. 1980년대 초기에는 서울 강남을 중심으로 한 주택가격이 폭등하였다가 1988년 주택의 공급 확대정책을 통하여 주택 가격을 어느 정도 안정시킬 수 있었다. 그러나 이러한 지속적인 공급에도 불구하고 최근 들어 주택 가격은 물론 전, 월세 가격도 주기적으로 상승하는 등 그동안 잠재되어 있던 주택 문제가 표면화되기 시작하였다. 지가 및 주택 가격의 상승은 특정 시기를 제외하고는 주기적으로 계속 상승하였다. 2000년대 들어와 주택보급률 100%라는 수치를 무색하게 만드는 주택 가격의 급등으로 정부 정책에 대한 신뢰에 심각한 의문이 들기 시작하였다. 이제는 투자재로서 높은 가치를 평가받는 주택은 투기적인 요인까지 가미되어 일부 계층의 전유물이 아닌 일반 중산층은 물론 서민들의 주요 소득 증대 방법으로 부각되기에 이르렀다.

과거부터 현재까지 많은 시행착오를 겪었던 정부는 최근 들어 시장 변화에 맞는 새로운 형태의 주택정책을 추진하여 왔다. 그러나 아직도 과거에 시행되었던 정책들이 반복되어 임기응변식으로 추진되는 데다 일관성도 결여되어 국민들이 큰 혼란을 겪는 일이 흔히 발생하고 있다. 이런 과정에서 부동산 자산 소득계층과 무주택자 간의 계층 간 위화감과 빈부 격차가 어느 때보다 심화되고 있으며, 나아가 국가경쟁력을 약화시키는 원인이 되기도 한다. 이러한 부작용을 해결하기 위해서는 주택시장을 안정시킬 수 있는 신뢰성 있고 효과적인 정책 개발이 시급한 상황이다. 따라서 이 연구에서는 과거 역대 정부에서 수행한 주택정책의 성격을 면밀히 살펴보고, 어느 정부의 어떤 정책이 효과적이었으며 선호되었는지, 역대 정부가 시행하였던 주택정책 중 어느 정부의 어떤 정책이 효과적이지 못하였으며, 선호되지 못하는지 등 역대 정부의 주택정책에 대한 성격을 전반적으로 고찰하였다. 이를 토대로 역대 정부의 정책 만족도를 분석함과 동시에 주택정책의 만족도의 결정 요인을 모색하기 위한 실증적인 연구를 진행하였다. 주택정책들이 주택시장은 물론 국가경제에 상당한 영향을 줄 것으로 예상되고 이러한 연관성을 파악하는 것은 정책 수립시 필요한 사항이기 때문이다.

이러한 연구분석 과정을 통하여 향후 주택정책의 방향을 설정하는 데는 물론 정책적 시사점을 제시하는 데 도움이 될 것으로 본다.

Ⅱ. 선행 연구 및 연구의 특징

1. 주택정책 성과에 대한 선행 연구

주택정책과 관련하여 기존에 발표된 선행 연구를 정리한 내용을 살펴보면 <표 13-1>에서 보는 바와 같다. 지금까지 주택정책에 대한 연구는 많았으나

〈표 13-1〉 주택정책에 대한 선행 연구

연구자	주 제	연구 제목	비고
김근용	주택정책 및 정책평가	주택사업 유형별 지원정책에 관한 연구	2002 국토연구원
윤주현		주택정책의 성과와 향후 과제	2003 국토연구원
서승현 외		참여정부의 부동산 정책평가와 정책 개선 방향	2005 국회재정경제위원회 연구보고서
정창무 · 이동	주택정책 효과성 분석	1980년대 한국 주택정책의 정책비용과 편익	1997 국토계획학회
김갑성 외		IMF 이후 부동산시장의 패러다임 변화	1999 삼성경제연구소
윤주현		VAR모형을 통한 토지 및 주택시장 전망 연구	2001 주택공사
최윤기		부동산 대책이 부동산시장에 미치는 효과분석	2002 건설산업연구원
윤주현, 김혜승		외환위기 이후 주택정책의 시장파급 효과분석	2000 국토연구원
윤주현, 김혜승		주택시장 경기 동향 및 단기 전망	2000 국토연구원
김현아 이승우		부동산대책이 건설산업에 미치는 영향	2005 건설산업연구원
차문중		주택가격 결정 요인과 정책적 시사점 연구	2004 한국개발연구원
김윤중 외		주택정책의 지역 주택시장 영향 분석연구	2005 주택산업연구원
임서환	주택정책	주택정책의 반세기	2002 대한주택공사
김정호 김근용		주택정책의 회고와 전망	1998 국토개발연구원
이성호 채종탁		주택정책의 개선 방안에 관한 연구	1997 부산대 도시문제연구소
김영수		우리나라 주택정책의 개선 방안 연구	1998 지역사회개발학회
하성규		미래 지향적 주택정책	1999 대한부동산학회
김승동		주택정책에 있어서 정부 개입의 전개 과정	2000 대한부동산학회
천병호		한국 주택정책의 공과	2004 주택공사
하성규 배문호		한국의 공공임대 주택정책과 주택정치	2004 한국지역개발학회

전체를 파악하는 데에는 한계가 있었는데, 지난 20여 년간의 역대 정부 전반에 걸쳐 각 주택정책의 만족도를 복합적으로 분석한 연구는 거의 없는 실정이다. 따라서 이 연구는 장기적으로 역대 정부 전반에 대한 분석에 초점을 맞췄다.

정창무・이동(1997)은 1980년대 가격 규제와 신도시 건설정책 및 일련의 투기 억제 정책과 임대료 규제정책에 대하여 분석한 결과 수용당하지 않는 토지 소유주들과 분양주택의 당첨자들은 큰 혜택을 받았으며 임차인과 분양주택의 당첨 희망자들에게는 많은 이익이 돌아가지 않은 것을 보여 주고 있다.

이성호・채종탁(1997)은 주택에 관한 통계자료 분석을 통해서 주택 문제와 주택정책의 문제점을 도출하고 주택 수요를 전망하여 주택정책의 방향과 과제를 제시하고 있다. 주택 문제를 해결하기 위한 주택정책으로는 주택시장의 자율화, 임대주택의 육성 및 발전, 중앙정부와 지방정부 간의 역할 재분배 및 조정, 소비자 보호를 위한 제도적 장치의 강화 등을 들고 있다.

김영수(1998)는 주택정책의 변화 분석에서 주택정책의 흐름에 대하여 경제개발계획을 중심으로 제1차 경제사회발전계획(1962~1966)부터 제6차 경제사회발전계획(1987~1991)까지 신경제 5개년계획 기간을 분석 단위로 하여 실시된 정책을 설명하였다.

하성규(1999)는 과거 한국의 주택정책은 양적 공급 확대에만 중점을 두었고, 주택 공급이 서울과 수도권에 집중됨으로써 지역 간 불균형 개발과 수도권 집중 문제를 야기할 수 있다고 하였다. 따라서 미래 지향적 주택정책은 양적 공급에서 질적 주거 수준 향상으로, 일부의 지역 편중 공급에서 전국적 균형 공급으로, 정부의 시장개입과 간섭에서 민간 자율과 경쟁을 바탕으로, 중앙정부 주도에서 지방정부와 지역사회 중심으로, 중고소득계층 중심에서 저소득층 및 주거 빈곤층 중심으로 주택정책의 목표가 바뀌어야 한다고 제시하였다.

김갑성 외(1999)는 외환위기 이후 부동산 시장의 구조 변화가 있었는지에 대하여 계량적 방법을 통하여 분석을 시도하고 향후 주택정책의 방향을 제시하였다. 실증분석을 통하여 외환위기 이후 부동산 가격 변화율을 결정하는 요인 중에 시장 기본 가치의 역할이 증대되었음을 증명하였다.

윤주현과 김혜승(2000)은 IMF 이후 2년간 실시된 주택정책을 정책 목표별(수요 지원책, 공급 지원책, 거래 활성화 및 주택금융 확대 방안), 정책 수단별(규제 완화, 금융 지원, 세제 지원)로 분류하고 이들을 평가 대상으로 하여 사용자 비용 함수를 이용한 수요함수 분석과 이윤 및 비용함수를 통해서 주택시장에 나타난 주택 정책의 효과를 부분분석(partial analysis)하였다.

김승동(2000)은 우리나라 주택정책은 그동안 국가 계획 및 경제 계획의 일부로 다루어짐으로써 총량적인 목표 달성을 위한 하향식 접근 방법을 사용하였다고 밝혔다. 이는 시장 모형으로 설명할 수 있고 중앙정부의 개입에 의한 저소득층이나 사회경제적 약자를 위한 주택정책의 수립은 복지국가모형으로 측정하는 혼합적인 접근 방법을 선택해 왔다고 평가하였다. 따라서 향후 우리나라 주택정책의 기본 원칙은 시장경제 체제의 논리를 바탕으로 시장경제의 모순과 그동안의 정부 개입에 따른 부작용을 치유하는 방향으로 수립되어야 한다고 주장하였다.

윤주현(2001)은 지가 및 주택 가격이 자산 구성에 영향을 미치는 변수(주식, 회사채 수익률)들에 대하여 후행하는 것으로 분석하였다. 이는 부동산에 대한 수요 의사결정 과정이 자산 선택 행위와 예측의 영향을 주로 받는다는 것으로, 즉 주식시장이 일반 경기에 선행하여 활황이 되고 시차를 두고 일반경기가 살아나면 생산 활동을 위한 부동산의 수요 증대로 부동산 시장이 활성화되는 것으로 설명하고 있다.

윤주현(2003)은 "주택정책의 성과와 향후 과제"에서 김대중 정부 출범 후 5년간의 정책 성과를 평가하고 이를 바탕으로 차기 정부가 중점적으로 추진하여야 할 과제를 제시하였다. 향후 정책 과제로서 최저 기준 미달 가구를 파악한 다음, 그 가구를 대상으로 접근할 수 있는 주택정책의 체계를 수립하고 효율적인 주택정책의 시행을 위한 기반 구축이 시급하기 때문에 기존 주택의 관리・운영의 효율화를 도모하고 새로운 정책자료 개발을 대안으로 제시하였다.

하성규 외(2004)는 노태우, 김영삼, 김대중 정부의 공공임대정책의 특징 비교를 통하여 각 정부별 임대주택정책을 비교하였다. 노태우 정부는 대통령의 중간평가 극복을 위한 정치적 판단에 영향을 받아 영구임대주택 19만 호를 건설하여 도시 저소득 계층의 법정 영세민의 주거 안정에 기여하였는데 이는 우리나라 사회정책의 출발점으로 평가되나 그 후 김영삼 정부에서는 5년 임대 후 분양하는 한시적 공공임대 주택정책으로 임대정책 활성화에 기여하지 못하고 공공임대 주택정책의 후퇴기를 맞이하였으며, 김대중 정부에 들어와서는 IMF 긴급구제 상황임에도 국민임대 주택 100만 호 확대 계획을 수립하는 등 공공임대주택의 발전기를 맞이하였다고 주장하였다.

김현아 · 이승우(2005)는 정부의 주택정책이 주택시장에 미치는 영향을 경기 활성화 정책, 서민 주거 안정 정책, 투기 억제 정책 등으로 구분하여 분석하였는데, 주택 경기 활성화 대책은 단기간 내 가시적인 효과가 없고 오히려 경기 상승기에 본격적인 효과가 있으며 공급 확대 정책도 단기적으로 주택 가격에 영향을 미치지 못한다는 결론을 얻었다. 또한 투기 억제 정책의 경우에는 가격의 안정 효과에는 별 성과가 없었으며 오히려 소형 평형과 대형 평형의 양극화만 더욱 심화시킨다고 하였다.

서승현 외(2005)는 노무현 정부의 주택정책을 형식적 평등주의와 부동산 갈등론에 기초하여 첫째, 내적 모순의 발생으로 부동산 가격을 안정시킨다는 것으로 이를 극복할 수 없다고 하였으며, 둘째, 부동산 갈등론에 충실하여 단기에만 집착하는 근시안적(myopia) 경향을, 셋째, 부동산 시장에의 함몰성을, 넷째, 과격한 형태의 부동산 공개념에 대한 지속적인 미련과, 다섯째, 포퓰리즘(populism)을 통한 다소 무리한 정책 수행을 그 정책의 결과로 들었다. 이에 세부적인 개선 방안으로는 첫째, 보유과세 강화와 관련하여 실효세율 1%의 타당성 검토, 둘째, 8 · 31부동산 대책의 조정, 셋째, 자산, 소득, 연령, 조세 납부 실적 등을 감안한 재산세 부담 경감 조치가 필요하고, 넷째, 부동산 규제의 지속적 강화, 분양가 원가 공개 등과 같은 대책들의 단기적인 분양 이득 환수의 측면만을 보지 말고 장기적으로 주택시장에 미칠 효과를 분석하는 후속 조치가 필요하다는 결론을 내렸다.

김윤중 · 최혜경(2005)은 "주택정책의 지역 주택시장 영향분석 연구"에서 2003년부터 2005년 6월 사이에 발표된 주택 가격 상승 및 주택시장 과열을 안정시키고자 발표된 주택정책에 대하여 서울의 25개 각 자치구와 경기도의 4개 권역과 전국의 6대 광역시에 미친 영향을 분석하였다. 각 지역의 주택시장에 대한 주택 가격 분석 결과 서울시 강북권과 강남구의 30평 미만 주택시장은 정책의 효과가 일시적으로 나타나 정책의 영향으로 시장이 회복되었음을 의미하며, 강남권과 기타 강남권은 정책 효과가 일정 기간 지속되는 형태를 보였다. 또한 개입 ARIMA모형 추정 결과 분석 대상에 포함된 정책 중 지역과 규모를 모두 포함하였을 경우 주택 가격 안정화 효과가 가장 높았던 주택정책은 2003년 10 · 29정책인 것으로 나타났다.

지금까지 살펴본 바와 같이 선행 연구들은 주택정책 및 주택정책에 대한 평가와 주택정책의 효과성 분석과 주택 가격에 관한 연구와 정책의 이론 연구를 통한 주택정책의 개선 방안에 초점을 맞추고 있다. 또한, 일부는 주택정책이 실시된 전·후를 비교하여 정책의 효과를 분석하는 계량분석도 포함하고 있다. 예를 들어 주택 200만 호 건설이나 채권입찰제 등과 같은 과거의 한정된 정책에 대하여 과거 자료를 활용한 제한된 자료분석이 대부분을 이루고 있다.

2. 연구의 특징

이 연구에서는 이미 선행 논문에서 주택정책의 효과성 분석 등과 관련하여 가장 많이 언급되었던 사항을 체계화하여 다음과 같은 열 개의 변수를 도출하였다. 즉 부동산 가격과 경기 활성화 및 사회적 형평성, 주택정책의 투명성 여부, 투기 수요 조절, 공급 확대 정책 및 서민주택 마련과 일관된 주택정책, 시장 중심적 주택정책 및 고품질의 주택정책 등은 주택 정책이나 주택정책의 효과성을 분석하는 데 중요한 판단의 근거가 되는 항목들이다. 이러한 열 개의 중요 변수에다 다섯 개 역대 정부를 다섯 개 방정식으로 두고 그들 정부가 추진하였던 주택정책의 만족도를 분석하려는 것이다. 그러나 역대 정부에 대한 주택정책의 성과분석은 자칫하면 정치적인 이슈를 내포할 수도 있기 때문에 너무도 민감한 주제이다. 특히 누구나 인정하는 공정한 절차를 통해서 그 성과를 측정한다 해도 개인 간, 집단 간 느끼는 만족도 측면에서 쉽게 그 결과를 받아들이지 않으려고 한다.

따라서 이러한 위험성에도 불구하고 전두환 정부에서 노무현 정부까지의 지난 20여 년간 개별 정부와 주택정책 간의 연관성을 통해서 그 성과를 측정하려고 한다. 이것은 주택정책과 역대 정부와의 연관성을 다음의 세 가지로 보았기 때문이다.

첫째, 그동안의 관련 연구가 <표 13-1>에서 보는 바와 같이 주택 200만 호 건설, IMF 외환위기나 노무현 정부의 주택정책과 같이 특정 사건의 전·후를 중심으로 한 주택 가격의 변화에 대한 분석 등 정책의 효과를 분석하는 계량분석이 대부분이었으며, 그 결과 정당화 과정에 대해서는 연구를 등한시하였다. 즉 특정 사건이나 정책에 의한 외부적인 충격에 대해서 주택 가격이 급격히 하락하거나 상승하였다고 하여도 그 과정을 전 국민에게 타당하게 설득하고 극복하려는 노력이 있었다면 국민들의 시선에서 이것을 평가하고 성과에 반영하여야 한다. 이러한 과정과 방법은 정부별로 큰 차이가 있었기 때문에 이러한 과정에 대해서 평가하여야 한다.

둘째, 정부와 주택정책은 그 이데올로기와 직접적인 연관이 있다. 보수주의에 근거한 정부의 시장 참여 최소화, 진보주의에 근거한 정부의 시장 참여 극대화는 각 정부별로 차이가 있기 때문에 이를 반영한 정확한 주택정책 성과평가 과정이 있어야 한다.

셋째, 주택정책은 정부의 성패를 결정짓는 가장 중요한 요인이었다. 주택정책의 성과는 차기 정부의 재창출에 직접적인 영향을 미쳤으며 항상 경제적인 판단보다는 정치적인 판단이 우선시되었다. 이러한 정치적 의사결정에 대해서 정부를 기준으로 평가하는 것은 당연하다. 즉, 경제적 의사결정과 경제 신호에 근거한 주택정책과 일관된 목표 실현이 가능하였다면 정부별로 주택정책을 나누어 평가하는 것은 의미가 없을 것이다. 그러나 정치적 의사결정과 포괄주의에 근거한 정책 목표 설정은 개별 정부와 주택정책의 성패를 연관시켜 분석하는 것에 대한 필요성을 제공하였다.

<표 13-2>에서 보는 바와 같이 우리나라의 주택정책의 목표가 주택 공급량 및 주택보급률 등 양적인 측면에서 질적이고 배분을 중시하는 형평성의 목표로 전환되고 있기는 하지만 여전히 양적인 면이 중시되고 있어 주택정책의 중요한 목표인 주택 가격 안정을 통한 경제 안정이 도외시되었다.

역대 정부의 시간적 범위는 역대 정부 출범 시기를 당해 연도 초로 간주하고 퇴임 시기 역시 새로운 정부 출범 시작 연도의 전년도로 하여 전두환 정부를 시작으로 현재의 노무현 정부 등 5대 정부로 한정하여 주택정책의 성격과 그 만족도를 설문하였다. 정책의 만족도 조사의 경우 집권 후 일정 기간이 종료된 시점을 기준으로 분석하여야만 실질적인 연구가 가능할 것이다. 아직 집권 기간이 1년 정도 남아 있는 노무현 정부의 경우도 더욱 그러할 것이다. 하지만 집권 초기부터 많은 주택정책을 입안하였고 정책적 효과가 충분히 나타날 만한 시기가 도래하였다고 판단하고, 2006년 7월의 시점을 기준으로 노무현 정부의 주택정책에 대한 중간평가적 성격으로 간주하고 모든 평가지표를 비교의 근거로 삼았다.

〈표 13-2〉 역대 정부별 주택정책의 특징1)

구분	1980~1987	1988~1992	1993~1997	1998~2002	2003~2006
정부	전두환	노태우	김영삼	김대중	노무현
정책 목표	주택의 대량 건설 및 주택 가격의 안정	주택의 대량 건설을 통한 주택 가격의 안정과 사회 불안 요인의 제거	대량주택 건설을 통한 2000년대 초 주택보급률 100% 달성, 주택시장의 자율성 증가	건설 산업 활성화를 통한 거시경제 안정화, 서민 주거생활 안정	국민의 주거 안정 주거복지 도모 주택시장 안정
정책 수단	소형주택 확대 및 주택공급 제도 개선 주택 구매력 제고 국민주택기금 및 주택금융 확대 주택 건설 원가 절감 및 투기적 수요 억제	임대주택을 포함한 주택건설 확대 국민주택 건설 지원 택지공급 원활화 주택 규모의 소형화와 공급 체계 정비	택지 공급의 다양화 공공부문 주택 건설 확대 건전한 임대문화 정착 및 공동주택의 질 향상 주택행정 체제의 효율화	분양가 자율화 등 규제 완화 국민주택기금 지원 확대 국민임대주택 건설 확대 최저 주거 기준 설정	주택의 절대량 부족 문제 해소 무주택 서민의 주거 안정 지원 수단 동원 규제 수단 동원
주택보급률(%)	74.5	69.4	79.1	92.4	105.9
총주택 건설 수 (만 호)	251.5	271.8	312.6	167.4	169.3

Ⅲ. 연구설계 및 조사분석

1. 분석모형

주택과 관련된 많은 기존 논문들은 정책별로 접근하여 그 정책의 성과를 가

1) 1993~1997년도의 경우는 1996년 수치, 1998~2002년도는 2001년 말 수치, 2003~2006년도의 주택보급률은 2005년 말 기준, 총주택 건설 수 및 연평균 주택건설 호수는 2003~2006년 6월 말 실적이다.

격 변화와 수요 변동을 중심으로 파악하였다. 즉 정책이 실행된 이후 가격 변화와 수요, 공급 변화를 통해서 정책의 성과를 시계열분석으로 평가하였다. 그러나 이 연구는 분석 범위를 확장하여 정책이 아닌 개별 정부별로 주택정책에 대한 전문가들의 만족도와 정책별 구성을 실증하는 데 목적을 두었다.

이 논문에서 접근하는 개별 정부에 대한 개념은 정당에서 시작하여 정치적인 일관성을 지닌 공동체라는 의미보다는 여러 정책들의 한 가지 모음으로 구성된 집단이라고 접근하였다. 즉 정책을 입안하여 실시하는 과정에서 발생될 수 있는 여러 정부별 특이성과 당시 경제환경에 대응하는 정책들의 합목적성을 중심으로 주택정책의 만족도를 평가하였다. 일반적으로 정부별 주택정책은 투기 억제, 공급 확대, 실수요 확대 등 다양한 목적을 바탕으로 실시된다. 이러한 여러 정책 목적은 경기 상황에 따라서 선택적으로 추진되기도 하였고, 주택가격의 변화에 따라서 종합적으로 추진되기도 하였다. 이러한 주택과 관련된 모든 정책을 포괄적으로 분석하기 위해서는 정부 수준으로 분석 범위를 확장시켜야 한다. 왜냐하면 한 가지 정책의 효과는 다른 여러 가지 정책들 간의 상호 작용을 통해서 나타나기 때문에 정부 수준으로까지 분석 범위를 확장할 필요가 있기 때문이다. 이를 통해서 정부별로 주택정책에 대한 만족도에 차이가 있었는지를 살펴보는 것이 이 연구의 목적이다.

그러나 실질적으로 주택정책에 대한 만족도는 개념적인 내용으로 이를 체계화시켜 실증적으로 검증이 가능하도록 만들어야 한다. 따라서 이 논문은 주택정책을 포함한 모든 정부 정책의 열 가지 목표를 선정하여 이 목표 도달 정도를 만족도로 표기하도록 하였다. 열 가지 목표는 정부의 정책백서에 나와 있는 모든 목표를 표기하였지만 실제적으로 이러한 목표를 수요와 공급 측면의 정책으로 나누어 살펴볼 수 있었다. 구체적인 분석 모델은 [그림 13-1]에서 보는 바와 같다.

아래의 모델에서 가장 중요한 관계는 개별 정부별로 주택정책에 대한 만족도가 다르다는 것이며, 이 때 독립변수는 5대 개별 정부이며, 이에 따른 종속변수는 주택정책의 만족도로 볼 수 있다. 또한 주택정책의 만족도라는 개념적인 변수를 정의하기 위해서 수요와 공급 정책의 목표를 올바르게 보여 줄 수 있는 열 가지 평가 항목을 추가적으로 구성하였다. 이상에서 논의를 통해서 다음과 같은 연구 가설을 설정할 수 있다.

[그림 13-1] 분석을 위한 개념적 준거모형

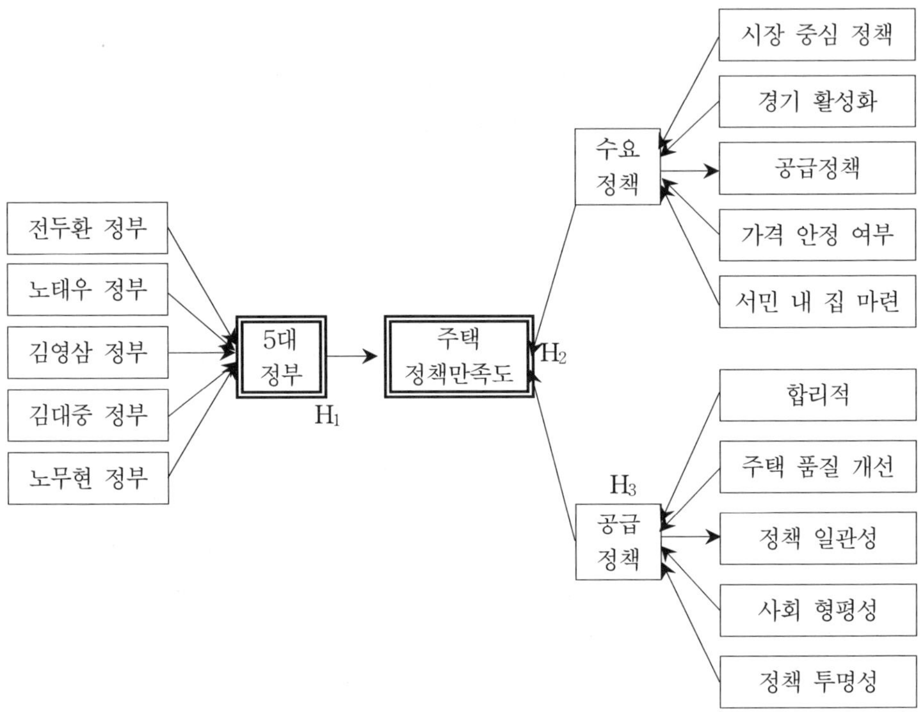

-H_1: 5대 정부별로 주택정책에 대한 만족도의 평균은 통계적으로 유의미한 차이가 있을 것이다.

이 논문의 설문지는 주택정책 만족도를 열 가지 선정한 요인의 평균값으로 접근하였으며, 이를 보강하기 위해서 추가적으로 개별 정부에 대한 만족도를 묻는 항목을 추가하여 교차분석(cross)을 통하여 검증하였다.

-H_2: 역대 정부의 주택 만족도는 수요와 공급 관련 정책에 의해서 통계적으로 유의미한 영향을 받을 것이다.

이는 수요와 공급정책이 주택정책 만족도에 영향을 준다는 가설로 위의 모형을 뒷받침한다.

-H_3: 역대 정부의 주택정책 만족도를 결정하는 요인으로는 수요 중심 정책보다는 공급 중심의 정책이 더 선호될 것이다.

이 논문의 핵심적인 가설로서 주택정책 만족도에는 공급 중심의 정책이 수요 중심의 정책목표보다 더 선호될 것이다.

2. 연구설계

1) 개요 및 정리

주택정책 평가의 가장 중요한 요소는 정책의 목적이 되어야 한다. 일반적으로 국가 정책의 목적이라 함은 효율성과 형평성을 중요한 잣대로 삼아 공공의 부(富)를 증진시키는 것이다. 주택정책의 경우 경기 활성화라는 효율성 측면과 서민들의 내집 마련 기회 충족이라는 두 가지 상충된 목적을 가지고 있었다. 다시 말해 주택정책을 통해서 경기를 활성화시키기 위해서는 가장 중요한 것이 주택 가격을 시장 가격으로 유지하는 것이다. 이를 통해서 건설 회사들과 관련 기업들이 적극적으로 부동산에 투자하고 주택을 건설하여 적정한 이윤을 보상받도록 하여야 하는 것이다. 반면에 서민들의 내 집 마련 기회를 충족시키기 위해서는 부동산 가격을 될 수 있으면 낮춰야 하는 어려움이 있다. 이 두 가지 상반된 주택정책 목표는 궁극적으로 충돌할 수밖에 없다.

이 연구는 전두환 정부 이후 25년 동안 5개의 정부를 분석의 대상으로 삼았다. 25년이라는 시간 동안 정부의 주택정책은 이러한 상반된 목표를 번갈아 가면서 추진하고 특히 노무현 정부 이후 소득재분배라는 새로운 목표까지 추가되면서 분석의 기준이 다양해지기 시작하였다. 정부의 정책 입안자들은 주택정책을 수요/공급 정책으로 나누어 접근하는 것이 시장의 일반적인 이해이다.

그러나 본질적으로 수요와 공급만으로 접근하기에 주택정책은 너무나 다양한 관점에서 실시되었다. 주택과 관련된 정부의 정책적 목표와 집행 과정에서 평가할 수 있는 유인 요소들을 반영하고 이를 구체화된 설문 문항으로 표현하는 과정에서 수요와 공급으로 정확히 구분할 수 없어 버려야 하는 설문 문항이 나타났다.

하지만 정책에 대한 평가란 목표뿐만이 아니라 모든 과정을 동시에 살펴볼 수 있어야 한다. 그래서 집행 과정에서 중요성을 기반으로 수요/공급정책으로 나누어 살펴보았다. 흔히 주택정책을 통제라는 관점에서 살펴보았을 때 주택정책은 상당 부분 가격통제, 평형통제 등에 치중되어 있다. 이러한 통제는 투명하고 공정한 절차를 통해서 이루어져야 하며 대부분 수요정책과 어느 정도 일치하는 면이 있다. 경기 활성화를 위한 주택정책의 본질은 비통제이다. 이러한 통제와 비통제를 적절한 수준에서 분석하는 것이 이 논문의 중요한 평가 과정이다. 따라서 수요정책의 평가를 좀더 넓게 보고 접근하였다. 이러한 이유로 인해서 정책 과정 중의 평가 요인으로 볼 수 있는 투명성과 일관성에 대한 내용이 수요 측면에서 포함되어 이해되었다. 결론적으로 수요 측면에서 주택정책의 궁극적인 목적은 정부의 정책을 통한 직접적인 사회형평성의 추구이며, 정부로 인한 시장 조정이라는 측면에서 시장 투명화 평가가 반영되어야 한다. 이와 같은 측면에서 정부의 정책이 시장에 직접적인 관여라고 볼 수 있는 주택 품질 개선에 대한 평가도 수요 측면에서 이해되었다.

2) 정부별 주택정책 만족도 설문조사 문항 기준

설문지 통계를 위한 문항 구성은 위에서 지적한 대로 기존 연구와 건설교통부의 주택정책백서를 활용하였다. 정부의 주택정책 목표를 수요와 공급 중심의 정책으로 명확히 나누는 것이 어려울 경우, 두 가지 요인 모두를 반영하였으며, 이후 요인분석을 통해서 구분하기로 하였다. 또한 추가적으로 정부의 정책목표뿐만 아니라 2000년 이후 매일경제, 한국경제, 조선일보, KBS, MBC에서 주택정책 관련 설문 내용을 종합하여 가장 자주 묻는 질문을 중심으로 구성하였다. 그 밖에 다른 설문 문항은 기존 논문들의 설문지를 인용하였으며, 특히 설문 문항의 객관성을 확보하기 위해서 종속 변수인 5대 정부 만족도는 비율 척도로 재평가하여 타당성을 검증하였다.

설문지 구성은 수요와 공급정책 목표로 구분하여 작성하였고, 그 구분이 명확하지 않은 것은 두 가지 목표로 동시에 살펴보도록 하였다.

분석 단위를 토대로 구성된 설문조사 문항에 대해서는 신뢰성 검증을 하였으며 요인분석을 통해서 타당성 검증을 하였다. 그리고 이 연구에서 독립변수의 각 문항은 부정적인 표현을 제외하고 긍정적인 평가 항목만을 추가하여 응답의 혼동을 최소화하였다. 또한 개별 정부 간의 유의미한 차이를 살펴보기 위해서 수요와 공급정책 목표를 서로 섞어가며 구성하였다.

〈표 13-3〉 설문조사 문항과 목적

문 항	부동산 정책 목표	척 도
1) 안정적으로 부동산 가격을 유지하였다.	수요/공급정책 목표	7점 척도
2) 주택정책이 경기 활성화에 기여하였다.	공급정책 목표	7점 척도
3) 주택정책이 사회 형평성에 기여하였다.	수요정책 목표	7점 척도
4) 주택정책이 부동산 시장을 투명화시켰다.	수요정책 목표	7점 척도
5) 합리적으로 투기적인 수요를 조절하였다.	수요정책 목표	7점 척도
6) 합리적인 수요에 맞는 공급 정책을 추진하였다.	공급정책 목표	7점 척도
7) 서민들의 내 집 마련에 도움을 주었다.	수요/공급정책 목표	7점 척도
8) 일관된 주택정책을 추진하였다.	수요정책 목표	7점 척도
9) 시장 중심적인 주택정책을 추진하였다.	공급정책 목표	7점 척도
10) 부동산정책이 더 좋은 품질의 주택을 공급하였다.	수요정책 목표	7점 척도

3) 설문조사 방법

이 설문지는 주택정책과 관련된 전문가들을 대상으로 하였기 때문에 주택 가격 안정화에는 수요정책보다는 공급정책이 더 타당하다는 기본적인 사실을 바탕으로 설문지가 이루어진 것으로 보인다. 결국 가격을 안정시킬 수 있는 정부 정책의 본질은 공급정책에 있다는 사실을 내포하고 설문이 이루어진 것이다. 이러한 측면에서 공급정책의 활성화가 결국 서민들의 내 집 마련의 기회를 더욱 넓히고 합리적인 수요를 충족시키는 정책이라는 평가이다. 이에 대한 파생 효과로서 경기 활성화는 다양한 결과일 수도 있다. 결국 주택정책 평가 요인을 수요와 공급으로 나누어 접근하였을 때 과정적인 측면이 강조된 것이 바로 수요정책의 평가 측면이고, 결과적인 측면이 강조된 것이 공급적인 측면으로 보인다.

이러한 결과 수요와 공급으로 위에서 제시된 열 가지 주택정책 평가 척도를 활용하는 것은 현실적인 어려움에도 불구하고 이론과 현실을 가장 타당하게 보여 주고 있는 것으로 보인다.

설문지 작성 후 관련 정부, 민간 및 전문가 그룹에 전화 연락 후 우편을 이용하여 설문지 배송 후 회수하였다. 총 150부를 보냈으나 이 중 104부가 회수되었다. 이 중 답변이 충실하지 못한 8부의 설문지를 제외하고 총 96부의 설문지를 분석 대상으로 삼았다. 답변의 충실성의 기준은 일차적으로 미응답률이 10% 이상인 설문지를 제외하였으며, 추가적으로 인구통계학적 질문에 대해서 정확한 응답이 없는 설문지는 제외하였다.

〈표 13-4〉 설문조사 대상

구분	주택금융공사 및 대한주택보증	학계 (부동산 관련 교수)	건설업체 부장급 이상 종사자	주택 관련 협회 임원	주거 관련 시민단체 활동가	주택 관련 연구원	정부 (건설교통부, 행정자치부)
전달	25	20	20	20	20	20	25
회수	23	10	16	10	13	17	15

기간: 2006년 6월~7월.

이 연구는 실증적 연구 방법으로서 설문조사 방법을 실시하였다. 설문지 작성은 주요 언론의 평가 자료와 주택학회와 정책 분야의 전문가로부터 FGI를 통해서 작성되었으며, 그 통계적 가능성과 사전 사후 조사에 대한 신뢰도, 타당도를 조사하였다.

설문조사 대상은 주택학회 및 정책 분야의 회원들과 주거 관련 시민단체 활동가, 주택정책 관련 부처 공무원과 부동산 관련 연구기관의 연구위원 등 주택 분야의 전문가들과 10여년 이상 주택건설업체에 종사한 임·직원들 및 주택 관련 정부투자기관 종사자들을 대상으로 하였다. 또한 표본추출은 계통적 무작위 할당추출 방식을 사용하였으며, 총 140부를 배포하여 104부를 회수하였다(회수율 73%). 설문의 배포 및 회수는 직접 수행하였으며 2006년 7월 1일부터 15일까지의 기간에 걸쳐 조사가 이루어졌다.

위 열 개의 설문조사 항목을 여러 가지 이론 연구와 기존의 선행 연구 결과를 바탕으로 수요 및 공급 등 두 가지 정책으로 유형화하여 역대 정부 정책의 성과를 분석하고자 한다. 이를 위한 역대 정부의 주택 가격은 1986년 1/4분기에서 2005년도 4/4 분기까지의 통계청, 건교부 DB, 한국은행, 국민은행 등의 통계자료를 이용하였으며, 시계열통계 분석 방법을 활용하여 기존의 데이터를 분석하였다.

4) 설문조사 분석 방법

설문지 분석에는 통계 프로그램인 SPSS와 E VIEW를 활용하였으며, 분석 방법에는 빈도분석을 포함하여 ANOVA분석, 요인분석, 선호회귀분석, 지각도 분석 방법을 사용하였다.

〈표 13-4〉 분석 방법

분석 방법	설 명
ANOVA	열 가지 평가 항목 중 정부별로 차이가 없는 요인을 선별하기 위해서 분산분석을 활용하였다. 즉 정부별로 주택정책에 대한 만족도의 차이와 열 가지 항목의 차이를 분석한다.
요인분석	설문지 열 개의 문항 중 비슷한 패턴으로 응답을 보이는 문항을 찾아내어 초기 문항 제작 의도를 얼마나 통계적으로 지지하는지를 분석한다. 특히 열 가지 요인이 앞에서 지적한 대로 수요 확대, 투기 억제, 공급 확대, 일반행정 목표를 구분하여 통계적인 유의성을 확인한다.
T분석	개별 정부 간의 평균 비교를 위해서 활용
선호회귀 분석	실질적으로 열 개의 설문 문항 중에서 직접적인 영향을 미치는 요인을 알아낸 이후 이 요인들이 정부의 전반적인 만족도를 결정하는 데 어느 정도의 영향력을 미치는지 분석이 가능하다.

이 설문지 분석은 다음의 세 가지에 초점을 맞춰서 이루어졌다. 첫 번째 열 가지 항목에 대한 신뢰성과 타당성에 대한 분석을 좀더 세밀하게 하여 평가 항목에 대한 실증 가능성을 높였다. 두 번째 정부별로 주택정책에 대한 만족도가 다르다는 사실을 분산분석으로 설명하였다. 세 번째 주택정책 만족도를 결정하는 두 가지 요인들의 우선순위와 결정 요인을 회귀분석을 통해서 설명하였다.

(1) 신뢰도

설문조사 항목의 신뢰도(reliability) 검증을 위하여 크론바흐 알파(Cronbach Alpha) 모형에 의하여 열 개의 설문 항목을 하나의 스케일로 신뢰성 검사를 실시한 결과 크론바흐 알파 계수는 0.91~0.92이 나왔다. 일반적으로 신뢰도의 척도인 크론바흐 알파 계수가 0.6 이상이면 신뢰성이 있다고 보며, 전체 항목을 하나의 척도로 종합하여 분석할 수 있다. 어떤 결과에 의하면 탐색적인 연구 분야에서는 크론바흐 알파 계수가 0.6 이상이면 충분하고 기초 분야에서는 0.8

그리고 중요한 결정이 요구되는 응용 분야에서는 0.9 이상이어야 한다고 주장하고 있다(Nunnally, 1978). 조직 단위의 분석 수준에서 일반적으로 크론바흐 알파 계수가 0.6 이상이면 측정 도구의 신뢰도에는 별 문제가 없는 것으로 알려졌다(Van de Ven & Ferry, 1980).

설문 문항의 신뢰도는 우선 열 가지 평가 요인 전체의 신뢰도를 구하였으며, 이후 열 가지 구성 요소 내 공급, 수요 중심의 정책만을 대상으로 재차 신뢰도를 구하였다.

〈표 13-5〉 열 가지 평가 항목에 대한 신뢰도 검사 항목 수치

Cronbach's Alpha	Cronbach's Alpha Based on Standardized Items	N of Items
0.920	0.921	10

〈표 13-6〉 열 가지 항목 내 신뢰도 검사 항목 수치

문 항	부동산정책 목표	Cronbach's Alpha
1) 안정적으로 부동산 가격을 유지하였다.	수요/공급정책	.790
7) 서민들의 내 집 마련에 도움을 주었다.	수요/공급정책	
8) 일관된 주택정책을 추진하였다.	수요/공급정책	
2) 주택정책이 경기 활성화에 기여하였다.	공급정책	.826
6) 합리적인 수요에 맞는 공급정책을 추진하였다.	공급정책	
9) 시장 중심적인 주택정책을 추진하였다.	공급정책	
10) 부동산정책이 더 좋은 품질의 주택을 공급하였다.	공급정책	
3) 주택정책이 사회 형평성에 기여하였다.	수요정책	.856
4) 주택정책이 부동산 시장을 투명화시켰다.	수요정책	
5) 합리적으로 투기적인 수요를 조절하였다.	수요정책	

또한 종속변수인 정부별 만족도는 열 가지 평가 항목에 대한 평균치 순위와 동시에 서열척도로 정부에 대한 선호 순위를 묻는 질문을 통해서 재검증하였다. 그 결과 84% 이상의 높은 일치를 보였다.

(2) 타당도

타당도(validity) 검사는 기본적으로 요인분석을 활용하였다. 열 가지 평가 요인에 대해서 높은 타당도를 갖기 위해서는 초기 설문지 의도와 같이 전문가들의 응답 형태가 수요와 공급정책으로만 정확하게 나뉘어야 한다. 즉 초기 설문지 제작 당시 주택정책 평가 기준으로 도입한 열 가지 평가 항목이 수요와 공급 정책으로 제대로 반영하는지 분석하는 것이 이 설문지 타당도 검사의 가장 중요한 목적이다. 해당 설문지의 열 가지 항목에 대해서 요인분석을 한 결과 eigen value 0.9를 기준으로 두 개의 요인으로 나뉘는 것으로 나타났다.

〈표 13-7〉 요인분석 결과[2)]

설문 문항	요인 점수		Eigenvalue	Cumulative
	수요	공급		
3) 주택정책이 사회 형평성에 기여하였다.	0.65		5.87	
4) 주택정책이 부동산 시장을 투명화시켰다.	0.91			
5) 합리적으로 투기적인 수요를 조절하였다.	0.79			
8) 일관된 주택정책을 추진하였다.	0.71			
10) 부동산정책이 더 좋은 품질의 주택을 공급하였다.	0.53			68.392
1) 안정적으로 부동산 가격을 유지하였다.		0.71		
2) 주택정책이 경기 활성화에 기여하였다.		0.87		
6) 합리적인 수요에 맞는 공급정책을 추진하였다.		0.64	1.02	
7) 서민들의 내 집 마련에 도움을 주었다.		0.62		
9) 시장 중심적인 주택정책을 추진하였다.		0.74		

요인분석 결과 기존에 수요/공급 측면에서 목표로 삼았던 1, 7, 8요인이 사라지고 단 두 가지 요인으로 구분될 수 있음을 알 수 있다. 그러나 10번 평가 항목인 '정책으로 인한 품질 좋은 주택의 공급'에 대한 척도는 초기 공급정책에 속하는 것을 가정하여 연구설계를 하였지만 요인분석 결과 수요 측면에 속하는 것으로 나타났다. 이유를 분석한 결과 건설회사 부장급 이상의 간부들의 경우 정부가 직접 나서서 더 좋은 품질의 주택을 공급한다는 것 자체를 수요 중심의 관리정책으로 생각하고 있었다.

2) Extraction Method: Principal Component Analysis. Rotation Method: Varimax with Kaiser Normalization(결과 뒷장 첨부). 이 방법에 의해서 조사되었으며 요인분석에 해당하는 eigen value값에 상관 없이 최소 요인을 두 개로 고정시켰다(eigen value: 1 이상 정도 포함).

〈표 13-8〉 주택정책의 성과 기준

	설문지 기획 단계 평가측정 목표	요인분석 결과 (문항의 평가에 영향을 미치는 요인)
사회 형평성	수요	요인 1. (수요 측면의 정부 정책목표)
정책 투명성	공급/수요	
투기 조절정책	수요	
일관된 정책	공급/수요	
좋은 품질정책	공급	
가격 안정정책	수요/공급	요인 2. (공급 측면의 정부 정책목표)
경기 활성화	공급	
공급정책	공급	
내 집 마련 정책	수요/공급	
시장 중심 정책	공급	

결론적으로 열 가지 평가 항목은 설문조사 항목 자체가 비교적 높은 타당도를 갖는다고 말할 수 있으며, 마지막 열 번째 평가 항목 요인을 제외하고는 설문조사의 의도를 잘 반영하고 있으며 설득력도 높은 것으로 확인되었다. <표 13-8>에 의한 열 가지 정책적 특성에 대해서 두 가지 기준으로 정확히 나누는 것 자체가 많은 무리수가 있을 수 있다. 그러나 우선 수요정책과 공급 측면에서 그 정책의 효과성을 먼저 고려한다면 어느 정도 설득력이 있어 보인다. 즉 수요 측면의 정부 정책으로 고려된 사회 형평성, 정책 투명성, 투기 조절정책, 일관된 정책, 좋은 품질의 정책은 수요와 관련된 정책들이 갖춰야 할 정책적 특성이며 동시에 결과이기도 한다.

Ⅳ. 분석 결과와 논의

1. 설문조사자 특징

부동산 관련 전문가이지만 주택정책 평가 과정에서 발생할지 모르는 개인적인 취향과 정책적 특징을 파악하기 위해서 분석 대상에 포함하였다. 특히 대부분의 사람들이 자신이 주택을 취득한 시점의 정부에 대해서 긍정적인 평가를 할 수 있다는 오류에 대한 검증 과정이 필요하다.

설문 응답자 중 남자가 98명이었고 여자는 6명으로서, 평균 연령은 44세 전후이며 35세 이하는 역대 정부 중 전두환 정부에 대한 경험 정도를 고려하여 분석에서 제외하였다. 즉, 35세 이하의 경우에는 부동산 분야의 전문가임에도 불구하고 실제적으로 역대 정부의 주택정책이 영향력을 미치는 시기와 경제활동 시기가 동일하지 않을 것이므로 분석에서는 제외시켰다. 이러한 결과 총 98명의 표본을 통하여 분석하였다. 분석 대상 중 남자가 월등히 많은 가장 중요한 이유는 분석의 대상이 된 모집단이라고 볼 수 있는 부동산 전문가인 건설업체 간부, 정부 관리, 학회 등 출신들이 남자가 상대적으로 많은 것이 영향을 받은 것으로 보인다.

설문조사자들의 특성은 서울을 중심으로 고르게 분포되어 있었으며 소득 수준은 매월 400~500만 원 정도인 것으로 조사되었다. 그리고 전반적으로 주택과 관련된 비용으로 월 60~70만 원 정도 지출하는 것으로 조사되었는데 이는 비교적 높은 것으로 판단된다.

전체 설문자 중 현재 자신의 집을 소유하고 있는 주택 관련 전문가들은 75%이며, 이 중 90% 이상이 아파트에 거주하고 있는 것으로 나타났다. 집을 소유하고 있는 75% 중에서 30%가 김대중 정부 때에 집을 장만하였고, 이 밖에 전두환 정부 14%, 노태우 정부 16%, 김영삼 정부 18%, 김대중 정부, 30%, 노무현 정부 22%가 해당 정부 때에 본인 소유의 주택을 장만한 것으로 나타났다.

내 집 마련 시기가 정부의 주택정책 만족도에 영향을 주었는지를 분산분석을 통해서 검증한 결과 유의 수준 0.05에서 P값 0.231로 내집 마련 시기와 주택정책 만족도 간에 특별한 상관 관계가 없음을 알 수 있었다.

또한 현재 전세에 거주하고 있는 사람의 경우 74%가 반드시 내 집은 있어야 한다는 생각에 동의하고 있는 것으로 나타났다.

〈표 13-9〉 설문지 응답자 중 내 집 마련 시기

정부	전두환	노태우	김영삼	김대중	노무현	합계
인원	11	11	13	22	16	73
비율	14%	16%	18%	30%	22%	100%

2. 가설 검증 및 분석 결과

1) 역대 정부별 열 가지 평가 항목에 대한 차이

열 가지 평가 항목에 대한 평균값 비교 분석을 위해서 먼저 열 가지 평가 항목에 대해서 정부별로 차이가 유의미한지를 분산분석(ANOVA)을 통해서 살펴보았다.

<표 13-10>을 통해서 볼 때 정책 투명성과 정책 일관성 측면에서는 정부별로 큰 차이가 없음을 알 수 있다. 두 가지 항목을 제외한 다른 여덟 가지 평가 항목은 정부별로 차이가 존재하며, 특히 가격 안정과 경기 활성화에 대한 정부별 평가 정도에 큰 차이가 발생하였다.

2) 정부별 주택정책의 만족도 차이

H_1: 5대 정부별로 주택정책에 대한 만족도의 평균은 통계적으로 유의미한 차이가 있을 것이다.

위의 가설에 대해서 독립변수를 5개의 정부로 보고 종속변수를 열 가지 만족도에 대한 평균으로 보았을 때 그 결과는 <표 13-11>과 같다.

분석 결과 P값이 .000으로 유의 수준 .05보다 작으므로 독립변수가 종속변수에 영향을 주지 않는다는 귀무가설을 기각할 수 있다. 따라서 결론적으로 정부별로 주택정책에 대한 만족도 차이는 발생한다고 말할 수 있다.

3) 수요와 공급정책의 부동산정책 만족도에 대한 영향 정도

H_2: 역대 정부의 주택정책 만족도는 수요와 공급 관련 정책에 의해서 영향을 받을 것이다.

위의 가설에 대해서 요인분석을 토대로 요인적재량을 구한 후 이 수치를 독립변수로 하여 종속변수로는 개별 정부에 대한 만족도 순위를 표기하도록 한 설문 문항을 이용하였다. 따라서 독립변수가 두 개이고 종속변수가 등간 척도인 다중선호회귀모형으로 계수를 통계적으로 검증하는 것이 가능하다.

선호회귀분석이란, 요인분석으로 나뉜 두 가지 요인의 요인적재값을 이용해

〈표 13-10〉 열 가지 평가 항목에 대한 주택정책 만족도 차이

평가 항목		분산 총합	자유도	분산 평균	F	Sig.
가격 안정	집단 간	277.899	4	69.475	40.886	.000
	집단 내	810.534	477	1.699		
	합계	1088.434	481			
경기 활성화	집단 간	319.632	4	79.908	52.943	.000
	집단 내	718.443	476	1.509		
	합계	1038.075	480			
사회 형평성	집단 간	65.278	4	16.320	9.441	.000
	집단 내	824.500	477	1.729		
	합계	889.778	481			
정책 투명성	집단 간	3.965	4	.991	.563	.690
	집단 내	840.409	477	1.762		
	합계	844.373	481			
투기 조절	집단 간	32.471	4	8.118	4.417	.002
	집단 내	874.739	476	1.838		
	합계	907.210	480			
공급정책	집단 간	101.365	4	25.341	15.614	.000
	집단 내	774.145	477	1.623		
	합계	875.510	481			
내 집 마련	집단 간	132.803	4	33.201	18.871	.000
	집단 내	832.193	473	1.759		
	합계	964.996	477			
일관된 정책	집단 간	16.241	4	4.060	2.171	.071
	집단 내	888.351	475	1.870		
	합계	904.592	479			
시장 중심 정책	집단 간	162.740	4	40.685	25.805	.000
	집단 내	752.056	477	1.577		
	합계	914.797	481			
좋은 품질	집단 간	23.646	4	5.912	3.708	.006
	집단 내	760.362	477	1.594		
	합계	784.008	481			

〈표 13-11〉 역대 정부별 주택정책 만족도 분산분석표

	분산 합계	자유도	분산 평균	F	Sig.
집단 간 비교	67.103	4	16.776	17.104	.000
집단 내 비교	459.992	469	.981		
합 계	527.095	473			

서 두 가지 요인을 독립변수로, 각 정부별 선호 정도를 종속변수로 놓고 회귀방정식을 만드는 것을 말한다.

즉 "정부별 부동산 만족도 = A + B * 수요 중심 정책목표 + C * 공급 중심 정책목표"로 설명할 수 있는 모델이다.

〈표 13-12〉 선호회귀분석 결과표

변수명	비표준화된 계수		표준화된 계수	T값	유의 확률
	B	표준오차	베타		
(상수)	2.996	0.051		59.732	.000
수요 관련 정책 특징	0.265	0.051	0.199	5.212	.000
공급 관련 정책 특징	0.783	0.051	0.557	15.449	.000

위의 가설에 대해서 분석한 결과는 위의 <표 13-12>에서 보는 바와 같다. 'REGR factor score 1 for analysis 1'이라는 변수는 요인분석 결과 나온 회귀분석을 위한 요인값 중 수요 관련 정책의 목표의 변수를 뜻한다. 'REGR factor score 2 for analysis 1'이라는 변수도 마찬가지로 공급 중심에 관련된 변수이다. 두 변수는 모두 0이라는 귀무가설을 신뢰도 95%에서 전부 기각(Sig의 값이 모두 0 이므로)할 수 있어 실질적으로 정부의 만족도에 영향을 주고 있음을 알 수 있다.

따라서 가설 2인 주택정책 만족도에 공급 요인과 수요 요인 정책이 영향을 준다는 가설도 채택될 수 있다.

H_3: 역대 정부의 주택정책 만족도 결정 요인은 중 공급과 관련된 정책이 더 선호될 것이다.

분석 결과[3] B값은 0.265이며 C값은 0.783이며, 이 모델의 R Square값은 0.344로 중간 수준의 설명력을 보였다. 결론적으로 C의 값이 B값에 비해서 3배 이상 높은 수치를 보인 것으로 우리나라 주택정책 전문가들은 수요 중심의 주택정책보다는 공급 중심의 주택정책을 더욱 선호한다는 것을 알 수 있다. 즉 같은 한정된 자원을 통해서 정책을 실행할 때 정부는 수요관리에 근거한 정책보다는 공급관리에 근거한 정책을 실행하는 것이 3배 정도의 더 높은 만족도를 줄 수 있다는 것을 알 수 있다. 따라서 가설 3의 공급 중심의 정책목표가 수요 중심의 정책목표보다 더 정책만족도에 영향을 준다는 가설을 채택할 수 있다.

부동산 전문가들은 가격 안정, 경기 활성화, 공급정책, 내 집 마련 등의 목표로 추진하는 정책을 공급 정책보다 더 선호하고 있음을 알 수 있다.

〈표 13-13〉 수요/공급 근원의 정책이 부동산 정부 만족도에 미치는 비중

정부별 부동산 정책 만족도 = A + 0.265* 수요 중심 정책+ 0.783*공급 중심 정책

4) 열 개 평가 항목에 대한 정부별 만족도

역대 정부별 주택정책 만족도 평균을 세부 항목으로 나누어 정리한 결과는 [그림 13-2]와 같다.

[그림 13-2] 역대 정부의 주택정책 만족도 평균도

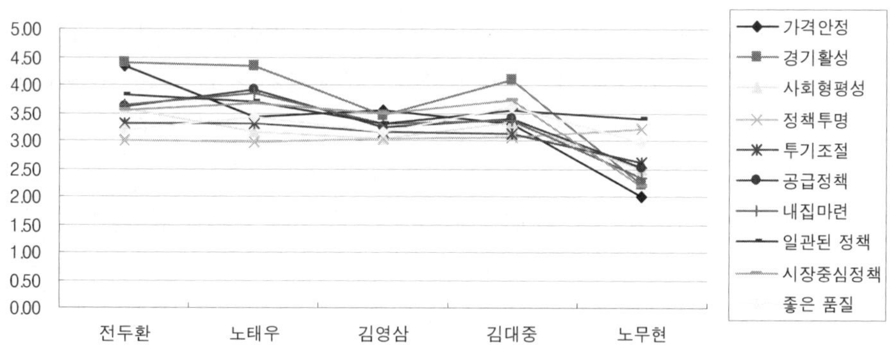

3) 모든 분석 결과는 유의 수준 95%이다. 분석 결과 T값은 5.212, 15.449로 95%의 기준인 2를 넘어 B가 0이라는 귀무가설을 기각할 수 있는 수준이었다. 따라서 위에서 제시한 모델은 통계적으로 매우 유의미하다고 볼 수 있다.

〈표 13-14〉 역대 정부별 주택정책 만족도 평균

	전두환	노태우	김영삼	김대중	노무현	평균
가격 안정	4.34	3.42	3.54	3.31	1.99	3.32
경기 활성화	4.38	4.33	3.47	4.10	2.21	3.70
사회 형평성	3.58	3.17	3.04	3.34	2.48	3.12
정책 투명성	3.01	2.96	3.04	3.05	3.23	3.06
투기 조절	3.31	3.32	3.15	3.12	2.61	3.10
공급정책	3.59	3.90	3.23	3.38	2.53	3.33
내 집 마련	3.65	3.85	3.29	3.35	2.32	3.29
일관된 정책	3.81	3.70	3.31	3.56	3.40	3.55
시장중심 정책	3.54	3.66	3.49	3.74	2.18	3.32
좋은 품질	3.18	3.43	3.16	3.60	2.97	3.27
정부별 평균	3.64	3.57	3.27	3.46	2.59	3.31

역대 정부의 주택정책 만족도는 전두환, 노태우, 김대중, 김영삼, 노무현 정부 순으로 나타났다. 이러한 만족도 성향은 부동산 전문가들의 개인적 특징에 관계 없이 거의 일정하게 나타났다. 예를 들어 집을 소유하고 있거나 전세에 살든지, 혹은 나이, 소득에 관계 없이 대부분 전두환, 노태우 정부의 주택정책을 높이 평가하고 노무현 정부에 대해서 낮게 평가하였다.

개별 항목별로 살펴보면 가격 안정이라는 측면에서 전두환, 노태우 정부가 높은 만족도를 나타냈으며, 투명한 주택정책의 추진에서는 노무현 정부가 가장 높은 만족도를 나타냈다. 이와 같은 결론을 토대로 다음과 같은 결과를 얻을 수 있다. 전문가들의 역대 정부의 부동산 가격 안정성에 대한 평가는 전두환, 김영삼, 노태우, 김대중, 노무현 정부의 순으로 나타났지만 실질적인 부동산 가격(가격상승률)의 안정성 여부는 김영삼 정부가 가장 우수하였고, 노태우 정부가 가장 낮았다. 특히 가격 안정성에 대한 현 정부인 노무현 정부에 대한 낮은 평가는 전반적인 주택 가격의 변화가 가격만족도를 결정하는 요인이 아니라는 사실을 보여 준다.

즉 노무현 정부의 주택 가격 안정성에 대한 낮은 평가의 원인은 주택 가격 상승의 귀인에서 찾아볼 수 있다. 노태우 정부 시절 주택 가격의 폭등은 수도권 과밀화 과정에서 과거 정부의 주택 공급 부족에 문제가 있었다. 즉, 노태우 정부의 정책적 잘못이라기보다는 과거 정부의 주택 문제에 대한 해결 의지의 부족이 누적되어 나타난 결과라고 볼 수 있다. 반면에 노무현 정부 시기의 주택 가격 상승은 단기간에 나타난 결과로 재건축 정책, 행정수도 이전 등 각종 개발정책이 가격 상승에 기여했기 때문이다. 즉 원인과 결과가 한 정부 안에서 발생하여 그만큼 가격 상승에 대해서 책임 소재를 밝히기 쉬워서 나타난 결과라고 보인다. 또한 부동산 가격 상승에 대한 해결 방법에서 그 차이를 발견할 수 있다. 노태우 정부 시기의 주택 가격 상승에 따른 해결책으로 수도권 신도시 개발과 주택 200만 호 건설이라는 공급 중심의 정책을 일관되게 추진하였다. 반면에 노무현 정부의 경우 수요정책과 공급정책을 번갈아 가며 추진하면서 문제 해결에 대한 정부의 분명한 의지를 보여 주지 못하였다.

이와 같은 원인으로 주택 가격 안정이라는 측면에서 노무현 정부는 실질적인 주택 가격 상승에 비해서 전문가들에게 더 낮은 평가를 받고 있는 것이다.

3. 전문가 선호 주택정책

대표적인 주택정책에 대한 전문가들이 선호를 살펴보면 그동안 우리나라가 실시한 주택정책 열세 가지에 대한 전문가들의 선호와 비선호 내용은 <표 13-15>와 같다.

가장 선호하는 정책에서부터 가장 선호하지 않는 정책을 순서대로 정리하면 다음과 같다.

① 공공주택
② 공급정책 주택 건설과 주택자금 금융 지원
③ 주택 200만 호 건설/신도시 확대
④ 분양가격 원가 연동제/분양원가 공개
⑤ 택지개발정책 주택청약제도
⑥ 재건축, 재개발 완화정책
⑦ 분양가 규제 과세정책
⑧ 토지거래 신고제/허가제

〈표 13-15〉 설문조사에 의한 주택정책의 선호도 분석

주요 정책	정책목적	선호 의견	비선호 의견	차이 (선호 점수)
분양가 규제(분양가 상한제)	가격 안정	29	32	3
주택 200만 호 건설/신도시 확대	공급 확대	45	15	30
주택청약 제도	실수요 확대	15	13	2
8·31대책 및 3·30대책	투기 억제	5	40	35
공공(임대)주택 공급정책	공급 확대	44	6	38
토지거래 신고제 및 허가제	투기 억제	7	24	17
택지개발정책	공급 확대	11	5	6
분양가격 원가 연동제/분양원가 공개	가격 안정	43	14	29
주택건설과 주택자금 금융 지원	실수요 확대	35	4	31
분양가 자율화	경기 활성화	11	42	31
과세정책 (보유과세자본이득과세거래. 이전과세)	투기 억제	24	39	15
재건축, 재개발 완화정책	경기 활성화	27	30	3
신행정수도 이전정책	투기 억제	12	45	33

⑨ 분양가 자율화

⑩ 신행정수도 이전정책

⑪ 8·31대책/3·30대책

이를 통해서 볼 때 공급에 대한 정부의 지원과 자율화에 대한 정책에 대해서는 긍정적이지만 수요를 직접적으로 통제하려는 정책에 대해서는 부정적인 견해를 갖고 있음을 알 수 있다.

또한 앞으로 우리나라에 필요한 주택정책에 대한 평가로는 전문가들이 앞으로 우리나라의 주택정책에서 추구하여야 할 방향으로는 보유세 강화, 거래세 축소, 신도시 개발 확대, 임대주택 확대를 주요 방향으로 인식하고 있었다.

〈표 13-16〉 설문조사에 의한 주택 정책목표 분석

정책목표	가격 안정	공급 확대	경기 활성화	실수요 확대	투기 억제
선호 점수 평균	13	14	17	16	25

앞으로 우리나라의 주택정책에 대해서 공급 중심으로 정책적 목표를 정하고 관련된 세부 사항으로 실수요자 확대를 위한 세제 지원과 금융상품 개발, 공영 아파트 건설이 필요하다는 의견이 다수였다. 특히 세제에 대해서 현행 거래세 중심의 체제에서 보유세 중심으로 변경하여 선진국과 비슷한 세금 제도를 정착시킬 것을 원하고 있었다(<표 13-16> 참조).

4. 분석 종합

이 논문의 목적은 주택정책의 만족도가 정부별로 차이가 있다는 가설과 주택정책의 만족도는 수요/공급 근원 정책에 영향을 받는다는 가설, 수요와 공급 근원의 정책 중 공급 근원의 정책이 만족도에 더 큰 영향을 준다는 가설을 증명하는 데 있다. 그 결과 위의 세 가지 가설은 모두 증명되었으며, 따라서 논문의 모델도 설명력이 높은 것으로 보인다. 다만 정책에 대한 투명성과 일관성에 대한 만족도는 정부별로 큰 차이가 나지 않는 것으로 나타났다.

〈표 13-17〉 해외 주택 가격 변화(1990년을 100으로 적용)

구 분	미국 신축주택 가격 변동	영국 주택가격 변동	일본 맨션가격 변동
1990	100	100	100
1991	97.6	98.7	93.7
1992	98.8	94.9	77.1
1993	102.9	92.5	71.5
1994	105.8	95.4	70.1
1995	108.9	95.9	66.7
1996	113.9	99.4	68.7
1997	118.8	108.7	70.5
1998	124.1	120.7	66.4
1999	131	134.5	66.3
2000	137.5	153.8	64.8
2001	142.5	166.5	64.9
2002	152.6	194.7	64.7
2003	158.7	223.7	65.4
2004. 8	175.7		65.6

출처: 일본 주택금융공고, 해외주택 2005 대한주택공사 도시연구원.

〈표 13-18〉 주택정책별 주택 가격 변화

시 기	대 책	지가 상승률	주택가격 상승률	
			매매가격	전세가격
1980	주택경기 활성화 조치(9.16)	11.7%		
1981	주택경기 활성화 조치(1.4)	7.5%		
	주택경기 활성화 조치(6.26)			
	주택경기 활성화 조치(5.18)			
1982	경제 활성화 조치(6.28)	5.4%		
	주택투기 억제대책(12.22)			
1983	부동산투기 억제대책(2.16)	18.5%		
	토지 및 주택문제 종합대책(4.18)			
	주택건설 활성화 조치(9.5)			
1984	토지거래신고제 도입(12월)	13.2%		
1985	토지거래허가제 도입(5월)	7.0%		
	주택건설 활성화 조치(9월)			
1986	부동산 투기 억제 조치(허가제 확대, 3월)	7.3%		
1988	부동산 과다 보유세 신설(1월)	27.5%	13.2%	13.2%
	부동산종합대책(8.10)			
1989	긴급부동산 투기억제 대책(2.4)	32.0%	14.6%	17.5%
1990	부동산 투기 억제대책(4.13)	20.6%	21.0%	16.8%
1994	전세가격 상승에 대한 대책(8월)	0.6%	0.1%	4.6%
1995	부동산실명제 도입(3.30)	0.6%	0.2%	3.6%
1998	주택경기 활성화 대책(5.22)	13.6%	12.4%	18.4%
	주택경기활성화자금 지원 방안(6.22)			
	건설산업 활성화 방안 (9.25)			
	건설 및 부동산경기 활성화 방안(12.12)			
1999	주택건설 확대 계획(3.22)	2.94%	4.8%	13.9%
	주택건설 촉진대책(10.7)			
2000	주택건설 촉진대책(7.1)	0.7%	0.4%	11.1%
	건설산업 활성화 대책(8.30)			
	건설투자 적정화 대책(11.11)			
	지방건설 활성화 방안(11.1)			
2001	지방건설업 및 주택건설 활성화 대책(1.4)	1.3%	9.9%	16.4%
	건설산업 구조조정 및 투자적정화 방안(5.23)			
2002	주택시장 안정대책(1.8)	9.0%	16.4%	10.1%
	주택시장 안정대책(3.6)			
	주택시장 안정대책(8.9)			
	주택시장 안정대책(9.4)			
	부동산시장 안정대책(10.11)			
2003	부동산가격 안정대책(1.8)	3.4%	5.7%	1.4%
	주택시장 안정대책(4.18)			
	주택가격 안정 종합대책(5.23)			
	재건축아파트 가격 안정대책(9.5)			
	주택시장 종합대책(10.29)			
2004	부동산시장 안정대책(2.4)	2.5%	0.1%	0.9%
	건설경기 연착륙 방안 (7.1)			
	투기과열지구 탄력 운영 방안(11.9)			
2005	수도권주택시장 안정대책(2.17)	0.4%	4%	3%
	토지시장안정대책(5.4)			
	채권, 분양가 병행입찰 및 택지청약 강화(5.23)			
	부동산종합대책(8.31)			
2006**	부동산종합안정대책(3.30)	4.0%	4.8%	3.7%

* 연도별 가격 변동은 국민은행 가격 동향 조사에 의함.

* * 2006년도 지가 및 주택가격 상승률은 2006년 7월 말 기준임.

이러한 전문가들의 만족도는 실질적으로 객관적인 주택 가격에 대입하였을 때 어느 정도 맞는 것으로 보인다. <표 13-17>과 <표 13-18>은 부동산과 관련된 주요한 경제지표 및 수치들을 나열하고 있다. 개별 정부 기간 동안 발표한 정책들이 실질적으로 부동산 가격에 미치는 영향이 제한적이라는 사실을 알 수 있다. 특히 수요 중심의 정책의 경우 발표 효과(announcement effect)를 제외하고 장기적으로 큰 영향을 주지 못하였다.

<표 13-17>에서 보는 바와 같이 1980년대 후반부터 1990년대 초반까지 가장 큰 폭으로 부동산 가격이 상승하고 이후 안정적인 기조를 유지하다가 IMF 경제 위기로 가격이 큰 폭으로 떨어져 경기 활성화를 위한 주택정책이 추진된다.

이후 2002년도부터 본격적으로 시작된 주택 경기 과열 조짐은 저금리 거시경제정책과 강남 아파트 재건축과 맞물러 지속적으로 상승하게 된다. 2002년도부터 상승한 부동산 가격은 기존 아파트 가격 상승 패턴과는 달리 국부적으로 큰 폭의 상승 추세가 이어지면서 일부 지역에 시세 차익이 편중되면서 사회·경제적으로 많은 문제를 야기하였다.

<표 13-17>에서 보는 바와 같이 일본의 경우는 주택가격이 하락하였으며, 미국의 경우 완만한 상승세를 보이다 2000년에 접어들어 상승하였고, 영국의 경우 1998년 이후 급상승하고 있음을 보여 준다.

연도별로 실시된 정부의 정책을 살펴보면, 단기간에 많은 정책들을 시행하였음에도 주택가격이 안정되지 않은 결과를 보면 정부의 부동산 대책 발표가 별다른 효과를 보지 못하고 투기 억제와 관련된 정책만 발표되었다는 현상을 알 수 있다.

지금 당장의 상황 논리에 따른 규제 완화는 지금까지의 주택정책에서 보듯이 당장 효과가 나타나는 것이 아니라 향후 2~3년 후 예상치 못한 문제점으로 다시 다가올 것이 분명하다. 주택 경기의 순환성을 볼 때 경기가 어려워지면 수요와 공급이 줄어들게 되고, 그 시기가 도달하면 대부분의 역대 정부에서는 재차 주택경기 활성화 정책을 추진하는 등 이전의 정책들을 반복해서 채택하게 되는 순환 현상을 <표 13-19>를 통하여 알 수 있다.

〈표 13-19〉 역대 정부별 주택 공급량

구 분	전두환	노태우	김영삼	김대중	노무현*
주택보급률	74.5	69.4	79.1	92.4	102.2
총주택 건설 수(만 호)	251.5	271.8	312.6	167.4	151
연평균 주택 건설 호수	22.8	53.4	62.5	41.9	50.4

*노무현 정부의 통계는 2006년 7월 기준임.

<표 13-19>에서 보는 바와 같이 주택정책의 성과와 가격 변화를 좌우하는 연평균 주택 건설 호수가 가장 많은 정부는 김영삼, 노태우, 노무현, 김대중, 전두환 정부 순으로 주택 공급이 가장 원활한 정부로 볼 수 있다. 또한 정부별 주택 건설 목표치의 경우 노무현, 노태우, 김영삼 정부 순으로 전문가들의 선호와는 정반대로 나타났다. 이것은 주택 공급량이 주택정책 선호도를 결정하는 요인이 아니며 시장 체감에는 미묘한 영향력을 미치고 있음을 알 수 있다.

이에 대해서 역대 정부별 정부의 수요 중심 정책과 공급 중심 정책에 대한 비중 정도는 [그림 13-3]과 같다.

노무현 정부의 경우 수요 중심의 정책에 대한 비중이 다른 정부에 비해서 월등히 높은 반면 노태우, 전두환 정부의 경우 공급 중심의 정책에 대해서 높은

[그림 13-3] 수요 중심 정책과 공급 중심 정책에 대한 정부의 비중 점수

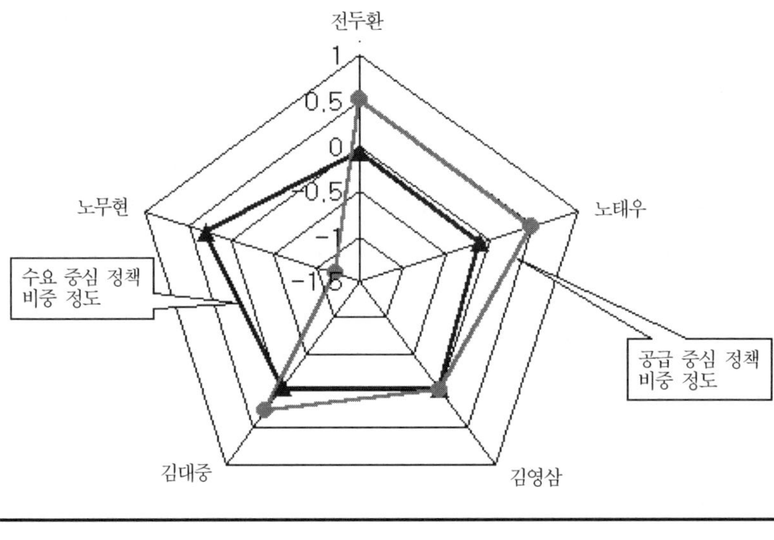

비중을 차지하였다.

결론적으로 수요 근원 정책보다는 공급 근원 정책이 전문가들 사이에서 3배 정도 우선시되며, 노무현 정부의 경우 만족도가 낮은 이유가 수요 근원의 정책 중심으로 주택정책을 추진하였기 때문에 그러한 결과가 나온 것으로 보인다.

또한, [그림 13-4]에서는 역대 정부별 주택정책의 특징을 간단히 나타냈다. 객관적인 지표를 통하여 보았을 때 가장 안정적인 주택 정책을 유지한 정부는 앞에서 언급한 대로 김영삼 정부였다. 연평균 주택 건설 호수로 보았을 때 가장 많은 주택을 공급하였고 가장 두드러진 주택보급률을 달성하는 데 성공한 것으로 보인다. 그러나 부동산 관련 전문가 집단으로부터 가장 선호된 정부는 노태우, 전두환 정부이다.

이는 주택정책뿐만 아니라 전반적인 거시경제정책과 맞물려 그 유효성을 분석할 수 있다. 특정 주택정책이 아닌 전반적인 거시 경제경기 운영 능력에 따라서 그 성과가 나뉜 것으로 볼 수 있다. 다시 말해서 물가 안정, 임금 수준 등을 주택 가격과 연관지어 살펴볼 경우, 실질적인 구매 가능성이 노태우, 전두환 정부가 높다고 인식하고 있었다. 이에 따라서 전반적인 만족도가 결정된 것으로 보인다.

[그림 13-4] 역대 정부별 주택 가격 추세 분석

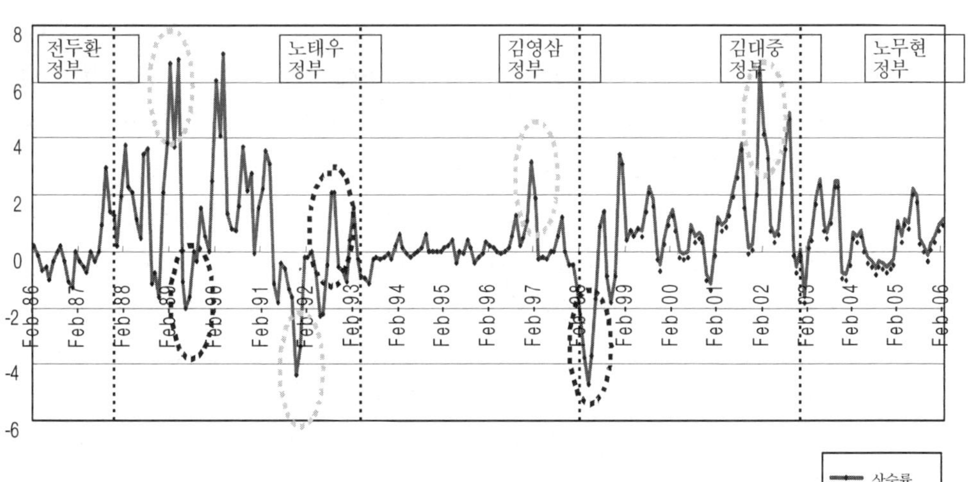

V. 결 론

1. 요 약

급속하게 변화하는 정책의 환경 속에서 정부정책의 새로운 역할과 기능은 정부의 경쟁력을 고양시키고, 더 나아서는 국가 경쟁력의 확보를 통하여 국민들의 삶의 질에도 영향을 미치게 된다.

투기 억제 정책과 관련하여 두 가지 견해가 존재한다. 첫 번째 견해는 노무현 정부와 같은 견해로서 현재 주택 가격의 상승은 투기로 인한 가수요가 촉매 작용을 하여 전반적인 주택 가격의 상승을 견인하고 있다는 주장이다. 이러한 주장은 투기에 대해서 좀더 강도 높은 대책을 세워 과세 측면에서 실질적인 이득을 제거하는 데 목표가 있다. 두 번째 견해는 현재 투기는 투기적 수요로 인한 가격 상승이 아닌 공급 부족으로 인한 가격 상승이라는 주장이다. 과거 정부는 서울과 경기도 주요 지역의 집값 상승 원인을 공급 부족이 아닌 투기 수요로 파악하고 있지만 공급 부족적인 측면도 간과할 수 없다. 예를 들어 한국의 주택보급률, 인구당 주택 수 등이 주요 선진국보다 뒤진다. 주택시장의 안정을 위해서는 주택 공급이 더 필요하다. 그런데도 정부는 공급을 늘리기보다 주택 수요를 억제해 주택 가격을 안정시키는 쪽에 주택정책의 중심을 두고 있다. 2005년 12월 말 현재[4] 전국의 주택보급률은 105.9%로 일본(2003년 114.3%)과 미국(2003년 105.3%)에 미치지 못하고 있다. 특히 전국 시도 중 서울의 주택보급률은 89.7%, 수도권은 96.8%로 전국 평균보다 낮아 실질적으로 국민들이 체감하는 주택보급률은 더욱 낮을 수밖에 없다.

또한, 지난 해 말 현재 국내 주택은 1,331만 7,900가구로 집계되었는데, 주택 유형별로는 아파트가 696만 3,000가구로 절반 이상을 차지하였고, 단독주택 426만 4,000가구(32.2%), 다세대주택 122만 9,000가구(9.3%) 등이다.

정부 입장에서 추진한 공급정책이 능률성 면에서 정당한 평가를 받기 위해

4) 건교부, 2005년도 인구총조사 참조.

서는 전반적인 거시운영 정책과 조화를 이루어야 한다. 최근 노무현 정부의 주택 공급정책은 그 성격으로 보았을 때 다른 어느 정부보다 더 많은 주택 공급과 인구 분산을 위해서 노력하고 있다. 그러나 전반적인 저금리 경제 운영 기조와 시중 자금의 흐름이 부동산 가격 상승을 유도하고 있어 주택정책 자체만으로는 평가할 수가 없다.

이 연구를 통해서 입증하고 싶었던 연구 가설은 정부별로 주택정책에 대한 만족도에 차이가 존재하며, 이러한 차이의 원인이 수요/공급정책의 선택과 비중 정도이라는 것이다. 특히 이 두 가지 요인들의 상대적인 비중까지 포함하여 가장 선호되는 주택정책의 형태를 찾는 것이다.

연구 결과 정부별로 주택정책에 대한 만족도는 큰 차이가 존재함을 알 수 있었다. 열 가지 평가 요인별로 보았을 때 정책 투명성과 정책 일관성을 제외한 여덟 가지 요인에서 정부별로 통계적으로 유의미한 차이가 발생하였으며, 전반적인 만족도 역시 정부별로 큰 차이가 존재하였다.

〈표 13-20〉 역대 정부별 주택정책의 성과 분석

구 분		1980~1987	1988~1992	1993~1997	1998~2002	2003~2006
대통령		전두환	노태우	김영삼	김대중	노무현
설문지 분석 결과[5] (전문가평가)	공급 중심 정책 비중[6]	100 (기준값)	90	2	53	240
	수요 중심 정책 비중	27	41	13	19	100 (기준값)
	선호순위	1	2	4	3	5
주택보급률		74.5	69.4	79.1	92.4	102.2
총주택 건설 수(만 호)		251.5	271.8	312.6	167.4	151
연평균 주택 건설 호수		22.8	53.4	62.5	41.9	50.4
평균 지가 상승률		10.66	18.31	1.23	0.06	4.09
회사채 수익률 차이[7]		6.83	2.07	14.15	9.32	0.86
GDP성장률 평균[8]		17.56	17.52	13.82	6.96	5.63

5) 수요정책과 공급정책에 대한 전문가들의 평가는 주택정책에 중요한 시사점을 준다. 많

두 번째 이러한 정책의 만족도를 결정하는 데 수요, 공급정책이 중요한 영향을 미친다는 것을 알 수 있었다. 즉 수요 측면, 공급 측면에서 주택정책의 입안이 결론적으로 주택정책에 대한 만족도를 결정하는 것이다.

세 번째 수요, 공급 측면의 주택정책 중 결정적으로 만족도를 결정하는 요인은 공급 측면의 주택정책 수립이라는 것을 알 수가 있었다. 즉 공급 측면의 주택정책 입안이 다른 수요관리 중심의 주택정책보다 정책만족도에 큰 영향을 주었다.

2. 연구의 한계 및 보완점

이 연구에서는 개별 주택정책에 대한 가격 중심의 평가에 치중한 기존 연구를 넘어서 역대 정부 전체의 주택정책의 성격 규명과 정책 만족도 요인을 살펴보았다. 특히 정부라는 정치적 이해집단의 정치적인 측면보다는 정책적 측면만을 보고 그에 해당하는 주택정책의 차이점을 실증적으로 검증하였다. 따라서 많은 부분 설문지에 근거한 자료 수집 및 이론 전개가 이루어진 것이 사실이다.

그러나 설문조사를 통한 분석 방법은 경제적 문제 연구에 도입하기에는 그 객관성이 충분히 확보되지 않으며, 특히 한정된 사람들을 통해서 얻어낸 결과이기 때문에 그 대표성에 의문이 간다.

연구 대상인 개별 정부의 경우 시간적인 오차를 고려하지 못한 점도 중요한 문제가 있다. 즉 정부에 대한 평가는 시간에 따라서 역사적 판단에 맡길 때가 많다. 비단 정치적인 문제뿐만 아니라 경제적인 문제의 경우에도 역대 정부의 성과를 10년이 지나서 평가해 주는 경우도 많다. 특히 노무현 정부의 경우 아

은 수의 전문가들은 공급정책의 중요성을 수요정책의 중요성에 비해서 3배 이상의 가중치를 두어 더 중요하게 여기는 것으로 나타났다.

6) 각 점수가 최고 높은 정부를 100으로 보았을 때 다른 정부들의 점수를 나타낸다.

7) 회사채 수익률과 지가 상승률의 값이 클수록 부동산이 아닌 다른 자산의 투자가치가 더 높다고 말할 수 있으며, 이로 인한 투기적 수요가 적절히 조정된다고 말할 수 있다.

8) 평균 차이는 있지만 ANOVA 분석 결과 전두환 · 노태우 정부는 평균값이 같다고 말할 수 있다.

직 1년여 정도 집권 기간이 남아 있는 정부인 관계로 비교 대상 정부에 비해서 언론으로부터 많은 관심을 받고 있기 때문에 부동산 관련 전문가라 하더라도 설문조사에서 일정 부분 정보의 비대칭을 경험할 수도 있을 것이다. 이러한 점을 충분히 연구에 반영하지 못한 점이 한계라고 할 수 있다.

또한 주택정책의 만족도를 결정하는 데 수요와 공급정책 이외에도 정책 수단을 더욱 세분화시키면, 예컨대 부동산의 조세정책 및 주택금융정책 등 여러 가지 다양한 제도적 장치들이 있으나 이 연구에서는 다루지 못한 점도 연구의 한계라고 보여진다. 따라서 이 밖에 이 연구에서 다루지 못한 다른 정책 수단들도 부동산 전문가들의 의사결정에 영향을 미칠 수 있으므로 이에 대해서도 한계로 작용할 것이다.

그리고 위의 결과는 어디까지나 현시점에서 제한적인 결과이다. 특히 정부에 대한 평가는 대부분 시간이 흘러서 어느 정도 진실한 값에 도달하는 것처럼 현재는 노무현 정부의 집권 시기이므로 단순한 주택정책뿐만 아니라 전반적인 국정 운영에 대한 만족도가 간섭할 수밖에 없다.

따라서 위의 결과에 대해서는 매우 제한적인 사항임을 근거하고 싶다.

앞으로 이러한 주택정책의 만족도에 대한 연구는 더욱더 활발하게 시도되어야 할 것이다. 주택과 관련된 정책은 경제학으로만 접근하기에는 정치적 의도가 많이 간섭하기 때문에 비교적 객관적인 전문가들의 견해를 전반적으로 수집 분석하는 것이 학문 발달과 더 나은 정책 입안에 도움이 되기 때문이다.

향후 연구는 더욱 실증적인 연구를 통하여 정부의 시간적 오차와 정책평가의 진행 과정을 반영하도록 시도되어야 한다. 즉, 장기간 기간을 설정하여 정부별 주택정책에 대한 평가가 시간에 따라서 변해 가는 추세까지도 연구에 포함시켜 나가야 할 것이다.

참고 문헌

강기춘.(2003). 역대 정부별 한국경제 비교. 인터넷 검색.
강원철 외.(2004). 「부동산학개론」. 서울: 부동산114.
건설교통부, 제4차 국토종합계획 수정계획(2006~2020).
———.(2002). 「주택백서」.

———.(2005). 「주택업무편람」.
국토개발연구원.(1987). 1980년대 주택정책의 성과와 과제연구.
———.(1998). 「주택정책의 회고와 전망」.
국토연구원.(2006). 「국토정책 브리핑」.
김근용.(2002). 주택사업 유형별 지원정책 평가에 관한 연구, 국토연구원.
김승동.(2000). 주택정책에 있어서 정부개입의 전개 과정. 「대한부동산학회지」 18, 5(1).
김영진.(1996). 「부동산학총론」. 서울: 범론사.
김용민 외.(2003). 「부동산정책론」. 서울: 형설출판사.
김용창.(2004). 「한국의 토지주택정책」. 서울: 부연사.
김원수.(2005). 주택정책 효과의 실증적 분석 주택가격 변동을 중심으로. 국민대 대학원 박사학위 논문.
김재영.(1992). 정부개입이 주택경기 변동에 미치는 영향분석에 관한 연구. 중앙대 대학원 박사학위 논문.
김태훈 외.(2000). 「부동산학개론」. 서울: 부연사.
김현아.(2005) 부동산대책이 건설산업에 미치는 영향. 건설산업연구원.
남동희.(2005). 우리나라 주택정책의 성과평가 시대별 목표달성도 평가를 중심으로. 건국대 대학원 박사학위 논문.
박재룡・박원석.(1999). 부동산지표로 본 부동산정책의 1년 평가. 삼성경제연구소.
방경식.(1993). 「부동산학개론」. 서울: 범론사.
서울특별시.(2005). 서울주택종합계획(2003~2012).
서승환・김갑성.(2000). 부동산가격 형태 변화의 실증적 분석. 「주택연구」 8(1).
안정근.(1995). 「현대부동산학」. 서울: 법문사.
안효빈.(2003). 「부동산입문총론」. 서울: 새로운 제안.
염돈민.(1992). 「국토연구」 18. 국토개발연구원.
이건영 외.(2005). 「주택문제의 해법」. 서울: 삼성경제연구소.
이중희.(2004). 「주택경제론」. 서울: 박영사.
이진경.(2004). 주택정책의 유형별 효과성 분석. 서울대 대학원 박사학위 논문.
이창석.(2003). 「부동산학원론」. 서울: 형설출판사.
정정길.(1993). 「정책결정론」. 서울: 대명출판사.
———.(1998). 「정책학원론」. 서울: 대명출판사.
정창수.(2004). 주택정책의 정책효과분석에 관한 연구. 경희대 대학원 박사학위 논문.
조순 외.(2002). 「경제학원론」. 서울: 법문사.

차의환.(1999). 「정책평가의 이론과 실제」. 서울: 한울아카데미.
최영진.(2004). 주택정책이 서울지역 주택가격에 미치는 영향에 관한 연구. 경원대 대학원 박사학위 논문.
최윤기.(2002). 주택정책이 부동산시장에 미치는 효과분석: 최근 3년간 서울지역 아파트가격을 중심으로. 한국건설산업연구원.
통계청.(2002). 「한국의 주택」.
하성규.(2006). 「주택정책론」. 서울: 박영사.
하성규 · 김연명.(1991). 한국의 주택정책과 이데올로기. 「국토계획」 26(1).
하성규 · 배문호.(2004). 한국의 공공임대주택정책과 주택정치. 「한국지역개발학회지」 16(4).

Ammons, D.(1977). Overcoming the Inadequacies of Performance Measurement inadequacies of Performance Measurement. In Burns, L. S. & L. Grebler. *The Housing of Nations: An Analysis and Policy in a Comparative Framework.* London: Macillan.
Stafford, C.(1978). *The Economics of Housing Policy.* London: Croom Helm.
MacRae, Jr., Duncan.(1986). Democratic Information System. In W. N. Dunn (ed.). *Policy Analysis: Perspectives, Concept, and Methods.* Greenwich, Connecticut: JAI Press.
Epstein, P.(1992). Get Ready: The Time for Performance Measurement is Finally Coming. *PAR* 52(5).
Gross, B.(1996). The State of the Nation: Social System Accounting, Chapter 3 in Raymond A. Bauer (ed.). *Social Indicators*. Cambridge: MIT Press.
Local Government: The Case of Libraries and Leisure Service, *Public Administration Review*, 55(1), 1995.
Rogers, Steve.(1990). *Performance Measurement in Local Government*, London: Longman,
Van de Ven, A. H. & D. L. Ferry.(1980). *Measuring and Assessing Organization*, New York.
White Paper.(1987) *Housing: The Government's Proposals*, Cmnd. 214 (HMSO).

찾아보기

ㄱ

ㅇ

ㅈ

ㅊ

ㅋ

ㅌ

ㅍ

ㅎ

저자 소개(가나다 순)

공병천

- 현: 감사원 평가연구원 연구관
- 한국외국어대학교 대학원(행정학 석사 · 박사)

김병록

- 현: 목포대학교 정치행정학부 행정학 전공 교수
- 한국외국어대학교 대학원(행정학 석사 · 박사)

김병문

- 현: 안동대학교 행정학과 교수
- 미국 Western Michigan Univ.(정치학 석사)
- 미국 Univ. of Cincinnati(정치학 박사)

김인철

- 현: 한국외국어대학교 행정학과 교수
- 한국외국어대학교 대학원(행정학 석사)
- 미국 Univ. of Delaware 대학원(정치학 박사)

배경화

- 현: 중소기업진흥공단 선임연구원
- 한국외국어대학교 대학원(행정학 석사 · 박사)

오강탁

- 현: 한국정보사회진흥원 수석연구원
- 한국외국어대학교 대학원(행정학 석사 · 박사)

이교헌

- 현: DBM Korea 전문위원
- 한국외국어대학교 대학원(행정학 석사 · 박사)

이길우

- 현: 한국과학기술기획평가원 연구위원
- 한국외국어대학교 대학원(행정학석사 · 박사)

이상수

- 현: 한국공공자치연구원 부설 한국윤리센터 소장
- 한국외국어대학교 대학원(행정학 석사 · 박사)

임광현

- 현: 원광대학교 행정학과 교수
- 연세대학교 대학원(행정학 석사)
- 한국외국어대학교 대학원 (행정학 박사)

전광섭

- 현: 대한주택보증 팀장
- 전남대학교 대학원(행정학 석사)
- 한국외국어대학교 대학원(행정학 박사)

전형원

- 현: 군산대학교 행정학 전공 교수
- 한국외국어대학교 대학원(행정학 석사 · 박사)

차용진

- 현: 강남대학교 행정학과 교수
- 미국 Syracuse 대학교(행정학 석사)
- 미국 뉴욕주립대학교(행정학 박사)

정부평가의 이해와 실제

펴낸날 / 제1판 제1쇄 2007년 4월 15일
엮은이 / 전형원 · 공병천 외 공저
펴낸이 / 임춘환
펴낸곳 / 도서출판 대영문화사
주소 / 서울 용산구 청파동 1가 178-2 ㊞ 140-869
등록 / 1975년 12월 26일 제3-16호
전화 / (02)716-3883, (02)714-3062
팩시밀리 / (02)703-3839
우체국 온라인 / 011353-02-009106

ISBN 978-89-7644-240-6

〔값 18,000원〕